한국아동 · 청소년상담학회 연구총서 3

재난대응 위기상담

Disaster and Crisis Counseling

한국아동 · 청소년상담학회 편 | 책임편저자 김동일

학지사

머리말

우리는 공동체 구성원의 신체, 재산, 생명 그리고 국가에 피해를 주거나 줄 수 있는 다양한 유형의 재난이 발생했을 때 유연하게 대처하기 위해 많은 노력을 하고 있습니다. 그러나 대표적으로 1999년 경기도 화성 청소년수련원 화재 사고, 2003년 대구 지하철 참사, 2014년 세월호 사건 등 여전히 많은 대형 자연 및 인적 재난이 반복적으로 발생하고 있습니다. 이러한 대형 재난 이후에 충격과 공포에 휩싸였지만 체계적인 치료나 예방 및 위기관리 시스템에 대한 대책 없이 다시 일상으로 돌아가고, 정신적인 충격이나 고통은 그냥 묻혀 가고 있습니다. 또한 이와 같은 감당하기 어려운 충격적인 사건이 발생했을 때, 우리가 당사자 및 주변인들에게 어떤 지원을 하고 있으며, 또 앞으로 어떻게 지원해 나아가야 할지에 대한 체계적인 정보가 여전히 미흡합니다.

이에 한국상담학회(Community Crisis Counseling 특별연구위원회)와 한국아동·청소년상담학회는 국가적 재난 발생 후의 정신건강·위기상담 지원을 위한 재난대응 정신건강·위기상담 심포지엄을 개최하였습니다. 이 심포지엄에서 국가적 외상 사건(재난)에 대한 다양한 지원과 대응에 초점을 맞추어 일반 국민과 당사자를 위한 정신건강 안전 증진과 심리적 성장 및 위기상담 전략을 제안하였습니다. 이를 계기로 많은 전문가의 참여와 대중적인 관심을 불러일으켰고, 풍성한 논의와 진전에 대한 요구가 있었습니다.

이 책은 이러한 진전된 논의를 바탕으로 집필되었습니다. 앞으로 다양한 문헌 분석과 위기상담 현장에서 도출된 실제적 상담접근을 기반으로 국가적 재난대응 위기상담 가이드라인이 제안되기를 기대하며, 이 책이 하나의 시발점으로 튼튼하고 기초적인 토대를 제공하기를 진심으로 바랍니다.

지속적으로 관심을 보여 준 여러 현장 전문가와 카운슬러들께 깊은 감사를 드립니다. 무엇보다도 이 책을 출판하도록 애써 주신 학지사 김진환 사장님을 비롯한 임직원 여러분께도 고마움을 전합니다. 마지막으로, 원고 교정을 도와준 한국아동·청소년상담학회 간사인 안지영, 김이삭 선생의 노고를 기억하고자 합니다.

2017년 1월

저자들을 대표하여

한국아동·청소년상담학회 회장 김동일

차례

제3장

대규모 외상 사건으로 인한 증상과 평가도구

서영석 · 박지수 · 조아라

제4장

아동 · 청소년용 PTSD 평가도구

서영석 · 박지수 · 조아라

제5장

PTSD 예방 및 재난 후 초 · 중기 치료적 개입모델

최수미

제6장

근거기반 외상초점 인지행동치료적 개입의 실제

최수미

제7장

신경생리학적 정보를 활용한 재난대응 위기상담

이은아

제8장

재난대응 위기상담을 위한 단계별 기초상담기법

이은아

제9장

또 하나의 시각: 집단 외상으로서의 재난

오혜영

제10장

미국의 재난관리체계

이동훈

제11장

미국의 재난심리지원 체계 및 재난위기 상담의 실제

이동훈

제12장

재난대응 정신건강 · 위기상담 가이드라인의 실제: 외상 청소년을 위한 국가 수준 PTSD 대응 가이드라인

김동일

제1장

재난대응 정신건강 · 위기상담 서설: PTSD 가이드라인 분석

김동일

'세월호 치유'도 우리 모두의 과제다

어떻게 시간이 흘렀는지 도대체 기억이 나지 않는다. 다만, 멍하게 신문과 텔레비전만 쳐다보고 살았다. '세월호' 실종자를 찾아내려고 오늘도 사력을 다하는 수색 작업이 거친 파도와 캄캄한 바닷속에서 이뤄지고 있다는 발표가 있었다. (중략) 이번 사고를 총체적 인재(人災)로 규정하는 기사가 연일 지면을 채우고 있다. 그러나 아직 전남 진도에서는, 경기 안산에서는 뭐라고 하는 표현조차 사치스러운, 너무도 많은 재난 생존자가 몸과 마음을 심각하게 앓고 있다. 다수의 살아남은 이와 그들의 곁을 지키는 또 다른 살아남은 사람들에 대한 치유가 매우 필요한 시기다. 우선, 직접적인 피해자들과 가족 구성원에 대한 기본적인 건강 유지와 심리적 안정에 최선을 다해야 할 것이다. 어느 정도 시간이 흐른 뒤에도

본 장은 다음 자료를 기반으로 재구성하였음.

김동일(2015). 재난대응 정신건강 · 위기상담 가이드라인의 분석. 2015 한국상담학회 재난대응 정신건강 · 위기상담 심포지엄. 서울: 프레스센터.

김동일(2015. 4.). 위기청소년 유관기관 데이터 분석 기반의 모니터링 및 예측 모델링 기술 개발. 미래창조과학부의 정보통신 · 방송 연구개발 사업[I0114-14-1016] 최종보고서.

김동일, 이윤희, 김경은, 안지영(2015). 재난대응 정신건강 · 위기상담 가이드라인의 분석: 트라우마 개입의 중다 지침을 위한 서설. 상담학연구, 16(3), 473-494.

심각한 증상이 지속적으로 나타나면, 응급처치와 더불어 위기 경험 후 대략 2주에서 4주 사이에는 본격적인 상담과 심리치료가 시작될 수 있다. 인지행동상담, 노출치료, 이완훈련 등 '증거기반 상담치료'를 안정된 환경에서 의료기관이나 지역사회의 상담지원센터 전문가들이 제공하게 된다. 또한 직접적인 피해 당사자 외에도 다수의 생존자가 있는 상황에서 우리 모두가 보호 환경이 되어 돌보는 것이 2차적인 외상 피해를 줄일 수 있다. (중략) 진정한 사고후개입(postvention)은 최선의 예방활동을 위한 첫 단추다. 이는 외상과 사고 기억을 지우는 게 아니라, 우리의 삶에 통합해 가는 것이다.

출처: 김동일(2014. 4. 28.).

글을 시작하며

재난은 개인의 신체, 재산, 생명 그리고 국가에 피해를 주거나 줄 수 있는 자연재난과 사회재난으로 나누어 볼 수 있다. 재난 개념을 확대하여 다양한 유형의 재난이 발생했을 때 유연하게 대처하기 위해 많은 노력을 기울여 오고 있으나 최근까지 2014년 세월호 사건 등 여전히 많은 대형 자연 및 인적 재난이 반복하여 발생하고 있다. 이러한 참사와 같이 감당하기 어려운 충격적인 사건이 발생했을 때, 우리가 당사자 및 주변인들에게 어떤 심리적 지원을 하고 있으며, 또 앞으로 어떻게 심리적 지원을 해 나아가야 할지에 대한 체계적인 정보를 축적하고 나누어야 할 것이다.

외상 이후 정신건강과 개인의 주관적 평가

외상을 경험한 사람들은 자기(self)의 영역에서 자기체계의 손상(장진이, 안현의, 2011), 인지-기억체계의 손상(안현의, 한민희, 주혜선, 2013), 부정적 정서의 유발로 인한 적응의 어려움(송현, 이영순, 2012) 등을 경험하게 된다. 하지만 개인마다 같은 외상 사건에도 다르게 반응할 수 있는데 사건 이후에 어떤 사람들은 외상 후 스트레스 장애(Post Traumatic Stress Disorder: PTSD)로 진단받기도 하지만 또 다른 사람들은 외상을 겪은 후 더 성장한 모습을 보이기도 한다(김동일, 김명찬, 이윤희, 남지은, 이주영, 2012; 김동일, 김원호, 김명찬, 최선, 이주영, 2011; Tedeschi & Calhoun, 1996). 이러한 외상 이후의 긍정적 변화를 '외상 후 성장(posttraumatic growth)'으로 일컫는다. 이러한 외상 후 성장을 바라보는 관점은 외상을 사건의 종류, 심각성 등 객관적으로 보이는 사실에 의해 판단하기보다는 그 사건에 대해 개인이 느끼는 고통과 괴로움에 대한 주관적인 평가를 기반으로 한다는 것을 전제하고 있다. 즉, 외상 이후 개인의 정신건강 여부에 영향을 미치는 사후 결과를 가져오는 것은 객관적인 사건 그 자체가 아니라 그것을 받아들이는 개인의 주관적인 평가가 주요한 것이다(Deprince, Zurbriggen, Chu, & Smart, 2011). 이러한 외상에 대한 개인의 주관적인 평가에 있어 사회적 차원에서의 지지는 외상 후 성장 집단과 미성장 집단을 구별하는 주요한 요소로 나타난다. 따라서 외상 후 스트레스 장애로의 진행 또는 외상 후 성장의 여부를 결정짓는 것이 실제 사건의 객관적인 영향보다는 사건에 대한 개인의 주관적인 평가로 인한 것이라고 한다면, 개인을 둘러싼 공동체의 보편적인 사회문화적 규범, 사회적 가치, 사회적 지지와 같은 요소들이 개인이 정서를 평가하는 과정에서 상당한 영향을 미칠 것이다.

외상 적응과 사회적 지지

개인이 외상 사건을 대처하는 데 있어 사회 및 공동체 지지의 중요성은 치료적 요인으로서 외상 경험에 대한 자기개방의 필요성에서도 나타난다(김교헌, 1992). 외상 경험에 대해 개방하는 그 자체보다 다른 사람이 나의 개방에 대해 어떻게 반응하는가 하는 것이 이후 적응에 주요하게 영향을 미치며(Ahrens, Cabral, & Abeling, 2009; Ullman, 2007), 타인으로부터의 지지는 부정적 정서반응을 완화시키고 심리적 어려움에 잘 대처하고 적응할 수 있도록 돕는다(Cohen & Willis, 1985). 흥미롭게도 Ullman과 Filipas(2001)의 연구에 의하면 부정적 반응을 많이 받는 것이 긍정적 반응을 적게 받는 것보다 외상 후 스트레스 장애 증상과 이후 적응에도 더 직접적인 영향을 미치는 것으로 나타난다. 이러한 현상은 천안함 생존 장병들의 적응을 어렵게 하는 주요한 심리적 어려움이 그들의 노력을 격하하거나 비난하는 등 사회의 부정적 반응임을 통해서도 확인할 수 있다(장재현, 이기학, 2013). Brewin, Andrews와 Valentine(2000)의 메타연구에서도 사회적 지지의 부족은 PTSD의 가장 강력한 위험 요인으로 보고된다. 특히 우리나라 문화와 같이 타인의 관계와 평가가 중요한 집단주의 사회에서는 사회의 분위기와 타인의 지지가 개인이 외상을 통합적으로 이해하고 다루는 데 있어 개인주의 사회에서보다 더 중요하게 영향을 미칠 것이다. 따라서 외상을 다루는 과정에 있어 자신이 속한 사회 및 공동체의 규범과 가치 그리고 개인을 둘러싸고 있는 공동체의 지지를 개인이 어떻게 인식하는지가 중요한 요소가 된다.

재난대응 심리지원 가이드라인의 구체화

전반적인 공동체 지지의 중요한 자원으로서 각 주체가 활용할 수 있는 가이드라인을 구체화하는 것이 필요하다. 이 장에서는 재난대응 심리 개입이 신속하고 적절하게 이루어질 수 있도록 각 주체가 해당 단계에 따라 참조할 수 있는 재난대응 정신건강 · 위기상담 가이드라인을 개관하고 공통적 속성을 제시하였다. 해외의 대표적 사례를 포함하여 국내 매체에서 제시하는 재난대응 심리지원 매뉴얼, 전문 학회 및 기관의 지침, 기사, 스마트폰 앱의 위기상담 개입 내용을 분석하였다. 분석 결과, 재난대응 정신건강 · 위기상담/가이드라인은 대상별, 시기별, 단계별로 분류할 수 있었다. 대상은 정신건강 및 위기상담 전문가, 학교 관계자(학교위기관리위원회, 전문상담교사, 교사), 재난피해자(당사자, 친구, 가족), 일반인으로 구분하였다. 시기는 전문가의 경우, 재난 발생 직후, 재난 발생 이후, 사후관리로 구분하였으며, 학교 관계자의 경우, 학교 정상 재개 이전, 학교 정상 재개 이후, 사후관리로 분류하였다. 또한 시기별로 각 대상의 역할에 따라 다시 세부 단계로 구분하였다.

산발적으로 제시되었던 국내 재난대응 가이드라인을 정리함으로써 현재 이루어지고 있는 재난대응 심리지원 가이드라인을 정리하여 구체화하였다. 기존 가이드라인의 내용을 분석하는 과정에서 이후에 선제적으로 혹은 확장하여 다루어야 할 영역이 나타났다.

현재 국내 재난대응 가이드라인에서 확장되어야 할 영역

- 사후관리에 대한 장기적인 노력 필요
- 학교 관계자 대상 가이드라인의 확장 및 지역 공동체와의 협력적 개입에 대한 지원 필요
- 구조요원, 자원봉사자와 같은 재난 구조 및 지원 인력들을 위한 심리적 개입 필요
- 재난대응 심리적 개입과 관련 증거의 지속적 수집 필요
- 재난피해자가 경험한 재난의 종류 및 충격 정도에 따른 차별적 개입의 고려 필요
- 국가적 차원의 총체적 재난대응 체계 수립 필요

첫째, 외상 후 장애를 경험하는 사람들은 장애의 특성상 사건 발생 후 일시적으로 증상을 나타낼 수도 있지만, 발생 후 오랜 기간이 경과된 이후에 여전히 증상을 드러낼 수도 있으므로 사후관리에 대한 장기적인 노력이 필요하다. 가령, 1988년 미국 의회 보고서에 의하면, 베트남 참전 군인의 15%가 종전 10년이 지난 시점에도 여전히 외상 후 스트레스 장애를 겪고 있는 것으로 나타났다. 또한 우리나라의 베트남 참전 퇴역 군인을 대상으로 한 연구에서도 수십 년이 경과하였으나 여전히 과각성, 회피, 침습, 수면장애와 정서적 마비의 증상으로 고통받고 있음이 보고되고 있다(엄세준 외, 2011). 지금까지 가이드라인에서는 대응 지침이 시간 및 상황의 경과에 의해서만 제시되고, 사후관리에 대한 내용이 없거나 단순하게 제시되어 있어 장기간 지속되는 외상 후 스트레스 장애의 특성을 고려한 사후관리에 대한 내용이 좀 더 구체화될 필요가 있을 것이다. 이를 위해서는 향후 외상 후 장애를 경험한 사람들의 장기간의 추적 조사 및 연구를 기반으로 하여 진행되어야 할 것이다.

둘째, 학교 관계자 대상 가이드라인에서 상대적으로 학교위기관리위원회의 지침에 비해 학생들과 밀접한 관계에 있으며(어떻게 다른 밀접한 관계를 맺고 있는지에 대한 구체적인 설명 또는 예시가 있다면) 그들의 심리지원을 담당하는 전문상담교사와 일반교사를 위한 지침의 내용이 확장되어야 하며, (교사들을 위한 지침서 관련 사회적 지원의 예시가 있다면) 학교 관계자 간의 협력 또는 지역 공동체와의 협력적 개입에

대한 사회적인 지원과 노력이 필요하다.

셋째, 재난 발생 시, 재난으로 인한 외상 및 스트레스 사건 관련 장애 증상은 재난피해자뿐만 아니라 구조요원, 자원봉사자들에게도 나타난다. DSM-5에서는 외상 및 스트레스 사건 관련 장애를 처음으로 독립된 장애범주로 제시하고 있는데, 충격적인 외상 사건이나 스트레스 사건을 경험한 이후에 부적응 증상을 나타내는 다양한 경우를 이 장애 영역에 포함하고 있다. 구조요원의 경우, 재난으로 인한 피해 현장에 직접적으로 노출되므로 신체적 안전에 대한 염려뿐만 아니라 재난피해자를 온전히 구조하지 못했다는 죄책감, 무력감 등을 경험하게 된다. 또한 자원봉사자의 경우, 심리지원에 대한 전문적인 훈련을 받은 상태가 아니므로 재난피해자의 고통과 어려움을 듣는 것만으로도 상당한 스트레스를 경험할 수밖에 없다. 세월호 참사 유족들을 도왔던 자원봉사자의 자살은 재난으로 인한 충격이 재난 피해 당사자뿐만 아니라 현장에서 그들을 구조하고 지원하는 전문인력에게도 심각한 영향을 미칠 수 있음을 보여 준다. 그러므로 현장의 재난 구조 및 지원 인력들을 위한 심리적 개입은 반드시 필요할 것으로 보인다. 전문인력의 심리적 안정을 도모하고 적절한 대처방법을 훈련시킴으로써 결과적으로 재난 구조 및 지원의 질적인 수준이 높아지리라 기대된다.

넷째, 국내뿐만 아니라 국외에서도 외상 후 스트레스 장애에 대해서는 아직 그 실체와 개입방법에 대해 체계적으로 정리되지 않고 있으며, 여전히 연구가 현재 진행 중에 있다(김동일 역, 2011). 따라서 재난대응 심리적 개입과 관련하여 세부적인 사항에 대한 증거를 계속하여 수집해 가는 것이 필요할 것으로 본다. 또한 제안된 가이드라인이 실제 장면에서도 기능하는지에 대한 증거를 확보하는 것이 중요할 것이다. 가령, 이 연구에서는 정신건강 전문가용 가이드라인의 단계별 지침을 제시하고 있는데, 이러한 각 단계의 지침 내용들이 실제 현장에서 효과적으로 기능하는지에 대한 증거의 확보가 필요하다. 지속적인 연구를 통하여 증거를 기반으로 한 재난대응 가이드라인의 제작이 이루어져야 할 것이다.

다섯째, 재난 이후 외상 후 스트레스의 발현은 얼마나 충격적인 일을 경험하였는가보다는 개인이 그 사건을 어떻게 받아들이는가, 즉 그 개인의 주관적 반응 또는 의미 부여가 더 중요한 요인으로 꼽히고 있다. 하지만 개인이 어떤 종류의 충격적인 일을 경험하는가는 외상 후 스트레스를 가져오는 데 여전히 중요하게 기능하는 것으로 보인다. 가령, 천안함 및 제2연평해전 교전 경험자와 해외 파병 복귀자를 대상으로 한 외상 후 스트레스 장애 연구에서 교전 경험자는 모두가 부분 외상 후 스트레스 장애 이상으로 구분되었고, 심지어 이들은 교전 사건 발생 시점과 연구 시점이 10년 이상 오래 경과되었음에도 불구하고 스트레스 수준이 높은 것으로 나타났다. 반면, 교전 경험을 하지 않은 해외 파병자의 경우는 정상적인 상태를 보이는 것으로 나타났다. 교전 경험이라는 사건에 따라 스트레스 발현 여부 또는 정도가 다를 수 있는 것이다. 따라서 향후 연구에서는 재난피해자가 경험하는 재난의 종류 및 충격 정도에 따른 개입 또한 고려하는 것이 필요하다.

여섯째, 인적 · 자연적 재난으로 인한 심리적 개입을 위해서는 종합적이고 총체적인 대응이 필요할 것으로 보인다. 재난은 순수하게 그 재난으로만 종결되는 것이 아니라(이명성, 오수길, 배재현, 양세진, 2008) 다른 파생되는 문제를 가져온다. 가령, 사랑하는 사람을 잃은 사람은 자살을 시도할 수 있으며 과정을 지켜본 다수의 사람이 심리적 충격을 받고, 기타 파급효과가 발생할 수 있다. 또한 재난 이후의 수습 과정에서 2차 재난이라고 불리는 스트레스가 발생할 수 있으며(Raphael, 1986: 배정이, 최남희, 김윤정, 유정, 2010 재인용), 자칫하면 지역사회 및 주민 간의 갈등과 혼란을 가져올 수 있다. 그러므로 재난을 효과적으로 대응 및 처리하고 사후관리까지 이르기 위해서는 다양한 분야의 전문가들과 기관 간의 협력이 필요할 것이다. 해외 사례에서 발견할 수 있듯이 미국의 국립 PTSD 센터나 일본의 효고현 마음의 치유센터처럼 국가적 재난대응체계를 수립하여 정부조직, 민간조직, 지역사회, 자원봉사자 등이 협력하는 종합적이고 총체적인 대응이 필요하다.

> 제한적이더라도 자연적 · 인적 재난으로 인해 피해를 입은 개인 및 집단의 심리적 어려움을 돕고 성장하도록 하기 위해서는 국가적 차원의 종합적인 대응과 표준적 지침이 필요하다.

이와 같은 문제의식에서 보면, 여전히 부족하고 제한된 지침이 될 수 있지만 자연적 · 인적 재난과 같은 충격적인 사건, 사고를 겪은 개인 및 집단이 심리적 어려움을 다루고 성장으로 이어지도록 돕기 위해서는 사회적인 큰 틀에서의 분위기 조성과 방향 제시를 위한 표준적 지침이 필요하다. 또한 사회구성원 전체가 재난 발생 시 각자의 위치에서 무엇을 해야 할지에 대하여 지침을 공유하는 것은 재난대응의 혼란을 줄여 주고, 재난 처리 과정에서 피해자들을 괴롭히는 불필요한 일을 발생시키지 않을 것이다. 특히 세월호 사건과 같은 대형 재난 · 재해에 대해서는 정신건강 전문가뿐만 아니라 언론, 생존자, 생존자의 가족, 더 나아가 전 국민을 대상으로 하여 심리지원을 위하여 무엇을 할 수 있고, 해야 하는지에 대한 정보를 제공하는 것이 필요하다.

이 장에서는 표준적 재난대응 위기상담 가이드라인을 제안하는 첫 작업으로서 지금까지의 재난대응 지침을 분석하고 수집된 자료를 바탕으로 내용을 범주화하여 재난 발생 시 심리지원을 위한 정신건강 및 위기상담 지원 정보를 개관하였다.

재난대응 위기상담 가이드라인 개관

이 장에서는 지금까지 제안되었던 재난대응 심리지원의 가이드라인 혹은 지침 내용을 추출하여 공통점을 확인하고 유용성을 중심으로 개관하였다. 자세한 수집 내용과 분석방법은 이 장 뒷부분의 〈부록〉을 참조하기 바란다.

정신건강 및 위기상담 전문가를 위한 가이드라인

'정신건강 및 위기상담 전문가'는 재난 사고 이후 재난 심리지원을 제공하는 인력으로, 재난 발생 직후에 현장에서 응급개입을 실시하는 인력과 응급개입 시기가 지난 이후에 기관에서 심리지원을 실시하는 인력을 포함한다. 이러한 정신건강 및 위기상담 전문가를 위한 지침은 개입 시기별로 '재난 발생 직후' '재난 발생 이후' '사후관리'로 나눌 수 있으며 각 시기는 다시 하위 단계로 나뉜다.

1) 재난 발생 직후

'재난 발생 직후'는 재난 현장에서 응급개입이 투입되는 시기로, 기존의 지침들은 일반적으로 재난 발생 후 3일까지를 응급개입 시기로 보고 있다. 이 시기에는 구체적인 심리개입 기법을 활용하여 접근하기보다는 옷과 음식을 제공하고 의료기관에 연계하는 등 실제적 요구와 신체적 안보에 초점을 맞추어 개입을 제공한다. '재난 발생 직후'는 현장에 파견되기 전 숙지해야 할 사항과 정보들을 습득하는 '사전 준비' 단계, 대상자를 증상에 따라 분류하는 '평가' 단계, 구체적인 신체적·심리적 지원을 제공하는 '개입' 단계로 분류할 수 있으며 '개입' 단계는 다시 '초기' '중기' '종결기'로 나눌 수 있다. 각 시기의 단계별 지침은 〈표 1-1〉에 제시하였다.

〈표 1-1〉 정신건강 및 위기상담 전문가용 '재난 발생 직후' 가이드라인 내용

단계		내용
사전 준비		1. 재난피해자에게 피해야 하는 말을 숙지한다. 2. 재난피해자에게 피해야 할 태도를 숙지한다. 3. 재난피해자가 적절한 지원을 받을 수 있도록 정보를 제공하기 위해 이용 가능한 연계기관에 대해 파악한다. 4. 현장개입 이전에 전문가 자신의 상태(신체적·정신적 건강상태, 가족 및 직장/학교 상황)에 대해 스스로 평가한다.
평가		5. 현장에서의 다른 응급처치와 동시에 고위험군 선별분류를 한다. 6. 응급개입 시기에는 시간이 오래 걸리는 심리검사가 아닌 체크리스트를 통해 현재 상태를 평가한다. 7. 재난으로 인해 경험할 수 있는 다양한 반응(예: 감정적 반응, 인지적 반응, 신체적 반응, 대인적 반응, 영적 반응)을 체크한다. 8. 재난피해자의 평가에 사건 관련 요소뿐만 아니라 사건 외 요소를 포함하여 다양한 측면(예: 이혼, 실직 등의 감정적인 압박과 같은 이전의 주요한 스트레스)을 고려한다.
개입	초기	9. 현장 투입 시, 전문가는 다음과 같은 사항을 준비한다. - 사고 발생 후 48시간까지는 구조와 보호를 우선적인 목표로 하여 신체적 안전을 위한 지원과 심리적 응급처치를 제공한다. - 재난피해자들이 필요할 때 쉽게 찾을 수 있도록 눈에 띄는 표식(예: 야광조끼 등)을 한다. - 재난피해자가 경험할 수 있는 외상 증상(슬픔, 분노, 죄책감 등)은 당연한 반응들이므로 병리화하지 않는다. - 재난현장의 정서적 충격을 스스로 감당하기 어려운 경우 현장을 떠나 적절한 휴식을 취한다.
	중기	10. 피해자의 신체적 안전을 최우선적으로 고려한다. 11. 다음과 같이 재난피해자 첫 접촉을 진행한다. - 자신의 소속과 자격을 먼저 알리고 피해자가 당장 필요한 것을 물어본다. - 의료적 처치가 필요하면 최우선으로 제공한다.

- 아동인 경우 부모의 허락을 구한다.
- 말을 걸어도 되는지 허락을 구한다.
- 가급적 앉아서 대화한다.
- 조용한 곳에서 낮은 목소리로 대화한다.

12. 다음과 같이 재난피해자 심리적 응급개입을 진행한다(심리적 응급개입).
- 본인의 역할과 한계를 분명히 인식하고, 필요할 경우 지체 없이 해당 전문가에게 의뢰한다.
- 성급한 개입보다는 실용적인 도움(물, 음식 등)으로 자연스러운 첫 접촉을 시도한다.
- 차분한 말투로 이해하기 쉽게 표현하면서 재난피해자의 욕구를 파악한다.
- 재난피해자들은 심리적 충격으로 인해 기억력이 약화되므로, 필요한 정보를 즉각적이고 반복적으로 제공한다.
- 외상이 재경험될 수 있으므로 재난피해자들에게 사건에 대한 자세한 설명은 자제한다.
- 재난과 관련하여 반드시 정확한 정보만 제공하고, 모르는 경우에는 추론하지 말고 모른다고 솔직하게 대답한다.

13. 재난피해자에게 가족의 사망 시 다음 사항을 고려하여 전달한다.
- 의료적 처치가 필요한 상황을 대비한다.
- 급하게 심리적 위로를 하지 않고 시간을 충분하게 준다.
- 아동 · 청소년의 경우, 친인척이 올 때까지 반드시 같이 있고 사망자 사진을 보지 않도록 주의한다.

중기

14. 다음과 같이 아동 · 청소년 재난피해자 개입을 진행한다.
- 현장 도착 후 부모가 누구인지 파악하고, 자녀들의 상태를 부모로부터 먼저 확인한다.
- 아동과 눈높이를 맞추도록 앉아서 이야기를 하여야 한다.
- 초등학생 연령일 경우 자신의 감정을 언어화하여 표현하도록 격려하되 복잡한 감정 표현(끔찍하다, 소름끼치다)은 정서적 불안정을 심화시킬 수 있으므로 단순한 감정 표현(화남, 슬픔, 무서움, 걱정됨 등)을 사용하도록 한다.
- 경청하는 중에 수시로 아동 · 청소년의 이야기를 제대로 이해했는지 확인하되 '죽음' 과 같은 추상적인 개념보다 최대한 직접적이고 간단한 표현을 쓰도록 한다.

15. 다음과 같이 재난피해자 정보제공을 진행한다.
- 지금 당장 무엇이 필요한지를 협의하고, 재난피해자가 너무 무력할 경우 지시적인 방법으로 필요한 것을 제안한다.
- 재난피해자가 취해야 하는 행동과제를 제시할 때는 그것이 왜 중요한지를 함께 설명한다.
- 향후에 제공될 기본적인 구호 물품(음식, 의복, 응급치료, 피난처 등)에 대한 정보를 제공한다.
- 기초적인 응급 지원(청소, 보건, 주거 등)과 상담서비스를 받을 수 있는 주요 기관에 대한 정보를 제공한다.

- 급성 스트레스/외상 후 스트레스 장애의 발생과정, 회복과정을 설명하고 피해자가 자신의 증상을 인식하도록 한다.

16. 다음과 같이 재난피해자의 행동이 관찰될 경우 약물치료를 의뢰한다.
    - 초점이 없는 멍한 눈빛
    - 질문('저를 쳐다보세요.' '당신 이름은 무엇입니까?' '우리가 지금 어디에 있습니까?')에 답변이 없음
    - 강한 정서적 반응(지속적 울음, 퇴행)
    - 위험한 행동의 시도(차도에 뛰어들기)
17. 긍정적인 스트레스 대처방법과 효과적이지 못한 스트레스 대처방법을 안내한다.
18. 긴장과 불안을 풀어 주는 데 도움이 되는 간단한 근육이완 기법을 안내한다.
19. 다음과 같은 경우 추가적인 연계지원 서비스를 제공한다.
    - 정서적 진정을 위한 약물이 필요한 경우
    - 재난 발생 후 4주 경과 후에도 증상이 진정되지 않는 경우
    - 타인과 자신을 위협하는 경우
    - 수면장애, 술이나 약물 남용의 가능성이 있는 경우
    - 당사자가 도움을 요청하는 경우

종결기

20. 연계지원기관에 의뢰 시 재난피해자의 생각을 확인하고 서면으로 의뢰 내용을 확인한다.
21. 필요한 경우 찾아가는 서비스를 제공한다(예: 만성질환이나 장애가 있는 경우, 자발적으로 찾지 않는 경우).
22. 현장 구조요원을 위한 다음과 같은 지원서비스를 제공한다.
    - 재난 현장에서 구조요원들의 신체를 보호할 수 있는 여분의 옷이나 덮개를 제공한다.
    - 스트레스를 관리할 수 있는 효율적인 방법을 안내한다.
    - 경험이 더 많은 동료와 생각을 교환할 수 있는 기회를 갖도록 권유한다.
23. 모든 재난과 관련된 활동은 항상 문서로 기록하며, 사건 후 영향을 받은 사람들의 숫자, 재난 혹은 대형사고의 유형, 정신건강 반응의 유형에 따라 문서의 유형을 달리한다.

2) 재난 발생 이후

'재난 발생 이후'는 재난피해자를 대상으로 심리지원 센터 또는 기관 등에서 본격적인 심리개입이 이루어지는 시기로, 개입 시기는 재난의 종류, 증상의 정도, 개입의 종류에 따라 다양할 수 있으나 평균적으로 재난 발생 후 3개월까지로 보았다. 이 시기에 정신건강 전문가들은 심리지원개입을 위해 대상을 평가하고, 다양한 기법을 활용하여 재난피해자의 외상 후 스트레스 증상을 완화하며, 필요시 관련 기관

에 연계하는 활동을 한다.

'재난 발생 이후' 역시 '사전 준비' '평가' '개입' 단계로 나눌 수 있으며, '개입' 단계는 다시 '초기' '중기' '종결기'로 구분된다. 각 단계별 가이드라인의 세부내용은 〈표 1-2〉에 제시되었다.

〈표 1-2〉 정신건강 및 위기상담 전문가용 '재난 발생 이후' 가이드라인 내용

단계		내용
사전 준비		1. 재난 발생 이후에 나타날 수 있는 일반적인 또는 대상별 특수한 반응과 증상을 숙지한다. 2. 전문가 자신의 소진을 관리한다. 3. 재난피해자에 대한 심리적 개입전략을 익힌다, – 인지 재구조화: 폭로, 스트레스 점입 훈련, 인지처리치료 – 불안관리 프로그램 – 복합치료 프로그램 – 안구운동 탈감각화 및 재처리(EMDR)
평가		4. 재난 발생 이후 재난피해자의 정신장애를 유발할 수 있는 다양한 위험요소를 파악하고 평가에 참고한다. 5. 다음과 같이 심리지원개입 대상 선별 평가 시점을 정한다. – 일반적으로 재난 발생 시점 2주일 후 – 가족이나 사랑하는 사람과 사별한 경우: 4~6주, 10~13주 후 6. 급성 단계의 재난피해자일 경우 변화의 가능성 때문에 질문지나 인터뷰를 통한 평가는 적절치 않으므로 지양한다.
개입	초기	7. 개입 시, 전문가는 다음과 같은 사항을 준비한다. – 재난피해자에 대해서 기관 간 협력을 포함한 전체적인 개입 계획을 세운다. – 재난피해자에게 제공할 정보의 출처를 알아 둔다(예: 자조모임, 웹사이트, 어플리케이션 등).
	중기	8. 다음과 같이 재난피해자 첫 만남을 진행한다. – 내담자가 신뢰감을 갖는 데 도움이 되므로, 상담기관 및 상담자의 명성과 경력에 대해 소개한다. – 피해자의 기본 욕구(안전한 생활 거처 발견, 의학적 치료 받기, 재정의 안정성 등)를 정기적으로 체크한다. – 사회활동, 종교활동, 클럽활동 등을 재개하여 집단 활동에 참여하도록 격려한다. 9. 다음의 경우 의료기관에 연계한다. – 재난피해자가 노인일 경우 지속적인 건강관리 및 객관적인 평가를 위해 정기적인 건강검진을 받도록 한다.

- 재난피해자의 정신건강 회복을 위해 상담 및 심리치료 이외의 정신과적 치료가 필요할 경우 관련 기관으로 의뢰한다.
- 재난피해자에게 신체적인 문제가 유발되기도 하므로 의료지원 여부를 점검하고 국민 기초생활 수급자나 차상위계층 또는 보호자의 보호를 받지 못하고 있는 경우, 센터에서 의료지원을 하거나 CYS-Net 기관을 연계하여 의료지원을 제공한다.

10. 다음과 같이 일반적 위기중재를 진행한다.
   - 위기중재 활동으로 디브리핑(경험 나누기) 또는 디퓨징(긴장완화) 활동을 실시한다.
   - 재난경험자들이 잘못된 소문과 과장된 정보에 흔들리지 않도록 집단 디브리핑의 기회를 통해서 올바르고 정확한 정보와 지식을 제공하고 긴장을 완화시킨다.
   - 재난경험자의 이야기에 귀를 기울여 주고 그들의 감정에 대한 비판 또는 논쟁을 삼가며 있는 그대로 편안하게 받아들여 주고 위로한다.
   - 재난상황에서 사람들은 아주 사소한 일도 처리할 수 없게 되므로, 구체적인 행동의 지침을 제시함으로써 그들이 처한 상황을 이해하고 미래를 예측할 수 있도록 한다.

중기

11. 다음과 같은 다양한 치료방법을 활용한다.
   - CBT, 성인을 위한 호흡법, 고요 반응(Quiet Responses), 심리지원기법의 해소법, 간접 노출 방법
12. 재난피해자의 심리개입 시, 다음과 같은 사항을 주의한다.
   - 재난피해자가 외상 수준의 정서에 반복 노출되면 그 이후 외상 기억의 아주 사소한 회상 단서에도 과민 반응을 보이게 되므로 모든 외상 경험을 기억하고 감정을 발산하는 목표는 내담자에게 압도적일 뿐만 아니라 불가능하므로 지양한다.
   - 외상을 완전히 끄집어내기 위한 외상 탐색은 내담자를 더욱 절망적이고 치료자에게 의존적으로 만들 수 있으므로 심리개입 시, '들춰내기' '탐색하기' '감정발산' 전략보다 '간직하기' 로 강조점을 바꿔야 한다.
   - 재난피해자들이 슬픔에서 빨리 벗어나도록 성급히 개입하지 않고, '곁에 있어 주는 태도' 로 각자의 고유한 애도 과정을 존중한다.
13. 재난피해자를 직접 찾아가는 것이 효과적이라고 판단되는 경우 찾아가는 상담을 제공한다.
14. 대상별(아동 · 청소년, 노인, 구조요원) 재난피해자 맞춤형 심리지원을 제공한다.
15. 직접적인 재난피해자 외 지역사회, 교사, 부모, 청소년을 대상으로 재난 및 재난피해자 관련 교육을 제공한다.

종결기	16. 발달적응적인 문제의 위험이 높은 개인이나 집단을 판단하여 추후관리를 제공한다. 17. 사후 단계에서 개인상담이 필요하다고 판단되는 청소년이 있다면 개인상담을 받을 수 있도록 연계하고, 필요한 경우 청소년 동반자를 배정하여 상담을 받을 수 있도록 권유한다. 18. 전체적으로 개입에 대한 평가를 진행한다. 최종 평가 회의를 개최하여 사건 발생 직후부터 종결까지 일련의 과정에 대해 평가하고 목표 대비 개입과정 및 결과분석, 성과, 과제, 해당기관의 평가, 공동개입에 대한 평가, 사후관리, 사례활용, 비밀보장의 한계 등에 대해 다룬다.

3) 사후관리

'사후관리'는 재난 발생 3개월 이후로, 재난 발생 이후에 재난피해자 및 지역사회의 회복과 유지를 위한 노력과, 향후 발생할 수 있는 재난 사건에 대비하는 시기로 볼 수 있다. 사후관리에 대한 가이드라인의 세부 내용은 〈표 1-3〉에 제시되어 있다.

〈표 1-3〉 정신건강 및 위기상담 전문가용 '사후관리' 가이드라인 내용

내용
1. 센터에서는 모든 자료와 상담 내용 등의 기록을 보관하여 데이터베이스화한다. 2. 재난 발생 후 3개월 이후에는 자조집단을 운영하고 온오프라인 상담을 통한 규칙적인 추수회기로 심리적 회복을 저해할 수 있는 상황에 재노출되는 것을 예방하며, PTSD로의 이행을 예방하고, 새로운 피해자가 출현하는지 관찰을 진행한다. 3. PTSD 증후를 보이는 대상자는 관내 정신보건센터 및 보건소에 중점 관리 대상자로 지정 · 통보하고, 전문가 상담 서비스 제공 및 전화 상담 등을 통해 지속적으로 관찰한다. 4. PTSD 환자로 분류된 경우 국 · 공립 의료기관 등의 전문치료를 안내한다. 5. 재난 1주년이 될 즈음에는 기관 차원에서 재난피해자를 위한 1주기 기념행사를 준비한다. 6. 상담자의 소진을 예방하기 위해 개인적으로는 스트레스 대처전략, 감정조절 전략 등을 활용하고 기관 차원에서는 상담자의 정서를 나누고 해소할 수 있는 공식적인 장소와 시간을 마련해 소진예방 상담이나 동료 슈퍼비전을 할 수 있도록 한다. 7. 재난에 영향받은 학생의 신체 건강의 회복과 유지를 위해 지역사회 의료기관, 보건소 등과 필요한 정보를 공유하고 CYS-Net을 통해 연계한다.

학교 관계자를 위한 가이드라인

분석 대상으로 선정된 매뉴얼, 기사, 웹사이트, 어플리케이션을 바탕으로 개별 학교 차원에서 재난에 대응할 수 있는 지침 내용을 추출하고, 공통된 의미에 따라 새롭게 범주화하여 〈표 1-4〉에 '재난대응 학교 관계자용 가이드라인'을 제시한다.

이 지침의 대상은 학교 관계자로, 학교위기관리위원회, 전문상담교사, 일반교사가 이에 속한다. 학교 관계자 중 각 세부 대상별로 시기에 따른 위기개입의 역할 및 태도에 대한 지침을 제시하였다. 학교 관계자를 대상으로 한 가이드라인의 목표는 재난 피해 학생, 가족, 교직원의 위기 대처 능력을 향상하고, 외상 증상을 발견하여 효과적으로 위기개입을 하는 것이다. 정신건강 전문가 가이드라인과 달리 학교 관계자용 가이드라인은 크게 학교 정상 재개 이전과 이후로 나뉘는데, 교내외 재난의 유형에 따라 적합한 시기의 지침 내용을 선택적으로 활용할 수 있도록 구분하였다.

1) 학교위기관리위원회

학교위기관리위원회는 교내 · 외 재난 발생 시, 재난에 대응하기 위한 체계를 구성하고 인력 활용 및 위기개입 방향 등의 세부 계획을 수립하는 조직을 의미한다. 학교위기관리위원회에는 교직원, 교사, 전문상담교사, 외부 재난 개입 전문가 등이 포함된다. 재난 발생 이후 시기별 지침은 〈표 1-4〉에 제시하였다.

2) 전문상담교사

전문상담교사는 재난 발생 시 학교위기관리위원회의 일원으로 재난 사고 대처를 위한 위기개입 및 학교 관련자 교육을 담당한다. 전문상담교사는 재난 피해 학생은 물론 학교 구성원 전체를 대상으로 개별적으로 혹은 집단으로 위기개입을 실시하고, 교사, 교직원, 학부모를 대상으로 대처방법 및 학생들을 대하는 태도 등을 교육한다. 전문상담교사의 시기별 지침은 〈표 1-4〉에 제시하였다.

3) 일반교사

교사는 학교 정상 재개 이후, 학교위기관리위원회의 재난대응 계획에 따라 학생들의 심리지원 개입을 실시한다. 구체적인 역할은 〈표 1-4〉에 제시되어 있다.

〈표 1-4〉 학교 관계자(학교위기관리위원회, 전문상담교사, 일반교사)용 가이드라인 내용

		학교위기관리위원회	전문상담교사	일반교사
사전 준비		1. 재난 사고 후 6개월 내에 집단 위기개입을 실시한다. 2. 재난 세부계획 수립 시 고려사항을 숙지한다. 3. 학교위기관리위원회 긴급회의 개최 시, 다루어야 할 사항을 숙지한다.	1. 사전에 호흡법과 같은 안정화 방법을 숙지한다.	
개입	학교 정상 재개 이전	1. 교내 재난 발생 시 - 교직원은 학교 관리자에게 재난 사실을 긴급하게 알리고 학교 구성원의 안전을 확보한다. - 학교위기관리위원회는 재난 현장을 통제하고 재난 피해 목격자를 안전한 곳으로 이동시키고 보호한다. 2. 교외 재난 발생 시 - 재난 현장에 담당자를 파견하거나 청소년 재난심리지원단에 연락을 취하여 현장의 재학생 피해상황을 파악한다. - 가정 혹은 임시 거처를 방문하여 재난에 따른 학생의 안전 여부를 확인하고, 학생이 처한 상황을 파악한다. - 전화 및 문자메시지를 활용하여 학부모 및 학생의 안전 여부를 확인한다. 3. 재난에 따른 파급효과를 판단하여 개입 범위를 결정한다. - 파급효과가 클 경우, 학교 구성원 전체를 대상으로 개입하는 것이 원칙이다. - 파급효과가 적을 경우, 재난 피해를 입은 특정인을 대상으로 신속하게 접근한다. 4. 재난 사고 대처를 위한 세부 계획을 수립하고 실행한다.	2. 교사가 학생들에게 적절히 대응할 수 있도록 재난 관련 정보를 제공한다. - 교사들에게 재난 소식 전달 내용, 전달 시 유의사항, 재난피해자가 보일 수 있는 반응, 학생 관리 방법 등을 교육한다. - 학급 교사들이 학생들에게 재난에 관한 정보, 재난에 따른 자연스러운 심리적 · 신체적 반응, 재난으로부터 일상 회복을 위해 할 수 있는 방법에 대해 안내하도록 교육한다. - 학교위기관리위원회에서 계획하는 여러 가지 개입 활동, 협력 기관 정보(청소년 재난심리지원단, 지역 청소년상담복지센터, 정신보건센터, 병원 등)를 제공한다. - 교사가 학생들에게 급성 스트레스 장애 및 외상 후 스트레스 장애 반응이 나타나는지 관찰하도록 안내한다. 3. 학급별 위기개입을 계획한 경우, 학급 교사에게 위기개입 계획과 대처방법을 안내한다. 4. 교사도 재난에 따른 영향을 받을 수 있으므로 교사에게 재난으로 인한 보편적 반응과 대처 반응에 대해 안내한다.	

	5. 재난 사망 청소년의 가족에 대해 개입한다.	5. 교사들의 생각, 감정, 의견을 나눌 기회를 갖고, 질의응답 시간을 가진다.	
학교 정상 재개 이후	1. 학교 정상 재개 당일 오전(약 10분간)에 전체 학생들을 대상으로 재난 관련 사실 정보, 학생들 간 지지방법, 대처방법을 안내한다. 2. 낙인효과를 방지하기 위해 학급 전체 학생에 대해 학습상담, 진로상담 등의 명칭하에 교사가 일괄적으로 단회성 면담을 실시하되, 재난에 많이 영향받거나 받을 가능성이 높은 학생들에게는 별도로 특별상담실의 의뢰과정을 설명하고 특별상담실로 의뢰한다. 3. 재난 피해 학생이 학기 중에 모든 소유물을 상실한 경우, 우선적으로 학비, 교복, 문구류, 교과서 등을 지원할 수 있도록 학교 및 관련 사회복지기관 등의 협조를 요청한다. 4. 재난 피해 청소년의 학부모에 대해 교육을 실시한다. 5. 언론 대응 담당자를 선정하여 언론에서 정보 요청 시 언론 대응을 일원화하고 언론 접촉 내용 및 언론 매체 리스트를 작성하여 자료를 보관한다.	6. 고위험 학생을 선별 분류한다. 7. 특별상담실을 설치하여 재난에 영향을 받을 학생에게 개별위기개입을 실시한다. 8. 전체 학생을 대상으로 집단위기개입을 실시한다. 9. 교직원을 대상으로 재난 위기개입을 실시한다.	1. 눈여겨볼 학생들을 파악하여 특별히 지켜보아야 한다. 2. 학생들을 심리적으로 지원하는 방법을 알고 실행한다. 3. 학교 정상 재개 이후, 학생들에게 재난 관련 정보와 유의사항을 전달한다. 4. 학교 정상 재개 이후, 재난 관련 정보 전달 시 다음과 같은 사항을 유의한다. - 사실적 정보만 명료하게 전달한다. - 재난 피해 상황에 대해 상세하게 묘사하지 않고, 재난의 원인에 대해 교사가 주관적으로 판단한 이유를 말하지 않는다. - 재난을 당한 사람에게 책임과 잘못이 없으며 부끄러운 일이 아님을 강조한다. - 학생들이 공통적으로 겪게 되는 반응들이 모두 '정상'임을 강조하여 전달한다. 5. 재난으로 인해 사망한 학생이 있을 시 애도방법에 대해 개입한다. 6. 교사도 심리적 어려움을 경험할 경우, 전문상담교사와 상의하고, 불면증, 식욕저하, 집중력 저하, 무기력 등의 증상이 발견되면 상담전문가 혹은 의사를 만나야 한다.
사후관리	1. 다음과 같은 특정 상황에 더욱 주의를 기울인다. - 재난으로 인한 사망자의 기일 - 시험, 졸업식 등의 주요 학사 일정 - 학생이 학교를 그만둘 때(전학, 졸업 또는 취업)	1. 정기적으로 재난 피해 청소년의 일상생활 수행능력(학교에 지각하거나 결석하는 횟수, 수업 참여 태도, 학교의 동아리 활동 참여 여부, 친구 관계)을 평가하고 필요한 교육을 제공한다.	

- 학생의 개인적 어려움이 커질 때(부모의 이혼, 학업 성적의 추락 등)
- 학생들의 행동상 변화(친구들과 잘 어울리지 않음, 표정이 어두움, 잦은 결석이나 지각 등)가 감지될 때

2. 재난으로 사망한 학생의 생일 및 기일에 대해 관리한다.

2. 재난에 따른 장기적 영향을 확인하기 위하여 학생들을 지속적으로 관찰(적어도 추후 6개월, 혹은 1년)하고, 보건교사의 협조를 얻어 관찰 결과를 학교위기관리위원회에 보고한다.
3. 필요시 외부기관 연계를 고려한다.

재난피해자를 위한 가이드라인

재난대응을 위한 재난피해자 가이드라인의 대상은 재난 피해 당사자, 재난피해자의 친구 혹은 가족이다. 재난 심리개입 전문가 혹은 학교위기관리위원회의 노력만으로는 외상에 대한 응급개입이 필요한 대상을 모두 발굴하기는 어렵다. 특히 재난 직후 별다른 증상이 없다가도 시간이 흐른 뒤 외상 증상이 나타나는 경우도 있기 때문에 상담자 및 정신건강 관련자들의 전문적인 심리개입 노력뿐만 아니라 재난피해자 및 그 주변인들을 대상으로 심리지원을 위한 기본적인 지식을 안내할 필요가 있다. 더욱이 재난피해자 스스로 자신의 상태를 돌볼 여력이 없을 수 있으므로 재난피해자의 가족, 친구 혹은 이웃 등의 도움이 필요하다.

앞서 정신건강 전문가와 학교 관계자를 위한 가이드라인은 시기에 따른 단계별 지침을 제공하였으나 재난피해자를 위한 가이드라인은 단계별 지침을 제시하지 않았다. 이는 시기에 따른 임무에 대한 것이 아니라 재난대응에 필요한 전반적이고 기본적인 지식과 정보를 포함하기 때문이다. 구체적인 내용은 〈표 1-5〉와 같다.

1) 피해 당사자

당사자 대상의 가이드라인은 재난 피해 당사자가 PTSD에 대한 정확한 정보를 얻고, 자신의 상태를 스스로 평가하여 적절한 치료를 받을 수 있도록 돕는 것이 목적이다. 재난 피해 당사자는 여러 가지 경로(미디어, 웹사이트, 어플리케이션, 전문기관 등)로 쉽게 정보를 찾을 수 있어야 하고, 자신의 상태를 관찰하여 외상 증상이 나타

날 경우 스스로 기본적인 증상 완화 방법을 실행할 수 있어야 한다. 또는 전문가에게 도움을 요청할 수 있어야 한다. 당사자 대상의 가이드라인은 재난피해자가 스스로 자신을 돌볼 수 있는 내용을 포함한다.

2) 가족

이 지침은 재난 피해 청소년의 부모를 대상으로 자녀를 대할 때 도움이 되는 행동 및 도움이 되지 않는 행동들에 대해 제시하고, 자녀를 대할 때 경험할 수 있는 어려움과 그에 대한 대처방법을 포함한다. 재난 피해 청소년의 빠른 회복을 돕는 데 필요한 효과적인 태도를 제시하는 것이 목적이다.

3) 친구

재난을 당한 친구에게 도움이 될 수 있는 지침 내용을 포함한다. 재난 피해 당사자는 재난으로 인한 피해뿐만 아니라 재난 발생 이후 달라진 환경, 대인관계 등으로 인해 2차 피해를 입을 가능성이 크므로 주변인에 대한 교육이 필요하다. 동시에 재난 피해 당사자뿐 아니라 가족 및 친구들 또한 상처와 고통을 함께 느끼기 때문에 주변인들을 효과적으로 도울 수 있는 방법을 제시하는 데 목적이 있다.

〈표 1-5〉 재난피해자(피해 당사자 및 가족, 친구 등 주변인)용 가이드라인 내용

피해 당사자	가족(부모)	친구
1. PTSD에 대한 기본 사항을 이해한다. 2. PTSD와 관련된 도움을 받을 수 있는 기관의 웹사이트 주소, 전화번호, 어플리케이션 등의 정보를 알고 활용한다. 3. 주기적으로 PTSD 증상 수준을 평가하고 증상이 관찰될 경우 상담전문가에게 도움을 요청한다. 4. 외상 증상을 완화할 수 있는 방법을 실천한다. 5. 외상 증상이 나타날 때 증상 완화를 시킬 수 있는 호흡법을 알고 필요할 때 실행한다.	1. 가족으로서 자녀의 외상 극복을 위해 노력한다. 2. 다음과 같은 태도는 자녀에게 도움이 되지 않으므로 조심한다. - 빨리 극복하고자 하는 마음에서 자녀에게 '툭 털어 버려.' '다 끝난 일이잖아.' '이제 그만 잊어버려.' 등의 말을 삼간다. - 자녀에게 어른의 역할을 강요하는 '이제 너도 다 컸으니 네 일은 네가 알아서 할 때가 됐잖니?' '너도 이제는 집안 사정을 말 안 해도 알지! 좀 참아라.' 등의 말을 삼간다.	1. 재난을 당한 친구를 대할 때 다음을 주의한다. - 재난을 당한 친구에 대해 동정이나 지나친 관심을 보이기보다는 평소와 같은 자세로 대한다. - 재난으로 인한 정서적 반응(재난 시 경험한 상황이 자꾸 떠오르는 등), 행동적 반응(말수가 줄고 혼자 있으려고 하는 등)을 보이는 친구가 있다면 신뢰할 만한 어른(교사, 부모, 상담전문가)에게 도움을 요청한다.

6. 재난과 같은 위기상황에서 유발될 수 있는 스트레스의 대처를 위해 다음과 같은 행동은 피한다.
   - 혼자 있거나 불규칙한 수면 또는 섭식 활동
   - 과도한 술이나 담배, 약물의 사용
   - 분노를 폭력적으로 표출하는 행동
   - 관련된 기사나 뉴스에 몰두하기
   - 자신이나 누군가를 지나치게 탓하기

3. 다음과 같이 자녀가 슬픔을 극복하는 데 도움이 되는 태도를 실천한다.
   - 자녀에게 조언과 충고를 하기보다는 자녀의 마음을 들어 준다.
   - 자녀가 재난으로 인한 상실에 대해 궁금해하면 있는 그대로 이야기하는 것이 좋다.
   - 재난 이후에 정서적으로 힘든 상황에서 중요한 결정이나 변화를 주는 것은 위험할 수 있으므로 현재 상황을 유지하는 데 노력한다.
   - 재난으로 파괴된 생활공간의 복구를 돕지 않는 자녀를 나무라기보다는 우울과 같은 이유로 그럴 수 있으니 잘 관찰하고 협조를 구하거나 권유하는 방식으로 접근한다.
   - 청소년이 자신의 슬픔, 불안 등의 감정에 대해서 이야기를 꺼내면, 표현방식이 다소 거칠더라도 충분히 이야기할 수 있는 분위기를 만들어 주고 기다려 줄 필요가 있다.
   - 청소년기에는 독립적이고 싶은 욕구와 의존성이 공존하는 시기로, 상실로 인해 고통을 느끼지만 힘든 상황을 잘 견뎌 내는 것처럼 보이고 싶어 하며, 혼란스러운 감정을 직접 표현하기보다는 말없이 방에 있거나 갑자기 화를 내는 방식으로 표현할 수 있음을 이해해야 한다.
4. 재난 피해 청소년의 어려움과 대응방법에 대해 숙지한다.

2. 재난과 같은 위기상황에서 유발될 수 있는 스트레스의 대처에서 주변인들이 도움을 줄 수 있는 행동은 다음과 같다.
   - 이야기에 귀 기울여 주고 함께 있어 주기
   - 따뜻한 관심 보여 주기
   - 신체적 건강과 안전 확인해 주기
   - 전문적인 도움(병원치료, 심리상담 등)을 받게 정보제공하기
   - 죄책감을 갖지 않게 하기
   - 섣부른 충고는 주의(예: '그런 건 빨리 잊어버려.' '누구나 겪는 일이야.' '툭툭 털어 버려.' 등)
   - 이야기에 대해서 판단하거나 논쟁하지 않기

일반인을 위한 가이드라인

재난대응을 위한 일반인 가이드라인의 대상이 재난 피해 당사자와 그 주변인은 아닐지라도 2차 외상의 가능성이 있는 일반인을 대상으로 한다. 재난 피해 당사자는 아니더라도 대형 재난으로 인한 심리적 충격으로 인해 2차 외상의 가능성이 있으므로 재난대응을 위한 일반적 지식을 안내할 필요가 있다. 일반인을 위한 가이드라인 내용은 자신을 돌보는 방법과 타인을 돌보는 방법으로 구분된다. 구체적인 내용은 〈표 1-6〉에 제시되어 있다.

〈표 1-6〉 일반인용 가이드라인 내용

자신을 돌보는 방법	타인을 돌보는 방법
1. 재난 사고 소식에 노출되었을 때, 스스로 자신이 2차 피해 가능성이 있는지 자가점검한다. 2. PTSD에 대한 기본 사항을 이해한다. 3. 재난으로 인해 경험할 수 있는 다양한 반응을 체크한다. 4. 주기적으로 PTSD 증상 수준을 평가하고 증상이 관찰될 경우 상담전문가에게 도움을 요청한다. 5. PTSD와 관련하여 도움을 받을 수 있는 기관의 웹사이트 주소, 전화번호, 어플리케이션 등의 정보를 알고 활용한다. 6. 재난과 같은 위기상황에서 유발될 수 있는 스트레스에 대처하기 위해 다음과 같은 행동은 피한다. - 혼자 있거나 불규칙한 수면이나 섭식활동 - 과도한 술이나 담배, 약물의 사용 - 분노를 폭력적으로 표출 - 관련된 기사나 뉴스에 몰두하기 - 자신이나 누군가를 지나치게 탓하기 7. 외상 증상을 완화할 수 있는 방법을 실천한다. 8. 외상 증상이 나타날 때 증상 완화를 시킬 수 있는 호흡법을 알고 필요할 때 실행한다. 9. 사회활동, 종교활동, 클럽활동 등의 집단활동에 참여한다.	1. 재난피해자가 나의 가족, 이웃, 친구도 될 수 있다는 것을 생각한다. 2. 소셜미디어를 통해 확인되지 않은 정보를 전달하거나 비난하는 것이 재난피해자에게 상처를 줄 수 있음을 인식한다. 3. 주변의 재난으로 인해 힘들어하는 사람이 있다면 이야기를 들어 주고 관련 정보를 찾아 알려준다. 4. 실제 재난피해자들을 만났을 때, 특별하게 바라보기보다 편안하고 자연스럽게 대한다. 5. 재난 피해 복구에 도움이 될 수 있는 활동(예: 봉사활동, 모금활동, 재능기부, 선한 댓글 달기 등)에 참여한다.

글을 마치며

국내외 재난대응과 관련하여 현재까지 제시되고 있는 각종 심리적 대응 지침을 매뉴얼, 기사, 웹사이트, 어플리케이션을 포함하여 수집하고 내용을 범주화하여 각 대상별(정신건강 및 위기상담 전문가, 학교 관계자, 재난피해자, 일반인)과 단계별(외상 직후, 외상 이후, 사후관리)로 정리하고 각각의 대표적 지침을 추출하였다. 이러한 정보의 제공은 유사한 재난 사건의 발생 시 심리지원을 위한 유용한 정보로 활용할 수 있을 것이다. 특히 재난으로 인한 고통에 대한 일반 대중 및 주변인의 이해를 도울 수 있으며, 재난 당사자 및 피해가족 등에 대한 심리지원을 제공하는 데 도움이 될 것으로 기대한다.

정신건강 전문가와 관련된 지침들은 시간의 경과에 따라 재난 발생 직후, 재난 발생 이후, 사후 개입으로 구분될 수 있었고, 학교 관계자 관련 지침은 사전 준비, 개입(학교 정상 재개 이전, 학교 정상 재개 이후), 사후관리로 구분될 수 있었다. 이러한 결과는 외상 사건의 발생 후 즉각적으로 투입되어 개입하는 데 있어 전문가 역할의 중요성을 시사한다. 또한 재난과 관련된 예방적 교육 및 개입에서는 학교기관의 역할을 주목할 수 있으며, 사후 개입에서는 정신건강 전문가 및 학교, 양쪽 모두에서 지침이 제시되고 있다. 이러한 결과는 사전 예방적 개입은 학교를 중심으로, 재난 발생 시 즉각적 개입을 위한 역할은 정신건강 전문가를 중심으로, 사후관리는 양쪽 모두를 활용할 수 있는 지침을 제공하여 왔음을 시사한다. 향후 재난 심리 대응에 대한 접근과 역할 분담 시에도 단계별로 체계적인 위기상담이 유용할 것으로 기대된다.

부록: 분석자료와 분석방법

* 분석자료

'PTSD' '외상' '재난' '심리지원' 을 키워드로 2000년 이후의 국내외 매뉴얼, 기사, 웹사이트를 검색하고, 어플리케이션은 안드로이드 및 애플스토어 검색을 통해 자료를 수집하였다. 매뉴얼과 기사의 경우, 키워드로 검색된 자료 중, 재난 심리지원 및 PTSD와 관련하여 구체적인 대응 지침이 수록되어 있는 자료를 선정하였으며, 정보의 출처를 명확하게 하기 위해 저자의 이름 및 소속이 명시되어 있는 자료만을 분석 대상에 포함시켰다. 웹사이트나 어플리케이션은 재난이나 PTSD에 대한 대응을 목적으로 제작된 것만을 검색하였으며, 그중 구체적인 지침에 대한 정보를 포함하고 있고 제공자나 제공 기관이 명확한 웹사이트만 분석 대상에 포함시켰다. 수집된 자료를 바탕으로 자연 재난, 인적 재난, 사회적 재난을 포함하는 국가적인 재난이나 지역사회 규모의 트라우마 사건의 발생 시 대상과 해당 단계에 따라 참조할 수 있는 재난대응 위기상담 및 심리개입 지침으로 제시된 내용을 분석자료로 선정하였다. 최종 분석에 매뉴얼 11건, 기사 및 칼럼 20건, 웹사이트 5건, 어플리케이션 11건이 사용되었다.

* 분석방법

자료 분석은 구체적인 관찰을 통해 일반적 패턴을 찾는, 귀납적 분석방법(Inductive Analysis; Patton, 2002)을 사용하였다. 귀납적 분석방법은 기존에 해당 현상에 대해 연구된 바가 없거나, 지식이 분절되어 있는 경우 유용하다. 귀납적 분석은 관찰한 결과를 특정 범주로 분류함으로써 범주에 속하는 자료와 속하지 않는 자료를 서로 비교한다. 범주를 만드는 목적은 현상을 묘사할 수 있는 의미를 부여하고, 지식을 생각하기 위해 이해를 높이는 것이다. 구체적인 분석 절차는 다음과 같다. 첫째, 연구자 3인이 수집된 자료의 내용을 문단 단위로 전사한 후, 원자료를 함께 검토하면서 핵심내용을 요약하였다. 요약한 내용 중 평정자 3인이 지침 내용으로 활용할 수 있다고 합의한 내용을 추려서 가장 작은 의미 단위의 중심개념으로 부호화하였다. 둘째, 평정자 3인이 함께 합의한 방식으로 개별로 줄분석을 진행한 후 교차분석 과정을 거쳤다. 특히 반복적으로 나타나는 내용에 주의를 기울이며 분석을 수행하였다. 또한 내용 해석, 용어 코딩에 있어 평정자들 간의 일치 정도를 주기적으로 확인하면서 분석의 신뢰성을 점검하였다. 셋째, 평정자들이 모여 초벌 분석의 내용을 논의하며 분석 자료를 구성하였다. 이러한 과정을 거쳐 자료 분석이 독립적이면서도 협력적으로 이루어질 수 있도록 하였다. 넷째, 줄분석 내용 중 공통적인 의미를 가진 내용을 묶어 범주로 유형화하였다. 이 단계에서 유사한 주제들을 비교, 대조하면서 각 범주가 상호 배타적일 수 있도록 하였다. 또한 예외적인 자료들을 기존 범주 내에 포함시킬지, 새로운 범주를 생성하여 포함시킬지를 합의하여 결정하였다. 다섯째, 분석 결과는 질적 분석 전문가 1인의 감수를 받아 수정 · 보완하였다. 감수자는 범주화된 내용이 원자료의 본질을 명료하게 포착하였는지, 범주가 정밀하고 충실하게 원자료의 내용을 대표하고 있는지를 확인하여 피드백을 제공하였다. 마지막으로, 분석 결과의 현장 타당성을 점검하기 위하여 실제 재난 현장에서 상담 경험이 있는 상담자 1인에게 내용 검토와 피드백을 받았다. 평정자들은 감수자의 피드백 내용을 검토한 후 논의의 과정을 거쳤으며, 그 결과를 분석 결과에 최종적으로 반영하였다.

참고문헌

김교헌(1992). 자기노출의 기능. **한국심리학회지: 일반**, 11(1), 81-107.

김동일(2014. 4. 28.). 세월호 치유도 우리 모두의 과제다. 문화일보 오피니언 포럼.

김동일 역(2011). **아동, 청소년 위기상담**[*Collaborative treatment of traumatized children and teens: the trauma systems therapy approach*]. Saxe, G. N., Ellis, B. H., & Kaplow, J. B. 저. 서울: 학지사. (원저는 2007년에 출판).

김동일, 김명찬, 이윤희, 남지은, 이주영(2012). 창의적 리질리언스 모형 탐색: 리질리언스 과정에서의 창의성, 성격, 적응 관계를 중심으로. **상담학연구**, 13(2), 1355-1369.

김동일, 김원호, 김명찬, 최선, 이주영(2011). 다시 생각해 본 리질리언스: 외상성 손상 후 적응과정에서 나타나는 특성과 적응 결과의 관계를 중심으로. **상담학연구**, 12(4), 1371-1390.

노성덕, 김호정, 이윤희, 윤은희 역(2010). DSM-IV-TR 진단에 따른 아동 · 청소년 상담 및 심리치료(제2판)[*Counseling treatment for children and adolescents with DSM-IV-TR Disorders* (2nd ed.)]. Erk, R. 저. 서울: 시그마프레스. (원저는 2008년에 출판).

박원영, 민경준, 전덕인, 윤보현, 김문두, 우영섭 역(2014). 정신의학적 진단의 핵심[*Essentials of psychiatric diagnosis*]. Frances, A. 저. 서울: 시그마프레스. (원저는 2013년에 출판).

배상정, 양난미(2014). 영성, 희망, 외상 후 성장과 삶의 만족의 관계. 한국심리학회지: 상담 및 심리치료, 26(3), 597-616.

배정이, 최남희, 김윤정, 유정(2010). 국내외 재난심리지원의 현황 분석 및 방안 모색. 국가위기관리회보, 2(1), 52-65.

서영석, 조화진, 안하얀, 이정선(2012). 한국인이 경험한 외상사건: 종류 및 발생률. 한국심리학회지: 상담 및 심리치료, 24(3), 671-701.

송현, 이영순(2012). 정서인식명확성과 외상 후 성장의 관계: 정서표현과 정서조절양식의 매개효과. 한국심리학회지: 상담 및 심리치료, 24(4), 891-910.

안현의, 박철옥, 주혜선(2012a). 성별에 따른 외상관련 정서가 PTSD에 미치는 영향: 대학생을 중심으로. 상담학연구, 13(5), 2363-2378.

안현의, 박철옥, 주혜선(2012b). 외상관련 정서의 확장: 수치심, 죄책감, 분노를 중심으로. 상담학연구, 13(2), 839-854.

안현의, 한민희, 주혜선(2013). 외상 후 스트레스 장애의 인지-기억 체계. 한국심리학회지: 상담 및 심리치료, 25(1), 111-133.

엄세준, 최진희, 김태용, 정혜경, 정문용, 소형석(2011). 베트남전 참전 퇴역 군인에서 외상후 스트레스장애와 삶의 질과의 관계. 정신신체의학, 19(2), 83-91.

이명성, 오수길, 배재현, 양세진(2008). 재난대응 거버넌스 분석: 민간자원봉사네트워크를 중심으로. 한국정책학회보, 17(3), 163-189.

장재현, 이기학(2013). 외상경험에 의한 심리적 어려움과 회복요인에 대한 개념도 연구: 천안함 피격사건 생존장병을 중심으로. 상담학연구, 14(2), 1145-1164.

장진이, 안현의(2011). 외상화된 자기체계 척도의 개발과 타당화. 한국심리학회지: 상담 및 심리치료, 23(2), 359-385.

TV조선뉴스(2014. 5. 12.). "9일, 세월호 자원봉사자 47살 배모씨 자택서 자살". 뉴스7. http://news.chosun.com/site/data/html_dir/2014/05/12/2014051201865.html

Ahrens, C. A., Cabral, G., & Abeling, S. (2009). Healing or hurtul: Sexual assault survivors' interpretations of social reactions from support providers. *Psychology of Women Quarterly, 33,* 81-94.

American Psychiatric Association. (2000). *Diagnostic and statistical manual of mental disorders* (4th ed, Text Revision). Washington, DC: American Psychiatric Association.

Andrews, B., Brewin, C. R., Ross, S., & Kirk, M. (2000). Predicting PTSD symptoms in victims of violent crime: The role of shame, anger, and childhood abuse. *Journal of Abnormal Psychology, 109,* 69-73.

Brewin, C. R., Andrews, B., & Rose, S. (2000). Fear, helplessness, and horror in posttraumatic stress disorder. *Journal of Traumatic Stress, 13,* 499-510.

Brewin, C. R., Andrews, B., & Valentine, J. D. (2000). Meta-analysis of risk factors for posttraumatic stress disorder in trauma-exposed adults. *Journal of Consulting and Psychology, 68,* 748-766.

Cohen, S., & Willis, T. A. (1985). Stress, social, support, and the buffering hypothesis. *Psychological Bulletin, 98,* 310-357.

Collins, R. L., Taylor, S. E., & Skokan, L. A. (1990). A better world or a shattered vision: Changes in perspectives following victimization. *Social Cognition, 8,* 263-285.

Courtois, C. A. (2004). Complex trauma, complex reactions: Assessment and treatment. *Psychotherapy: Theory, Research, Practice, Training, 41,* 412-425.

Dalgleish, T., & Power, M. J. (2004). Emotion-specific and emotion-non-specific components of Posttraumatic Stress Disorder(PTSD): Implications for a taxonomy of related psychopathology. *Behavior Reserch and Therapy, 42,* 1069-1088.

David, R. T. (2006). A General Inductive Approach for Analyzing Qualitative Evaluation Data. *American Journal of Evaluation, 27*(2), 237-346.

Deprince, A. P., Zurbriggen, E. I., Chu, A. T., & Smart, L. (2011). Development of the trauma appraisal questionnaire. *Journal of Aggression, Maltreatment & Trauma, 19*(3), 275-299.

Kubany, E. S., Haynes, S. N., Leisen, M. B., Owens, J. A., Kaplan, A. S., & Burns, K. (2000). Development and preliminary validation of a brief broad-spectrum measure of trauma exposure: The traumatic life events questionnaire. *Psychological Assessment, 12*(2), 210-224.

Patton, M. Q. (2002). *Qualitative research and evaluation methods* (3rd ed.). London: Sage.

Raphael, B. (1986). *When disaster strike. How individuals and communities cope with catastrope.* New York: Basic Books.

Rothbaum, B. O., Foa, E. B., Riggs, D. S., Murdock, T., & Walsh, W. (1992). A prospective examination of posttraumatic stress disorder in rape victims. *Journal of Traumatic Stress, 5,* 455–475.

Stanton, A. V., Danoff-Burg, S., Sworowski, L. A., Collins, C. L., Branstetter, A. D., & Rodriguet hanley, A. et al. (2002). Randomized, controlled trial of written emotional expression and benefit finding in breast cancer patients. *Journal of Clinical Oncology, 20,* 4160–4168.

Tedeschi, R. G., & Calhoun, L. G. (1996). The posttraumatic growth inventory: Measuring the positive legacy of trauma. *Journal of Traumatic Stress, 9,* 455–471.

Tomich, P. L., & Helgeson, V. S. (2002). Five years later: A cross-sectional comparison of breast cancer survivors with healthy women. *Psycho-Oncology, 11,* 154-169.

Ullman, S. E. (2007). Relationship to perpetrator, disclosure, social reactions, and PTSD symptoms in child sexual abuse survivors. *Journal of Child Sexual Abuse: Research, Treatment & Program Innovations of victims, Survivors & Offenders, 16,* 19-36.

Ullman, S. E., & Filipas, H. H. (2001). Predictors of PTSD symptom severity and social reactions in sexual assualt victims. *Journal of Traumatic Stress, 14,* 369-389.

제2장

재난상담 실태와 요구

김형수

'재난 현실'은 우리 대응에 변화를 요구한다

재난이 어떻게 닥칠지 모르기는 하지만 그 내용은 알려져 있어서 어느 정도 예측 가능한 경우에서부터 그 내용조차도 예측 불가능한 경우까지 다양하다. 재난은 전통적으로는 돌발 사건이나 사고에서 기인하는 것으로 보았으나, 최근에는 형질변경(tampering), 루머, 환경문제, 문화 간 충돌, 정책 입안 및 지도자 오판이나 사이버상에서도 비롯될 수 있다(James & Gilliland, 2001). 따라서 재난의 발생과 그 여파에 대한 사전 대비가 어려운 만큼, 복잡한 상황을 야기하는 재난 상황을 진단(crisis audit)해서 체계적으로 대응한다는 아이디어는 쉽게 구현되기 어렵다. 특히 재난을 경험한 사람들의 초기 심리적 손상의 정도와 시간의 경과에 따른 회복의 정도가 연구 대상자들의 재난사고 관련 심리적 원근에 따라 다르고, 재난피해자의 심리적 경험은 정서적 행동이 무감각한 무반응에서부터 원초적 공포에 이르기까지 전 범위에 걸쳐 있을 수 있다. 따라서 재난피해자들의 폭넓은 요구에 맞출 수 있도록, 상담자들 역시 다양한 개입의 범위와 그 한계 그리고 요구되는 다양한 역할을 고려할 수 있어야 한다.

본 장은 다음 자료를 기반으로 재구성하였음.

김형수, 안지영, 김동일(2015). 국가적 재난 발생 대응에 대한 상담자의 경험적 합의-재난상담 수행 경험 및 상담자 요구. 상담학연구, 16(3), 1-18.

글을 시작하며

이 장에서는 국내의 여러 재난 상황에서 상담자들의 참여 경험 실태를 살펴보고, 재난상담 대비를 위한 상담자들의 요구를 제시하려고 한다. 이를 위해서 재난에 대한 관점과 대응체계, 심리지원의 한계, 실태 그리고 상담자들의 요구에 대해서 살펴볼 것이다.

재난 상황에서 요구되는 심리지원의 범위와 재난심리지원에서 상담자들에게 요구되는 역할은 상담이나 심리평가에 국한되지 않는다(이윤주, 2004). 그것은 재난의 영향이 피해자에게 직접 복합적이고 장기적인 영향을 준다는 점뿐만 아니라 주변인들에게까지 피해가 파급된다는 점 때문이다. 재난에 따른 심리적 고통은 당사자와 생존자들에게 불안 이외에도 주변 환경과 사람들에 대한 과경계와 생존을 위한 위축된 삶을 야기한다(Wallin, 2010). 그리고 이러한 인적 관계망 간의 상호작용은 다시 재난피해자들에게 영향을 주게 된다. 따라서 외상 경험을 다루는 과정에서 개인들이 속한 사회 및 공동체의 규범과 가치 그리고 주변 공동체의 지지를 개인이 어떻게 인식하는지가 중요한 요소로 고려되는 것이다(Brewin, Andrews, & Valentine, 2000). 특히 우리나라의 경우 촘촘한 인적 네트워크로 인해 대규모 사고가 발생했을 때 국민 대다수가 영향을 받는다. 따라서 그 파급 면에서 대규모 사고 혹은 집단 트라우마 사건의 범위를 넘어서기 때문에 국가 재난화가 된다. 이러한 현실은 상담자들의 폭넓은 사후대응(postvention)을 더욱 요구하게 만든다.

특히 우리나라의 경우 촘촘한 인적 네트워크로 인해 대규모 사고가 발생했을 때 국민 대다수가 영향을 받는다. 따라서 그 파급 면에서 대규모 사고 혹은 집단 트라우마 사건의 범위를 넘어서기 때문에 국가 재난화가 된다. 이러한 현실은 상담자들의 폭넓은 사후대응(postvention)을 더욱 요구하게 만든다.

재난 상황에 대한 이해와 실제의 외적 현실들은 정신의 영역을 다루는 상담자들에게 책무성과 함께 역할에 대한 재고를 요구하고 있으며 동시에 다음과 같은 질문을 하게 만든다. 상담자들은 재난 발생 대응 과정에서 무엇을 해 왔는가? 그리고 재난 발생 상황에서 무엇을 할 수 있는가? 이 장에서는 상담자들 스스로 이에 대해 자문해 봄으로써, 재난 상황에서 심리지원 역할을 담당해야 하는 상담자들의 현재 기초선을 확인하고, 향후 요구되는 역할에 부응하기 위해 갖춰야 할 것들을 생각해 보기로 한다. 이에 다음에서는 조사 항목을 도출하기 위해서 살펴보았던 재난에 대한 관점 및 대응체계 그리고 심리지원 기법의 효과와 관련한 연구 내용들을 순차적으로 소개한다.

재난에 대한 관점 및 대응체계

정부가 최근 확정한 '안전혁신 마스터플랜'에서는 대규모 재난 발생 시 국민안전처에 설치되는 중앙재난심리지원단이 관계부처와 함께 피해자에 대한 심리지원에 나서는 것으로 되어 있다. 재난 현장에 심리지원센터를 설치해 '찾아가는 상담서비스'를 실시한다는 내용을 포함시킴으로써 시 · 도별 재난심리지원센터를 강화한다는 취지를 담고 있다. 그러나 이에 대한 비판도 있다. 재난정신건강서비스를 총괄할 컨트롤타워가 불분명하고 전문기관 설립과 관련기관 지원도 미비하며, 해당 인력들의 사전 교육 및 법적 권한과 위험에 대비하려는 노력이 없어 정책의 실효성이 낮다는 것이다(백종우 외, 2015). 뒤집어 보면, 이러한 현실은 개별 상담자들에 대한 대응력 강화 필요성을 시사하는 것이기도 하다.

기존의 우리나라 재난위기관리는 자연재해나 테러, 화재 등과 같은 위험에 대한 정부기관 중심의 대응이었다. 최근 들어, 재난에 대한 위기관리는 국가 주도형의 사후 보상이나 복구 중심의 사후관리가 아니라 지역사회 공동체가 주체가 되어 지역사회의 재난 발생 가능성을 사전에 예방하고 재난이 발생한 이후에는 피해를 최소화하고 신속하게 원래 상태로 회복하는 위기관리 패러다임으로 전환되어야 한다는 주장이 부각되고 있다. 이것은 태안반도 허베이 스피리트호 기름 유출사고나 구제역 파동을 포함한 여러 재난에 따른 경험치가 누적된 결과다(윤순진, 이재열, 정인관, 2010). 그동안은 외상 사건이 발생하는 경우, 사건 자체에 관심을 두거나 PTSD의 발병과 우울, 분노, 감정조절의 어려움 등 외상 사건의 심리적 영향에 초점을 두었다(한재은, 정순둘, 김고은, 2011). 하지만 PTSD에 대한 관심과 연구가 증가하고 있는 것과는 달리, 외상 반응에 대한 심리적 개입 및 치료 시스템 마련 등은 큰 관심을 받지 못하고 있으며 외상 반응에 대처하기 위한 위기개입에 대한 연구들은 매우 적은 실정이다. 우리나라는 2003년 국가 최초의 재난관리 전담기구인 '소방방재청'을 설치하여 재난과 재해에 대한 국가 차원의 위기개입서비스 체계를 마련하였고, 2008년 외상 사건 피해자들의 회복을 위해 전국 17개 시 · 도 재난심리지원센터를 설치하여 재난심리지원 업무를 실시하였다(최태산, 김정한, 이동훈, 2014). 이러한 재난 및 위기관리에 대한 정부의 노력에도 불구하고, 국내 현실은 여전히 인적 · 물적 인프라가 부족하고 관련 연구들은 여전히 재난 및 위기 상황에서의 심리적 개입의 중요성만 강조하고 있기 때문에 구체적인 위기개입 모델이 미비하다(한재은 외, 2011). 따라서 재난 및 위기 사건 후 정신건강을 위한 치료분야에 대한 관심과 연구는 아직 출발선상이라고 볼 수 있다.

심리지원, 그 효과는

재난 상황에 따른 직간접 피해자들을 중재나 개입의 대상으로 이끌기 위해서는 큰 틀의 지원체계가 마련되어야 하나, 준비가 잘되기 전 단계에서뿐만 아니라 준비 후에도 이것들이 원활하게 기능하게 하기 위해서는, 결국 이러한 서비스를 전면에서 실행하는 상담자들의 여러 가지 개별 역량이 동시에 요구된다. 상담자들이 취할 개입은 몇 가지 요소를 고려하게 된다. 즉, 특정한 접근의 수련을 받은 상담자들은 필요한 접근을 먼저 결정하고, 내담자의 회복 단계에 맞춰 처치를 제공할 수 있어야 한다는 것이다(Burton, 2004). 이 내용을 좀 더 살펴보면, 첫째, 정신적 외상의 지속에 따른 단계별 지원 요구가 다양하며, 둘째, 현재 적용되고 있는 기법들은 한계를 지니고 있다는 것이다.

첫째, 정신적 외상을 경험한 경우 생활 스트레스, 사회적 지원 정도, 외상 경험 심각도에 따라 지원 요구가 달라질 수 있다. 그 이유는 이러한 요소들이 PTSD 발병과 지속에 영향을 줄 수 있기 때문이다(Brewin et al., 2000). DSM 진단 기준에는 PTSD에 대한 급성, 만성, 지연성 등의 기간 기준이 설정되어 있다. 진단상의 급 · 만성 구분은 3개월 지속여부로 판단하며 만성은 6개월 이상의 기준을 두고 있다.

PTSD가 유발하는 장 · 단기 심리적 문제는 우울, 불안, 약물 문제 그리고 성격 변화까지 가져올 수 있다는 점 등을 고려하면 PTSD의 지속기간을 특정하기가 어렵다(Peterson & Schwarz, 1991). 국내외 연구들은 PTSD가 수개월에서 수십 년까지도 지속될 수 있다고 보고하고 있다(류인균, 김지은, 2011; Ho, Paultre, & Mosca, 2002).

Horowitz(2001)는 입력된 정보를 처리하여 인지체계에 통합시키려는 인간의 경향성에도 불구하고 대량의 극단적 정보를 던져 주는 외상 사건은 개인의 심리적 평정에 영향을 주고, 새로운 정보들이 완전히 처리되어 통합될 때까지 증상으로 지속될 수 있다고 보았다. 이에 따라 그는 외상 경험 진행의 5단계, 즉 ① 과도한 스트레스를 느끼는 충격의 단계, ② 부인과 마비가 나타나는 회피의 단계, ③ 외상적 정보의 침투와 회피 반응이 함께 나타나는 동요의 단계, ④ 조금씩 정보처리가 진행되는 전이의 단계, ⑤ 외상적 정보가 완전히 정보처리되는 통합의 단계를 제시하였다. 이러한 과정 중 재난이 가져온 심리적 손상이 시간이 경과해도 사라지지 않고 지속될 수 있으며(Ho et al., 2002), 그 과정에서 다양한 요구가 발생될 수 있다는 것이다. 이를테면, 외상 사건이 발생하면 충격적 경험을 하게 되어 즉시적 조치가 요구된다. 통상 심리적 응급처치가 효과적인 것으로 보고되고 있으며, 여기에는 기초생활지원(음식과 숙소)과 이를 통한 정서적 지원(안전과 보호)이 포함된다. 회피나 동요 단계에서는 외상 사건에 대한 이해를 돕는 심리교육 접근이 요구될 수 있으며, 정보처리과정에서는 심리적 과각성을 줄이고 정서적 안정에 도움이 되는 인지행동 접근이 필요할 수 있다.

PTSD로 유발되는 공존병리를 다루기 위해서는 먼저 외상 자료들에 대한 깊은 탐색이 선행되어야 한다(Burton, 2004). 이상의 내용은 외상 사건을 다루기 위해서는 다양한 개입 요구가 있을 수 있다는 점과 더불어 상담자에게 요구될 수 있는 항목들을 시사한다.

둘째, 현재 적용되고 있는 기법들은 유용성과 함께 한계를 지닌다. 외상 사건 경험자들에 대한 개입에는 의학적 접근과 심리적 측면에서의 다양한 방법이 적용되고 있다. 약물치료로 이루어지는 의학적 접근은 환자의 증상에 따라 세로토닌 재흡수 억제제나 삼환계 항우울제가 사용되고 있으나 아직 그 치료효과가 제한적이다. 따라서 의학 분야 내에서도 약물 이외에 심리치료적 접근을 활용하고 있다. 외상 사건에 대한 심리지원에는 가장 공식화된 개입방법인 심리적 디브리핑, 외상 사건 후 즉각적이고 우선적으로 제공되는 단회기 심리적 개입방법인 심리적 응급처치 그리고 이론적 기반에 따른 개입 등이 쓰인다.

첫째, 심리적 디브리핑(Psychological Debriefing)은 외상에 노출된 후 외상에 대한 반응을 정상화시키고 외상과 관련된 정서와 사고의 표현을 증가시켜 적응을 증진시키도록 계획된 단기 개입이다. 심리적 디브리핑을 적용한 세 가지 유형의 위기개입모델로, Mitchell 모델로 알려진 CISD(Critical Incident Stress Debriefing) 모델과 그것을 확장한 통합 CISM(Critical Incident Stress Management) 모델이 주요하다(한재은 외, 2011). 하지만 단회기 심리적 디브리핑은 외상 사건 후 만성 PTSD 증상과 다른 부정적인 심리적 후유증들을 감소시키지 못하거나 PTSD의 예방에 효과가 없는 것으로 나타나(Ehlers, Hackmann, & Michael, 2004), 이들 모델의 효과에 대한 연구 결과가 불확실하다.

둘째, 심리적 응급처치(Psychological First Aid, 이하 PFA)는 외상 사건 후 생존자들의 즉각적이고 실제적인 욕구를 충족시키고 사고나 상해, 충격적인 외상 사건으로 인해 정서적으로 어려움을 호소하는 사람들에게 심리치료를 제공하기 위함이 아니라 응급의료 처치처럼 정서적 혼란 상태를 안정시키는 정도이며 전문가가 아니어도 수행할 수 있을 정도의 매뉴얼화된 개입방법이다(Gard & Ruzek, 2006). PFA는 생존자와의 라포 형성이 용이하고 비용 면에서 효과적이며, 무엇보다도 긴급 상황에서의 심리개입에 좀 더 효과적이라고 보고되고 있다. 그러나 지역사회 심리개입의 대표적인 모델이나 CISD 모델과 유사하게 외상 사건 후 몇 시간 혹은 며칠 내에 즉각적이고 우선적으로 제공되는 단회기 심리적 개입방법이다. 따라서 외상 사건 당시 긴급한 심리지원만 제공되기 때문에 외상 사건으로 인해 추후 발생되는 문제들에 대해서 고려하지 못한다는 한계점이 있다(Malchodi et al., 2003).

셋째, 이론적 기반에 따른 개입이다. 그중 대표적인 것은 인지행동적 접근이다. Foa와 Jaycox(1999)는 PTSD 증상이 지속되는 환자들에게서 나타나는 두 가지 특징을 보고하였다. 즉, 이들 중 일부는 사고 후 세상이 극도로 위험하고 자신이 신뢰할 수 있는 사람이 전혀 없다는 믿음을 지속적으로 갖고 있으며, 다른 일부는 스스로를 매우 무력하고 다른 사람이었으면 사고를 피할 수 있었을 것이라고 생각한다는 것이다. 외상 사건을 경험한 사람들이 갖게 되는 깊은 자책과 세상에 대한 부정적인 인지가 PTSD의 발병에 중대한 영향을 미치며, PTSD 증상의 만성화를 결정하는 요소 역시, 외상의 초기 단계에 관찰되는 침습적인 회상의 심각도에 비해(Shalev, Freedman, Brandes, 1997), 외상에 대한 기억을 처리할 수 있는 인지능력이 가장 잘 연관된다는 입장이다(Ehlers et al., 2004). 그리고 인지능력과 신경증적 경향성이 PTSD 발병의 예측인자라는 결과가 보고됨으로써 PTSD에 대한 접근에 인지적 관점의 중요성은 지속적으로 강조되었다(McNally, Bryant, & Ehlers, 2003). 그러나 인지기능에 대한 최근 연구들은 외상 사건에 의해서 다중복합적 감정이 유발될 경우 언어(좌측피질, Broca 영역)와 자서전적 기억(해마)을 매개하는 뇌의 영역이 억제됨으로써 소위 유아기 기억상실(infantile amnesia)과 유사한 상태를 야기한다는 점을 보고하고 있다(Wallin, 2010). 즉, 우리를 압도하는 고통스러운 경험은 상황에 대한 이해와 기억 그리고 언어적 보고와 관련된 이러한 두뇌 장치의 기능을 무력화한다. 또한 재난 상황과 그로 인한 외상 경험과 같이 우리에게 가장 깊이 영향을 주는 많은 경험에 언어적으로 접근하기 어려워진다. 따라서 인지기능을 기반으로 한 인지적 접근은 외상 경험의 강도와 대상자가 처한 외상 단계에 따라 그 적용이 제한될 수 있다.

1980년대 심각한 정신적 외상에 대한 새로운 치료 접근으로 등장한 안구운동 민감소실 및 재처리요법(Eye Movement Desensitization Reprocessing, 이하 EMDR)은 뇌 정보처리 과정의 재균형을 가져옴으로써 지각된 고통의 감소와 긍정적 인식 증가 등이 이루어진다고 밝혔다(Wilson, Becker, & Tinker, 1995). 그러나 EMDR에 대한 다른 연구에서는 EMDR이 노출치료와 기존 기법에 비해 효과가 더 크다는 과학적 증거가 없으며(Acierno & Hersen, 1994), 플라세보 조건과의 비교 연구(Lytle, 1993)에서도 두 처치집단 간 차이는 유의하지 않다는 결과가 나타났다.

이상의 내용에서 얻을 수 있는 공통적인 결론은 특정 개입의 단일한 적용만으로는 증상 개선을 약속할 수 없다는 점이다. 동시에 위기개입을 위해서는 개별 개입 방법이 아닌 통합적 · 체계적 · 다요인적 접근이 필요하다고 볼 수 있다(Bisson, 2003). 위기중재를 위한 통합적 · 포괄적 · 다요인적 프로그램의 요소로는 ① 외상 사건 스트레스 및 반응, 스트레스 관리 등 외상 사건 전 준비와 교육, ② 외상 사건 희생자들의 생활지에서의 위기개입서비스 제공, ③ 음식, 휴식, 스트레스 반응에 대한 적응기법 등을 응급구조원들의 집단에 제공하고 이차적으로 영향을 받은 사람들에게도 사건에 대한 정보, 외상 후 심리적 반응과 정신건강서비스 기관에 대한 접근방법 등에 대해 알림, ④ 위기관리 브리핑(crisis management briefing), ⑤ 외상 사건과 참여자들의 반응을 탐색하고 논의하며 가능한 한 빨리 스트레스 반응과 스트레스 관리 정보를 제공하여 정상적인 회복과정을 가속화하기 위한 소규모 집단중재, ⑥ 추수개입이나 추가 서비스가 필요할 경우 타 기관에 의뢰하는 것 등이 포함된다(Ursano, Fullerton, & Norwood, 1995).

이상의 내용을 요약하면 다음과 같다. 외상 사건으로 인해 PTSD가 발생하는 경우, 회복에 소요되는 시간과 비용이 크다. 그것은 외상 경험으로부터의 회복 단계별 요구가 다를 수 있기 때문이며, 따라서 각 단계별 지원 요구에 상담자들이 부응할 수 있어야 한다. 또한 외상 간접 경험자들을 포함한 소위 말하는 작은 충격(소문자 t 트라우마)을 경험한 사람들 역시 오래 지속되는 부정적 영향을 경험할 수 있다(Ehlers et al., 2004). 그러므로 이들에 대한 상담자들의 역할 요구 역시 다양할 것이다. 따라서 다음 내용에서는 상담자들의 재난상담 경험 및 인식과 재난상담에 대응하기 위하여 상담자들이 갖춰야 할 항목들을 실태 조사를 기반으로 하여 제시한다.

첫째, 정신적 외상의 지속에 따른 단계별 지원 요구가 다양하며, 둘째, 현재 적용되고 있는 기법들은 한계를 지니고 있다.

재난상담 실태와 인식

1) 재난상담 교육 경험

재난상담 교육 경험을 교육기관과 교육 내용으로 나누어 살펴보았다. 우선 교육기관의 경우, 응답자들은 대학교와 학회 모두에서 재난상담과 관련한 교육 경험이 부족한 것으로 나타났다. 교육 경험이 적거나 없었다고 보고한 비율은 대학교의 경우 87.3%, 학회 및 기타 기관의 경우 59.3%로 나타났다. 교육 내용의 경우, 조사항목 11개에 걸쳐 부분적인 차이가 있으나 전반적으로 부족하거나 없음에 해당하는 응답이 과반수에 가깝거나 그 이상을 차지하고 있었다. 특히 심리지원체계정보, 대국민 대처 방안, 상담자 소진관리, 행정제도 등의 항목은 70% 내외로 교육 경험이 매우 적은 것으로 나타났다(〈표 2-1〉 참조).

기타 교육 경험에 대한 응답에는 봉사원 및 동료지지, 실제 상담 사례 연구, 사후관리 등에 대한 내용들이 포함되었으나, 응답자들은 해당 교육이 더 필요하다는 내용을 함께 기술하고 있어서 제공된 교육이 미흡하였던 것으로 보인다.

〈표 2-1〉 재난상담 관련 교육 경험(중복응답)

내용		없음	부족	보통	충분	매우 충분	소계
교육기관	대학교 (교과과정)	102 (56.0%)	57 (31.3%)	22 (12.1%)	1 (.5%)	0 (0%)	182 (100%)
	학회 및 기타 교육기관 (워크숍)	41 (21.7%)	71 (37.6%)	67 (35.4%)	7 (3.7%)	3 (1.6%)	189 (100%)
	기타	140 (73.7%)	23 (12.1%)	19 (10.0%)	8 (4.2%)	0 (0%)	190 (100%)
교육내용	상담자 행동 지침	36 (19.6%)	49 (26.6%)	69 (37.5%)	28 (15.2%)	2 (1.1%)	184 (100%)
	대국민 대처 방안	47 (25.5%)	80 (43.5%)	46 (25.0%)	9 (4.9%)	2 (1.1%)	184 (100%)
	심리지원체계 정보	42 (22.8%)	89 (48.4%)	43 (23.4%)	7 (3.8%)	3 (1.6%)	184 (100%)
	지역사회의 복원을 위한 상담 역할	40 (21.9%)	74 (40.4%)	54 (29.5%)	14 (7.7%)	1 (.5%)	184 (100%)
	진단 및 평가	25 (13.6%)	60 (32.6%)	71 (38.6%)	23 (12.5%)	5 (2.7%)	184 (100%)
	예방개입	26 (14.1%)	54 (29.3%)	68 (37.0%)	30 (16.3%)	6 (3.3)	184 (100%)
	단계별 기법	28 (15.2%)	71 (38.6%)	60 (32.6%)	19 (10.3%)	6 (3.3%)	184 (100%)
	상담자 소진관리	43 (23.4%)	83 (45.1%)	39 (21.2%)	16 (8.7%)	3 (1.6%)	184 (100%)
	관련기관 연계정보 (복지, 법, 의료기관 등)	41 (22.3%)	81 (44.0%)	51 (27.7%)	10 (5.4%)	1 (0.5%)	184 (100%)

	행정제도 (관련 법규)	54 (29.3%)	89 (48.4%)	35 (19.0%)	6 (3.3%)	0 (.0%)	184 (100%)
	기타	131 (70.4%)	33 (17.7%)	18 (9.7%)	3 (1.6%)	1 (.5%)	184 (100%)
합계		468 (20.8%)	654 (39.7%)	536 (29.1%)	161 (8.8%)	31 (1.6%)	1,850 (100%)

2) 재난상담 참여 경험

재난상담 참여 경험은 현장과 상담기관 내 상담 경험을 나눠서 살펴보았다. 그리고 재난상담 참여 경험이 경력에 따라 차이가 있는지도 살펴보았다. 우선 재난상담 참여 경험은 현장의 경우 84.6%, 상담기관의 경우 76.1%가 없음으로 응답하였다. 중복응답이 가능하였으므로 중첩된 참여 경험자가 있을 수 있으나 둘 중 한 곳만 경험한 응답자도 있을 수 있다. 대략적으로 전체 응답자의 약 25% 정도가 재난상담 경험이 있는 것으로 나타났다(〈표 2-2〉 참조).

〈표 2-2〉 재난상담 참여 경험(중복응답)

내용	없음	약간	자주	소계
재난 현장 상담 경험	159 (84.6%)	28 (14.9%)	1 (.5%)	188 (100%)
상담기관 내 상담 경험	143 (76.1%)	40 (21.3%)	5 (2.7%)	188 (100%)

경력별 재난상담 경험의 경우, 재난 현장과 상담기관 내 경험 모두에서 집단 간에 유의한 차이가 있는 것으로 나타났다. 응답인원 대비로는 5년 이상의 경력자 집단의 참여가 현장과 기관 내 경험 모두에서 일관되게 높게 나타났다. 반면, 1~3년 경력자 집단은 현장보다는 기관 내 경험이 더 높게 나타났다(〈표 2-3〉 참조).

〈표 2-3〉 경력별 재난상담 참여 경험

구분		상담경력 1년 미만	1~3년 미만	3~5년 미만	5~7년 미만	7~10년 미만	10년 이상	x^2
전체	유	3	14	8	13	5	7	23.29*
		12.0%	23.0%	16.3%	44.8%	62.5%	63.6%	
	무	22	47	41	16	3	4	
		88.0%	77.0%	83.7%	55.2%	37.5%	36.4%	
재난 현장	유	2	3	5	10	3	6	32.40*
		8.0%	4.8%	10.2%	33.3%	37.5%	50.0%	
	무	23	59	44	20	5	6	
		92.0%	95.2%	89.8%	66.7%	62.5%	50.0%	
상담기관 내	유	2	14	7	10	5	7	44.19*
		8.0%	23.0%	13.8%	34.5%	62.5%	58.3%	
	무	23	47	44	19	3	5	
		92.0%	77.0%	86.3%	65.5%	37.5%	41.7%	

* $p < .05$

3) 재난상담 시 수행 역할

재난상담 시 수행 역할에서는 크게 여섯 가지, 즉 검사 및 평가, 상담, 교육, 기관연계, 정보제공, 안전 점검 및 보호 항목의 활동 경험을 조사하였다. 해당 항목에 대해서 '그렇다' 이상의 전체 응답률은 32.8%였으며, 세부적으로는 상담이 가장 많았고, 교육과 검사 및 평가 순으로 나타났다. '보통이다' 로 응답한 경우에는 기관연계, 정보제공, 안전 점검 및 보호의 역할 순으로 수행하는 것으로 나타났다. 반면, '그렇지 않다' 이하의 응답에서는 전체적으로 이들 여섯 가지 역할을 재난 현장에서 상담자들이 수행하지 못하고 있다는 응답이 25.0%로 나타났다(〈표 2-4〉 참조). 재난상담 시 기타 수행 역할에 대한 서술형 응답에는 직접 피해자 이외에 유사 및 간접 경험으로 인한 일반 시민들의 스트레스 및 정신적인 충격 완화를 위한 상담 활동과 재난피해자 가족 집단상담 활동 등이 포함되었다.

〈표 2-4〉 재난상담 수행 역할

내용	매우 그렇지 않다	그렇지 않다	보통이다	그렇다	매우 그렇다	소계
검사 및 평가	10 (23.8%)	7 (16.7%)	13 (31.0%)	11 (26.2%)	1 (2.4%)	42 (100%)
상담	6 (13.0%)	2 (4.3%)	11 (23.9%)	25 (54.3%)	2 (4.3%)	46 (100%)
교육	6 (14.3%)	3 (7.1%)	20 (47.6%)	11 (26.2%)	2 (4.8%)	42 (100%)
기관연계	5 (11.9%)	6 (26.2%)	23 (81.0%)	8 (19.0%)	0 (0%)	42 (100%)
정보제공	4 (9.5%)	0 (0%)	23 (54.8%)	15 (35.7%)	0 (0%)	42 (100%)
안전 점검 및 보호	9 (21.4%)	6 (14.3%)	18 (42.9%)	9 (21.4%)	0 (0%)	42 (100%)
기타	17 (45.9%)	5 (13.5%)	13 (35.1%)	2 (5.4%)	0 (0%)	37 (100%)

4) 재난상담 교육 요구

교육 내용별 필요도에 대해서 조사하기 위해 재난상담 경험 유무에 따른 집단 간 비교를 실시하였다. 전체적으로 모든 집단에서 항목 전체에 대한 교육 요구가 매우 높게 나타났으며, 집단 간 차이는 유의하지 않았다. 추가로 경력으로 나눠 집단 간 평균 비교를 실시하였으나 이 역시 유의한 차이가 나타나지 않았다(〈표 2-5〉 참조). 기타 재난 관련 교육 요구에 대한 서술형 응답에는 비전과 사례 분석, 실제 사례 제시 후 사례에 따른 대처 방안 응용, 연계기관과의 협력체계 유지 방안, 재난 발생 이후 지속 개입, 심리상담자들 간의 네트워크 등에 대한 교육이 포함되었다.

〈표 2-5〉 재난상담 참여 경험에 따른 교육 요구 차이

구분(경험 유/무=50/135)		평균	표준편차	*t*	유의확률
행동 지침	무	4.53	.77	1.01	.07
	유	4.40	.86		
대처 방안	무	4.25	.88	.49	.49
	유	4.18	.89		
지원체계 정보	무	4.42	.79	.14	.43
	유	4.40	.81		
사회복원 역할	무	4.44	.82	-.32	.27
	유	4.48	.79		
진단평가	무	4.49	.81	-.21	.17
	유	4.52	.71		
예방개입	무	4.58	.77	-.84	.06
	유	4.68	.65		
단계별 기법	무	4.59	.78	-.28	.06
	유	4.62	.70		
소진관리	무	4.47	.85	-.60	.07
	유	4.56	.76		
연계정보	무	4.44	.76	.96	.07
	유	4.32	.84		
행정제도	무	4.33	.85	.04	.15
	유	4.32	.89		

5) 상담자 역할 인식(순위상관)

재난상담에서 상담자들의 역할 우선순위를 조사하였으며, 순위상관을 산출하여 재난상담에 참여하는 다른 직업별 역할에 대한 인식과 서로 비교하였다. 재난상담 시 상담자 역할의 우선순위는 상담, 진단 및 평가 그리고 교육 순으로 나타났다([그림 2-1] 참조). 그리고 상담자들은 재난상담 시 의사 및 임상심리사와의 높은 역할 유사성 인식을 나타냈다. 실제 재난상담 장면에서 수행한 경험은 검사 및 평가와 교육 순으로 보고되었으나, 주요한 역할의 항목들은 상호 유사하게 나타났다(〈표 2-6〉 참조).

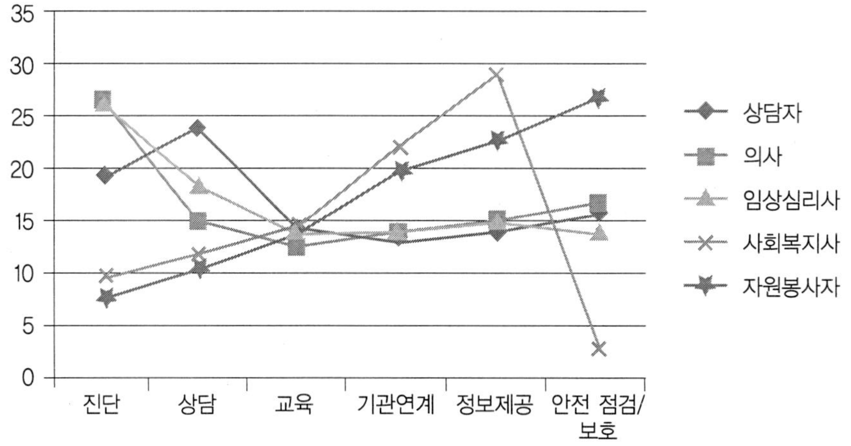

[그림 2-1] 재난 관련 직업별 역할에 대한 상담자의 인식

〈표 2-6〉 상담자의 역할 인식 우선순위 비교

구분	의사	임상심리사	사회복지사	자원봉사자
상담자	.33**	.41**	-.60**	-.47**
의사		.83**	-.47**	-.07
임상심리사			-.28**	-.28**
사회복지사				.33**

** $p<.05$

글을 마치며

국내뿐만 아니라 국외에서도 외상 후 스트레스 장애에 대해서는 아직 그 실체와 개입방법에 대해 체계적으로 정리되지 않고 있다(김동일, 김원호, 김명찬, 최선, 이주영, 2011; Saxe, Ellis, & Kaplow, 2007). 따라서 재난대응 심리지원과 관련하여 세부적인 사항에 대한 조사와 자료의 축적이 지속적으로 필요하다. 재난상담의 개입과 상담자들의 요구에 따르면 몇 가지 생각해 보아야 할 부분이 있다.

첫째, 재난상담 관련 교육을 확대할 필요가 있다. 조사 결과, 재난상담과 관련하여 대학교와 학회 및 기타 기관을 통한 교육이 매우 부족한 것으로 나타났다. 응답자들의 재난심리지원 경험이 전반적으로 적다는 점을 감안하면, 재난상담 관련 교육 항목들에 대한 전반적인 필요성의 인식은 재난심리지원 활동 준비에 대한 상담자들의 높은 동기를 시사하는 것일 수 있다. 국민안전처가 제시한 '안전혁신 마스터플랜'에 다소간 변화가 있더라도 재난 상황에서 피해자 심리지원 활동에는 상담자의 폭넓은 참여가 요구될 것이다. 재난으로 인해 유발될 수 있는 PTSD는 충분한 수련이 없는 상태에서 상담자가 개입할 경우, 부작용이 발생할 수 있으나(Peterson & Schwarz, 1991), 자원봉사자들도 적절한 교육을 받으면 유효한 개입을 할 수 있는 것으로 보고되고 있다(James & Gilliland, 2001). 따라서 대학교와 학회 차원에서 향후 재난상담 교육 내용을 구성하고 확대 실시할 필요가 있다.

둘째, 상담자들의 현장 참여 제약들을 고려할 필요가 있다. 조사 결과, 재난 현장 상담 경험이 있다고 보고한 응답자는 전체의 1/4 정도였다. 응답인원 대비로는 5년 이상의 경력자들의 참여도가 높은 편으로 나타났다. 반면, 기관 내 상담 경험에서는 1~3년 경력자의 참여 빈도가 상대적으로 더 증가하였다. 이러한 차이가 발생하는 이유 가운데 하나는 기관 소속에 따른 물리적 제약 때문일 수 있다. 상담자가 재난상담에 참여하기 위해서는 최소 2주 정도의 시간을 확보할 수 있어야 한다(Miller, 2002). 이러한 점들은 재난상담 발생 시 국가적 차원에서 기관 및 상담자들의 참여가 요구될 때를 대비해 사전에 규정화되어야 할 부분이다.

셋째, 재난상담 수행 역할의 포괄성을 고려해야 한다. 상담자들의 재난상담 수행 역할을 인접 분야 조력자들과 비교해 본 결과, 상담자들은 자신의 역할을 의사 및 임상심리사와 비슷하다고 여기는 것으로 나타났다. 따라서 재난상담 시 수행 역할은 상담, 진단 및 평가 그리고 교육이 우선되어야 한다고 여기고 있었다. 반면, 실제 재난상담 수행 경험에서는 상담, 정보제공 그리고 기관연계 및 교육의 역할이 더 큰 것으로 보고함으로써 실제 수행에서 포괄적인 역할을 하고 있음을 보고하고 있다. 재난피해자들을 돕는 상담자들은 자신이 '심리적' 형태의 조력만을 잘할 수 있는 사람이며 심리적 조력의 일만 한다고 생각하는 경향을 지닌다(이윤주, 2004). 그러나 재난피해자들은 종종 현실적이고 실질적인 기본 서비스의 제공을 제일 먼저 필요로 한다. 재난의 경우에는 육체적 돌봄이 바로 정신적 돌봄이며, 재난 후 최초의 개입은 안전을 확립하고, 음식과 의료를 공급하며, 계속되거나 추가적인 위험에 대해 언급하지 않으면서도 그것들로부터 피해자들을 보호하는 데에 초점을 맞춰야 한다(Ursano et al., 1995). 이 조사에 응한 상담자들 역시 자신의 주요한 우선 역할로 상담을 강조하고 있다. Herman(1997)은 재난 현장의 피해자들에게는 상담 이전 단계에 대한 고려를 강조한다. 3단계의 치유과정, 즉 안전의 확보, 기억과 애통(remembering and mourning) 그리고 재연결을 제시한 Herman은 외상과 관련한 상담 작업이 주가 될 수 있는 기억과 애통의 단계로 이행되기 위해서는 피해자의 안전과 생활 돌봄을 확보할 것을 요구하고 있다. 이것은 재난상담의 처음 단계에서부터 복합적인 지원이 요구된다는 것을 의미한다. 상담자가 초기부터 개입하고자 할 경우, 음식과 안전한 주거 공간 제공 또는 가해자나 상황으로부터 분리시켜서 신변을 보호하는 조치들이 필요하다는 점을 인식할 필요가 있다. 따라서 재난상담자는 의뢰와 협업이 필요할 수 있다(Herman, 1997).

넷째, 재난상담자에 대한 법적 권한과 위험 대비가 필요하다. 재난상담 관련 교육 경험 응답 가운데, 소진관리(68.5%)와 관련 법규(77.7%) 교육 경험이 대부분 부족하거나 없다고 응답하였다. 재난 현장에서 상담자들은 정서적 행동이 무감각한 무반응에서부터 원초적 공포에 이르기까지 전 범위에 걸쳐 있을 수 있는 피해자들과 대면하게 된다. 그리고 이들의 고통과 어려움을 듣는 것만으로도 상당한 스트레스를 경험할 수 있으며, 경우에 따라서는 상담자도 외상을 간접 경험할 수 있다(James & Gilliland, 2001). 이러한 점들은 상담자가 겪게 될 잠재적 위험에 대비한 법적 보호가 마련되어야 하며, 재난상담자를 위한 교육에는 소진관리를 위한 교육이 포함될 필요가 있다는 점을 부각시킨다.

재난상담에 대한 경험과 적절한 개입 증거들이 축적되어 감에 따라 상담자에 대한 세부 요구 역시 지속적으로 바뀔 수 있을 것이다. 그 과정에서 상담자들은 전반적인 조력 틀과 역량을 갖추면서 변화에 대응해야 할 것이다. 외상 경험에 대한 여러 접근은 대체로 관계를 기반으로 한다. 이것은 문제나 기법의 종류에 상관없이 변화의 실제 구조, 즉 일정한 원리와 신념 그리고 그에 따른 의식(ritual)으로 구성된 상호작용 행위라는 관점에서 볼 때 타당하다(Lambert, 2010; Prochaska, DiClemente, & Norcross, 1992). 최근의 재난 연구는 점차 공동체가 외부의 조력을 거의 받지 않고도 스스로 극복할 수 있는 역량을 어떻게 갖추는지에 집중되고 있다.

이것은 같은 재난이라도 지역사회가 주체가 되고 공동의 이익을 추구하며 서로 돕고 협력하는 체계를 갖추게 될 때 개인이나 집단이 받는 충격이나 피해가 덜할 수 있음을 관찰한 데서 비롯된다. 선행연구(Schnurr & Friedman, 2008)에서는 피해 당사자들이 지역의 다양한 지지자가 행동하고 대처하는 것을 관찰하면서 안정을 찾거나 건강한 행동을 모방하게 된다는 점을 보고하고 있다. 내담자 변화에 대한 공통적 변화 요인에 대한 연구(Lambert, 2010)에서도 관계적 요인의 기여도를 30% 정도로 보고하고 있다. 즉, 상담자가 제공하는 관계 경험(따뜻함, 애착 행동, 유머 등)이 기법이 만들어 내는 변량(15%)에 비해 더 크고 상담 성과의 주요 예측변수라는 점을 보고하고 있다(Norcross & Lambert, 2011). 이러한 관점들은 인적 네트워크의 중요성과 함께 그 한 축을 담당해야 할 상담자의 주요 역할을 부각시킨다. 현재로서는 재난상담에서 요구되는 역할의 다양성으로 인해 상담자가 하나의 작은 체계가 되기를 요구한다. 삶은 이론보다 훨씬 복잡하다. 특히 재난 상황은 충분히 예측하기 어려우며, 따라서 이에 대비한 체계를 완벽하게 갖춘다는 것도 현실적으로 어렵다. 동시에 재난피해자의 심리 단계, 요구, 중복장애 등을 감안할 때, 증가되는 사후대처 요구에 반응하게 될 상담자 개개인의 역량이 더 강화될 필요가 있을 것이다.

재난상담 개입에서 상담자들의 요구에 따라 고려할 사항

첫째, 재난상담 관련 교육 확대의 필요성

둘째, 상담자들의 현장 참여 제약

셋째, 재난상담 수행 역할의 포괄성

넷째, 재난상담자에 대한 법적 권한과 위험 대비의 필요성

부록: 분석방법

* 참여자들

재난상담 실태는 상담 분야에 종사하는 남녀로서 주요 학회에 소속되어 있으면서, 상담 및 정신보건 관련 기관에 종사하고 있는 300명의 응답을 기초로 살펴보았다. 응답자들의 성별은 남성 46명(15.3%)과 여성 254명(84.7%)이었으며, 학력으로는 석사졸업자가 138명(46.0%)으로 가장 많았고, 석사과정자 70명(23.3%), 박사과정자 32명(10.7%) 순이었다. 응답자들의 소속 학회의 경우는 중복응답이 가능하였으며, 한국상담학회원은 252명(84%), 한국상담심리학회원은 160명(53.3%)이었고, 기타 소속 학회원은 40명(13.3%)이었다. 응답자의 근무지는 청소년상담복지센터가 80명(26.7%)으로 가장 많았고, 전문상담기관 70명(23.3%), 중고등학교상담실 34명(11.3%) 순으로 나타났다. 근무형태는 정규직(59명, 19.7%)에 비해 계약직(176명, 58.7%)이 3배 가까이 많았으며, 계약직 중에서도 시간제(107명, 35.7%) 종사자가 전일제(69명, 23.0%) 종사자에 비해서 1.5배 정도 더 많았다. 상담경력으로는 1~3년차 응답자가 84명(28%)으로 가장 많았고, 3~5년 76명(25.3%), 5~7년 42명(14.0%) 순으로 나타났다.

〈표 2-7〉 설문참가자의 인구학적 변인

구분		빈도	%
성별	남성	46	15.3
	여성	254	84.7
	소계	300	100.0
학력	대학졸업	25	8.3
	석사과정	70	23.3
	석사졸업	138	46.0
	박사과정	32	10.7
	박사수료	14	4.7
	박사졸업	21	7.0
	소계	300	100.0

소속학회	한국상담학회	252	84.0
	한국상담심리학회	160	53.3
	기타	40	13.3
	소계	452	150.6
근무지	청소년상담복지센터	80	26.7
	전문상담기관	70	23.3
	청소년폭력예방재단	3	1.0
	중고등학교상담실	34	11.3
	Wee센터	11	3.7
	청소년쉼터	1	.3
	대학상담기관	59	19.7
	기타	82	27.3
계약형태	정규직	59	19.7
	계약직-전일제	69	23.0
	계약직-시간제	107	35.7
	기타	62	20.7
	무응답	3	1.0
	소계	300	100.0
상담경력	1년 미만	40	13.3
	1~3년 미만	84	28.0
	3~5년 미만	76	25.3
	5~7년 미만	42	14.0
	7~10년 미만	25	8.3
	10년 이상	31	10.3
	무응답	2	.7
	소계	300	100.0

* 조사 내용

재난 발생에 대한 상담자들의 경험 및 대응 가능 수준을 몇 가지 인구학적 정보로 나누어 살펴보기 위해서 설문지의 내용은 성별, 학력, 소속학회, 경력 등의 인구학적 질문을 포함하였다. Mitchell(1983)의 연구를 바탕으로 위기중재의 통합적 · 포괄적 · 다요인적 접근에서 요구되는 내용들을 포함하여 질문을 구성하였다(〈표 2-8〉 참조). 즉, ① 상담자 준비교육(외상 사건에 대한 이해), ② 개입기법, ③ 생활 지원(음식, 휴식) 서비스 관련 교육, ④ 연계기관 의뢰정보 등을 고려하였다. 따라서 전체 구성은 재난상담 교육 경험, 재난상담 참여 경험 및 역할, 재난상담 교육 요구, 상담자 역할 등에 대하여 그 준비도 및 교육 요구를 개괄적으로 살펴보았다. 조사에 참가한 상담자들의 인구학적 정보와 재난상담 교육 경험, 재난상담 참여 경험, 재난상담 시 수행역할, 재난상담 참여 경험에 따른 재난상담 교육 요구를 살펴보았다. 그리고 마지막으로 재난상담에서 상담자 역할별 우선순위와 인접 직업들과의 역할인식을 비교해서 제시하였다.

〈표 2-8〉 설문 문항 구성

번호	질문	응답 방식
1	성별	선택형
2	최종학력	선택형
3	소속학회(중복응답 가능)	선택형
4	상담 근무지(중복응답 가능)	선택형
5	근무 형태	선택형
6	상담경력	선택형
7	귀하의 재난상담 교육 경험은?	선택형
8	귀하가 경험한 재난상담 교육에서 아래 항목들이 다뤄진 정도는?	5점 Likert 척도
9	재난상담 참여 경험은?	3점 Likert 척도
10	재난 현장 상담 참여 시 아래 항목에 대해 자신이 수행했던 역할은? (경험이 없을 경우, 11번으로)	5점 Likert 척도
11	재난상담 교육에서 아래 항목별로 필요도 수준은?	5점 Likert 척도
12	아래 각 직업별로 재난상담에서 제시된 역할의 우선순위를 1에서 6까지 부여한다면?	1~6까지 순위 부여

참고문헌

김동일, 김원호, 김명찬, 최선, 이주영(2011). 다시 생각해 본 리질리언스: 외상성 손상 후 적응과정에서 나타나는 특성과 적응 결과의 관계를 중심으로. **상담학연구**, 12(4), 1371-1390.

류인균, 김지은(2011). The neurobiological role of the dorsolateral prefrontal cortex in recovery from trauma. *Arch Gen Psychiatry, 68*(7), 701-713.

백종우, 김현수, 심민영, 이해국, 우영섭, 정찬승, 이상혁, 석정호, 전홍진, 이상민, 방수영, 나경세, 이병철, 이명수, 허휴정, 채정호(2015). 세월호 사고 직후 대한정신건강재단 재난정신건강위원회의 초기 지원과 대한신경정신의학회 회원들의 자원 봉사 활동. *Journal of Korean Neuropsychiatric Association, 54*(1), 1-5.

윤순진, 이재열, 정인관(2010). 재난이 어촌공동체에 미친 영향-허베이스피리트호 유류오염 사고의 사례연구. **한국사회학회 사회학대회 논문집**, 2010(12), 593-603.

이윤주(2004). 재난피해의 심리적 영향과 재난극복을 위한 심리적 조력의 방법: 아동을 중심으로. **청소년상담연구**, 12(1), 28-40.

최태산, 김정한, 이동훈(2014). 문화적 관점에서 바라본 PTSD 예방을 위한 재난심리지원 프로그램에 대한 체계적 접근. **문화예술교육연구**, 9(5), 99-118.

한재은, 정순둘, 김고은(2011). 재난 피해자들의 정신건강 증진을 위한 위기개입모델 비교 연구. **한국위기관리논집**, 7(3), 49-70.

Acierno, R., & Hersen, M. (1994). Review of the validation and dissemination of eye-movement desensitization and reprocessing: A scientific and ethical dilemma. *Clinical Psychology Review, 14*(4), 287-299.

Bisson, J. (2003). Single-session early psychological interventions following traumatic events. *Clinical Psychol Rev, 23*, 336-345.

Brewin, C., Andrews, B., & Valentine, J. (2000). Meta-analysis of risk factors for posttraumatic stress disorder in trauma-exposed adults. *Journal of Consulting and Clinical Psychology, 68*(5), 748-766.

Burton, K. B. (2004). Resilience in the face of psychological trauma. *Psychiatry, 67*(3), 231-234.

Ehlers, A., Hackmann, A., & Michael, T. (2004). Intrusive re-experiencing in posttraumatic stress disorder: Phenomenology, theory and therapy. *Memory, 12*, 403-415.

Foa, E. B., & Jaycox, L. H. (1999). Cognitive-behavioral theory and treatment of post-traumatic stress disorder. In Spiegel, D. S. (Ed.), *Efficacy and Post-effectiveness of psychotherapy* (pp. 23-61). Washington, D. C.: American Psychiatric Press.

Gard, B., & Ruzek, J. (2006). Community mental health response to crisis. *Journal of Clinical Psychology, 62*(8), 1029-1041.

Herman, J. L. (1997). *Trauma and recovery: The aftermath of violence from domestic abuse to political terror.* New York: Basic Books.

Ho, J. E., Paultre, F., & Mosca, L. (2002). Lifestyle changes in New Yorkers after september 11, 2001 (Data from the post-disaster heart attack prevention program). *The American Journal of Cardiology, 90*, 680-682.

Horowitz, M. J. (2001). *Stress response syndromes* (4th ed.). Northvale, NJ: Jason Aronson.

James, R., & Gilliland, B. (2001). *Crisis intervention strategies.* CA: Wadsworth Publishing co.

Lambert, M. (2010). *Prevention of treatment failure: The use of measuring, monitoring, and feedback in clinical practice.* Washington, D. C.: American Psychological Association.

Lytle, R. (1993). An investigation of the efficacy of eye-movement desensitization in the treatment of cognitive intrusions related to memories of a past stressful event. *Dissertations Abstracts International, 54-09*(B), 4926.

Malchodi, C., Oncken, C., Dornelas, E., Caramanica, L., Gregonis, E., & Curry, S. (2003). The Effects of Peer Counseling on Smoking Cessation and Reduction. *Obstetrics and Gynecology, 101*(3), 504-510.

McNally, R. J., Bryant, R. A., & Ehlers, A. (2003). Does early psychological intervention promote recovery from posttraumatic stress? *Psychological Science in the Public Interest, 4*, 45-79

Miller, L. (2002). Psychological intervention for terroristic trauma: Symptoms, syndromes, and treatment strategies. *Psychotherapy Theory/Research/Practice/Training, 39*(4), 283-296.

Mitchell, J. T. (1983). When disaster strikes: The critical incident debriefing process. *Journal of the Emergency Medical Services, 8*, 36-39.

Norcross, J., & Lambert, M. (2011). Psychotherapy relationships that work II. *Psychotherapy, 48*(1), 4-8.

Peterson, K., & Schwarz, R. (1991). *Post-traumatic stress disorder: A clinician's guide.* New York: Plenum Press.

Prochaska, J., DiClemente, C., & Norcross, J. (1992). In search of how people change: Applications to addictive behaviors. *American Psychologist, 47*(9), 1102-1114.

Saxe, G. N., Ellis, B. H., & Kaplow, J. B. (2007). *Collaborative treatment of traumatized children and teens: The trauma systems therapy approach.* New York: Guilford Press.

Schnurr, P., & Friedman, M. (2008). Treatments for PTSD: Understanding the Evidence. *PTSD Research Quarterly, 19*(3), 1-12.

Shalev, A. Y., Freedman, S., Brandes, D., & Peri, T. (1997). Predicting PTSD in civilian trauma survivors. Prospective evaluation of self-report and clinician administered instruments. *British Journal of Psychiatry, 170*, 558-564.

Ursano, R. J., Fullerton, C. S., & Norwood, A. E. (1995). Psychiatric dimensions of disaster: Patient care, community consultation, and preventive medicine. *Harvard Review of Psychiatry, 3,* 196-209.

Wallin, D. (2010). *Attachment in psychotherapy.* New York: Guilford Press.

Wilson, S., Becker, L., & Tinker, R. (1995). Eye movement desensitization and reprocessing (EMDR) treatment for psychologically traumatized individuals. *Journal of Consulting and Clinical Psychology, 63*(6), 928-937.

제3장

대규모 외상 사건으로 인한 증상과 평가도구

서영석 · 박지수 · 조아라

대규모 외상 사건은 피해자뿐 아니라 일반 대중에게도 영향을 미친다

갑작스럽게 사고나 재해를 경험한 사람들은 예상치 못한 상황에서 통제할 수 없는 문제가 발생했기 때문에 큰 정신적 고통을 경험하는데, 조기에 적절한 개입이 이루어지지 않을 경우 만성적인 스트레스 증상을 나타낼 수 있다(대한불안장애학회 재난정신의학위원회, 2004; Hoffman & Kruczek, 2011). 특히 다수에게 영향을 미치는 대규모 외상 사건(mass trauma events)은 지역 내 구성원들의 스트레스를 가중시킨다. 우리나라에서는 최근 10년간 허베이 스피릿호 기름 유출 사고에서부터 세월호 사고까지 개인 및 집단에게 피해를 입히는 사건이 다수 발생하였다. 이러한 사건들은 미디어를 통해 거의 실시간으로 보도되었기 때문에, 사건과 직접적으로 관련이 있는 사람들뿐만 아니라 많은 사회구성원에게 심리정서적 고통을 야기하였다.

대규모 외상 사건을 경험한 대부분의 사람은 스트레스 관련 증상을 보이더라도 점차

본 장은 다음 자료를 기반으로 재구성하였음.

'2015년 한국상담학회 재난대응 정신건강 · 위기상담 심포지엄' 의 주제 강연 원고

서영석, 박지수, 조아라(2015). 대규모 외상사건으로 인한 임상적 장애 및 증상 관련 평가도구 개관. 상담학연구, 16(3), 557-580.

그 증세가 감소하지만, 10~30%는 복잡하고 만성적인 질환인 외상 후 스트레스 장애(Posttraumatic Stress Disorder: PTSD)로 발전한다(Ursano et al., 2004). 일례로, 1970년대 미국에서 발생한 버팔로 크리크 댐 사고 생존자 중 약 44%가 PTSD로 진단되었고, 이 중 28%가 14년이 지난 후에도 PTSD 진단 기준에 부합한 것으로 나타났다(Green et al., 1990: Keane, Marshall, & Taft, 2006에서 재인용). 이는 PTSD가 만성화될 경우 완치가 상당히 어렵다는 것을 의미한다. 만성 PTSD 환자는 극심한 심리정서적 고통으로 인해 타인과 교류하는 것을 힘들어하고 결혼생활이나 경제생활 또한 영위하지 못할 가능성이 높다. 따라서 외상 사건의 피해자가 오랜 기간 정신적 고통을 경험하지 않도록 외상 사건 발생 초기부터 PTSD 및 관련 증상들을 평가하고 이를 토대로 적절하게 개입함으로써 PTSD가 만성화되지 않도록 예방할 필요가 있다(Foa, Keane, Friedman, & Cohen, 2008; Ursano et al., 2004).

한편, 세월호 사고와 같은 대규모 외상 사건이 발생했을 경우 이를 직접 경험했거나 목격한 피해자들뿐만 아니라 언론매체를 통해 사건을 접한 일반인들 또한 심각한 수준의 심리적 고통을 경험하게 된다. 예를 들어, 2000년 미국에서 발생한 9/11 테러공격 이후 관련 TV 프로그램을 반복적으로 시청한 사람들에게서 저손상 PTSD 증상이 목격되었고, 사건과 관련된 TV 프로그램 시청 시간과 노출된 보도 내용이 많을수록 우울, 불안 및 신체화 증상 수준이 높은 것으로 나타났다(Neria & Sullivan, 2011; Schlenger et al., 2002). 2014년 4월에 발생한 세월호 사고의 경우에도 사건 발생 직후 거의 모든 언론매체에서 한 달 이상 반복적으로 사건 발생 및 처리 과정을 가감 없이 반복적으로 방영했기 때문에, 이를 실시간으로 목격한 일반 대중의 사회적 불안감과 불신뿐만 아니라 심리적 고통 또한 고조되었을 것으로 예상할 수 있다.

글을 시작하며

이 장에서는 대규모 외상 사건으로 인해 발생할 수 있는 임상적 장애 및 증상들을 소개하고, 이를 평가하는 검사도구들을 임상적 기준과 심리측정적 기준을 토대로 고찰하고자 한다. 국내외 관련 선행연구들은 주로 PTSD에 초점을 두고 이를 평가하는 검사도구들을 소개하였는데, PTSD의 진단적 특징을 상술하고 이를 평가하는 검사도구들의 기초 정보를 제공했다는 의의를 지니고 있다. 예를 들어, Keane, Silberbogen과 Weierich(2008)는 PTSD 진단도구뿐 아니라 경험한 외상의 종류를 확인하고 치료효과를 시간의 흐름에 따라 측정할 수 있는 평가도구를 심리측정적 관점에서 개관하였다. 또한 Weathers, Keane과 Foa(2008)는 PTSD 진단도구를 제작할 때 포함해야 할 측정요소들을 열거하고 척도 사용 시 주의사항을 상술하였다.

우리나라에서도 서호준, 김태석, 채정호(2010)가 다양한 PTSD 평가도구들을 소개하면서 국내에서 표준화가 이루어진 척도들을 구분하여 제시함으로써 임상가의 관점에서 보다 타당한 척도들을 선별할 수 있게 하였다. 그러나 이상의 연구들은 척도 평가 기준에 대한 기술이 미흡하여 구체적으로 어떤 기준을 적용해서 각 척도를 평가했는지를 판단하기가 어렵다는 제한점을 지니고 있다. 서호준 등(2010)과 같이 DSM과의 연계성 여부를 명시하는 경우도 있었지만, 대부분의 PTSD 척도 개관 연구에서는 DSM과의 연계성 여부를 기준으로 활용하지 않았다. 또한 선행연구들에서는 DSM-IV-TR을 기준으로 PTSD 관련 척도들을 개관하였기 때문에, 2013년에 새로 개정된 DSM-5의 기준 및 변경 사항을 반영하여 기존 척도들을 고찰할 필요가 있다.

더욱이, 대규모 외상 사건으로 인해 발생할 수 있는 임상적 장애 및 증상에는 PTSD뿐 아니라 급성 스트레스 장애(Acute Stress Disorder: ASD), 심리적 디스트레스(psychological distress: 이 장에서는 주로 우울, 불안, 신체화 증상을 지칭함) 등이 있음에도 불구하고, 이러한 증상과 이를 평가할 수 있는 검사도구에 대한 논의는 매우 미흡한 실정이다.

이 장에서는 세월호 사고와 같은 대규모 외상 사건이 발생했을 때 피해자 및 이를 원조하는 전문인력, 일반 대중들이 경험할 수 있는 임상적 장애 및 증상 중에서 PTSD와 ASD, 심리적 디스트레스에 초점을 두고, 이를 측정하는 도구들을 소개하되 임상적 기준과 심리측정적 기준을 적용하여 각각의 검사도구들을 평가하고자 한다. 이때 DSM과의 연계 여부 및 새로 개정된 DSM-5의 진단기준 반영 여부, 신뢰도 및 타당도 검증 여부 및 수준, 국내 타당화 여부, 사용자 제한 여부 등을 확인하여, 각 척도의 유용성 및 양호도를 평가하고 척도 사용에 대한 제언을 하고자 한다. 다만, 이러한 척도들은 성인용과 아동용으로 구분하여 대상에 따라 선별적으로 사용해야 하는데, 이 장에서는 성인용에 국한하여 살펴보고자 한다.

이 장에서 알아볼 점

- 대규모 외상 사건으로 인해 어떤 증상들이 발생하는가?
- 각각의 증상을 진단하고 평가할 수 있는 도구에는 어떤 것들이 있는가?
- 어떤 도구가 사용하기 좋은가?

대규모 외상 사건으로 인해 어떤 증상들이 발생하는가

앞서 기술한 것처럼, 이 장에서는 대규모 외상 사건으로 인해 PTSD, ASD, 심리적 디스트레스가 초래될 수 있다고 보았다. 각각의 증상을 측정하는 도구들을 소개하기에 앞서, 외상 및 외상 사건과 관련된 DSM-5에서의 변화된 내용을 살펴보고자 한다. 한편, ASD와 심리적 디스트레스 각각의 정의 및 특징은 해당 도구들이 소개되는 부분에서 상세히 기술할 것이다.

DSM-5에서의 PTSD 정의

DSM-IV-TR에서는 외상 사건을 죽음 또는 심각한 상처를 실제로 초래했거나 위협한 사건, 자신 또는 타인의 신체적 안녕을 위협한 사건(진단기준 A1)이면서, 개인에게 극심한 두려움, 무기력 또는 공포를 초래한 사건(진단기준 A2)으로 정의하였다. 이에 반해, DSM-5(American Psychiatric Association, 2013)에서는 외상 사건을 죽음 또는 죽음의 위협, 심한 상해 및 성폭력을 실제로 초래했거나 위협한 사건으로 정의하고 있다. 외상 사건을 정의하는 데 있어서 DSM-5에서의 두드러진 변화는 우선 성폭력을 외상 사건의 한 유형으로 포함시킨 것이다. 두 번째 변화는 특정 질병이 아닌 자연스러운 신체적 노화와 같은 원인 때문에 사랑하는 사람과 사별하는 것을 더 이상 외상 사건으로 간주하지 않게 된 것이다. 세 번째 변화는 DSM-IV-TR에서 진단기준 A2였던 '개인에게 극심한 두려움, 무기력 또는 공포를 초래한 사건' 이

DSM-5에서는 삭제된 것이다. 실제로 A2 기준의 효용성을 지지하지 않는 연구 결과들도 꾸준히 보고되어 왔는데(서영석, 조화진, 안하얀, 이정선, 2012), PTSD로 진단받은 사람 중에는 다른 모든 기준을 충족하지만 두려움이나 공포 또는 무기력을 경험하지 않는 사람들이 존재하고(Brewin, Andrews, & Rose, 2000), A2 기준을 A1 기준과 함께 사용하더라도 A1 기준만 사용했을 때보다 PTSD 진단의 정확성이 향상되지 않는 것으로 나타났다(Bedard-Gilligan & Zoellner, 2008; Schnurr, spiro, Vielhauer, Findler, & Hamblen, 2002). 즉, DSM-5에서 A2 기준이 삭제된 것은 실제로 PTSD를 경험한 사람들을 PTSD로 진단할 수 있는 가능성이 증가했음을 의미한다.

대리외상

외상 사건을 직접 경험했을 때뿐만 아니라 가까운 친지나 지인에게 갑작스럽고 예측할 수 없는 외상사건이 발생했을 경우에도 PTSD가 발생할 수 있다(서호준 외, 2010; American Psychiatric Association, 2013). 즉, 외상 후 스트레스는 피해를 직접 경험한 사람에게만 국한되는 것이 아니라 타인의 외상 피해를 목격하거나 알게 되는 경우에도 발생할 수 있는 것이다. DSM-5에서도 PTSD로 발전할 수 있는 대상을 크게 직접 피해자와 간접 피해자로 구분하고 있다. 간접적으로 누군가의 피해를 관찰함으로써 외상 피해를 경험하는 것을 대리외상(vicarious trauma)이라 하는데, 이차적 외상(secondary trauma), 공감 피로(compassion fatigue) 등이 여기에 해당된다. 이차적 외상은 직접 피해자와 관련이 있는 사람이 간접적으로 외상을 경험한 후 직접 피해자와 유사한 심리정서적 문제와 PTSD 증세를 보이는 경우를 포괄적으로 지칭한다(박지영, 2013; Bride, Radey, & Figley, 2007; Dekel & Solomon, 2006; Figley, 1995). 반면, 공감피로는 외상 피해자를 원조하는 전문가가 나타내는 긴장 및 몰두 상태를 지칭하는데(Figley, 2002), 피해자의 고통을 공감하고 다루는 능력이 저하될 뿐 아니라 이에 대한 흥미가 떨어지는 특징을 보인다(박지영, 2013; Bride et al., 2007; Figley, 2002).

한편, DSM-5에서는 전자매체, TV, 영화, 사진 등을 통해 외상 사건에 노출되더라도 직업적 관련성이 없다면 PTSD로 발전되지 않는다고 명시하고 있다(American Psychiatric Association, 2013). 이 기준에 따르면 군인, 경찰, 소방대원과 같이 반복적으로 외상 사건에 노출되는 직업의 경우 업무상 밀접한 관련이 있는 사건 · 사고를 언론매체를 통해 접했을 때 PTSD 증상을 보일 수 있지만, 직업적 관련성이 없는 일반인들의 경우에는 언론매체를 통해 외상 사건에 노출되더라도 PTSD로 진단 내릴 수 없다.

증상에서의 변화

한 가지 또는 그 이상의 외상 사건에 노출될 경우 특유의 증상들이 나타나는데, DSM-5에서는 PTSD 증상에 '부정적 감정과 인지'를 추가하여 침투, 회피, 각성 및 반응성의 변화를 포함한 총 네 개의 증상 범주를 제시하고 있다(American Psychiatric Association, 2013). 대부분의 PTSD 관련 연구는 DSM-IV-TR상의 PTSD 개념을 토대로 진행되었기 때문에, PTSD 증상을 제대로 평가하기 위해서는 기존의 증상뿐 아니라 새로 추가된 '부정적 감정과 인지'를 고려할 필요가 있다. 이러한 증상들이 물질(약물 또는 알코올) 남용이나 다른 질병에 의해 초래된 것이 아님을 전제로 1개월 이상 지속되고, 학업, 직업 또는 다른 중요한 기능 영역에서 임상적으로 심각한 손상이 발생할 경우 PTSD로 진단한다(American Psychiatric Association, 2013).

DSM에서의 외상 관련 변화

- PTSD 정의 변화
  - 외상 사건의 정의 변화(진단기준 A1)
  - 성폭력이 외상의 유형으로 추가됨
  - A2 기준 삭제
- 대리외상
  - 누군가의 피해를 관찰하여 외상을 경험하는 것
  - DSM-5에서 TV, 영화, 사진 등을 통해 외상 사건에 노출되더라도 직업적 관련이 없을 경우 PTSD로 발전하지 않음을 명시
- 증상에서의 변화
  - DSM-5에서 PTSD 진단기준에 '부정적 감정과 인지' 증상이 추가됨

각각의 증상을 진단하고 평가할 수 있는 도구에는 어떤 것들이 있는가

이 장에서는 일정한 기준에 따라 각 증상을 진단하고 평가하는 척도들을 선정하였으며, 선정된 척도들은 DSM과의 연계, 타당도 및 신뢰도, 국내 타당화, 사용자 제한 여부 등의 기준에 따라 평가하였다. 척도 선정 절차 및 척도 평가 기준은 다음과 같다.

척도 선정 기준 및 절차

이 장에서 선정한 척도는 PTSD 15개, ASD 3개, 심리적 디스트레스 3개 등 총 21개로 〈표 3-1〉에 제시되어 있다. 우선 'Assessment' 'PTSD'를 핵심 단어로 사용해서 PTSD 관련 척도들을 검색하였는데, 이 과정에서 미국 국립 외상 후 스트레스 장애 센터(National Center for PTSD: NCPTSD)뿐 아니라 Weathers 등(2008), Wilson과 Keane(2004), Keane 등(2008)의 저서가 PTSD 관련 척도들을 다양하게 소개하고 있음을 확인할 수 있었다. NCPTSD는 1980년대부터 PTSD의 원인과 진단 및 치료에 대한 연구를 주도하고 있으며, 현장에서 활용하고 있는 주요 척도들을 소개하고 있다. 또한 Weathers 등(2008)의 저술은 국제외상스트레스연구협회(International Society Trauma Stress Studies: ISTSS)가 추천하는 외상치료를 위한 지침서다. 더불어 이 장에서는 외상과 PTSD의 평가에만 초점을 둔 최초의 문헌인 Wilson과 Keane(2004)의 저서와 PTSD 분야의 학자인 Terence M. Keane이 주저자로 저술한 Keane 등(2008)에 수록된 PTSD 관련 척도들을 검토하였다. 이에 따라 총 24개의 PTSD 측정도구들을 찾았고, 네 개의 출처에서 두 번 이상 언급된 16개의 척도를 선정하였다. 이때 트라우마 증상 체크리스트(Trauma Symptom Checklist: TSC-40)는 아동기에 성적 학대를 당한 사람들만을 대상으로 하기 때문에 일반적인 PTSD를 평가하기에는 적절하지 않다고 판단하여 채택하지 않았다. 이로써 15개의 PTSD 척도가 최종 선정되었다.

〈표 3-1〉 선정된 PTSD 및 ASD, 심리적 디스트레스 척도 목록

<table>
<tr><th>장애</th><th>척도명</th><th>평가방식</th><th>장애</th><th>척도명</th><th>평가방식</th><th>장애</th><th>척도명</th><th>평가방식</th></tr>
<tr><td rowspan="15">PTSD</td><td>CAPS</td><td rowspan="4">구조화된 면접</td><td rowspan="15">ASD</td><td rowspan="4">ASDI</td><td rowspan="4">구조화된 면접</td><td rowspan="15">심리적 디스트레스</td><td rowspan="15">HSCL
SCL-90-R
BSI</td><td rowspan="15">자기보고</td></tr>
<tr><td>PSS-I</td></tr>
<tr><td>SCID</td></tr>
<tr><td>SI-PTSD</td></tr>
<tr><td>DTS</td><td rowspan="11">자기보고</td><td rowspan="11">ASDS
SASRQ</td><td rowspan="11">자기보고</td></tr>
<tr><td>IES-R</td></tr>
<tr><td>LASC</td></tr>
<tr><td>Mississippi Scale</td></tr>
<tr><td>MMPI-PTSD</td></tr>
<tr><td>PCL</td></tr>
<tr><td>PDS</td></tr>
<tr><td>Penn Inventory</td></tr>
<tr><td>PTSD-I</td></tr>
<tr><td>SPTSS</td></tr>
<tr><td>TSI</td></tr>
</table>

주. CAPS = Clinician-Administered PTSD Scale; PSS-I = PTSD Symptom Scale-Interview; SCID = The Structured Clinical Interview for DSM-IV-TR; SI-PTSD = Structured Interview for PTSD; DTS = Davidson Trauma Scale; IES-R = Impact of Event Scale Revised; LASC = Los Angeles Symptom Checklist; Mississippi Scale = Mississippi Scale for Combat-Related PTSD; MMPI-PTSD = Keane PTSD Scale of the MMPI-2; PCL = PTSD Checklist; PDS = Posttraumatic Diagnostic Scale; Penn Inventory = Penn Inventory for Posttraumatic Stress; PTSD-I = PTSD Interview; SPTSS = Screen for Posttraumatic Stress Symptoms; TSI = Trauma Symptom Inventory; ASDI = Acute Stress Disorder Inventory; ASDS = Acute Stress Disorder Scale; SASRQ = Stanford Acute Stress Reaction Questionnaire; HSCL=Hopkins Symptom Checklist; SCL-90-R=Symptom Checklist 90 Revised; BSI=Brief Symptom Inventory.

한편, 현장에서 주로 사용되는 ASD 척도로는 Bryant 등(1998)이 개발한 ASDI와 Bryant, Moulds와 Guthrie(2000)가 개발한 ASDS 그리고 Cardeña 등(2000)이 개발한 SASRQ가 있는데, PTSD만큼 척도가 많지 않기 때문에 따로 선정 기준을 정하지 않고 이 세 개 척도를 소개하고자 한다. 또한 이 장에서는 직접적으로 외상 사건을 경험하지 않은 일반인들의 심리적 디스트레스를 측정하기 위해 우울, 불안, 신체화 증상을 측정하는 검사도구를 선정하여 제시하였다. 〈표 3-2〉에 제시된 것처럼, 미국에서는 9/11 테러 이후 외상 사건을 직접적으로 경험하지 않은 일반인들의 심리적 디스트레스를 평가하기 위해 주로 우울, 불안, 신체화 증상을 측정하였다(Schlenger

〈표 3-2〉 **대규모 외상 사건을 경험한 일반인 대상 척도 목록**

저자	표본	측정 증상	사용한 척도	선정 여부
Stein et al. (2004)	미국 거주 성인 (무선)	테러 관련 스트레스 증상	Posttraumatic Stress Disorder Checklist	
Kosloff et al. (2006)	브루클린 대학 학생	불안	Anxiety Sensitivity Index	
		기분	PANAS-X	
Silver et al. (2002)	미국 거주 성인 (무선)	ASD	Stanford Acute Stress Reaction Questionnaire(SASRQ)	
		불안	Vaughan perceived risk scale	
		디스트레스 (불안, 우울, 신체화)	Hopkins Symptom Checklist	○
		디스트레스 (불안, 우울, 신체화)	Brief Symptom Inventory (BSI-18)	○
Agronick et al. (2007)	브루클린 거주 아프리카계, 라틴계 고등학생	희망 없음	Beck Hopelessness Scale	
		우울	Children's Depression Inventory	
		우울	BSI Depression Subscale	
Schlenger et al. (2002)	N-SARS (from Knowledge Networks Web)	디스트레스 (우울, 불안, 신체화)	Brief Symptom Inventory (BSI-18)	○
		디스트레스 (우울, 불안, 신체화)	Symptom checklist-90-Revised	○
Shalev et al. (2006)	테러 위협을 받고 있는 지역 주민	외상 노출	Trauma History Questionnaire	
		디스트레스 (우울, 불안, 신체화)	Brief Symptom Inventory	○
Blanchard et al. (2004)	University of Albany 재학생 507명	우울	Beck Depression Inventory	
		ASD	Acute Stress Disorder Scale	
		외상 노출	Life Events Checklist	
Lau et al. (2010)	사천 지역 학생들 (학교 2곳)	PTSD	Children's Revised Impact of Event Scale(CRIES)	
		우울	Children's Depression Inventory(CDI)	
Ahern et al. (2002)	맨해튼 거주민	우울	NWS Depression Module	
		PTSD	NWS PTSD Measure	
McVeigh et al. (2006)	뉴욕 시민	비특이 의학적 증상	Behavioral Risk Factor Surveillance System(BRFSS)	
		비특이 의학적 증상	National Health Interview Survey	

et al., 2002). 따라서 이 장에서는 우울, 불안, 신체화 증상을 포괄적으로 측정할 수 있는 표준화된 도구인 Hopkins 증상 체크리스트(Hopkins Symptom Checklist: HSCL), 간이정신진단검사(Symptom Checklist-90-Revised: SCL 90-R), 단축형 간이정신진단검사(Brief Symptom Inventory: BSI)를 소개하고 활용에 대한 제언을 하고자 한다.

척도 평가 기준 및 근거

이 장에서는 크게 다섯 가지 기준(DSM과의 연계, 핵심 평가 요소, 타당도 및 신뢰도, 국내 타당화, 사용자 제한 여부)을 적용하여 척도를 평가하였다. 다음에서는 각각의 기준을 설명하고 기준 설정의 근거를 기술하고자 한다.

1) DSM과의 연계

정신건강 진단 및 평가의 목적으로 척도를 사용할 때에는 DSM과의 연계 여부를 파악하는 것이 중요하다. DSM이 외상 관련 장애 및 증상에 대한 공식적인 정의 및 진단기준을 제시하고 있기 때문에, 대규모 외상 관련 척도들을 평가하는 경우에도 DSM과의 연계 여부를 확인하는 것은 필수적이다. 실제로, PTSD 관련 척도들을 개관한 선행연구(서호준 외, 2010; Keane et al., 2008)뿐 아니라 미국 NCPTSD에서도 DSM-IV-TR 진단기준과의 연계 여부를 제시하고 있다.

이들에 따르면, 구조화된 면접 방식을 활용하여 PTSD를 진단하는 도구들은 DSM 진단기준과 직접적으로 연계되는 반면, 대부분의 자기보고식 척도는 DSM에 직접적으로 연계되지 않은 상태에서 외상 관련 증상들을 평가한다. 외상 관련 척도가 DSM과 연계되지 않을 경우 외상 및 PTSD 평가를 보충하는 데 있어서는 유용하지만, DSM 기준에 근거해서 직접적으로 PTSD를 진단하고 평가하는 데는 한계가 있다(Weathers et al., 2008).

DSM 연계 여부와 함께, 2013년 개정된 DSM-5의 반영 여부 역시 중요한 평가요소다. 특히 불안장애의 하위 유형이었던 PTSD가 '외상 및 스트레스 관련 장애(Trauma-and Stressor-Related Disorders)'라는 새로운 범주에 속하게 되었는데, '인지와 감정에서의 부정적 변화' 증상이 추가되어 총 네 가지의 주된 증상으로 진단기준이 변한 만큼(American Psychiatric Association, 2013), 척도 사용 시 정확하고 효과적인 활용을 위하여 DSM-5의 반영 여부를 확인할 필요가 있다.

2) 핵심 평가 요소

PTSD와 ASD를 평가하는 도구의 경우 해당 장애 진단, 증상의 심각도, 증상의 지속기간, 치료효과, 심리적 후유증 등 다양한 요소를 평가한다. 이 장에서는 여러 척도에서 공통적으로 포함하고 있는 '진단' '증상의 심각도'를 핵심 평가 요소로 간주하고, 이 두 가지 기준을 토대로 각각의 척도를 분석하였다.

3) 타당도 및 신뢰도

정신건강 관련 척도들은 정확하고 의미 있는 정보를 제공해야 하기 때문에 일정한 임상적·과학적 기준들을 충족시켜야 한다(American Educational Research Association et al., 1999). 이 장에서는 검사도구가 만족할 만한 타당도와 신뢰도를 확보해야 한다고 판단하였고, 내용타당도[1]와 구성타당도,[2] 내적 일관성[3]과 평정자 간 신뢰도,[4] 검사-재검사 신뢰도[5]를 토대로 각각의 척도를 평가하였다.

4) 국내 타당화

외상 사건 피해자들의 정신건강을 진단하고 평가하는 척도들은 대부분 외국에서 개발되었다. 따라서 해당 척도가 우리나라 사람들에게도 타당하게 사용될 수 있는지를 확인하는 작업이 필요한데, 적절한 번안과 다양한 표본을 대상으로 신뢰도와

1) 내용타당도: 내용타당도는 논리적 사고에 입각하여 판단하는 주관적인 타당도를 말하는데, 일반적으로 평가도구가 측정하고자 하는 속성을 제대로 측정하는지를 내용전문가가 주관적으로 판단한다.

2) 구성타당도: 구성타당도는 직접 측정이 불가능한 추상적인 개념(구성 개념)들이 실제로 평가도구에 의해 제대로 측정되었는지의 정도를 의미한다. 따라서 구성타당도 검증을 위해서는 측정하고자 하는 구성 개념을 정의하고, 가설을 설정하여 경험적인 자료를 바탕으로 검증한다.

3) 내적 일관성: 내적 일관성은 신뢰도를 가리키는 개념 중 하나로서, 문항들이 특정 개념을 얼마나 일관되게 측정하는지를 의미한다. 주로 Cronbach' s α 지수로 보고된다(Cronbach' s α가 .70 이상이면 바람직한 것으로 본다).

4) 평정자 간 신뢰도: 평정자 간 신뢰도는 평정자 간의 평정 결과가 얼마나 유사한지 그 정도를 나타낸다. 이 장에서는 카파계수를 보고하였다(일반적으로 .85 이상이면 평정자 간 일치도가 높다고 본다).

5) 검사-재검사 신뢰도: 검사-재검사 신뢰도는 동일한 평가도구를 동일한 대상에게 일정한 시간 간격을 두고 실시하였을 때, 두 번 실시한 결과가 일치되는 정도를 의미한다. 일반적으로 검사점수 간 상관(r)으로 보고한다.

타당도를 검증하는 작업이 이루어져야 한다(송승훈, 이홍석, 박준호, 김교헌, 2009; 장미수, 2011). 특히 외상 관련 현상을 측정할 때에는 인지적 · 정서적 관점 등 개인의 주관적 경험을 고려해야 하는데(장미수, 2011), 이러한 주관적 경험은 개인이 살아온 문화적 환경에 영향을 받는다(Jobson, 2009). 특히 외국에서 개발된 문항들이 우리나라 사람들에게 다른 의미로 해석될 수 있고, 원 척도와는 다른 요인에 묶일 수도 있다(안현의, 이나빈, 주혜선, 2013). 따라서 이 장에서는 우리나라 사람들을 대상으로 척도가 타당화되었는지를 확인하였다.

5) 사용자 제한 여부

정신건강 진단 및 평가를 목적으로 하는 척도는 평가의 유형과 목적, 범위에 따라 사용 제한 측면에서 각각 차이를 보인다. 적절한 훈련을 받은 준전문가 또는 임상적 지식 및 자격을 갖춘 임상가에 의해 실시되고 임상적 진단이 이루어져야 하는 척도가 있는가 하면, 사용 권한에 대해 엄격한 제한을 두지 않는 척도도 있다(Weathers et al., 2008). 따라서 이 장에서는 척도별로 사용자 제한 여부를 평가하였고, 이를 통해 각 척도에 대한 접근가능성 및 사용편의성에 대한 정보를 제공하고자 하였다.

이 장에서는 PTSD 진단도구를 다음과 같은 기준으로 평가하였다.

- DSM과의 연계(DSM과의 연계, DSM-5 반영 여부)
- 척도의 핵심 평가 요소(진단가능성, 증상의 심각도 평가 여부)
- 타당도 및 신뢰도(타당도: 내용타당도/구성타당도, 신뢰도: 내적 일관성/평정자 간 신뢰도/검사-재검사 신뢰도)
- 국내 타당화(번역 및 국내 타당화 여부)
- 사용자 제한 여부(사용자 자격을 제한하는지의 여부)

다음에서는 앞서 언급한 다섯 가지 평가 기준(DSM과의 연계, 핵심 평가 요소, 타당도 및 신뢰도, 국내 타당화, 사용자 제한 여부)을 적용하여 15개의 PTSD 척도(구조화된 면접 4개, 자기보고식 척도 11개), 3개의 ASD 척도(구조화된 면접 1개, 자기보고식 척도 2개)를 분석하였고 그 결과를 각각 〈표 3-3〉과 〈표 3-4〉에 제시하였다.

PTSD: 구조화된 면접도구

이 장에서 선정한 PTSD 면접도구는 모두 진단을 목적으로 사용되기 때문에 DSM과 연계되어 있으며, CAPS, PSS-I, SCID는 DSM-5의 PTSD 진단기준에 맞게 개정되었다. 또한 증상의 유무만을 평가하는 SCID를 제외하고 모든 척도가 증상의 심각도를 측정할 수가 있다. SI-PTSD에서만 내용타당도가 검증되었고, 구성타당도는 모든 도구에서 검증되었다. CAPS, SCID, SI-PTSD는 국내 번역 및 표준화 연구가 수행되었다. 한편, 구조화된 면접도구는 진단을 목적으로 하기 때문에 임상 전문가나 훈련을 받은 준전문가만 사용할 수 있다(Center for Substance Abuse Treatment, 2014).

1) 임상가를 위한 외상 후 스트레스 장애 척도

임상가를 위한 외상 후 스트레스 장애 척도(Clincian-Administered PTSD Scale: CAPS)는 미국 NCPTSD에서 Blake 등(1990)이 개발한 구조화된 면접도구로서, PTSD 진단 및 연구를 위해 가장 많이 사용되는 평가도구 중 하나다(Elhai, Gray, Kashdan, & Franklin, 2005). CAPS는 "지난 1개월간, 깨어 있는 동안 외상 사건에 대해 원치 않는 기억이 떠올랐는가?" 등 총 30개의 문항으로 구성되어 있으며 각 문항은 5점 척도로 평정한다(0점=없음, 4점=증상이 매우 심각하게 나타남). 모든 문항의 점수를 합한 것이 증상의 심각도를 나타내며, 각 증상의 유무만을 체크하여 PTSD를 진단할 수도 있다. CAPS에는 PTSD 준거 A를 평가하기 위한 생활사건조사표(Life Events Checklist: LEC)가 포함되어 있기 때문에 외상 사건의 유형 또한 파악할 수 있다는 장점이 있다. 최근 DSM-5의 PTSD 기준에 맞게 개정이 이루어졌으며 현재 타당화 작업이 진행 중에 있다(Monson, Resick, & Rizvi, 2014; National Center for PTSD, 2014a). 25명의 퇴역군인을 대상으로 한 타당화 연구에서 CAPS는 다른 자기보고식 PTSD

도구와 높은 상관을 나타냈으며(r=.70~.84) 내적 일관성(Cronbach's α=.73~.85) 또한 양호한 것으로 나타났다(Blake et al., 1990: Orsillo, 2002에서 재인용). 이병용 등(1999)이 번역한 한국판 CAPS 또한 내적 일관성(Cronbach' s α=.95), 평정자 간 신뢰도(K=.89)가 양호한 것으로 나타났다. 사용상의 여러 장점에도 불구하고 숙련된 전문가조차 검사시간이 40~60분 정도로 오래 소요된다는 단점이 있다. 또한 PTSD에 대한 임상적 지식을 갖춘 임상가, 임상 연구자 및 적절한 훈련을 받은 준전문가로 사용이 제한되어 있다.

2) PTSD 증상척도 인터뷰 버전

Foa, Riggs, Dancu와 Rothbaum(1993: Weathers et al., 2008에서 재인용)이 개발한 PTSD 증상척도 인터뷰 버전(PTSD Symptom Scale-Interview, 이하 PSS-I)은 총 17문항으로(예: '외상' 사건과 관련되는 침습적인 생각 또는 기억이 반복적으로 떠오르는가?) 구성된 반구조화된 면접이다. 면접자는 환자의 지난 2주 동안의 증상을 4점 척도(0점=전혀 아니다, 3점=매우 그렇다)로 평가한다. 각 항목당 점수가 1점 이상인 경우 해당 증상이 있는 것으로 보며, 17개의 항목 점수를 합산하여 증상의 심각도를 판단할 수 있다. 또한 PSS-I는 우수한 내적 일치도(Cronbach's α=.85)와 높은 타당도 및 신뢰도를 보고하고 있다(Foa, Riggs, Dancu, & Rothbaum, 1993: Weathers et al., 2008에서 재인용). 국내에선 인지행동치료학회 산하 외상 후 스트레스 장애연구회에서 번역되었다(조성식 외, 2009).

PSS-I의 가장 큰 장점은 PSS-I를 자기보고식 척도로 변형한 PTSD 증상척도 자기보고식 버전(PTSD Symptom Scale-Self Report, 이하 PSS-SR)과 상호 보완적으로 사용이 가능하다는 점이다. 이 두 척도의 진단적 일치도가 높기 때문에(K=0.73) PSS-I로 PTSD를 진단한 이후, PSS-SR로 재측정하여 치료의 성과를 파악할 수 있다(Monson et al., 2014). 다만, PSS-I는 측정 당일로부터 2주간의 경험을 묻기 때문에 전 생애에 걸친 PTSD를 확인하지 못할 가능성이 있다. 그러나 DSM-5 기준에 맞게 최근 업데이트된 PSS-I는 DSM상의 PTSD 기준과 합치되도록 진단 시점이 '한 달'로 수정되었다. 또한 5점 Likert척도로 확장되었으며, 현재 타당화 작업이 진행 중이다(Monson et al., 2014; Reardon, Brief, Miller, & Keane, 2014).

〈표 3-3〉 **평가 기준에 따른 PTSD 척도 분석 결과**

구분	척도명	DSM 연계		핵심 평가 요소		타당도		신뢰도			국내 타당화	사용자 제한 여부
		DSM 연계	DSM-5 반영	진단 여부	증상의 심각도	내용 타당도	구성 타당도	내적 일관성	평정자 간 신뢰도	검사-재검사 신뢰도		
구조화된 면접	CAPS	○	○	○	○	×	○	.73~.85 **.95**	.92~.99 **.89**	×	○	○
	PSS-I	○	○	○	○	×	○	.85	.91	.80	×	○
	SCID	○	○	○	×	×	○	X	.88 **.40~.70**	.78	○	○
	SI-PTSD	○	?	○	○	○	○	.94 **.92**	.97~.99	.71 **.87**	○	○
자기보고	DTS	○	?	○	○	×	○	.90이상 **.97**	×	.86 **.92**	○	×
	IES-R	○	?	△	○	○	○	.79~.92 **.69~.83**	×	.51~.94	○	×
	LASC	×	?	○	○	○	○	.94	×	.90	×	×
	M-PTSD	×	?	○	○	○	○	.94 **.90**	×	.97 **.73**	○	×
	MMPI-PTSD	○	?	△	○	○	○	.95 **.90**	×	.94 **.83**	○	×
	PCL	○	○	○	○	×	○	.97 **.93**	×	.96	○	×
	PDS	○	?	○	○	×	○	.92 **.95**	.74	.83 **.53~.88**	○	×
	Penn Inventory	×	?	○	○	○	○	.78~.94	×	.87~.93	×	×
	PTSD-I	○	?	○	○	×	○	.92	×	.95	×	×
	SPTSS	○	?	○	×	×	○	.91	×	×	×	×
	TSI	×	?	×	×	×	○	.84~.87	×	×	×	×

주. 각 항목별로 그러한 경우에는 ○, 그러하지 않은 경우에는 ×, 확인할 수 없는 경우에는 ?로 표시하였다. 완벽하게 해당된다고는 볼 수 없지만 관련된 부분이 있는 경우에는 △로 표시하였다. 국내에서 표준화된 경우 타당도 및 신뢰도를 진하게 표시하였다. 국내 타당화 및 표준화를 확인할 수 없는 경우 ×로 표시하였다.

3) 구조화된 임상면접

Spitzer, Williams, Gibbon과 First(1990)가 개발한 구조화된 임상면접(Structured Clinical Interview for DSM IV-TR: SCID)은 DSM-IV-TR에서 1축 장애 진단을 위해 광범위하게 사용되는 면접도구다. PTSD 증상을 기술한 17개의 표준화된 질문들로 구성되어 있으며(예: "외상 사건이 발생했을 때 당신은 어떻게 반응했습니까?"), 4점 척도(?=정보가 없다, 1점=없다, 2점=증상이 역치 이하로 있다, 3점=증상이 명확하게 있다)로 평가한다(서호준 외, 2010; 홍진표, 1997). 현재 DSM-5에 맞게 개정 작업이 진행 중에 있다(Monson et al., 2014). 정신병증을 범주적으로 접근하기 때문에 질병의 심각도 및 시간에 따른 차도를 알 수 없다는 단점이 있다. 또한 가장 좋지 않았던 기억을 토대로 PTSD를 진단하기 때문에 생애 전반에 대한 PTSD 진단이 부정확할 수 있고, 예시를 제시하지 않고 구두로만 '매우 화가 났던 사건'에 대해 질문하기 때문에 심각한 외상 사건을 선별하지 못할 가능성이 있다(서호준 외, 2010; 이병용 외, 1999; Reardon et al., 2014). 한국판 SCID의 경우, 평정자 간 신뢰도(K=.40~.70), 검사-재검사 신뢰도(r=.78)가 적절한 것으로 나타났다. 임상가 및 임상 연구자에 한해서 SCID를 사용할 것을 권장하고 있다.

4) 외상 후 스트레스 장애에 대한 구조화된 면접

외상 후 스트레스 장애에 대한 구조화된 면접(Structured Interview for PTSD: SI-PTSD)은 Davidson, Smith와 Kudler(1989)에 의해 개발된 면접도구로서, DSM-IV상의 PTSD 증상 17개에 대응하는 총 17개 문항으로 구성되어 있어(예: "당신의 마음속에서 지울 수 없는 전쟁 또는 기타 외상에 대한 고통스러운 기억이나 이미지를 떠올린 적이 있는가?"), 진단, 치료효과, 증상의 심각도를 평가할 수 있다(Kim et al., 2009). 17개 문항에 대해 5점 척도(0점=없다, 4점=매우 그렇다)로 평정하고, 2점 이상인 경우 증상이 있는 것으로 판단하며, 17개 증상 점수를 모두 합산하여 심각도를 평가한다. PTSD에 대한 임상적 지식을 갖춘 임상가, 임상 연구자 및 훈련받은 준전문가로 사용을 제한하고 있다. SI-PTSD는 상대적으로 검사 시간이 짧고(약 20분), 한국판 SI-PTSD의 경우 내적 합치도(Cronbach' s α=.92)와 검사-재검사 신뢰도(r=.87)가 높은 것으로 보고되고 있다(서호준 외, 2010; Kim et al., 2009). 그러나 SCID와 마찬가지로 가장 안

좋았던 기억을 근거로 진단한다는 점에서 PTSD의 전 생애적 증상을 명확히 평가하기 어렵고, 심리측정적으로 우수하지만 개발자가 아닌 다른 연구자로부터 검증을 거치지 않았다는 단점이 있다(서호준 외, 2010; 이병용 외, 1999; Weathers et al., 2008).

PTSD: 자기보고식 측정도구

〈표 3-3〉에 제시된 것처럼, 이 장에서 선정된 11개의 자기보고식 평가도구 중 약 60%(n=7개)가 DSM 진단기준과 연계되어 있고, PCL만이 DSM-5를 반영하고 있는 것으로 확인되었다. 전반적으로 핵심 평가 요소인 진단 여부와 증상의 심각도를 측정하며, 구성타당도 검증은 모든 척도에서 이루어졌고, 다섯 개의 척도에서만 내용타당도 검증이 이루어졌다. 신뢰도의 경우, 내적 일관성과 검사-재검사 신뢰도는 대부분의 척도에서 검증되었지만, 평정자 간 신뢰도는 PDS에서만 보고되었다. 한편, 구조화된 면접도구와는 달리 자기보고식 측정도구의 경우 사용에 특별한 제한이 없다.

1) Davidson 외상 척도

Davidson 외상 척도(Davidson Trauma Scale: DTS)는 Davidson(1997)이 개발한 자기보고식 평가도구로서, DSM-IV의 PTSD 증상 기준에 대응되는 17개 문항으로 구성되어 있다. 문항 구성 방식은 각 증상의 빈도와 심각도를 평가하는 CAPS와 유사한데, "사건과 관련해서 고통스러운 이미지, 기억 또는 생각들이 떠오른 적이 있습니까?" 등의 문항을 통해 지난 1주 동안 경험했던 증상의 빈도와 심각도를 5점 Likert 척도로 평정한다(증상의 빈도: 0점=전혀 없다, 4점=매일 그렇다/증상의 심각도: 0점=전혀 괴롭지 않았다, 4점=극도로 괴로웠다). 이처럼 DTS는 외상 후 스트레스 증상의 빈도와 심각도를 구분하여 평가함으로써 PTSD 진단뿐 아니라 위험에 노출되어 있는 대상자를 선별하는 데 사용할 수 있다는 장점이 있고, 치료 이후 증상의 심각도가 어떻게 변하는지를 추적하기에 적합하다. DTS는 우수한 내적 일치도(Cronbach' s α=.97)와 검사-재검사 신뢰도(r=.93)를 지닌 것으로 나타났다(Seo et al., 2008). 서호준 등(2008)에 의해 국내 타당화 작업이 이루어졌다.

2) 사건충격척도-수정판

사건충격척도-수정판(Impact of Event Scale-Revised: IES-R)은 Horowitz, Wilner와 Alvarez(1979)가 외상 관련 스트레스를 측정하기 위해 개발한 자기보고식 척도로서, 침투 증상 8개, 회피 증상 8개, 과각성 증상 6개 등을 평가하는 22개 문항으로 구성되어 있다. 평가 방법은 스트레스 사건을 명시한 후, '나는 그 사건에 대해 생각하지 않으려 한다.' '나는 조마조마하고, 쉽게 깜짝 놀란다.' 등의 문항을 통하여 지난 일주일 동안 나타난 각 증상의 빈도를 5점 척도(0점=전혀 없다, 1점=약간 그렇다, 2점=보통이다, 3점=꽤 그렇다, 4점=매우 심하다)로 평가한다. 비록 IES-R이 외상 관련 임상 연구에서 많이 사용되지만 외상 발생 초기 증상을 토대로 PTSD를 예측할 경우 PTSD 고위험집단을 과다 추정하는 문제가 있기 때문에 일반적으로 PTSD 진단을 위해 추천되지는 않는다. 은헌정 등(2005)의 연구에서 한국판 사건충격척도-수정판(IES-R-K)은 높은 내적 일치도(Cronbach's α=.69~83)를 나타냈고, 검사-재검사 신뢰도는 .89로 일본, 프랑스, 중국에서의 연구보다 높은 것으로 나타났다.

3) 로스앤젤레스 증상 체크리스트

로스앤젤레스 증상 체크리스트(The Los Angeles Symptom Checklist: LASC)는 King, King, Leskin과 Foy(1995)에 의해 개발되었으며, DSM-IV의 PTSD 기준 B, C, D뿐만 아니라 연관된 다른 증상들을 측정하기 위한 자기보고식 척도다. LASC는 총 43문항으로 구성되어 있고, 17개 문항은 PTSD 기준 B, C, D에 대응되며 나머지 문항들은 일반적인 심리적 디스트레스를 측정한다. 각 문항들은 증상들이 응답자에게 문제가 되는 정도를 반영하며(예: "잠들기가 어렵다."), 5점 척도로 평가한다(0점=문제가 안 된다, 4점=매우 문제가 된다). LASC는 내용타당도, 수렴타당도가 보고되었으며 내적 일치도(Cronbach's α=.94)와 검사-재검사 신뢰도(r=.90)가 우수한 것으로 나타났다(King et al., 1995). 한편, LASC를 통해서 외상의 유형을 알 수는 없지만, 지난 한 달 동안 나타난 문제들의 존재 여부를 알아낼 수는 있다(Orsillo, 2002).

4) 전투 관련 미시시피 PTSD 척도

Keane, Caddell과 Taylor(1988)에 의해 개발된 전투 관련 미시시피 PTSD 척도

(The Mississippi Scale for Combat-Related PTSD: M-PTSD)는 전투 관련 PTSD 증상을 평가하는 척도로 널리 사용되어 왔다. 총 35개 문항으로 구성되어 있으며(예: "군대 입대 전 나는 지금보다 친한 친구들이 많이 있었다.") 6점 척도로 평정한다(1점=항상 참은 아니다, 5점=항상 참이다). M-PTSD는 DSM-III의 PTSD 기준과 자살, 우울, 물질 남용 등과 같은 관련 장애 증상을 평가하기 위해 전문가들이 만든 200개의 문항 중에서 선택된 것이다. 베트남전 참전 용사를 대상으로 한 연구에서 M-PTSD는 높은 내적 일치도(Cronbach's α=.94~.96)와 1주 검사-재검사 신뢰도(r=.97)가 보고되었다(Keane et al., 1988). 각 문항에 대한 반응들의 점수 총합(범위: 35~175점)은 PTSD 증상의 심각도 정보를 제공하게 되는데, 총 점수가 107점 이상이면 PTSD로 진단할 수 있다고 보고되고 있다. 하지만 이 점수는 일부 집단에서 검증된 결과이기 때문에 다른 집단에서 일반화하는 데는 주의가 필요하다(National Center for PTSD, 2015).

5) 다면적 인성검사 PK 척도

다면적 인성검사(Minnesota Multiphasic Personality Inventory: MMPI) 문항 중 PTSD 환자에게서 특징적으로 나타나는 문항들을 추출하여 구성한 척도가 바로 MMPI-PTSD(이하 PK)다(Keane, Malloy, & Fairbank, 1984). 일반적으로 PK는 전체 MMPI의 한 부분으로 실시되지만, 단독 척도로도 유용하게 사용된다. 총 46개 문항으로 구성되어 있으며 각 문항에 대해 '그렇다' 또는 '아니다'로 응답한다. 절단점은 MMPI의 경우 30점, MMPI-2에서는 24~28점으로 제안되었다. PK는 자기보고식 PTSD 평가도구인 M-PTSD(.81~.85), IES-R(.65~.71), PCL(.77~.83) 그리고 면접도구인 CAPS(.77~.80)와 높은 상관을 나타내 수렴타당도가 확보되었다(Reardon et al., 2014). PK가 구체적인 PTSD 증상을 평가하기보다는 일반적인 심리적 고통을 평가한다는 비판이 제기되어 왔지만, PTSD의 일반적인 문제들을 광범위하게 평가할 뿐 아니라 꾀병 및 응답 편향을 감지할 수 있다는 장점을 지니고 있다(Weathers et al., 2008).

6) 외상 후 스트레스 장애 체크리스트

외상 후 스트레스 장애 체크리스트(PTSD Checklist: PCL)는 DSM-IV-TR PTSD 기

준을 토대로 Weathers, Litz, Herman, Huska와 Keane(1993)에 의해 제작된 자기보고식 척도로서 17개 문항으로 구성되어 있다. 각 문항은 지난 한 달 동안 나타난 증상들로 인해 얼마나 괴로웠는지를 5점 Likert 척도로 평가한다(1점=전혀 아니다, 5점=매우 그렇다). PCL은 사건의 유형과 구체성 및 대상자에 따라 세 가지 버전으로 나뉜다. 민간인 버전(civilian version: PCL-C)은 일반인을 대상으로 과거의 스트레스 경험을 평가하고, 특정 버전(specific version: PCL-S)은 구체적인 스트레스 사건에 대한 반응과 관련된 것을 평가하며(Norris & Hamblen, 2004), 군인 버전(military version: PCL-M)은 군대와 연관된 스트레스 사건에 한하여 사용된다(Reardon et al., 2014). PCL은 임상 장면에서 광범위하게 사용되어 왔으며, 다양한 외상 환자에게 우수한 심리측정적 특성을 나타냈고(Weathers et al., 2008), PTSD와 전쟁 상황에 대한 노출 등을 평가하는 M-PTSD와도 높은 상관(.93)을 나타냈다(Keane et al., 1988: Norris & Hamblen, 2004에서 재인용).

Weathers 등(2013)이 DSM-5 진단기준을 적용하여 PCL-5를 개발하였는데, 세 개의 문항이 추가되어 총 20개 문항으로 구성되어 있다. 세 가지 버전으로 나뉘어 있던 기존의 PCL과는 달리 PCL-5는 한 가지 버전만 제공되며, 기존의 PCL-S와 매우 유사하다. 기존과 동일하게 5점 Likert 척도를 사용하지만, 1~5점으로 측정하던 것에서 0점(전혀 그렇지 않다)에서 4점(매우 그렇다)까지 측정한다. 1~5번은 재경험, 6~7번은 회피, 8~14번은 부정적인 인지와 감정의 변화, 15~20번은 각성을 측정하며, 기존 PCL과 같이 증상에 따라 구분이 가능하다(정미숙, 2014).

7) 외상 후 스트레스 진단 척도

외상 후 스트레스 진단 척도(Posttraumatic-stress Diagnostic Scale: PDS)는 Foa, Cashman, Jaycox와 Perry(1997)에 의해 개발된 자기보고식 척도다. DSM-IV-TR의 PTSD 진단기준을 적용하여 외상 후 스트레스 장애를 진단하고 증상의 심각도를 평가하며(남보라, 권호인, 권정혜, 2010), 총 네 개 파트 49문항으로 구성되어 있다. 첫 번째 파트에서는 '심한 사고, 화재 또는 폭발' '가족 또는 아는 사람으로부터 당한 성과 관련되지 않은 폭행' 등 외상 사건 목록 중에서 응답자가 경험했던 하나 또는 그 이상의 사건을 체크함으로써 잠재적인 외상 사건을 평가하며, 두 번째 파트는 그 사건들 중 현재 본인에게 가장 고통스러운 사건은 무엇인지, 얼마나 오랫동안 일어나는지 등을 평가한다. 처음 두 파트는 DSM-IV-TR의 진단기준 A를 평가하고 해당 문항에 체크하는 형식으로 되어 있다. 세 번째 파트에서는 '외상 사건이 떠오르면 정서적인 고통을 느낌(예: 두려움, 화남, 슬픔, 죄책감 등)' '외상 사건의 중요한 부분을 기억하지 못함' 등의 문항에 대해 4점 척도로 응답하는데(0점=전혀 아니다 또는 1회, 1점=주 1회 정도, 2점=주 2~4회/한 달의 반 정도, 3점=주 5회 이상/거의 언제나), 이를 통해 17개 증상의 빈도와 심각도를 평가한다(진단기준 B, C, D, E). 네 번째 파트에서는 증상들이 사회적 · 직업적 기능에 미치는 영향을 평가한다(진단기준 F)(남보라 외, 2010; Weathers et al., 2008). 한편, PDS는 남보라 등(2010)에 의해 국내에서 타당화되었으며 우수한 내적 일치도(Cronbach's α=.95)와 적절한 검사-재검사 신뢰도(r=.53~.88)가 보고되었다. PDS는 PTSD 진단기준을 모두 평가할 수 있는 유일한 자기보고식 척도로서, 증상의 심각도 측정과 PTSD 진단이 가능하기 때문에 외상 사건을 경험한 사람들을 대상으로 PTSD를 측정하는 데 효과적이고 효율적인 도구라고 할 수 있다(Weathers et al., 2008).

8) 외상 후 스트레스 장애를 위한 Penn 척도

외상 후 스트레스 장애를 위한 Penn 척도(Penn Inventory for Posttraumatic Stress Disorder: Penn 척도)는 Hammarberg(1992)에 의해 개발되었으며, PTSD 증상을 평가하는 자기보고식 척도다. 총 26개 문항으로 구성되어 있고, 지난 일주일 동안 경험한 증상의 정도, 빈도 또는 강도를 4점 척도로 평가한다(예: 0점=나는 나를 이해하는 타인을 알고 있다, 1점=나는 누군가가 나를 진실로 이해하고 있는지에 대해 걱정하고 있지 않다, 2점=나는 나를 이해하는 사람이 주변에 없기 때문에 걱정이 된다, 3점=나는 나를 이해하고 있는 사람이 전혀 없기 때문에 매우 걱정이 된다). 참전용사를 위해 개발되었지만, 문구가 군인에 특화되지는 않았다(Norris & Hamblen, 2004). Penn 척도는 DSM의 PTSD 기준 17개 전부를 평가하지 않으며, DSM 기준과 직접적으로 연관되지 않는 문항(예: 자기이해)들도 포함하고 있다(National Center for PTSD, 2014b). M-PTSD, MMPI-2 PTSD 척도와 각각 .78, .72의 상관을 보여 수렴타당도가 확보되었고(Kutcher, Tremont, Burda, & Mellman, 1994), BDI와의 상관(.82)도 높게 나타나

(Hammarberg, 1992) 공인타당도가 확보되었다.

9) 외상 후 스트레스 장애 면접

외상 후 스트레스 장애 면접(PTSD-Interview: PTSD-I; Watson, Juba, Manifold, Kucala, & Anderson, 1991)은 참전용사들의 PTSD 증상을 평가하기 위해 개발되었는데, 이후 의학적 외상 피해자, 자동차 사고 피해자, 성적 혹은 신체적 폭행 피해 여성들을 포함한 다양한 외상 집단에서도 유용하게 사용되어 왔다(Watson, 1995: Norris & Hamblen, 2004에서 재인용). PTSD-I는 DSM-III-R의 PTSD 증상을 반영하는 총 17개 문항으로 구성되어 있는데, 각각의 문항은 7점 척도로 평정한다. PTSD-I는 A부터 E까지의 다섯 파트로 나뉘어 있는데, A파트에서는 중요한 외상을 확인하고, B, C, D파트는 각각 재경험, 회피, 과각성을 평가하며, E파트는 증상의 지속기간을 확인한다(Lim et al., 2003). PTSD-I는 우수한 내적 일치도(Cronbach's α =.92)와 검사-재검사 신뢰도(r=.95)가 있는 것으로 나타났으며, 진단면접검사(Diagnostic Interview Schedule: DIS)와 우수한 상관(r=.57~.99)을 보인 것으로 나타나는 등 구성타당도가 확인되었다(서호준 외, 2010; Watson et al., 1991).

10) 외상 후 스트레스 증상 검사

Carlson(2001)이 개발한 외상 후 스트레스 증상 검사(The Screen for Posttraumatic Stress Symptoms: SPTSS)는 복합외상과 관련된 PTSD를 평가하는 척도다. 각 문항의 내용이 하나의 구체적인 사건에 초점을 맞춘 것이 아니기 때문에, 이 척도는 복합적인 외상 사건 또는 흔치 않는 상황을 경험한 응답자를 대상으로 할 때 특히 유용하게 사용될 수 있다(Norris & Hamblen, 2004). 문항은 총 17개로 구성되어 있으며(예: "어떤 것이 나에게 일어났던 나쁜 일을 생각나게 할 때, 매우 화가 난다."), 11점 척도로 평정한다(0점=전혀 아니다, 10점=항상 그렇다). 문항 총점을 사용해서 응답자의 증상이 DSM의 PTSD 기준을 충족하는지 예비 평가할 수 있다. SPTSS는 원 버전과 1주 및 2주 버전 등 총 세 가지 종류가 있는데, 1주 버전과 2주 버전은 각각 지난 1주 또는 2주 동안 경험했던 증상들을 5점 척도로 평정한다는 점에서 원 버전과 차이가 있다(Carlson, 2001). 136명의 정신과 입원환자를 대상으로 한 표준화 연구에서 높은 내적 일관성(Cronbach's α= .91)이 나타났으며, 외상을 겪지 않은 환자들에 비해 외상 피해자들의 SPTSS 점수가 높은 것으로 보고되는 등 구성타당도가 입증되었다(Carlson, 2001).

11) 외상 증상 척도

Briere(1995)가 개발한 외상 증상 척도(Trauma Symptom Inventory: TSI)는 총 100개 문항으로 구성된 자기보고식 척도로서, 외상 사건으로 인한 스트레스와 심리적 후유증을 측정한다(예: "마음속에 있는 고통스러운 기억들을 밀어내려 한다."). TSI 문항들은 DSM-IV의 PTSD 진단기준(B, C, D)과 일치하지만, 이 기준들을 분명하게 평가하지 않는다는 한계를 지니고 있다. TSI에는 외상과 관련된 다양한 증상을 평가하는 10개의 임상 척도(불안 각성, 우울, 분노/과민성, 침투적 사고, 방어적 회피, 분열, 성적 관심, 역기능적 성 행동, 손상된 자기 준거, 긴장 이완 행동)가 포함되어 있다. 응답자는 이 열 가지 증상이 지난 6개월 동안 얼마나 자주 발생했는지를 4점 척도(0점=전혀 없었다, 3점=자주 있었다)로 평가한다(Orsillo, 2002). 한편, TSI에는 세 개의 타당성 척도가 포함되어 검사 결과의 유효성을 평가할 수 있는데, 대표성이 없는 응답, 응답의 수준 그리고 모순되는 응답을 평가한다. TSI는 아동기 학대, 강간, 신체적 학대, 전쟁 경험, 자연재해 등으로 인한 지속적 후유증과 같은 급성/만성 외상 후 증상을 평가하는 척도다. 이처럼 다양한 외상 사건의 종류가 포함되는 만큼 TSI는 광범위한 정신적 증상을 평가하는데, 여기에는 PTSD 또는 ASD와 관련된 증상뿐만 아니라 더 만성화된 심리적 외상과 관련된 개인 간 또는 개인 내 문제들이 포함된다. 다시 말해, TSI는 PTSD 및 ASD에 따른 일반적인 증상 이외에도 만성 심리적 외상 경험을 가진 사람에게서 자주 발생할 수 있는 내적 갈등 또는 대인관계 문제 등에 대해서도 다룬다는 점에서 다른 외상 후유증 척도와 차별점을 지닌다(Orsillo, 2002).

급성 스트레스 장애

이 장에서는 대규모 외상 사건 이후 나타날 수 있는 임상 증상으로 급성 스트레스 장애(ASD) 또한 제시하였다. 다음에서는 ASD에 대한 개괄적인 내용을 살피는 한편, 이를 측정할 수 있는 척도들을 앞서 기술한 기준에 따라 평가하고자 한다.

ASD는 여러 측면에서 PTSD와 유사하지만, 외상 사건 발생 후 3일에서 1개월 사이에 진단한다는 주요 차이점을 지니고 있다(American Psychiatric Association, 2013). ASD는 외상 피해자가 추후에 PTSD로 발전되는지를 판별하기 위한 목적으로 만들어졌고, ASD로 진단될 경우 향후 만성적인 PTSD로 발전할 위험성이 높다(채정호, 2004; Bryant et al., 2011). 한편, ASD는 PTSD와 개념적으로 중첩되기 때문에 개발된 척도가 많지 않다(Bryant et al., 2011). 이 장에서 선정한 ASDI, ASDS, SASRQ는 모두 DSM 진단기준과 연계되고 증상의 심각도를 측정할 수 있다. ASDI와 ASDS는 내용타당도가 검증되었고, ASDI, ASDS, SASRQ 모두 구성타당도가 검증되었다. 신뢰도 측면에서 세 척도 모두 .90 이상의 내적 일치도(Cronbach' s α)를 나타냈고, ASDS는 우수한 검사-재검사 신뢰도(r=.94)를 나타냈다. 이 장에서 소개하는 모든 척도는 임상가만 사용하도록 제한하고 있지 않다. 한편, SASRQ만이 국내에서 타당화되었고, DSM-5로의 개정 여부는 모든 척도에서 확인할 수가 없었다.

〈표 3-4〉 급성 스트레스 장애와 심리적 디스트레스 척도 분석 결과

진단명	구분	척도명	DSM 관련성: DSM 연계	DSM 관련성: DSM-5 반영	관련 대상의 진단평가: 진단	관련 대상의 진단평가: 증상의 심각도	타당도: 내용 타당도 검증	타당도: 구성 타당도 검증	신뢰도: 내적 일치도	신뢰도: 평정자 간 신뢰도	신뢰도: 검사-재검사 신뢰도	국내 타당화	사용자 제한 여부
ASD	면접	ASDI	○	?	○	○	○	○	.90	×	.88	×	×
	자기 보고	ASDS	○	?	○	○	○	○	.96	×	.94	×	×
		SASRQ	○	?	○	○	×	○	.80~.95 **.98**	×	.69 **.47~.71**	○	×
심리적 디스트레스	자기 보고	HSCL	–	?	○	?	?	○	.84~.87	.64~.80	.75~.82	×	×
		SCL-90-R	–	?	○	○	×	○	.77~.90 **.67~.87**	×	.78~.90	○	×
		BSI	–	?	○	○	×	○	.71~.85 **.89**	×	.75~.89	○	×

주. 각 항목별로 그러한 경우에는 ○, 그러하지 않은 경우에는 ×, 확인할 수 없는 경우에는 ?로 표시하였다. 또한 평가에 해당되지 않는 경우에는 '–' 로 표시하였으며, 국내에서 표준화된 척도의 타당도 및 신뢰도는 글씨체를 굵게 표시하였다.

ASDI = Acute Stress Disorder Inventory; ASDS = Acute Stress Disorder Scale; SASRQ = Stanford Acute Stress Reaction Questionnaire; HSCL = Hopkins Symptom Checklist; SCL-90-R = Symptom Checklist-90-Revision; BSI = Brief Symptom Inventory.

1) 급성 스트레스 장애 면접

Bryant 등(1998)이 개발한 급성 스트레스 장애 면접(Acute Stress Disorder Interview: ASDI)은 DSM상의 ASD 기준에 부합하는 총 19개 문항으로 구성되어 있고, ASD 증상이 있으면 1점, 없으면 0점을 부여한다. ASDI의 내적 일치도는 우수한 것으로 보고되었고(Cronbach's α=.90), 전문가들의 진단과 비교하였을 때 ASDI의 민감도는 91%였으며, 평정자 간 신뢰도 또한 .75로 나타났다(Bryant et al., 1998). ASDI 검사를 통해 ASD로 진단을 받은 교통사고 피해자들의 78~82%가 6개월 뒤 PTSD 진단기준을 만족하는 등, 만성적인 PTSD로 발전할 가능성이 있는 피해자들을 확인하려는 ASD의 진단 목적에 부합하는 것으로 나타났다(Bryant et al., 1998; Harvey & Bryant, 1998; Orsillo, 2002). 한편, 사용자 제한이 명시되어 있지는 않지만, 구조화된 면접이 주로 진단을 위한 목적으로 사용되기 때문에 적어도 임상 지식이 있는 전문가나 훈련받은 준전문가에게만 사용이 제한되어야 할 것으로 판단된다.

2) 급성 스트레스 장애 척도

Bryant 등(2000)은 급성 스트레스 장애 면접(ASDI)을 자기보고식으로 변형하여 급성 스트레스 장애 척도(Acute Stress Disorder Scale: ASDS)를 개발하였다. ASDS는 총 19개 문항으로 구성되어 있고, 5점 척도(1점=전혀 아니다, 5점=매우 그렇다)로 평정한다(예: "외상 사건과 관련된 악몽을 꾼 적이 있는가?"). ASDI를 통해 ASD로 진단받은 환자들 중 95%가 ASDS에서도 ASD로 진단되어 두 척도의 수렴타당도가 입증되었고, ASDS의 검사-재검사 신뢰도(r=.94) 또한 높은 것으로 나타났다(Bryant et al., 2000). 사용 자격에 있어 특별한 제한은 없다.

3) 스탠퍼드 급성 스트레스 반응 질문지

Cardeña 등(2000)이 개발한 스탠퍼드 급성 스트레스 반응 질문지(Stanford Acute Stress Reaction Questionnaire: SASRQ)는 총 30개 문항으로 구성된 자기보고식 척도로서, ASD 증상을 6점 척도(0점=경험하지 못하였다, 5점=매우 자주 경험한다)로 평정한다(예: "나는 잠드는 것 또는 숙면을 취하는 것에 어려움을 느낀다."). 증상의 유무뿐만 아니라 모든 점수를 합해 증상의 심각도를 파악할 수 있다. SASRQ는 주변외상성

해리증상(Peritraumatic Disassociation) 척도와 높은 상관(r=.72)을 나타냈다(Cardeña et al., 2000). 한국판 SASRQ 또한 수렴타당도가 입증되었고 높은 내적 일치도(Cronbach's α=.98)를 나타냈다(Kweon et al., 2013). 한편, 척도 사용에 대한 자격요건을 명시하고 있지는 않다.

심리적 디스트레스

언론매체 등을 통해 간접적으로 사건을 접하는 일반인들의 경우 PTSD로 발전될 가능성은 매우 희박하지만, 스스로를 피해자와 유사하다고 여기거나, 외상 사건 이전부터 심리적으로 취약할 경우 불안이나 우울, 신체화 증상 등 심리적 디스트레스를 경험할 수 있다(Dixon, Rehling, & Shiwach, 1993: Stein et al., 2004에서 재인용; Ford, Adams, & Dailey, 2006). 실제로, 9/11 테러, 마드리드 열차 테러 등 대규모 외상 사건이 발생했을 때 사건과 직접적으로 관련이 없는 일반 대중에게서 우울, 불안장애 등 심리적 디스트레스가 목격되었고, 비특이 의학 증상, 호흡기 및 심혈관 질환 등 신체화 증상이 증가한 것으로 나타났다(Galea, 2007). 따라서 외상 사건에 직접적으로 노출된 피해자들뿐만 아니라 간접적으로 노출된 일반 대중에 대해서도 신속하게 개입하는 차원에서 외상 사건 직후의 심리적 디스트레스를 평가하는 것이 필요하다. 이에 이 장에서는 대규모 외상 사건으로 인한 심리적 디스트레스를 측정하는 주요 척도들을 살펴보고자 한다.

이 장에서는 심리적 디스트레스를 측정하는 세 개의 척도를 선정하였는데, 모두 증상의 심각도를 측정할 수 있으며, 구성타당도가 입증되었다. 세 개 척도 모두 자기보고식 척도이고, 척도 사용에 특별한 자격제한을 두지 않고 있다. 국내에서는 간이정신진단검사와 단축형 간이정신진단검사가 표준화되었는데, 내적 일치도와 검사-재검사 신뢰도가 적절한 것으로 나타났다.

1) Hopkins 증상 체크리스트

Hopkins 증상 체크리스트(The Hopkins Symptom Checklist: HSCL)는 Derogatis, Lipman, Rickels, Uhlenhuth와 Covi(1974)가 개발한 자기보고식 평가도구로서, 신

체화, 강박증, 대인예민성, 불안, 우울 등 다섯 가지 증상을 측정하는 58개 문항으로 구성되어 있다. 각 문항은 4점 척도(1점=전혀 없다, 4점=아주 심하다)로 평정하고, 문항의 예로는 두통, 지나치게 걱정하는 것, 아무 이유 없이 갑자기 두려워지는 것 등이 있다. HSCL은 내적 일치도(Cronbach's α=.84~.87)와 검사-재검사 신뢰도(r=.75~.84)가 적절한 것으로 나타났다(Derogatis et al., 1974). 한편, 피검자의 주관적 보고를 객관화시킬 수 있는 임상가용 평정척도가 부재하다는 점에서 진단을 위한 도구로서는 부적절하다는 비판이 제기되었다(김재환, 김광일, 1984).

2) 간이정신진단검사

간이정신진단검사(Symptom Checklist-90-Revised: SCL-90-R; Derogatis, 1977)는 Derogatis 등(1974)이 개발한 HSCL을 개정하여 발전시킨 다차원증상목록 검사로서, 신체화, 강박증, 대인예민성, 우울, 불안, 적대감, 공포불안, 편집증, 정신증 등 아홉 가지 증상 영역을 90개 문항으로 측정한다. 오늘을 포함한 지난 7일 동안 경험한 증상(예: "신경이 예민하고 마음의 안정이 안 된다.")을 5점 척도로 평정한다(0점=전혀 없다, 4점=아주 심하다). 아홉 개 증상 척도는 평균 50점, 표준편차 10점의 T점수로 표기하며 T점수가 70 이상일 경우 임상적으로 문제가 있다고 판단한다. 국내에서는 김재환과 김광일(1984)에 의해 표준화되었으며, 신뢰도(Cronbach's α=.67~.89)와 타당도(불변성계수=.67~.91)가 적절한 것으로 보고되었다(김재환, 김광일, 1984). SCL-90-R은 실시 및 채점이 용이하고, 전문적인 도움을 필요로 하는 사람들을 일차적으로 가려낼 수 있다(김재환, 김광일, 1984). 그러나 현실 판단력이 부족한 사람들의 경우에는 주관적 보고를 있는 그대로 수용하는 것이 문제가 될 수 있다(황인환, 오동훈, 2014).

3) 단축형 간이정신진단검사

Derogatis와 Melisaratos(1983)는 SCL-90-R을 축약하여 단축형 간이정신진단검사(Brief Symptom Inventory: BSI)를 개발하였다. "어지럽거나 현기증이 난다" 등 53개 문항으로 구성되어 있고, 5점 척도(0점=전혀 없다, 4점=아주 심하다)로 평정한다(Derogatis & Melisaratos, 1983). BSI는 SCL-90-R처럼 아홉 개 증상 영역을 평가하는 반면, Derogatis가 2001년에 개발한 BSI-18은 신체화, 불안, 우울 증상을 각각 여섯 개의 문항으로 평정한다. BSI는 SCL-90-R과 높은 상관(r=.92~.99)을 나타내 수렴타당도가 입증되었고, 내적 일치도(Cronbach' s α=.75~.89) 또한 적절한 것으로 나타났다(Boulet & Boss, 1991). 한편, 조현병 환자들을 대상으로 확인적 요인분석 및 질적 자료 분석을 실시한 결과, BSI가 문화적·생태학적으로 타당한 것으로 확인되었다(허만세, 2014). 단축형인 BSI-18의 경우, 대학생들을 대상으로 한 연구에서 신체화, 우울, 불안을 측정하는 다른 척도들과 높은 상관을 나타냈고, 내적 일치도(Cronbach' s α=.73~.89) 또한 높은 것으로 나타났다(박기쁨, 우상우, 장문선, 2012).

어떤 도구가 사용하기 좋은가

이 장에서는 세월호 사고와 같은 대규모 외상 사건 발생 이후 외상의 직간접 피해자들이 경험하는 심리정서적 어려움으로 외상 후 스트레스 장애, 급성 스트레스 장애, 심리적 디스트레스를 선정하고, 이를 진단하고 평가하는 척도들을 분석하였다. 다음에서는 이 장의 저자들이 추천하는 척도들은 무엇인지, 실제 척도를 사용할 때 어떤 점에 유의해야 하는지를 기술하고자 한다. 이때 ASD와 심리적 디스트레스를 평가하는 척도들은 그 수가 많지 않기 때문에 특정 도구를 추천하지는 않았고, PTSD에 대해서만 척도들을 추천하였다.

추천할 만한 PTSD 척도

이 장에서 분석한 15개의 PTSD 척도를 대상으로 국내 타당화 작업이 완료되었는지, DSM-5의 내용을 반영하여 개정되었는지, 그리고 임상 및 연구 목적으로 사용되는 빈도가 높은지를 확인하여 이 세 가지 기준 중 두 개 이상 해당되는 척도를 추천하고자 한다. 〈표 3-5〉에 제시된 것처럼, 구조화된 면접도구 두 개(CAPS, SCID)와 자기보고식 측정도구 두 개(PCL, IES-R)가 기준을 충족하는 것으로 나타났다.

우선, 구조화된 면접도구 중 CAPS와 SCID는 국내 타당화 작업이 이루어졌고(이

〈표 3-5〉 척도 추천 기준 충족 여부

구분	척도명	기준		
		국내 타당화	DSM-5 반영	높은 사용 빈도
구조화된 면접	CAPS	○	○	○
	SCID	○	○	○
자기보고	PCL	○	○	○
	IES-R	○	?	○

주. 해당 항목을 확인할 수 없는 경우에는 ?로 표시하였다.

병용 외, 1999; Hahn et al., 2000), 개정된 DSM-5의 내용을 반영하고 있다. 또한 외상 관련 증상을 평가하는 도구의 사용 빈도 조사 연구(Elhai et al., 2005)에서 CAPS는 응답자의 32%가 임상 목적으로, 23%가 연구 목적으로 사용한다고 답하여 구조화된 면접도구 중 가장 높은 순위로 나타났고, SCID는 두 번째로 높은 빈도로 사용되고 있었다(임상 목적 9%, 연구 목적 7%). 즉, 두 척도는 전문가들로부터 유용성을 인정받은 척도로서 우리나라 사람들을 대상으로도 적합하게 사용될 수 있으므로 추천할 만한 구조화된 면접도구라 할 수 있다. 다만, DSM-5의 변화된 진단기준이 반영된 CAPS-5와 SCID-5를 대상으로 국내 타당화 작업이 이루어지지 않았기 때문에 추후에 타당화 작업이 진행되어야 할 것이다.

자기보고식 도구 중에서는 PCL과 IES-R이 추천 도구로 선정되었다. 우선, 두 척도 모두 국내 타당화 작업이 이루어졌다(은헌정 외, 2005; Oh et al., 2014). PCL은 DSM-5의 내용이 반영되어 개정된 반면, IES-R의 경우 개정 여부를 확인할 수 없었다. 또한 앞서 언급한 Elhai 등(2005)의 연구에서 PCL은 자기보고식 척도 중 두 번째로 높은 사용 빈도를 보였고(임상 목적 16%, 연구 목적 16%), IES-R은 응답자의 13%가 임상 목적으로, 14%가 연구 목적으로 사용한다고 응답하여 다섯 번째로 높은 사용 빈도를 나타냈다. 결과적으로, IES-R의 DSM-5 반영 여부가 확인되지 않았다는 점을 제외하고는, 두 척도 모두 사용 빈도가 높고 국내 타당화 작업이 완료되었다는 점에서 추천할 만한 자기보고식 측정도구다.

척도 사용에 대한 제언

1) PTSD

구조화된 면접의 경우 거의 모든 척도가 국내 타당화 및 표준화가 이루어졌을 뿐 아니라 DSM-5의 진단기준을 반영하고 있는 반면, 자기보고식 척도는 이러한 작업이 상대적으로 부족한 실정이다. 따라서 자기보고식 척도의 경우, 개정된 DSM-5 기준을 적용하여 척도를 개정하고 국내 타당화 및 표준화 작업을 진행할 필요가 있다.

한편, PTSD 척도를 사용함에 있어서는 다음과 같은 점들에 유의해야 한다. 첫째, PTSD에 대한 개념적 정의가 학자들마다 조금씩 다르고 척도들 또한 이를 반영하여 개발된 것이 대부분이기 때문에, 척도를 선정할 때 특정 PTSD 척도가 임상 및 연구 목적에 부합하는지를 확인할 필요가 있다(서호준 외, 2010; Weathers et al., 2008). 둘째, 자기보고식 PTSD 척도의 경우 사용하기에 편리하다는 장점을 지니고 있지만, 응답자들이 증상을 과대 또는 과소 추정할 수 있기 때문에 객관성에 문제가 있을 수 있다(Weathers et al., 2008). 셋째, 보다 정확한 진단과 평가를 위해서는 자기보고식 척도와 구조화된 면접도구를 함께 사용하는 것이 필요한데, 이를 통해 특정 측정 방법만을 사용해서 발생하는 편향(method variance)을 줄일 수가 있다.

2) ASD

급성 스트레스 장애는 PTSD와 거의 동일한 증상을 보이지만, 대규모 외상 사건 발생 이후 한 달 이내에 진단한다는 점에서 PTSD로의 이행 여부를 예측하고 조기에 관련 피해자들에 개입할 수 있다는 임상적 함의를 지니고 있다. 그러나 우리나라에서 표준화된 도구가 자기보고식 척도인 SASRQ뿐이기 때문에, 피검자가 자신의 증상을 과장하는 등의 문제가 발생할 여지가 있다. 따라서 구조화된 면접도구인 ASDI의 번안 및 타당화를 고려할 필요가 있다.

3) 심리적 디스트레스

이 장에서는 대규모 외상 사건이 발생했을 때 일반인들 또한 심리정서적 고통을 호소할 수 있다고 가정하고, 선행연구에서 대규모 외상 사건 발생 이후 일반인들의 심리적 디스트레스를 측정하기 위해 사용했던 척도들을 선정하고 그 특성을 분석하였다. 모든 척도가 자기보고식 척도이기 때문에 응답자가 자신의 증세를 과소 또는 과대 평가할 가능성이 있지만, 외상 사건 발생 직후 일반인을 대상으로 SCL-90 또는 이를 축약한 BSI나 BSI-18을 활용한다면 심리정서적으로 도움이 필요한 사람들을 신속하게 판별하여 더 심각한 장애로 발전되는 것을 방지하고 필요할 경우 적절한 개입을 수행할 수 있을 것이다.

I don't know how they can't see that he's just got a broken heart. It's so broken, his poor heart.
왜 사람들은 그가 상처받은 거라는 걸 모르죠. 심장이 뜯겨 나갈 만큼 아프다는 것을.
– Reign over me, 2007

최근 들어 세월호 사고 등 대규모 인재들이 자주 발생하면서 외상 사건을 직접적으로 경험한 피해자들뿐 아니라 사고에 간접적으로 노출되어 심리정서적 어려움을 호소하는 일반인들에 대한 관심이 증가하였다. 그러나 이들이 경험하는 심리정서적 어려움을 측정할 수 있는 척도들을 소개하고 고찰한 연구들은 상대적으로 미흡한 실정이다. 이 장에서는 외상 사건으로 인해 직접적인 영향을 받은 피해자들뿐만 아니라 간접적으로 피해를 경험한 일반인들의 심리정서적 고통을 진단하고 평가할 수 있는 척도들을 선정하여, DSM과의 연계 여부, 신뢰도 및 타당도, 국내 타당화 여부, 사용자 제한 여부 등의 기준을 적용하여 평가도구들을 분석하였다. 대규모 외상 사건 피해자들이 호소하는 증상을 평가함에 있어서 이 장의 결과가 효율적인 자료로 활용되기를 기대해 본다.

참고문헌

김재환, 김광일(1984). 간이정신진단검사(SCL-90-R)의 한국판 표준화연구 III. 정신건강연구, 2, 278-311.

남보라, 권호인, 권정혜(2010). 한국판 외상 후 스트레스 진단 척도의 신뢰도 및 타당도 연구. 한국심리학회지: 임상, 29(1), 147-167.

대한불안장애학회 재난정신의학위원회(2004). **재난과 정신 건강: 재난과 사고의 정신적 후유증에 대한 분석과 치료**. 서울: 지식공작소.

박기쁨, 우상우, 장문선(2012). 대학생 집단을 통한 단축형 간이정신진단 검사-18(BSI-18)의 타당화 연구. **한국심리학회지: 임상, 31**(2), 507-521.

박지영(2013). 외상피해원조 실천전문가를 위한 이차적 외상스트레스척도 개발과 타당성 연구. **사회과학연구, 29**(3), 283-306.

서영석, 조화진, 안하얀, 이정선(2012). 한국인이 경험한 외상사건: 종류 및 발생률. **한국심리학회지: 상담 및 심리치료, 24**(3), 671-701.

서호준, 김태석, 채정호(2010). 외상후 스트레스 장애의 평가도구. **대한불안장애학회지, 6**(1), 3-9.

송승훈, 이홍석, 박준호, 김교헌(2009). 경험논문: 한국판 외상후 성장 척도의 타당도 및 신뢰도 연구. **한국심리학회지: 건강, 14**(1), 193-214.

안현의, 이나빈, 주혜선(2013). 한국판 인지적 정서조절전략 척도(k-cerq)의 타당화. **상담학연구, 14**(3), 1773-1794.

은헌정, 권태완, 이선미, 김태형, 최말례, 조수진(2005). 한국판 사건충격척도 수정판의 신뢰도 및 타당도 연구. **神經精神醫學, 44**(3), 303-310.

이병용, 김임, 이선미, 은헌정, 김동인, 김지연(1999). 임상가를 위한 외상후 스트레스 장애 척도의 신뢰도, 타당도 연구. **신경정신의학, 38**, 514-522.

장미수(2011). 한국판 외상정서평가척도 타당화. 이화여자대학교 대학원 석사학위논문.

장세진(2002). 스트레스의 사회심리적 요인. **한국역학회지, 24**(2), 148-163.

정미숙(2014). 교통사고 가해 운전자의 외상후 스트레스 반응 예측요인. 한양사이버대학교 대학원 석사학위논문.

조성식, 이태경, 김정민, 방예원, 홍나래, 임형준, 주영수(2009). 삼성-허베이 스피릿호 기름유출사고지역 주민의 외상후스트레스장애(PTSD) 증상과 관련 요인. **대한산업의학회지, 21**(3), 235.

채정호(2004). [특집] 외상 후 스트레스 장애의 진단과 병태 생리. **대한정신약물학회지, 15**(1), 14-21.

허만세(2014). Assessing the validity of the Korean version of the brief symptom inventory with people with schizophrenia. *Journal of Rehabilitation Research, 18*(2), 29-50.

홍진표(1997). 특집: 정신장애 진단도구-SCID, CIDI, SCAN 등. **정신병리학, 6**(1), 14-27.

황인환, 오동훈(2014). 스트레스와 정신건강 평가를 위한 설문도구. *Hanyang Med Rev, 34*,

91-95.

Agronick, G., Stueve, A., Vargo, S., & O' Donnell, L. (2007). New york city young adults' psychological reactions to 9/11: Findings from the reach for health longitudinal study. *American Journal of Community Psychology, 39*(1-2), 79-90.

Ahern, J., Galea, S., Resnick, H., Kilpatrick, D., et al. (2002). Television images and psychological symptoms after the september 11 terrorist attacks. *Psychiatry, 65*(4), 289-300.

American Educational Research Association, American Psychological Association, National Council on Measurement in Education, Joint Committee on Standards for Educational, & Psychological Testing (US). (1999). Standards for educational and psychological testing. Amer Educational Research Assn.

American Psychiatric Association. (2013). In American Psychiatric Association (Ed.), *Diagnostic and statistical manual of mental disorders* (5th ed.). Washington D.C.: American Psychiatric Association.

Bedard-Gilligan, M., & Zoellner, L. A. (2008). The utility of the A1 and A2 criteria in the diagnosis of PTSD. *Behaviour Research and Therapy, 46*(9), 1062-1069.

Blake, D., Weathers, F., Nagy, L., Kaloupek, D., Klauminzer, G., Charney, D., & Keane, T. (1990). A clinician rating scale for assessing current and lifetime PTSD: The CAPS-1. *Behavior Therapist, 18*, 187-188.

Blanchard, E. B., Kuhn, E., Rowell, D. L., Hickling, E. J., Wittrock, D., Rogers, R. L., & Steckler, D. C. (2004). Studies of the vicarious traumatization of college students by the september 11th attacks: Effects of proximity, exposure and connectedness. *Behaviour Research and Therapy, 42*(2), 191-205.

Boulet, J., & Boss, M. W. (1991). Reliability and validity of the brief symptom inventory. *Psychological Assessment: A Journal of Consulting and Clinical Psychology, 3*(3), 433-437.

Brewin, C. R., Andrews, B., & Rose, S. (2000). Fear, helplessness, and horror in posttraumatic stress disorder: Investigating DSM-IV criterion A2 in victims of violent crime. *Journal of Traumatic Stress, 13*(3), 499-509.

Bride, B. E., Radey, M., & Figley, C. R. (2007). Measuring compassion fatigue. *Clinical Social*

Work Journal, 35(3), 155-163.

Briere, J. (1995). *Trauma Symptom Inventory Professional Manual.* Odessa, FL: Psychological Assessment Resources.

Bryant, R. A. (2011). Acute stress disorder as a predictor of posttraumatic stress disorder. *The Journal of Clinical Psychiatry, 72*(2), 233-239.

Bryant, R. A. (2004). Assessing acute stress disorder. In J. P. Wilson & T. M. Keane (Eds.), *Assessing Psychological trauma and PTSD* (2nd ed., pp. 45-60). New York: Guilford Press.

Bryant, R. A., Friedman, M. J., Spiegel, D., Ursano, R., & Strain, J. (2011). A review of acute stress disorder in DSM-5. *Depression and Anxiety, 28*(9), 802-817.

Bryant, R. A., Harvey, A. G., Dang, S. T., & Sackville, T. (1998). Assessing acute stress disorder: Psychometric properties of a structured clinical interview. *Psychological Assessment, 10*(3), 215-220.

Bryant, R. A., Moulds, M. L., & Guthrie, R. M. (2000). Acute stress disorder scale: A self-report measure of acute stress disorder. *Psychological Assessment, 12*(1), 61-68.

Cardeña, E., Koopman, C., Classen, C., Waelde, L. C., & Spiegel, D. (2000). Psychometric properties of the Stanford Acute Stress Reaction Questionnaire (SASRQ): A Valid and Reliable measure of Acute Stress. *Journal of Traumatic Stress, 13*(4), 719-734.

Carlson, E. (2001). Psychometric study of a brief screen for PTSD: Assessing the impact of multiple traumatic events. *Assessment, 8*, 431-441.

Center for Substance Abuse Treatment (2014). Appendix Dscreening and assessment instruments. http://www.ncbi.nlm.nih.gov/books/NBK207193/

Davidson, J., Book, S. W., Colket, J. T., Tupler, L. A., Roth, S., David, D., Hertzberg, M., Mellman, T., Beckham, J. C., Smith, R., Davison, R. M., Katz, R., & Feldman, M. (1997). Assessment of a new self-rating scale for post-traumatic stress disorder. *Psychological Medicine, 27*, 153-160.

Davidson, J., Smith, R., & Kudler, H. (1989). Validity and reliability of the DSM-III criteria for posttraumatic stress disorder: Experience with a structured interview. *The Journal of nervous and mental disease, 177*(6), 336-341.

Dekel, R., & Solomon, Z. (2006). Secondary traumatization among wives of israeli POWs: The role of POWs' distress. *Soc Psychiatry Psychiatr Epidemiol, 41*, 27-33.

Derogatis, L. R. (1977). *SCL-90-R, Administration, Scoring, and Procedures Manual 1.*

Baltimore: Clinical Psychometric Research.

Derogatis, L. R., Lipman, R. S., Rickels, K., Uhlenhuth, E. H., & Covi, L. (1974). The Hopkins Symptom Checklist (HSCL): A self report symptom inventory. *Behavioral science, 19*(1), 1-15.

Derogatis, L. R., & Melisaratos, N. (1983). The brief symptom inventory: An introductory report. *Psychological Medicine, 13*(03), 595-605.

Derogatis, L. R., & Unger, R. (2010). Symptom checklist-90-revised. In I. B. Weiner & W. E. Craighead (Eds.), Corsini encyclopedia of psychology (4th ed., pp. 1743-1744). Hoboken, N.J.: Wiley.

Elhai, J. D., Gray, M. J., Kashdan, T. B., & Franklin, C. L. (2005). Which instruments are most commonly used to assess traumatic event exposure and posttraumatic effects?: A survey of traumatic stress professionals. *Journal of Traumatic Stress, 18*(5), 541-545.

Figley, C. (1995). Compassion fatigue: Coping with secondary traumatic stress disorder in those who treat the traumatized. New York: Brunner/Mazel.

Figley, C. (2002). Compassion fatigue: Psychotherapists' chronic lack of self care. *Journal of Clinical Psychology, 58*(11), 1433-1441.

Foa, E., Cashman, L., Jaycox, L., & Perry, K. (1997). The validation of a self-report measure of PTSD: The Posttraumatic Diagnostic Scale. *Psychological Assessment, 9,* 445-451.

Foa, E., Keane, T. M., Friedman, M. J., & Cohen, J. A. (2008). Introduction. In E. B. Foa, T. M. Keane, M. J. Friedman, & J. A. Cohen (Eds.), *Effective treatments for PTSD: Practice guidelines from the international society for traumatic stress studies* (2nd ed., pp. 1-22). New York: Guilford Press.

Ford, J. D., Adams, M. L., & Dailey, W. F. (2006). Factors associated with receiving help and risk factors for disaster-related distress among connecticut adults 5-15 months after the September 11th terrorist incidents. *Social Psychiatry and Psychiatric Epidemiology, 41*(4), 261-270.

Galea, S. (2007). The long-term health consequences of disasters and mass traumas. *Canadian Medical Association Journal, 176*(9), 1293-1294.

Hahn, O. S., Ahn, J. H., Song, S. H., Cho, M. J., Kim, J. K., Bae, J. N., & Hong, J. P. (2000). Development of Korean version of structured clinical interview schedule for DSM-IV axis I disorder: Interrater reliability. *Journal of Korean Neuropsychiatric Association,*

39(2), 362-372.

Hammarberg, M. (1992). Penn Inventory for Posttraumatic Stress Disorder: Psychometric properties. *Psychological Assessment, 4*(1), 67-76.

Harvey, A. G., & Bryant, R. A. (1998). The relationship between acute stress disorder and posttraumatic stress disorder: A prospective evaluation of motor vehicle accident survivors. *Journal of Consulting and Clinical Psychology, 66*(3), 507-512.

Hoffman, M. A., & Kruczek, T. (2011). A bioecological model of mass trauma: Individual, community, and societal effects. *The Counseling Psychologist, 39,* 1087-1127.

Horowitz, M., Wilner, N., & Alvarez, W. (1979). Impact of Event Scale: A measure of subjective stress. *Psychosomatic medicine, 41*(3), 209-218.

Jobson, L. (2009). Drawing current posttraumatic stress disorder models into the cultural sphere: The development of the 'threat to the conceptual self' model. *Clinical Psychology Review, 29*(4), 368-381.

Keane, T. M., Caddell, J. M., & Taylor, K. L. (1988). Mississippi Scale for Combat-Related Posttraumatic Stress Disorder: Three studies in reliability and validity. *Journal of consulting and clinical psychology, 56*(1), 85-90.

Keane, T. M., Malloy, P. F., & Fairbank, J. A. (1984). Empirical development of an MMPI subscale for the assessment of combat-related posttraumatic stress disorder. *Journal of Consulting and Clinical Psychology, 52*(5), 888.

Keane, T. M., Marshall, A. D., & Taft, C. T. (2006). Posttraumatic stress disorder: Etiology, epidemiology, and treatment outcome. *Annu. Rev. Clin. Psychol., 2,* 161-197.

Keane, T. M., Silberbogen, A., & Weierich, M. (2008). Assessment of Posttraumatic Stress Disorder. In J. Hunsley & E. J. Mash (Eds.), *A Guide to Assessments that Work* (pp. 293-315). New York: Oxford University Press.

Kim, W., Kim, D., Seo, H., Lee, S., Ryu, S., Kim, J., & Kim, E. J. (2009). Psychometric validation of the Korean version of structured interview for post-traumatic stress disorder (K-SIP). *Journal of Korean Medical Science, 24*(1), 26-31.

King, L. A., King, D. W., Leskin, G., & Foy, D. W. (1995). The Los Angeles symptom checklist: A self report measure of posttraumatic stress disorder. *Assessment, 2*(1), 1-17.

Kosloff, S., Solomon, S., Greenberg, J., Cohen, F., Gershuny, B., Routledge, C., & Pyszczynski, T. (2006). Fatal distraction: The impact of mortality salience on dissociative responses to 9/11 and subsequent anxiety sensitivity. *Basic and Applied Social Psychology, 28*(4), 349–356.

Kutcher, G., Tremont, M., Burda, P., & Mellman, T. (1994). *The effectiveness of PTSD self-report measures with an inpatient veteran population.* Paper presented at the annual meeting of the International Society for Traumatic Stress Studies, Chicago, IL.

Kweon, Y., Jung, N. Y., Wang, S., Rauch, S. A., Chae, J. H., Lee, H., & Lee, K. (2013). Psychometric properties of the Korean version of stanford acute stress reaction questionnaire. *Journal of Korean Medical Science, 28*(11), 1672–1676.

Lau, J. T. F., Yu, X., Zhang, J., Mak, W. W. S., Choi, K. C., Lui, W. W. S., & Chan, E. Y. Y. (2010). Psychological distress among adolescents in chengdu, sichuan at 1 month after the 2008 sichuan earthquake. *Journal of Urban Health: Bulletin of the New York Academy of Medicine, 87*(3), 504–523.

Lim, M. K., Suh, C. H., Kim, H. J., Kim, S. T., Lee, J. S., Kang, M. H., & Lee, J. H. (2003). Fire-Related Post-Traumatic Stress Disorder: Brain 1H-MR Spetroscopic Findings. *Korean Journal of Radiology, 4*(2), 79–84.

McVeigh, K. H., Galea, S., Thorpe, L. E., Maulsby, C., Henning, K., & Sederer, L. I. (2006). The epidemiology of nonspecific psychological distress in new york city, 2002 and 2003. *Journal of Urban Health: Bulletin of the New York Academy of Medicine, 83*(3), 394–405.

Monson, C. M., Resick, P. A., & Rizvi, S. L. (2014). Posttraumatic stress disorder. In D. H. Barlow (Ed.), *Clinical handbook of psychological disorders* (pp. 62–113). New York: The Guilford Press.

National Center for PTSD. (2014a). Clinician- administered PTSD scale for DSM–5 (CAPS–5). Retrieved from http://www.ptsd.va.gov/professional/assessment/adult-int/caps.asp

National Center for PTSD. (2014b). Penn Inventory for Posttraumatic Stress Disorder (Penn Inventory). Retrieved from http://www.ptsd.va.gov/professional/assessment/adult–sr/penn-inventory-ptsd.asp

National Center for PTSD. (2014c). Trauma symptom inventory (TSI). Retrieved from http://www.ptsd.va.gov/professional/assessment/adult-sr/tsi.asp

National Center for PTSD. (2015). Mississippi scale for combat-related PTSD (M–PTSD). Retrieved from http://www.ptsd.va.gov/professional/assessment/adult-sr/mississippi–

scale-m-ptsd.asp

Neria, Y., & Sullivan, G. M. (2011). Understanding the mental health effects of indirect exposure to mass trauma through the media. *JAMA: The Journal of the American Medical Association, 306*(12), 1374-1375.

Norris, F. H., & Hamblen, J. L. (2004). Standardized Self-Report Measures of Civilian Trauma and PTSD. In J. P. Wilson & T. M. Keane (Eds.), *Assessing psychological trauma and PTSD* (2nd ed., pp. 63-102). New York: Guilford Press.

Oh, S. I., Won, S. D., Lee, S. H., Yoo, S. Y., Kim, H. C., & Kim, H. J. (2014). Reliability and validity of the Korean Version of the PTSD Checklist Civilian Version in North Korean defectors. *Journal of Korean Neuropsychiatric Association, 53*(6), 410-417.

Orsillo, S. M. (2002). Measures for acute stress disorder and posttraumatic stress disorder. In M. M. Antony, S. M. Orsillo, & L. Roemer (Eds.), *Practitioner's guide to empirically based measures of anxiety* (pp. 255-307). Dordrecht: Springer.

Pfefferbaum, B., Seale, T., McDonald, N., Brandt, E., Rainwater, S., Maynard, B., & Miller, P. (2000). Posttraumatic stress two years after the oklahoma city bombing in youths geographically distant from the explosion. *Psychiatry-Interpersonal and Biological Processes, 63*(4), 358-370.

Reardon, A. F., Brief, D. J., Miller, M. W., & Keane, T. M. (2014). Assessment of PTSD and its comorbidities in adults. In M. J. Friedman, T. M. Keane, & P. A. Resick (Eds.), *Handbook of PTSD, second edition: Science and practice* (2nd ed., pp. 369-390). New York: The Guilford Press.

Schlenger, W., Caddell, J., Ebert, L., Jordan, B., Rourke, K., Wilson, D., & Kulka, R. (2002). Psychological reactions to terrorist attacks-findings from the national study of Americans' reactions to September 11. *Jama-Journal of the American Medical Association, 288*(5), 581-588.

Schnurr, P. P., Spiro III, A., Vielhauer, M. J., Findler, M. N., & Hamblen, J. L. (2002). Trauma in the lives of older men: Findings from the normative aging study. *Journal of Clinical Geropsychology, 8*(3), 175-187.

Schuster, M. A., Stein, B., Jaycox, L. H., Collins, R. L., Marshall, G. N., Elliott, M. N., & Zhou, A. J. (2001). A national survey of stress reactions after the September 11, 2001, terrorist attacks. *The New England Journal of Medicine, 345*(20), 1507-1512.

Seo, H., Chung, S., Lim, H., Chee, I., Lee, K., Paik, K., & Chae, J. (2008). Reliability and validity of the Korean version of the Davidson trauma scale. *Comprehensive Psychiatry, 49*(3), 313-318.

Shalev, A. Y., Tuval, R., Frenkiel-Fishman, S., Hadar, H., & Spencer, E. (2006). Psychological responses to continuous terror: A study of two communities in israel. *The American Journal of Psychiatry, 163*(4), 667-673.

Silver, R. C., Holman, E. A., McIntosh, D. N., Poulin, M., & Gil-Rivas, V. (2002). Nationwide longitudinal study of psychological responses to September 11. *Jama-Journal of the American Medical Association, 288*(10), 1235-1244.

Spitzer, R. L., Williams, J. B., Gibbon, M., & First, M. B. (1990). *User's guide for the structured clinical interview for DSM-III-R: SCID*. American Psychiatric Association.

Stein, B. D., Elliott, M. N., Jaycox, L. H., Collins, R. L., Berry, S. H., Klein, D. J., & Schuster, M. A. (2004). A national longitudinal study of the psychological consequences of the September 11, 2001 terrorist attacks: Reactions, impairment, and help-seeking. *Psychiatry, 67*(2), 105-117.

Ursano, R. J., Bell, C., Eth, S., Friedman, M., Norwood, A., Pfefferbaum, B., & McIntyre, J. S. (2004). Practice guideline for the treatment of patients with acute stress disorder and posttraumatic stress disorder. *Am J Psychiatry, 161*(11 Suppl), 3-31.

Watson, C. G., Juba, M. P., Manifold, V., Kucala, T., & Anderson, P. E. (1991). The PTSD interview: Rationale, description, reliability, and concurrent validity of a DSM-III-based technique. *Journal of Clinical Psychology, 47*, 179-188.

Weathers, F., Litz, B., Herman, D., Huska, J., & Keane, T. (1993). The PTSD Checklist (PCL): Reliability, Validity, and Diagnostic Utility. Paper presented at the Annual Meeting of International Society for Traumatic Stress Studies, San Antonio, TX, october(1993)

Weathers, F., Blake, D. D., Schnurr, P. P., Kaloupek, D. G., Marx, B. P., & Keane, T. M. (2013). The Clinician-Administered PTSD Scale for DSM-5 (CAPS-5). Interview available from the National Center for PTSD at www.ptsd.va.gov.

Weathers, F., Keane, T. M., & Foa, E. B. (2008). Assessment and diagnosis of adults. In International Society for Traumatic Stress Studies, E. B. Foa, T. M. Keane, M. J. Friedman, & J. A. Cohen (Eds.), *Effective treatments for PTSD, second edition: Practice guidelines from the international society for traumatic stress studies* (2nd ed., pp. 23-61). New York: Guilford Press.

Wilson, J. P., & Keane, T. M. (2004). *Assessing psychological trauma and PTSD*. New York: Guilford press.

Yehuda, R. (2002). Post-traumatic stress disorder. *New England Journal of Medicine, 346*(2), 108-114.

제4장

아동 · 청소년용[1] PTSD 평가도구

서영석 · 박지수 · 조아라

글을 시작하며

많은 사람이 성인이 되기 전 한 번 이상의 외상 사건을 경험하며(Cohen, 2010), 일생 동안 외상 경험으로부터 대처하는 방법을 발달시키게 된다. 외상 사건을 경험한 뒤, 대부분의 아이는 외상 반응을 보고하지 않지만, 일부 아동은 학습 부진, 불안, 행동 변화, 우울 증상, 악몽, 식욕부진 등 다양한 외상 반응[아동 외상 스트레스(Child Traumatic Stress), 이하 CTS]을 경험한다(The National Child Traumatic Stress Network, 2005). 일반적으로 외상 반응을 보이더라도 외상으로 인한 충격으로부터 회복하는 아이들이 많지만, 심각한 외상 사건과 CTS를 겪은 일부 아동의 경우 주요우울장애, 경계선적 성격장애, 외상 후 스트레스 장애(PTSD) 등 심각한 정신장애를 보인다(한성희, 2002). 외상 후 스트레스 장애는 외상 피해자에게서 흔히 발견되

1) 본 장에서 '아동 · 청소년' 은 성인이 아닌 모든 연령의 아동 · 청소년(만 18세 미만)을 의미한다. 아동 · 청소년을 연령별로 구분할 경우, 유아(미취학 아동, 만 6세 이하), 학령기 아동(학교를 다니는 아동 및 청소년, 만 7~18세, 미국 학제 기준)으로 나눌 수 있으며, 이 장에서는 만 18세 미만을 대상으로 개발된 척도를 연령별로 나누어서 설명하고자 한다.

는 심각한 정신장애로, 복잡하고 만성적인 것이 특징이다(한성희, 2002; Cohen, 2010; The National Child Traumatic Stress Network, 2003). 외상을 겪은 인구 중 약 1/4 정도가 PTSD로 발전한다고 보고되고 있으며(Ursano et al., 2004), 아동 PTSD 환자의 경우 성인과 양상이 다르긴 하지만 외상 이후 성인 PTSD 환자와 비슷한 정신적 · 신체적 어려움을 나타내고 있다는 것이 밝혀졌다(De Young, Kenardy, & Cobham, 2011). 이렇듯 외상을 인식할 만큼 성장하지 않은 유아에게서마저 비슷한 질환이 발견되고 있음에도, 아동에게 정신병 진단을 내리지 않으려는 기조로 인해 아동은 성인에 비해 상대적으로 임상가나 상담자의 관심을 받지 못한 측면이 있다(Buss, Warren, & Horton, 2015; De Young et al., 2011). 발달과정 중에 발생하는 아동의 정신장애는 성인의 정신장애보다 더 오래 지속되고 남은 인생 동안 어려움을 남길 수 있는 가능성이 높기 때문에, 상담자는 아동의 외상 후 스트레스 반응과 PTSD에 주목할 필요가 있다.

이 장에서는 외상 사건 이후 아동 · 청소년(만 18세 이하)이 경험하는 PTSD 증상을 소개하는 한편, 이를 평가하는 검사도구를 심리측정적 기준에 따라 고찰하고자 한다. 최근 들어 DSM-5에 만 6세 이하 미취학 아동을 대상으로 한 PTSD 하위 진단 범주가 새롭게 추가되었지만, 그 외의 아동 · 청소년은 성인과 동일한 기준으로 진단을 내려야 한다는 문제점이 여전히 남아 있다. March, De Young, Dow와 Kenardy(2012)가 언급한 것처럼, 학령기 연령(만 7~18세)의 아동 · 청소년의 인지 발달은 성인의 그것과 매우 다르다. 따라서 성인의 인지 수준을 토대로 개발된 PTSD 측정도구들을 사용해서 학령기 아동 · 청소년의 PTSD를 평가하고 진단할 경우, 이들의 징후나 인지능력을 잘 포착하지 못할 가능성이 크다. 이런 맥락에서, 이 장에서는 6세 이하의 유아를 대상으로 개발된 PTSD 척도뿐만 아니라, 18세 미만의 학령기 아동 · 청소년용으로 개발된 모든 척도를 검토하고, 아동 · 청소년의 발달 수준에 따른 척도 사용을 제안하고자 한다.

관련 선행연구에서는 아동 · 청소년 PTSD의 진단적 특성을 살펴보고, PTSD 진단 및 평가를 위한 검사도구들을 소개하고 있다. 예를 들어, Balaban(2008)은 아동의 PTSD를 진단할 때 고려해야 할 사항들을 상술하였다. 또한 Strand, Sarmiento와 Pasquale(2011)는 아동 · 청소년 외상 척도를 ① 외상으로 인한 증상과 외상 노출에 대한 이력을 탐색하는 척도, ② 외상에 노출된 이력만을 측정하는 척도, ③ PTSD와 해리장애 증상을 측정하는 척도, ④ 다수의 외상 증상에 대해 묻는 척도로 구분하고, 각 척도에 대한 기초 정보 및 척도 표본을 제공하였다. 한편, March 등(2012)은 아동 · 청소년 PTSD 척도를 1~6세의 미취학 아동용과 7~18세의 학령기 아동용으로 구분하여 소개하였다. 이상의 연구들이 특정 기준을 사용해서 검사도구들을 분류하거나 그 특징을 기술하였지만, 평가에 사용된 기준을 선정한 근거나 타당성을 구체적으로 제시하지 않은 제한점을 지니고 있다. 예를 들어, Nader(2004)는 척도 분류 기준으로 '아동 학대'를 사용하였는데, 성적(sexual) · 신체적 학대가 아동 PTSD의 주요한 원인이라는 점을 강조하고 있을 뿐 학대를 척도 평가의 기준으로 삼은 이유를 구체적으로 기술하지 않고 있다. 또한 Briggs, Nooner와 Amaya-Jackson(2014)이 언급한 것처럼, 선행연구 대부분이 DSM-IV-TR을 기반으로 이루어졌기 때문에, DSM-5의 개정 사항을 반영하지 못하고 있다. 국내에서도 성인을 대상으로 한 PTSD 평가도구에 대한 개관 연구는 다수 이루어졌으나(예: 서영석, 박지수, 조아라, 2015; 서호준, 김태석, 채정호, 2010; 채정호, 2004), 아동 · 청소년용 PTSD 척도에 대한 개관 연구는 찾아볼 수 없었다.

따라서 이 장에서는 외상 사건 이후 아동이 경험할 수 있는 심각한 정신장애인 PTSD에 초점을 두고 성인과의 차이를 설명하는 한편, 이를 측정하는 도구들을 소개하고, 임상적 기준과 심리측정적 기준에 따라 각각의 검사도구를 평가하고자 한다. 이때 DSM과의 연계 여부 및 DSM-5 기준 반영 여부, 핵심 평가 요소, 신뢰도 및 타당도 검증 여부, 국내 타당화 여부, 외상 사건의 종류, 보고 주체 등을 확인하여 척도의 유용성을 살피고 척도 사용에 대한 제언을 하고자 한다.

이 장에서 알아볼 점

- 아동 · 청소년의 PTSD 증상 및 진단에 있어서 성인과의 차이점은 무엇인가?
- 아동 · 청소년 PTSD를 진단하고 평가할 수 있는 도구에는 어떤 것이 있는가?
- 어떤 도구가 아동 · 청소년 PTSD를 평가하기에 좋은가?

성인과는 다른 아동 · 청소년 PTSD

아동 · 청소년기에 경험하는 외상은 어린 시절뿐만 아니라 성인기까지 지속적인 영향을 미치기 때문에, 외상을 경험한 아동 · 청소년에게는 적절한 개입과 치료가 이루어져야 한다. 그러나 1980년대까지만 하더라도 외상 사건으로 인해 아동 · 청소년들이 경험하는 질환이나 장애, 불안 상태 등 심리정서적 반응은 일시적이고 중요하지 않은 것으로 여겼으며(Rigamer, 1986: Balaban, 2008에서 재인용), DSM-IV(American Psychiatric Association, 1994)의 PTSD 진단기준 또한 성인만을 대상으로 고안되었다. 그러나 아동 · 청소년, 특히 아동의 경우 자신의 외상을 언어로 표현하기 어려워한다는 점 그리고 외상에 대한 반응이 성인에 비해 다양한 방법으로 나타날 수 있다는 점 등을 고려했을 때, 아동 · 청소년의 외상 경험에 대한 진단과 평가는 성인의 것과 구분되어야 한다는 의견이 제기되어 왔다(Balaban, 2008).

아동 · 청소년기 외상은 어린 시절뿐만 아니라 성인기까지 지속적인 영향을 미치기 때문에, 적절한 개입과 치료가 이루어져야 한다.

성인과 아동 · 청소년의 PTSD 증상 차이

아동 · 청소년 또한 PTSD 증상을 경험하지만 성인의 그것과는 사뭇 다른 특성을 나타낸다. DSM-5 진단기준 B1의 침투 증상(intrusion symptoms)과 관련해서, 성인은 외상 사건과 관련된 반복적이고 원치 않는 괴로운 기억들이 지속적으로 떠올라 고통스러워한다. 반면, 아동의 경우에는 기억으로 인한 침투 증상이 반드시 아동을 고통스럽게 하지 않을 수도 있다. 또한 아동은 성인처럼 사건을 시간의 순서대로 나열하듯이 기억하기보다는 외상 사건과 관련된 단편적인 영상, 소리, 냄새 등 시각적 · 위치적 정보를 상세히 기억하기 때문에, 외상 사건과 유사한 자극에 더 민감하게 반응하는 경향이 있다(이영식, 2002). 한편, 생각을 언어로 자세히 묘사할 수 있는 능력이 성인보다 부족하기 때문에, 아동은 사건과 관련된 시각적인 요소를 반복

아동 · 청소년, 특히 아동의 경우 자신의 외상을 언어로 표현하기 어려워한다는 점 그리고 외상에 대한 반응이 성인에 비해 다양한 방법으로 나타날 수 있다는 점 등을 고려했을 때, 아동 · 청소년의 외상 경험에 대한 진단과 평가는 성인의 것과 구분되어야 한다.

적으로 놀이나 그림을 그리는 행위를 통해 재경험하는 특징을 보이는데(한성희, 2002; Terr, 2003), 이러한 행동은 만 1세가 되기 전에 외상 사건을 경험한 유아에게서도 발견된다(Terr, 2003). 이러한 아동기의 재연행동은 성인기까지 지속되는 경우가 있는데, 알프레드 히치콕, 에드가 앨런 포와 같은 유명한 예술가들이 어린 시절 겪었던 외상 사건을 반복적으로 작품의 모티브로 삼았던 것은 재연행동의 좋은 예라고 할 수 있다(Terr, 2003). 진단기준 B2와 관련해서는, 외상 사건과 관련된 고통스러운 꿈을 반복해서 꾸는 성인과 달리, 아동은 외상 사건과 직접적으로 관련이 없거나 알 수 없는 내용의 악몽을 꾸는 경우가 많다.

이렇듯 증상적인 측면에서 성인과 아동은 차이가 있기 때문에, 아동 · 청소년의 PTSD 진단 시 성인과 동일한 진단기준을 사용하게 되면 진단에 필요한 중요한 단서를 놓칠 수가 있다. 따라서 아동 · 청소년에게서 나타나는 PTSD 증상의 특성을 정확히 이해하고 이를 토대로 진단의 정확성을 높여야 할 것이다.

아동의 발달적/인지적 특성과 관련된 차이점

아동 · 청소년을 대상으로 PTSD를 진단할 때에는 언어를 포함한 아동의 인지발달 수준을 고려해야 한다. 통상적으로 3세 이후에 기억 중추가 성장하고 언어구사 능력이 발달하기 때문에, 아동의 나이가 어릴 경우에는 외상 사건에 대한 감정 및 경험을 언어로 표현하는 것을 힘들어한다(Terr, 1994: 이영식, 2002에서 재인용). 따라서 일부 학자들은 성인만큼 언어를 자유롭게 구사하지 못하는 아동을 대상으로 PTSD를 진단할 경우, 기존의 DSM 진단기준을 그대로 적용하기보다는 놀이를 통해 재연(play enactment), 분리불안, 악몽, 공격성 등 행동적 증상을 추가해서 진단할 것을 권장하였고(Scheeringa, Zeanah, Drell, & Larrieu, 1995), Scheeringa, Zeanah, Myers와 Putnam(2003)은 기존의 PTSD 진단기준뿐 아니라 제한된 놀이(constricted play) 등을 포함한 PTSD-AA 기준(Alternative algorithm for PTSD)을 개발하였다

(March et al., 2012; Scheeringa et al., 2003).

한편, 아동의 경우에는 자신이 경험한 외상 사건의 위험 정도를 인지적으로 이해하지 못해 외견상으로는 외상 사건으로부터 큰 영향을 받지 않은 것처럼 보일 수 있다(Salmon & Bryant, 2002). 예를 들어, 소아암 생존자들이 상대적으로 심각한 외상 증상을 보이지 않는 것으로 보고되었는데, 연구자들은 소아암 생존 아동들이 병의 심각성을 인지하지 못해 나타난 결과로 해석하였다(Kazak et al., 1997). 그러나 외상 사건에 대한 아동의 인지와 이해도가 부족하다고 해서 외상으로 인한 피해에 노출되지 않았다고 볼 수 없으며, 오히려 사건에 대한 왜곡된 해석 때문에 더 큰 심리적 디스트레스를 경험하는 경우도 보고되었다(Steward, O'Connor, Acredolo, & Steward, 1996: Salmon & Bryant, 2002에서 재인용).

DSM-5에서의 아동 PTSD

DSM-5에서는 6세 이하 미취학 아동(preschool-aged)을 위한 PTSD 진단기준을 별도로 제시하였다. 우선, 외상 사건에 대한 정의와 노출 범위는 성인의 것과 유사하다. 즉, 외상 사건을 '죽음 또는 죽음의 위협, 심한 상해 및 성폭력을 실제로 초래했거나 위협한 사건'으로 정의하고 있다. PTSD로 인정할 수 있는 노출 범위 또한 ① 외상 사건을 직접 경험하거나, ② 타인, 특히 주 양육자에게 발생한 외상 사건을 직접 목격하거나, ③ 부모나 주 양육자에게 발생한 외상 사건을 알게 되는 경우로 정의하고 있다. 특히 '외상 사건 목격'의 경우 전자 매체, 텔레비전, 영화 또는 사진 등에서 외상 사건을 목격하는 것은 포함시키지 않았는데, 이 역시 성인의 경우와 동일하다. 또한 DSM-IV-TR에 포함되었던 기준인 '외상 사건으로 인해 극심한 두려움, 무력감 또는 공포심과 같은 외상 반응을 보여야 한다.'가 삭제되었는데, 아동이 너무 어려 외상 사건에 대한 극심한 반응을 직접 언어로 표현하지 못하거나, 아동의 반응을 목격한 성인이 주변에 없을 경우 이러한 정서적 반응을 확인할 수 없기 때문이다(National Center for PTSD, 2014e).

한편, 아동용 진단기준에서 가장 특징적인 변화는 내면화된 현상(회피 증상과 인지와 감정에서의 부정적 변화)과 관련이 있다. 우선, DSM-IV-TR에서는 관련 증상이 세 개 이상 나타나야 한다고 명시하였지만, DSM-5에서는 회피 증상 또는 인지 및 감정에서의 부정적 변화 중 한 가지 이상이 나타날 경우 해당되는 것으로 바뀌었다. 이는 성인에 비해 아동에게서 감지할 수 있는 증상의 종류가 많지 않기 때문이다. 관련해서, '흥미 상실' '사랑하는 사람으로부터의 분리' '외상과 관련된 생각 또는 감정의 회피' 증상이 삭제되었는데, 이러한 증상들이 상대적으로 아동에게서 많이 나타나기는 하지만 다른 PTSD 증상들에 비해 빈도가 낮다는 점을 고려한 것이다(Scheeringa, 2006). '미래에 대한 과소평가'와 '사건의 주요 측면을 기억하지 못함' 또한 낮은 연령대의 아동에게서 감지하기 어렵거나 아동이 직접적으로 나타내는 경우가 많지 않다는 점을 고려해서 삭제되었다. 반면, 외현적으로 드러나기 때문에 관찰하기가 수월한 각성(arousal) 부분에서는 '과민성 또는 분노 폭발' 증상에 '극심한 짜증'이 새롭게 포함되었다(National Center for PTSD, 2014e).

앞서 기술한 것처럼, 학령기 아동 · 청소년의 경우에는 별도의 PTSD 진단기준이 마련되지 않아 성인과 동일한 기준을 적용해서 진단하고 평가해야 한다. 학령기 아동의 발달 정도와 인지적 수준이 성인의 그것과 같다고 가정할 수 없고 개인차 또한 크기 때문에, 성인과 동일한 진단기준과 척도를 사용해서 학령기 아동 · 청소년의 PTSD를 진단하고 평가하는 것은 여전히 논란의 여지가 있다.

아동 · 청소년 PTSD와 성인 PTSD의 차이점

- 증상의 차이점
  - 외상 사건과 관련된 괴로운 기억들이 반드시 '고통스러운 것'으로만 나타나지 않음
  - 일상적이고 자연스러운 놀이 상황에서 외상 경험을 재연하는 경우가 많음
  - 외상 사건과 직접적으로 연관되지 않거나, 알 수 없는 무서운 꿈을 꾸기도 함
- 발달적 · 인지적 특성 관련 차이점
  - 외상 사건에 대한 경험 및 감정을 언어적으로 표현하는 것을 어려워함
  - 직접 경험한 외상 사건의 위험 정도를 인지적으로 이해하지 못하는 경우가 있음
- DSM-5에서의 아동 PTSD
  - DSM-5에서는 6세 이하의 미취학 아동을 위한 진단기준을 별도로 마련하여 제시함
  - '외상 사건으로 인한 극심한 두려움, 무력감 또는 공포심'은 삭제되고 '극심한 짜증'이 추가됨

아동 · 청소년 PTSD 진단 및 평가 도구에는 어떤 것들이 있는가

다음에서는 아동 및 청소년의 PTSD를 진단하고 평가할 수 있는 도구들을 구체적으로 살펴보고자 한다. 또한 추천할 만한 좋은 척도를 선정하기 위해 몇 가지 기준을 적용하여 척도의 양호도를 평가하였다.

척도 선정 기준 및 절차

연구자들은 총 20개의 척도를 선정하였는데, 다음과 같은 과정을 거쳐 척도를 선정하였다. 우선, 미국 외상 후 스트레스 장애 센터(National Center for PTSD: NCPTSD)에서 제공하는 아동 · 청소년용 PTSD 진단 척도 목록과 국제외상스트레스연구협회(International Society Trauma Stress Studies: ISTSS)에서 발간한 PTSD 매뉴얼 중 아동용 척도 개관 부분(Balaban, 2008)을 검토하였다. 또한 PTSD에 대한 포괄적인 정보를 제공하는 핸드북 두 권과 PTSD 평가 방법에 대한 개관 서적에서 아동 · 청소년의 PTSD 진단 및 평가 부분을 참고하였다(Briggs et al., 2014; March et al., 2012; Nader, 2004). 그 결과, 아동 · 청소년을 대상으로 개발된 PTSD 진단 및 평가 척도로 NCPTSD에서 13개, Balaban(2008)에서 14개, Briggs 등(2014)에서 12개, March 등(2012)에서 18개, Nader(2004)에서 12개를 확인할 수 있었다. 이 중 중복되는 경우를 제외하고 다섯 개의 출처에서 두 번 이상 언급된 15개의 척도를 평가대상으로 선정하였다. 한편, 대부분의 척도가 학령기 연령대의 아동을 대상으로 개발되었기 때문에, 그보다 어린 미취학 아동용으로 개발된 척도 다섯 개를 추가하여 최종적으로 총 20개의 측정도구를 검토하였다. 검토한 측정도구를 평가방식에 따라 분류하면 다음과 같다.

구조화/반구조화 면접도구

- Preschool Age Psychiatric Assessment(PAPA)
- PTSD Semi-Structured Interview and Observational Record for Infants and

Young Children(PTSD-SSI-ORIYC)
- Diagnostic Infant and Preschool Assessment(DIPA)
- Angie/Andie Cartoon Trauma Scales(ACTS)
- Clinician administered PTSD Scale for Children and Adolescents(CAPS-CA)
- Children's PTSD Inventory(CPTSDI)
- The Kiddie Schedule for Affective Disorders and Schizophrenia for School-Aged Children-Parent and Lifetime Version(K-SADS-PL)

자기보고식 측정도구
- Child Behavior Checklist for Age 1.5-5(CBCL/1.5-5)
- PTSD Symptoms in Preschool-Aged Children(PTSD-PAC)
- UCLA PTSD Index for DSM-IV(UCLA-PTSD)
- Trauma Symptom Checklist for Children(TSCC)
- When Bad Things Happen Scale(WBTH)
- Child PTSD Reaction Index(CPTSD-RI)
- Child Behavior Checklist for Age 6-18(CBCL/6-18)
- Child PTSD Symptom Scale(CPSS)
- Parent Report of Child's Reaction to Stress(PRCRS)
- Trauma Symptom Checklist for Young Children(TSCYC)
- Children's Impact of Traumatic Events Scale-Revised(CITES-R)
- My Worst Experience Survey(MWES)
- Child Report of Post-traumatic Symptoms(CROPS)

척도 평가 기준 및 근거

이 장에서는 크게 여섯 가지 기준(DSM과의 연계, 핵심 평가 요소, 타당도 및 신뢰도, 국내 타당화, 외상 사건의 종류, 보고 주체)을 적용해서 척도를 평가하였는데, 각각의 기준과 기준 설정의 근거는 다음과 같다.

〈표 4-1〉 아동 · 청소년용 PTSD 척도 평가 기준

기준	세부 내용
DSM과의 연계	- DSM과의 연계성 - DSM-5 반영 여부
핵심 평가 요소	- PTSD 진단 여부 - 증상의 심각도
타당도 및 신뢰도	- 타당도 : 내용타당도, 구성타당도 - 신뢰도 : 내적 일치도, 평정자 간 신뢰도, 검사-재검사 신뢰도
국내 타당화	- 번역 및 국내 타당화 여부
외상 사건의 종류	- 신체적 학대, 성적 학대 - 일반 외상 사건
보고 주체	- 양육자(부모 등) - 아동 · 청소년

1) DSM과의 연계/DSM-5 반영

PTSD 증상은 정신적 외상을 경험한 아동 · 청소년에게서 관찰되는 가장 일반적인 유형의 심리적 디스트레스다(Balaban, 2008). 외상 관련 장애 및 증상에 대한 공식적인 정의와 진단기준을 제시하고 있는 것이 DSM이기 때문에, 아동 · 청소년 PTSD 관련 척도를 평가함에 있어서 DSM과의 연계 여부를 파악하는 것은 필수적이라 할 수 있다. 실제로, 미국 NCPTSD와 NCTSN(The National Child Traumatic Stress Network)에서는 척도별로 DSM-IV-TR 진단기준과의 연계 여부를 제시하고 있다. 한편, DSM-IV-TR의 PTSD 진단기준은 성인을 대상으로 한 임상 결과에 기반을 두고 있기 때문에, 아동 · 청소년에게 적용하기에는 적합성이 떨어진다는 문제점이 제기되어 왔다(March et al., 2012). 최근 들어, DSM-5로 개정되면서 6세 이하 미취학 아동을 위한 진단기준이 새롭게 마련되었기 때문에, 아동 · 청소년 PTSD 척도를 평가함에 있어서 DSM과의 연계 여부와 함께 DSM-5의 반영 여부를 평가할 필요가 있다. 따라서 이 장에서는 아동 · 청소년용 PTSD 척도를 평가하기 위해, DSM 연계 여부 및 DSM-5의 반영 여부를 확인하였다.

2) 핵심 평가 요소

아동 · 청소년의 PTSD를 평가하는 척도들은 PTSD 진단기준 적용 여부, 증상의

심각도 및 지속기간, 각종 기능(신체적 · 정신적 기능 등) 손상 등 다양한 요소를 평가한다. 이 장에서는 'PTSD 진단'과 '증상의 심각도'를 핵심 평가 요소로 간주하고 각각의 척도가 이 요소들을 포함하고 있는지를 분석하였다. '증상의 심각도'의 경우, 직접적으로 증상의 심각도를 측정하는 것뿐만 아니라 빈도(예: 전혀 없다~아주 많이) 및 지속성을 측정하는 경우도 심각도를 평가하는 것으로 간주하였다.

3) 타당도 및 신뢰도

타당도는 원래 측정하고자 하는 이론적 개념을 척도를 통해 측정하는 정도를 의미한다. 이 장에서는 각 척도의 내용타당도와 구성타당도가 검증되었는지를 평가하였다. 신뢰도는 내적 일치도(Cronbach's α), 평정자 간 신뢰도(Cohen's κ), 검사-재검사 신뢰도 수치를 확인하였다.

4) 국내 타당화

아동 · 청소년의 PTSD를 평가하는 도구들은 주로 외국에서 개발되었기 때문에, 적절한 번역과 함께 우리나라 아동 · 청소년을 대상으로 타당화 작업이 선행되어야 한다(송승훈, 이홍석, 박준호, 김교헌, 2009; Hambleton, 1996). 특히 외상 경험은 주관적 경험이고 사회문화적 환경에 많은 영향을 받기 때문에, 척도 사용 시 문화에 대한 고려가 필요하다(Hambleton, 1996; Jobson, 2009). 이 장에서는 각각의 척도가 우리나라 아동 · 청소년을 대상으로 타당화되었는지를 확인하였다.

5) 외상 사건의 종류

신체적 또는 성 학대, 가정 폭력, 학교 폭력, 사고(교통사고, 지인의 자살 등), 자연 재해 등을 직접 경험하거나 목격할 경우, 이후에 PTSD로 발전할 가능성은 매우 크다(Balaban, 2008; Briggs et al., 2014; National Center for PTSD, 2015). 특히 아동 · 청소년에게는 대인관계적인 특성을 띠는 사건들이 다른 유형의 사건보다 PTSD를 야기하는 경우가 더 많은 것으로 보고되었다(National Center for PTSD, 2015). 이는 아동 · 청소년이 경험하는 외상 사건의 종류에 주의를 기울여야

아동 · 청소년에게는 대인관계적인 특성을 띠는 사건들(신체적 · 성적 학대 등)이 PTSD를 야기하는 경우가 더 많은 것으로 보고되었다.

함을 의미한다. 따라서 이 장에서는 신체적 · 성적 학대가 아동 · 청소년에게 큰 영향을 미친다는 선행연구들을 토대로, 외상 사건의 종류를 성적 · 신체적 학대 사건과 그 외의 일반 사건으로 구분하고 각 척도를 분석하였다.

6) 보고 주체

아동 · 청소년을 대상으로 PTSD를 진단하고 평가할 때에는 다양한 정보제공자(예: 부모 등 양육자, 아동, 교사 등)를 활용할 필요가 있다. 특히 나이가 어리거나 증상이 극도로 심각해서 자신의 내적 상태, 행동, 구체적인 사건 또는 경험을 정확히 보고하지 못하는 아동의 경우에는, 보호자의 관점을 평가에 포함시키는 것이 보다 정확한 진단을 위해 필요하다(Balaban, 2008). 따라서 이 장에서는 각각의 척도가 아동 · 청소년뿐 아니라 부모, 면접자(interviewer) 등 다양한 정보원으로부터 아동의 PTSD 증상을 물어보는 형식으로 제작되어 있는지를 확인하였다. 다만, 보호자는 자녀의 내적 증상에 대해서는 낮게 평가하는 반면, 외부 증상에 대해서는 높은 점수를 부여하는 경향이 있기 때문에(Nader, 2004), 부모의 평정 점수를 해석할 때 이를 염두에 둘 필요가 있다.

이상의 여섯 가지 평가 기준을 적용해서 최종 선별된 20개의 아동 · 청소년용 PTSD 척도를 분석하였는데, 편의상 구조화/반구조화 면접도구(7개)와 자기보고식 척도(13개)로 구분하여 분석 결과를 〈표 4-2〉와 〈표 4-3〉에 각각 제시하였다. 자세한 분석 결과는 다음과 같다.

구조화/반구조화 면접도구

개별 척도에 대한 세부적인 분석 결과를 기술하기 전에 전반적인 경향성을 살펴보면, 우선 〈표 4-2〉에서 볼 수 있는 것처럼 구조화/반구조화 면접도구들은 주요 목적이 PTSD를 진단하는 데 있기 때문에 모든 도구가 DSM과 연계되어 있다. DSM-5를 반영해서 개정된 척도는 아직까지 없지만 예정인 도구가 두 개이고(CAPS-CA, K-SADS-PL), 네 개 척도에서 증상의 심각도를 측정하는 것으로 확인되었다(PAPA, DIPA, ACTS, CAPS-CA). PAPA를 제외한 모든 도구에서 내용타당도 또는 구성타당도를 검증하였고, 모든 도구에서 하나 이상의 신뢰도 수치를 보고하고 있다. 한편, 두 개 척도(CAPS-CA, K-SADS-PL)만이 국내에서 타당화 작업이 이루어졌고, ACTS는 일반적인 PTSD뿐만 아니라 아동학대 피해 정도를 확인할 수 있는 척도다. 세 개의 유아용 척도(PAPA, PTSD-SSI-ORIYC, DIPA)가 보호자를 대상으로 면접을 진행하고, K-SADS-PL은 유아와 보호자 모두로부터 자료를 수집하여 PTSD를 진단한다.

다음에서는 6세 이하 미취학 아동용 척도, 학령기 아동(7~18세)용 척도, 모든 연령대를 위한 척도 순으로 분석 결과를 제시하였다.

1) 학령기 전 아동 정신 평가

학령기 전 아동 정신 평가(Preschool Age Psychiatric Assessment: PAPA, 대상: 2~5세 영유아의 양육자)는 Egger와 Angold(2004)에 의해 개발되었으며, 영유아의 PTSD를 진단하기 위해 주 양육자를 면담하는 것이 특징이다. PAPA는 PTSD를 포함하여 2~5세 유아가 보일 수 있는 다양한 정신질환 장애를 진단하는데, 총 1,591개의 질문이 포함되어 있다. 그중 PTSD 증상을 평가하기 위해 임상가는 우선 "지난 3개월 동안 당신의 자녀에게 영향을 미친 사건이 있었습니까?"라고 질문하고, 3점 척도(0점=없다, 2점=있다)로 평정한다. 양육자가 '있다.'로 응답한 경우, 14개의 사건(예: 새로운 아이가 집에 옴)을 구체적으로 설명한 다음, "당신의 자녀는 그 사건으로 인해 두려워했나요?" "당신의 자녀는 그 사건 때문에 무기력해했나요?" 등의 질문을 하고 3점 척도(0점=그렇다, 2점=아니다)로 평정한다. PAPA는 진단 절차가 자세하고 체계적이기 때문에, 아동의 활동 또는 관계 측면에서 나타나는 증상 정도를 측정할 수 있다는 장점이 있다(March et al., 2012). Egger 등(2006)의 연구에서 평정자 간 신뢰도(κ=.73)가 보고되었으나, March 등(2012)은 다양한 외상 상황에서의 일반화 가능성을 확보하기 위해 PAPA의 심리측정적 특성에 대한 연구들이 더 필요하다고 제언하였다. PAPA는 실시하는 데 100분 정도의 시간이 소요되고, 전문적인 훈련을 받은 임상가만이 실시할 수 있다.

〈표 4-2〉 평가 기준에 따른 아동 · 청소년 PTSD 척도 분석 결과(구조화/반구조화 면접도구)

구분	척도명	대상 연령	DSM 연계		핵심 평가 요소		타당도		신뢰도			국내 타당화	외상 사건 종류	보고 주체
			DSM 연계	DSM-5 반영	진단 여부	증상의 심각도	내용 타당도	구성 타당도	내적 일치도(α)	평정자 간 신뢰도(κ)	검사-재검사 신뢰도 (r)			
구조화된 면접	PAPA	2~5	○	×	○	○	×	×	ICC .56	.73	×	×	일반	P
	PTSD-SSI-ORIYC	0~7	○	×	○	×	○	○	×	.29~1.00 (평균=.74)	×	×	일반	P
	DIPA	1~6	○	개정 예정	○	○	○	○	×	×	.38~.66	×	일반	P
반구조화된 면접	ACTS	6~11	○	×	○	○	×	○	.70~.95	×	×	×	학대	C
	CAPS-CA	8~18	○	개정 예정	○	○	○	○	.75~.81 **.87**	.80	× **.90**	○	일반	C
	CPTSDI	6~18	○	×	○	×	○	○	.80	.92	.86	×	일반	C
	K-SADS-PL	7~17	○	×	○	×	×	○	×	.95 **.42**	.91 **.75~1.00**	○	일반	C/P

주. 증상의 심각도의 경우, 직접적으로 증상의 심각도를 측정하는 것뿐만 아니라, 증상의 강도, 빈도 및 지속성을 측정하는 경우도 심각도를 평가하는 것으로 간주하였다. 보고 주체가 아동이면 C, 부모 또는 보호자는 P로 표기하였다. 국내에서 표준화된 경우 타당도 및 신뢰도를 진하게 표시하였다.

〈표 4-3〉 평가 기준에 따른 아동 · 청소년 PTSD 척도 분석 결과(자기보고식 측정도구)

구분	척도명	대상 연령	DSM 연계		핵심 평가 요소		타당도		신뢰도			국내 타당화	외상 사건 종류	보고 주체
			DSM 연계	DSM-5 반영	진단 여부	증상의 심각도	내용 타당도	구성 타당도	내적 일치도(α)	평정자 간 신뢰도(κ)	검사-재검사 신뢰도 (r)			
자기 보고식 척도	CBCL/1.5-5	1.5~5	○	×	×	○	×	○	.80~.89	×	.68~.92	번역	일반	P
	PTSD-PAC	2~5	○	×	×	×	×	×	.79	×	×	×	일반	P
	UCLA-PTSD	7~18	○	○	○	○	×	○	.69~.80	.93	.88	×	일반	C/P
	TSCC	8~16	×	×	×	○	×	○	.77~.89 **.95**	×	.51~.81 **.71~.87**	○	일반/ 성 학대	C
	WBTH	8~19	○	×	○	○	×	○	×	×	×	×	일반	C
	CPTSD-RI	6~17	×	×	×	○	×	○	.70~.80	.89	×	×	일반	C
	CBCL/6-18	6~18	○	×	×	○	×	○	.63~.97	.57~.88	.80~.94	번역	일반	C/P
	CPSS	8~18	○	×	○	○	×	○	.70~.89	×	0.84	번역	일반	C
	PRCRS	보고되지 않음	×	×	○	○	×	×	.89	×	×	×	일반	P
	TSCYC	3~12	×	×	○	×	○	○	.87	×	.79	×	일반	P
	**CITES-R	6~18	○	×	○	○	×	○	.69	×	×	×	일반 /성 학대	C
	**MWES	8~17	○	×	○	○	×	×	.68~.91	×	.88~.95	×	일반	C
	**CROPS	5~17	○	×	○	○	○	○	.91 **.86**	×	.80	○	일반	C

주. 증상의 심각도의 경우, 직접적으로 증상의 심각도를 측정하는 것뿐만 아니라, 증상의 강도, 빈도 및 지속성을 측정하는 경우 또한 심각도를 평가하는 것으로 간주하였다. 보고 주체가 아동이면 C로, 부모 또는 보호자이면 P로 표기하였다. 국내에서 표준화된 경우 타당도 및 신뢰도를 진하게 표시하였다. **는 자기보고식 척도이지만 반구조화된 면접으로도 사용할 수 있는 도구를 의미한다.

2) 영유아를 위한 반구조화 면접 및 관찰기록

영유아를 위한 반구조화 면접 및 관찰기록(PTSD Semi-Structured Interview and Observational Record for Infants and Young Children: PTSD-SSI-ORIYC, 대상: 6세 이하 영유아의 부모)은 Schreeringa와 Zeanah(1994)가 6세 이하 영유아의 PTSD를 진단하기 위해 개발한 반구조화 면접도구다. PTSD-SSI-ORIYC는 총 29개 문항으로 구성되어 있으며(예: "당신의 아이가 사건에 대하여 반복하여 이야기하거나 질문하였습니까?"), 3점 척도로 평가하고(0점=없다, 1점=때때로, 2점=있다), 영유아에게 직접 물어보는 대신 아동의 보호자에게 질문한다(March et al., 2012). 또한 DSM-IV상의 PTSD 진단기준뿐만 아니라 PTSD-AA 진단기준으로도 평가가 가능하다(March et al., 2012). 한편, 수렴타당도, 민감도, 변별타당도가 확인되었으며, PTSD-AA 기준으로 진단했을 때 평정자 간 신뢰도(κ=.74~.79)가 양호한 것으로 나타났다(March et al., 2012; The National Child Traumatic Stress Network, 2012e). 처음부터 영아를 대상으로 개발되었기 때문에 영아의 증상과 직접적으로 관련된 문항이 추가되었으며, 영아의 외상 노출 정도, 종합적인 증상, 기능장애 등을 확인할 수 있다는 장점이 있다(The National Child Traumatic Stress Network, 2012e). 그러나 증상의 빈도나 지속기간에 대한 정보를 측정하지 않으며, 아동 발달에 대한 지식이 있어야 제대로 사용이 가능하기 때문에 임상 경험이 풍부한 임상가로 척도 사용을 제한하고 있다(The National Child Traumatic Stress Network, 2012e).

3) 영유아 진단 척도

영유아 진단 척도(Diagnostic Infant and Preschool Assessment: DIPA, 대상: 9개월~6세 영유아의 부모)는 Scheeringa와 Haslett(2010)가 개발하였으며, 영유아가 PTSD, 주요 우울장애, 양극성 장애, 주의력결핍과잉행동장애(Attention Deficit Hyperactivity Disorder: ADHD), 적대적 반항장애(Oppositional Defiant Disorder: ODD), 계절성 정동장애(Seasonal Affective Disorder: SAD) 등의 증상을 가지고 있는지를 파악하는 반구조화 면접도구다. DIPA는 영유아를 위한 반구조화 면접 및 관찰기록(PTSD-SSI-ORIYC)을 토대로 개발되었고(The National Child Traumatic Stress Network, 2013), 보호자를 대상으로 면접을 진행한다. 총 517개 문항 중 189개 문항이 PTSD와 관련이 있

고(예: "아이가 스스로 그것에 대해 이야기하나요?"), 응답자가 보고하는 증상에 따라 60분에서 180분가량 소요된다(The National Child Traumatic Stress Network, 2013). 응답방법이 매우 다양한데, 대부분은 '예.' '아니요.' 로 응답하며 빈도나 증상의 지속기간 등을 묻는 질문도 있다. DSM-IV 및 PTSD-AA의 기준에 따른 진단이 가능하고, 외상 사건의 발생 빈도 및 시기를 확인할 수 있다는 장점이 있으며, 특정 정신장애에 따른 아동의 기능적인 문제를 평가할 수 있다(The National Child Traumatic Stress Network, 2013). 그러나 신뢰도 등 심리측정적 요소가 검증되지 않았으며 다양한 표본을 대상으로 타당화되지 않았다(The National Child Traumatic Stress Network, 2013).

4) 앤지/앤디 만화 외상 척도

앤지/앤디 만화 외상 척도(Angie/Andie Cartoon Trauma Scales: ACTS, 대상: 6~11세)는 Praver, Pelcovitz와 DiGiuseppe(1998)가 아동의 학대 및 복합외상을 측정하기 위해 개발한 반구조화 면접도구로 총 110개 문항으로 구성되어 있으며, 45분 정도의 시간이 소요된다. 성인용 복합외상 측정도구인 극단적 스트레스 장애를 위한 구조화된 면접(Structured Interview for Disorders of Extreme Stress: SIDES; Van der Kolk et al., 1992)을 아동용으로 수정한 것으로, 스스로의 학대 경험을 말하는 것에 거부감을 느끼는 아동이 좀 더 편하게 검사를 받을 수 있도록 고안되었다(Nader, 2004; Praver, DiGiuseppe, Pelcovitz, Mandel, & Gaines, 2000). 면접자는 외상 후 스트레스 증상을 가진 아이(앤지/앤디)의 그림을 보여 주면서 앤지/앤디가 어떤 감정을 느끼고 있는지를 피검자에게 질문한다. 이에 대해 피검자는 '전혀 없음' '한두 번' '때때로' '아주 많이' 라고 적혀 있는 네 장의 카드 중 하나를 가리키며 그림 속 아이의 감정을 표현한다. ACTS는 학대를 당한 아동이 자신의 상태와 비슷한 그림 속 아이에게 자신을 투사하여 좀 더 편하게 자신의 감정을 표현할 수 있다는 장점이 있다. 또한 ACTS는 DSM상의 PTSD 증상뿐만 아니라 아동의 자기개념, 집중력, 타인과의 관계, 신체화 증상 및 아동의 의미체계를 측정할 수 있다. 내적 일치도(Cronbach's α=.95)가 우수하고 구성타당도가 양호한 것으로 밝혀졌다(Praver et al., 2000). 그러나 타당화되지 않은 척도와 수렴타당도를 측정하였으며, 다양한 표본을 대상으로 타당화 작업이 이루어지지 않았다는 단점이 있다.

5) 임상가용 아동 및 청소년을 위한 외상 후 스트레스 장애 척도

임상가용 아동 및 청소년을 위한 외상 후 스트레스 장애 척도(Clinician administered PTSD Scale for Children and Adolescents: CAPS-CA, 대상: 8~15세)는 임상가용 외상 후 스트레스 장애 척도(Clinician administered PTSD Scale: CAPS)를 Nader 등(1996)이 아동용으로 개정한 것으로, DSM-IV-TR상의 PTSD 증상 17개와 증상의 빈도 및 심각도를 측정할 수 있는 반구조화 면접도구다. CAPS-CA는 총 32개 문항으로 구성되어 있으며(예: "이전에 비해 갑자기 화가 나는 경우가 있습니까?"), 5점 척도로 평정한다(빈도: 0점=전혀 없다, 4점=대부분의 시간, 거의 매일 있다/심각도: 0점=전혀 없다, 4점=매우 심각한 디스트레스). 아동의 현재 기능과 관련된 증상들도 포괄적으로 측정이 가능하며, 전 생애에 걸쳐 발생된 PTSD에 대한 진단 또한 가능하다(March et al., 2012). 내용타당도와 구성타당도가 검증되었으며, 우리나라 아동을 대상으로 타당화 작업이 이루어졌다(구정일 외, 2006). 아동 80명을 대상으로 한 한국판 CAPS-CA 연구에서 우수한 내적 일치도(Cronbach' s α=.87)와 검사-재검사 신뢰도(r=.90)를 나타냈다(구정일 외, 2006). 성인용 CAPS에 비해, CAPS-CA는 심리측정적 요소를 평가한 연구가 미흡하며 규준 데이터를 제공하지 않는다는 단점이 있다(March et al., 2012). 뿐만 아니라, CAPS-CA를 사용하기 위해서는 상당한 수준의 훈련이 필요하며 각 증상의 빈도와 심각도를 한꺼번에 측정하기 때문에 시간이 많이 소요된다(30분~2시간)(March et al., 2012; The National Child Traumatic Stress Network, 2012d).

6) 아동 PTSD 척도

아동 PTSD 척도(Children' s PTSD Inventory: CPTSDI, 대상: 6~18세)는 Saigh 등(2000)이 개발한 반구조화 면접으로, 짧은 시간(소요 시간 약 18분)에 PTSD를 진단할 수 있는 도구다. CPTSDI는 PTSD 증상을 표현하는 50개 문항에 대해 '예.' 또는 '아니요.' 로 평정한다. 급성 PTSD, 만성 PTSD 및 지연된 PTSD를 진단할 수 있을 뿐만 아니라 PTSD를 유발한 사건에 대한 정보를 얻을 수 있다(March et al., 2012). 개발 당시 아동의 피드백을 반영하여 유소년의 발달 단계에 적합하게 문항을 구성하였다

(March et al., 2012; The National Child Traumatic Stress Network, 2012c). 검사-재검사 신뢰도(r=.86)와 내적 일치도(Cronbach' s α=.80)가 양호하고, 내용타당도 및 구성타당도가 검증되었다(The National Child Traumatic Stress Network, 2012c). 그러나 증상의 심각도를 측정할 수 없으며, 6~18세를 대상으로 개발되었지만 연령대별로 심리측정학적 연구가 활발히 진행되지 않았다는 단점이 있다(The National Child Traumatic Stress Network, 2012c).

7) 학령기 아동용 정서장애 및 정신분열증 진단집

Kaufman 등(1997)이 개발한 학령기 아동용 정서장애 및 정신분열증 진단집(The Kiddie Schedule for Affective Disorders and Schizophrenia for School-Aged Children-Parent and Lifetime Version: K-SADS-PL, 대상: 7~17세 학령기 아동 및 부모)은 DSM-III와 DSM-IV상의 정신질환을 검사하는 반구조화 면접이다(March et al., 2012). K-SADS-PL은 사전면접과 다섯 가지 진단부록(진단면접, 보충검사, 진단 보충 검사, 아동용 글로벌 평가도구)으로 구성되어 있다(안나영, 이주영, 조선미, 정영기, 신윤미, 2013; University of Pittsburgh Department of Psychiatry, 2015). 진단면접의 경우, 각 증상마다 채점방식이 조금씩 다른데, 증상이 없는 경우에는 다음 문항으로 넘어가고 증상이 있다고 대답하는 경우에는 3점 척도로 평정한다(1점=없음, 2점=역치하, 3점=역치)(안나영 외, 2013; University of Pittsburgh Department of Psychiatry, 2015). 다양한 외상 사건 경험 여부를 확인할 수 있고 완전한 PTSD뿐만 아니라 부분적인 PTSD도 진단할 수 있다(March et al., 2012). 또한 부모 면접 후 아동을 면접하도록 되어 있어 아동이 보고하는 것과 부모의 보고를 둘 다 참고하여 진단을 내릴 수 있다(안나영 외, 2013; March et al., 2012). 한국어로도 타당화되었으며, 한국판 K-SADS-PL의 경우 평정자간 신뢰도(κ=.42)와 검사-재검사 신뢰도(r=.75~1.00)가 보고되었다(Kim et al., 2004). 실시하는 데 시간이 오래 걸리며(35분~1시간 15분), 실시를 위해 상당히 오랜 기간 훈련을 받아야 한다(March et al., 2012).

자기보고식 측정도구

총 13개의 자기보고식 측정도구 중 70%(n=9개)가 DSM과 연계되어 있고, 유일하게 UCLA-PTSD만이 DSM-5를 반영하고 있었다. 또한 두 개의 척도(TSCYC, PTSD-PAC)를 제외한 나머지 11개의 자기보고식 척도가 증상의 심각도를 측정할 수 있고, 한 개(WBTH)를 제외한 모든 척도에 대해 하나 이상의 신뢰도 수치가 보고되었다. 국내에서 타당화 작업이 이루어진 척도는 두 개였고(TSCC, CROPS), TSCC와 CITES-R은 일반 사건뿐 아니라 성 학대로 인한 피해 정도를 측정하는 것으로 확인되었다. 보호자가 보고하도록 제작된 척도는 네 개(CBCL/1.5-5, PTSD-PAC, PRCRS, TSCYC), 상황에 따라 보호자가 정보를 제공할 수 있는 척도는 두 개(UCLA-PTSD, CBCL/6-18)인 것으로 확인되었다. 그리고 CITES-R, MWES, CROPS는 자기보고식 측정도구이지만 반구조화 면접도구로도 사용할 수 있다.

자기보고식 측정도구 역시 미취학 아동(6세 이하)용 척도, 학령기 아동(7~18세)용 척도, 모든 연령의 아동 · 청소년용 척도 순으로 분석 결과를 제시하였다.

1) 아동 행동 체크리스트 1.5-5세용

아동 행동 체크리스트 1.5-5세용(Child Behavior Checklist for Age 1.5-5: CBCL/1.5-5, 대상: 1.5~5세 아동의 양육자)은 Achenbach와 Rescorla(2001)가 제작하였고, 1.5~5세의 영유아가 보이는 증상을 주 양육자가 평정한다. 총 99개 문항으로 구성되어 있고, 일곱 개의 증후군(감정적 반응, 우울, 신체적 호소, 위축, 주의집중 문제, 공격적 행동, 수면 문제)과 일곱 개의 DSM 관련 문제(정서, 불안, 전반적 발달, 주의력 결핍/과잉행동, 스트레스, 자폐증, 반항 문제)를 측정한다. CBCL은 전반적인 디스트레스를 측정하기 위해 개발되었는데, PTSD 하위 척도(CBCL-PTSD)를 통해 PTSD 증상의 존재 여부를 확인할 수 있다. 주 양육자는 "새로운 것을 시도하는 것에 두려움을 느낀다." "다른 사람의 눈을 쳐다보는 것을 피한다." 등의 항목에 대해 아동이 현재 또는 지난 2개월 동안 얼마나 그러했는지를 3점 척도로 평정한다[0점=(당신이 아는 한) 사실이 아니다, 1점=어느 정도/때때로 사실이다, 2점=매우 사실이다/종종 사실이다]. 주 양육자가 체크리스트를 완성하는 데 약 10~15분 정도가 소요되며, 검사 실시자는 경험이 많은 임상가로부터 4시간 이상 훈련을 받거나 심리검사 및 해석 경험을 갖추고 있어야 한다. CBCL/1.5-5의 특징 중 하나는 "자녀의 언어 발달에 대해 걱정하고 있습니까?"라는 문항에 "'예'라고 답한 경우 왜 그러한지 적어 주십시오."라고 추가 질문을 하는 등 개방형 질문을 포함하고 있다는 점이다. 또한 강점 기반의 질문을 통해 응답자가 아동의 좋은 점을 묘사하도록 요구하고 있다는 점에서, 문제점만 보고하는 다른 척도들과는 달리 아동의 강점에 대한 정보도 파악할 수 있다는 장점을 지니고 있다(The National Child Traumatic Stress Network, 2014). CBCL/1.5-5는 내적 일치도(Cronbach' s α=.80~.89)와 검사-재검사 신뢰도(r=.68~.92)가 양호한 것으로 나타났고, 구성타당도 또한 검증되었다(The National Child Traumatic Stress Network, 2014).

2) 미취학 아동의 외상 후 스트레스 장애 증상 척도

미취학 아동의 외상 후 스트레스 장애 증상 척도(PTSD Symptoms in Preschool-Aged Children: PTSD-PAC, 대상: 2~5세 아동의 양육자)는 Levendosky, Huth-Bocks, Semel과 Shapiro(2002)가 DSM-IV의 PTSD 진단기준을 토대로 개발한 자기보고식 척도다. PTSD-PAC는 주 양육자가 평정하며, 2~5세의 아동에게서 나타나는 PTSD 증상을 18개 문항(예: "장난감을 가지고 사건을 놀이로 표현한다." "사건과 관련된 꿈을 꾼다.")에 '예.'(증상이 있음) 또는 '아니요.'(증상이 없음)로 평정한다(Balaban, 2008). 총 소요 시간은 약 10분 정도이며, 점수 해석을 위해서는 심리학자로부터 훈련을 받아야 한다(The National Child Traumatic Stress Network, 2012f). PTSD-PAC의 내적 일치도(Cronbach's α=.79)는 양호한 것으로 보고되었다(Balaban, 2008). 한편, PTSD-PAC가 부모의 보고에만 의존하고 증상의 빈도 또는 그 시작점에 대한 질문이 없기 때문에, 주로 PTSD 스크리닝을 위한 용도로 사용된다는 한계를 지니고 있다.

3) UCLA-PTSD 척도

Pynoos, Rodriguez, Steinberg, Stuber와 Frederick(1998)이 개발한 UCLA PTSD 척도(UCLA PTSD Index for DSM-IV: UCLA-PTSD, 대상: 7~12세 아동, 13세 이상 청소년, 부모)는 외상 노출 정도와 PTSD 증상을 간단하게 선별할 수 있는 자기보고식 평가

도구다(Briggs et al., 2014). UCLA-PTSD는 아동용 문항(20개)과 청소년용 문항(22개)이 하나의 척도로 구성되어 있는데, '나는 내가 원하지 않음에도 갑자기 나를 힘들게 하는 이미지나 생각이 떠오르고 소리가 들린다.' 등의 문항에 대해 4점 척도(0점=없다, 3점=매우 많다) 또는 5점 척도(0점=없다, 4점=대부분)로 평정한다(The National Child Traumatic Stress Network, 2012i). 외상 노출, 분열 증상, PTSD 증상, 죄책감, 두려움 등을 20~30분 정도의 짧은 시간 내에 검사할 수 있으며(Balaban, 2008), DSM 상의 PTSD 기준에 따른 평가가 가능할 뿐만 아니라 증상의 빈도 및 외상 노출 정도에 대한 정보를 얻을 수 있다(The National Child Traumatic Stress Network, 2012i). 자기 보고식 척도이기 때문에 개인과 단체를 대상으로 손쉽게 PTSD 증상을 측정할 수 있다(The National Child Traumatic Stress Network, 2012i). 한편, UCLA-PTSD는 K-SADS-PL과 상관이 보고되는(r=.49~.70) 등 구성타당도가 검증되었으며(The National Child Traumatic Stress Network, 2012i), 검사-재검사 신뢰도(r=.84)와 내적 일치도(Cronbach' s α=.90)가 양호한 것으로 보고되었고, 유일하게 DSM-5상의 PTSD 기준이 반영되어 있다(Steinberg & Beyerlein, 2014).

4) 아동용 외상 증상 체크리스트

아동용 외상 증상 체크리스트(Trauma Symptom Checklist for Children: TSCC, 대상: 8~16세)는 Briere(1996)가 개발한 자기보고식 척도로, 아동이 직접 설문을 완성한다(Nader, 2004). TSCC는 외상 사건을 경험한 아동에게서 나타나는 외상 후 스트레스 및 관련 심리적 증상의 심각성을 측정하며(The National Child Traumatic Stress Network, 2012g), 완성하는 데 15~20분 정도 소요된다(Strand et al., 2011). TSCC는 불안, 우울, 분노, 외상 후 스트레스, 분열, 성 문제 등 여섯 개의 하위 영역을 측정하는 54개 문항으로 구성되어 있다(예: "어떤 것들에 대해 걱정한다." "슬프거나 불안하다고 느낀다." "내가 내 몸 속에 있지 않은 것 같다고 느낀다."). 아동은 각 증상이 얼마나 자주 발생하는지를 4점 척도로 평정한다(0점=전혀 없다, 3점=거의 항상). 한편, 성적(sexual) 증상을 다루고 있는 10개의 문항을 제외하고 44개의 문항으로 구성된 TSCC-A를 사용할 수도 있다(National Center for PTSD, 2014f). TSCC는 주로 성 학대에 대한 아동의 반응을 평가하기 위해 사용되어 왔는데, 다양한 형태의 학대를 경험한 아동 · 청소년의 PTSD를 평가하는 데 유용한 척도다(Balaban, 2008). 그러나 여섯 개 하위 척도가 구체적인 장애(외상 후 스트레스 장애, 해리장애 등)에 대한 진단 결과를 제공하지 않을 뿐 아니라 모든 PTSD 증상을 평가하지 않는다는 점에서, TSCC는 진단용 척도라기보다는 스크리닝에 더 적합한 척도라고 할 수 있다(The National Child Traumatic Stress Network, 2012g). TSCC는 CBCL과 YSR(Youth Self-Report) 등 다른 유사 척도들과 상관을 보여 공인타당도와 구성타당도가 검증되었고, 내적 일치도(Cronbach's α=.77~.89)와 검사-재검사 신뢰도(r=.51~.81)가 양호한 것으로 나타났다(Briere, 1996). Chung(2014)이 우리나라 아동을 대상으로 타당화 작업을 수행하였는데, TSCC의 공인타당도와 구성타당도가 검증되었고, 내적 일치도(α=.95) 및 검사-재검사 신뢰도(r=.91)가 양호한 것으로 나타났다.

5) '나쁜 일이 생겼을 때' 척도

'나쁜 일이 생겼을 때' 척도(When Bad Things Happen Scale: WBTH, 대상: 8~19세)는 Fletcher(1992)가 개발한 자기보고식 척도다. 우선, 아동 · 청소년은 자신이 경험한 외상 사건('나쁜 일')을 보고하도록 요청받는데, 그 사건을 떠올리면서 95개의 질문(예: "그 나쁜 일이 무서웠습니까?" "나쁜 일을 생각할 때, 그 일은 당신을 괴롭힙니까?" "나쁜 일이 생긴 이후로 당신의 감정을 숨기는 것에 익숙해졌습니까?") 각각에 대해 3점 척도로 평정한다('매우 많이' '가끔' '전혀 아님'). WBTH 문항들은 아동기 PTSD 면접(Childhood PTSD Interview: CPTSDI; Fletcher, 1996a)에 포함된 문항들과 유사하기 때문에, CPTSDI를 보완하기 위한 목적으로도 사용될 수 있다. WBTH는 3학년 수준의 읽기 능력을 가지고 있으면 아동이 직접 완성할 수 있을 만큼 쉬운 언어로 제작되었다는 장점이 있다(National Center for PTSD, 2014h). WBTH는 CPTSDI-P(Childhood PTSD Interview-Parent)보다는 CPTSDI-C(Childhood PTSD Interview-Child)와 더 높은 상관을 나타내 수렴타당도가 검증되었다(Fletcher, 1996a).

6) 아동 외상 후 스트레스 장애 반응 지수

아동 외상 후 스트레스 장애 반응 지수(Child PTSD Reaction Index: CPTSD-RI, 대상: 6~17세)는 원래 면접용으로 개발되었는데(Frederick, Pynoos, & Nader, 1992), 현재는

주로 자기보고식 척도로 사용되고 있다. 총 20개의 문항으로 구성되어 있으며, '침투(intrusiveness)' '감각 마비(numbing) 및 회피' '불안 및 공포, 수면장애 및 집중력 저하' 등 세 개의 하위 요소로 이루어져 있다(Hawkins & Radcliffe, 2006). 각 문항에 대해 0점에서 4점까지 5점 척도로 평정하며, 검사 소요 시간은 약 15~20분 정도다. 외상 사건에 노출된 이후 아동의 외상 후 증상의 존재 여부 및 빈도를 평가하며(March et al., 2012), 특히 재난과 비상사태를 경험한 아동을 평가하는 데 적합하다. CPTSD-RI는 실시 및 채점을 신속하게 할 수 있다는 장점과 함께 다양한 언어로 번역되어 외상으로 인한 후유증을 가지고 있는 아동 및 청소년을 대상으로 널리 사용되어 왔다(Balaban, 2008). 반면, 본래 진단용 도구로 개발된 척도가 아니기 때문에 외상 사건에 대한 반응만을 평가하며(Hawkins & Radcliffe, 2006), 모든 PTSD 증상을 평가하지 않는다는 제한점을 지니고 있다(March et al., 2012). CPTSD-RI는 K-SADS PTSD 모듈(r=.70), CAPS-CA(r=.82)와 상관을 나타내 구성타당도가 검증되었고, 내적 일치도(Cronbach's α=.70~.80) 또한 양호한 것으로 나타났다(March et al., 2012).

7) 아동 행동 체크리스트 6-18세용

아동 행동 체크리스트 6-18세용(Child Behavior Checklist for Age 6-18: CBCL/6-18, 대상: 6~18세 아동 및 양육자, 교사)은 CBCL/1.5-5와 함께 Achenbach와 Rescorla (2001)가 개발한 아동 · 청소년 대상 자기보고식 척도다. 주로 양육자가 평정하지만 교사도 평정이 가능하며, 11~18세 청소년의 경우 본인이 직접 평정할 수 있다(The National Child Traumatic Stress Network, 2012a). CBCL/6-18은 일반적인 디스트레스와 내면적/외현적 어려움을 측정하는데, 본래 PTSD만을 측정할 목적으로 제작된 것이 아니기 때문에 이 척도를 사용해서 PTSD를 직접적으로 진단하지는 못한다(March et al., 2012). 그러나 PTSD 하위 척도인 CBCL-PTSD를 통해 PTSD 증상을 확인할 수 있으며, PTSD 진단에 도움이 되는 다양한 임상적 · 질적 정보들을 제공한다는 점에서 유용하다. 총 120개의 문항으로 구성되어 있으며(예: "오랜 시간 집중하지 못한다."), 현재 또는 지난 6개월 동안 각 문항에 대해 아동이 얼마나 그러했는지를 3점 척도로 평정한다(0점=사실이 아니다, 1점=어느 정도/때때로 그렇다, 2점=매우 그렇다/자주 그렇다). 체크리스트를 완성하는 데에는 약 15분이 소요되며, 검사를 실시하는 사람은 경험이 풍부한 임상가로부터 4시간 이상 훈련을 받거나 심리검사 및 해석의 경험이 있어야 한다. 개방형 질문을 통해 추가적인 정보를 얻을 수 있는 장점이 있지만, 체크리스트를 완성하는 데 시간이 다소 걸리고 자기보고 편견(self-report bias)에 취약하다는 단점이 있다(The National Child Traumatic Stress Network, 2012a). CBCL/6-18은 구성타당도가 검증되었으며, 내적 일치도(Cronbach's α =.63~.97)와 평정자 간 신뢰도(κ=.57~.88) 및 검사-재검사 신뢰도(r=.80~.94)가 보고되었다(The National Child Traumatic Stress Network, 2012a).

8) 아동 외상 후 스트레스 장애 증상 척도

아동 외상 후 스트레스 장애 증상 척도(Child PTSD Symptom Scale: CPSS, 대상: 8~18세)는 DSM-IV를 기반으로 PTSD 증상을 평가하기 위해 Foa, Johnson, Feeny와 Treadwell(2001)이 제작한 자기보고식 척도다. CPSS는 Foa 등(1997)이 개발한 외상 후 진단 척도(Posttraumatic Diagnostic Scale: PDS)의 아동용 버전으로, 외상 사건을 경험한 아동 및 청소년에게 지난 1개월 동안 나타났던 PTSD 증상의 빈도를 평가한다(Strand et al., 2011). 문항은 총 26개이며, 사건 문항 2개, 증상 문항 17개, 기능장애 문항 7개로 구성되어 있다. 증상 문항의 경우(예: "원하지 않을 때, 사건에 대한 안 좋은 생각이나 이미지가 머릿속에 떠오른다." "그 사건에 대해 생각하거나 관련된 이야기를 들으면 기분이 나빠진다.") 4점 척도로 평정한다(0점=전혀 없었다 또는 단 한 번 있었다, 1점=일주일에 1회 또는 그 미만/가끔, 2점=일주일에 2~4회/자주, 3점=일주일에 5회 또는 그 이상/거의 언제나). 기능장애를 측정하는 문항들은 '친구들과의 관계/학교 과제/가족과의 관계' 등에서 문제가 있었는지를 2점 척도(0점=없다, 1점=있다)로 평정한다(National Center for PTSD, 2014a). 이렇듯 CPSS는 PTSD 증상을 평가할 뿐 아니라 전반적인 적응 측면(학습 성과, 사회적 관계 등)을 살펴볼 수 있는 장점을 지니고 있다. 그러나 PTSD 진단이 가능하도록 개발되었음에도 불구하고 진단을 위해 어떻게 척도를 사용해야 하는지에 대한 구체적인 정보가 제공되어 있지 않고, 타당도에 대한 연구가 미흡하다는 단점을 지니고 있다(The National Child Traumatic Stress Network, 2012b). CPSS는 CPTSD-RI과 상관이 높고(r=.80), 내적 일치도(Cronbach's α =.70~.89)와 검사-재검사 신뢰도(r=.84)가 양호한 것으로 나타났다(The National

Child Traumatic Stress Network, 2012b).

9) 유아용 외상 증상 체크리스트

유아용 외상 증상 체크리스트(Trauma Symptom Checklist for Young Children: TSCYC, 대상: 3~12세 아동의 양육자)는 Briere(2005)가 아동의 PTSD 증상을 평가하기 위해 개발한 척도로, 부모 등 양육자가 보고한다(Briggs et al., 2014). TSCYC는 총 90개 문항, 8개의 임상 척도로 구성되어 있으며(외상 후 스트레스-기억침습: PTSI, 외상 후 스트레스-회피: PTS-AV, 외상 후 스트레스-각성: PTS-AR, 성 문제: SC, 분열: DIS, 불안: ANX, 우울: DEP, 분노/공격성: ANG), '슬퍼 보인다.' '친구나 가족에게 물건을 던진다.' 등의 증상이 지난 1개월 동안 아동에게 얼마나 자주 발생했는지를 양육자가 4점 척도(1점=전혀 아니다, 4점=매우 자주 그렇다)로 평가한다(National Center for PTSD, 2014g). TSCYC는 DSM-IV 진단기준을 기반으로 개발되었기 때문에 잠정적인 PTSD 진단이 가능하고, 검사 실시 및 점수 집계를 위한 훈련이 거의 필요하지 않는 등 척도 사용에 제한이 거의 없고, 문항의 길이가 짧고 간단하다는 장점을 지니고 있다. 그러나 성 문제와 부정형적 반응 문항들이 양육자에게 불쾌감을 줄 수가 있고, 어린 아동을 대상으로 설계된 척도임에도 불구하고 퇴행이나 분리불안 등 어린 아동에게서 전형적으로 발견되는 외상 관련 증상이 포함되어 있지 않다는 단점이 있다. TSCYC는 내용타당도와 구성타당도가 검증되었고, 내적 일치도(Cronbach's α =.87)와 검사-재검사 신뢰도(r=.79)가 양호한 것으로 보고되었다(The National Child Traumatic Stress Network, 2012h).

10) 아동의 스트레스 반응에 대한 부모 보고서

아동의 스트레스 반응에 대한 부모 보고서(Parent Report of Child's Reaction to Stress: PRCRS, 대상: 규정되어 있지 않음)는 Fletcher(1996b)에 의해 개발되었으며, 총 79개의 문항을 부모가 평정하도록 구성되어 있다. PRCRS는 아동에게서 나타나는 증상의 심각도를 평가하여 PTSD를 진단하는 데 활용되는데, PTSD를 평가하는 50개 문항과 관련 증상을 평가하는 29개 문항(예: "스트레스 사건이 발생한 후에 당신의 자녀가 즐겨 했던 활동에 대해 흥미를 잃은 것처럼 보입니까?")으로 구성되어 있다(National

Center for PTSD, 2014d). PRCRS를 완성하는 데에는 약 30~45분 정도가 소요되며, 내적 일치도(Cronbach's α=.89)는 양호한 것으로 보고되었다(Mash & Barkley, 2009).

11) 아동의 외상 사건 영향 척도-개정판

아동의 외상 사건 영향 척도-개정판(Children's Impact of Traumatic Events Scale-Revised: CITES-R, 대상: 6~18세)은 Wolfe, Gentile, Michienzi, Sas와 Wolfe(1991)가 개발한 반구조화 면접도구로 자기보고식 척도로도 사용할 수 있다. 총 78개의 문항으로 구성되어 있으며(예: '일어났던 일이 생각나서 집중하기가 힘들다.'), 각 문항은 3점 척도로 평정한다(0점=사실이 아니다, 2점=매우 그렇다). 성 학대를 경험한 아동의 PTSD 증상을 측정하는 데 사용할 수도 있고, 외상 사건에 대한 귀인, 사회적 반응에 대한 인식 및 복합외상 여부를 측정할 수 있다(Nader, 2004). 상대적으로 사용하기 쉽고 편리하며, 외상을 경험한 아동의 주관적 반응을 살필 수가 있다(Chaffin & Shultz, 2001; Nader, 2004). 한편, 아동이 척도를 통해 보고한 것과 부모의 보고 내용은 서로 관련성이 적은 반면, 교사가 보고한 것과는 관련이 있는 것으로 나타났다(Chaffin & Shultz, 2001). CITES-R은 DICA(Diagnostic Interview for Children and Adolescent)의 PTSD 척도와 상관이 있는 것으로 나타났고, 내적 일치도(Cronbach's α)는 .69로 나타났다(Chaffin & Shultz, 2001).

12) 나의 최악의 경험 설문지

나의 최악의 경험 설문지(My Worst Experience Survey: MWES, 대상: 8~17세)는 교내 체벌 및 대안에 대해 미국국립연구센터(National Center for Study of Corporal Punishment and Alternatives in Schools: NCSCPAS, 1992)에서 개발한 자기보고식 척도로 반구조화 면접도구로도 활용이 가능하다. 적절한 훈련을 받은 임상가가 실시하며(WPS Publish, 2015), 이때 아동은 최악의 외상 사건이라고 판단되는 사건을 토대로 PTSD 증상을 보고하게 된다. 설문지는 총 2부로 구성되어 있는데, 1부에서는 21개 최악의 경험(예: 가정 폭력, 신체적 학대, 자연 재해 등) 중 본인이 경험한 것을 표기하고, 2부에서는 외상 사건 후 경험한 생각, 감정, 행동의 빈도와 기간을 5점 척도(1점=1회, 5점=항상)로 평정한다(National Center for PTSD, 2014c). MWES는 검사-재검사 신뢰도(r=.88~.95)와 내적 일치도(Cronbach's α=.68~.91)가 보고되었다(Strand et al., 2005). 다른 자기보고식 척도에서처럼 응답 편향이 발생할 수 있기 때문에 아동의 임상기록이나 부모나 교사의 보고를 함께 활용하여 진단할 필요가 있다.

13) 아동용 외상 후 증상 보고서

아동용 외상 후 증상 보고서(Child Report of Post-traumatic Symptoms: CROPS, 대상: 5~17세)는 Greenwald와 Rubin(1999)이 개발한 자기보고식 척도로 반구조화 면접도구로도 사용이 가능하다. CROPS는 총 26개 문항(예: '난 백일몽을 꾼다.')으로 구성되어 있으며 3점 척도로 평정한다(0점=없다, 2점=많다). 소요 시간이 5분 정도로 짧기 때문에 지필검사 및 전화 면접으로도 활용할 수 있으며 개별 또는 집단으로 실시가 가능하다. 단독으로도 활용할 수 있지만 부모용 외상 후 증상 보고서(Parent Report of Post-traumatic Symptoms: PROPS)와 함께 사용할 경우, 아동의 내적 상태뿐 아니라 아동의 외적 행동에 대한 정보를 얻을 수 있다(Loeber, Green, & Lahev, 1990: 이홍림, 곽준규, 2004에서 재인용). 또한 CROPS는 대규모 외상 사건 이후, 교육이나 의료 현장에서 외상 후 증상을 예비로 검사(screening)하여 질병 여부를 파악하는 데 사용할 수 있다(이광민, 정성훈, 이원기, 정운선, 2011; 이홍림, 곽준규, 2004). CROPS는 한국에서 타당화되었으며, 내적 일치도(Cronbach's α=.91)와 검사-재검사 신뢰도(r=.95)가 우수한 것으로 나타났다(이광민 외, 2011).

아동 · 청소년용 PTSD 평가도구로는 어떤 것이 좋은가

이 장에서는 아동 · 청소년이 경험하는 PTSD의 특징과 성인 PTSD와의 차이점을 소개하고, 아동 · 청소년의 PTSD를 진단하고 평가하는 척도들을 선별하여 임상적 기준 및 심리측정적 기준을 적용하여 분석하였다. 다음에서는 분석 결과를 반영하여 사용하기에 양호한 척도들을 학령기 아동용 척도와 6세 이하 아동용 척도로 구분하여 추천하고, 척도 활용 및 추후 연구 방향에 대한 제언을 하였다.

추천하는 학령기 아동용 PTSD 척도

세 가지 기준, 즉 ① 국내 타당화 작업이 이루어졌는지, ② DSM-5의 내용이 반영되었는지, ③ 임상 및 연구 목적으로 많이 사용되었는지를 적용하여, 세 가지 기준 중 두 개 이상에 해당되는 척도를 추천하였다. 〈표 4-4〉에 제시된 것처럼, 구조화/반구조화 면접도구에서 두 개, 자기보고식 측정도구에서 두 개가 선정되었다.

우선, 구조화/반구조화 면접도구의 경우 CAPS-CA(Nader et al., 1996)와 K-SADS-PL(Kaufman et al., 1997)을 추천하는 척도로 선정하였다. 두 척도 모두 국내 타당화 작업이 이루어졌기 때문에(Kim et al., 2004; Ku et al., 2006) 우리나라 아동 · 청소년을 대상으로 사용하기에 적합한 척도라 할 수 있다. CAPS-CA는 현재 DSM-5를 반영한 개정작업이 진행 중에 있으며(National Center for PTSD, 2014b), K-SADS-PL은 아직 개정작업이 이루어지고 있지 않은 상태다. 또한 외상 평가도구 사용 빈도 조사 연구(Elhai, Gray, Kashdan, & Franklin, 2005)에서 CAPS-CA가 전문가들이 임상 및 연구 목적으로 사용하는 아동 · 청소년용 면접도구로 유일하게 언급되었고, K-SADS-PL 또한 정부 및 업계의 재정 지원으로 수행되는 연구뿐 아니라 임상 목적으로도 자주 사용된다고 보고되었다(Hersen, 2004). 요약하면, 아직까지 CAPS-CA와 K-SADS-PL이 DSM-5를 반영한 개정작업이 이루어지지 않았지만, 국내 타당화 작업이 이루어졌고 임상 및 연구 목적으로도 가장 널리 사용된다는 점을 고려하여 추천하는 도구로 선정하였다.

자기보고식 척도의 경우, UCLA-PTSD(Pynoos et al., 1998)와 TSCC(Briere, 1996)를 추천하는 척도로 선정하였다. UCLA-PTSD는 국내 타당화 작업이 이루어지지 않았

〈표 4-4〉 학령기 아동용 PTSD 척도 추천 기준 및 추천된 척도

구분	척도명	기준		
		국내 타당화	DSM-5 반영	높은 사용 빈도
구조화/ 반구조화 면접	CAPS-CA	○	예정(2015. 8. 기준)	○
	K-SADS-PL	○	×	○
자기보고식 척도	UCLA-PTSD	×	○	○
	TSCC	○	×	○

지만 DSM-5를 적용한 UCLA-PTSD 반응 지수(UCLA PTSD Reaction Index for DSM-5)로 개정되었고, 세 번째로 많이 사용하는 척도로 선정되었다(Elhai et al., 2005). TSCC는 DSM-5를 반영한 개정작업이 이루어지지 않았지만, Chung(2014)에 의해 한국판 TSCC의 타당화 연구가 수행되었고, 외상 평가도구 사용 빈도 조사 연구에서 가장 많이 사용되는 자기보고식 측정도구로 선정되었다. 이를 토대로 UCLA-PTSD와 TSCC를 추천하지만, UCLA-PTSD는 국내 타당화 연구가 시급히 필요하며, TSCC는 DSM-5의 내용을 반영한 최신 버전으로의 개정이 필요하다.

추가적으로, 본래 자기보고식 측정도구로 개발되었지만 반구조화 면접도구로도 활용이 가능한 CROPS(Greenwald & Rubin, 1999)는 세 가지 기준을 충족하지 않지만 국내 타당화 작업이 진행된 점을 고려해서(이광민 외, 2011) 사용을 고려해 볼 만하다.

PTSD 척도 선정 기준(3개 중 2개 이상 충족)

- 국내 타당화 작업이 이루어졌는가
- DSM-5의 내용이 반영되었는가
- 임상 및 연구 목적으로 많이 사용되었는가

추천하는 유아용 PTSD 척도

6세 이하 미취학 아동, 즉 유아용 PTSD 추천 척도를 선정하기 위해 위에서 제시한 세 개의 기준을 적용해 본 결과, 기준을 만족하는 척도가 없었다. 그러나 DSM-5에서 6세 이하 미취학 아동(preschool-aged)을 위한 진단기준을 분리하여 새롭게 제시한 점을 고려하여, DSM-5의 진단기준 내용을 가장 잘 반영하고 있는 척도를 추천하고자 한다. 즉, 각각의 척도가 고통스러운 기억이 반복적으로 나타나는 '침투' 증상, 지속적인 '회피' 증상 및 '인지와 감정에서의 부정적 변화' 그리고 신경과민 및 주의집중 결함 등과 관련된 '각성(arousal)' 문제를 다루고 있는지 확인하였다.

그 결과, 구조화/반구조화 면접의 경우 PTSD-SSI-ORIYC(Scheeringa & Zeanah, 1994)와 DIPA(Scheeringa & Haslett, 2010)가 DSM-5의 내용을 잘 반영하고 있는 것으

로 확인되었다. PTSD-SSI-ORIYC는 '침투' 증상을 확인하는 문항(예: "당신의 자녀는 그 사건에 대한 질문이나 이야기를 반복적으로 합니까?"), '회피' 증상을 묻는 문항(예: "그 사건이 발생한 이후, 당신의 자녀는 사건과 관련된 장소나 사람 등을 피하려 합니까?"), '각성' 문제를 확인하는 문항(예: "사건 발생 이후, 당신의 자녀는 잠드는 데 어려움을 호소합니까?")을 포함하고 있다(The National Child Traumatic Stress Network, 2012e). 또한 DIPA의 PTSD 하위 척도는 PTSD-SSI-ORIYC를 토대로 개발되었기 때문에 침투, 회피, 각성 증상을 확인하는 문항들이 포함되어 있다(The National Child Traumatic Stress Network, 2013). 결과적으로, 두 척도 모두 DSM-5로의 개정이 이루어지지 않았지만, DSM-5 진단기준의 내용이 대체로 잘 반영되어 있다는 점을 고려해서 추천하는 척도로 선정하였다.

한편, 추천할 만한 미취학 아동용 자기보고식 척도로 PTSD-PAC(Levendosky et al., 2002)를 선정하였다. PTSD-PAC는 PTSD-SSI-ORIYC 및 DIPA와 마찬가지로 침투, 회피, 각성 증상을 묻는 문항으로 구성되어 있는데, 특히 "장난감을 가지고 놀이로 표현한다." "사건과 관련된 꿈을 꾼다."와 같은 문항은 DSM-5에서 명시한 "6세 이하 아동에게서는 침투 증상이 사건과 관련된 반복적인 놀이 및 악몽으로 나타날 수 있다."라는 내용에 부합한다.

이처럼 PTSD-SSI-ORIYC(Scheeringa & Zeanah, 1994), DIPA(Scheeringa & Haslett, 2010), PTSD-PAC(Levendosky et al., 2002)를 미취학 아동용 PTSD 척도로 추천했지만, 모두 DSM-5로의 개정이 이루어지지 않았을 뿐 아니라 국내 타당화 작업 또한 수행되지 않은 상태다. 따라서 DSM-5를 반영한 최신 버전으로의 개정이 필요하고 우리나라 아동을 대상으로 한 타당화 작업이 이루어질 필요가 있다.

아동 · 청소년용 PTSD 평가 척도 활용을 위한 제언

아동 · 청소년용 PTSD 척도를 적절히 활용하기 위해서는 다음과 같은 점에 유의할 필요가 있다. 첫째, 아동의 인지 · 언어적 발달을 고려해서 아동의 발달 단계에 맞는 도구를 사용해야 한다. 아동 · 청소년용 PTSD 척도의 경우, 오랜 기간에 걸쳐 개발되고 개정된 성인용 PTSD 척도와는 달리, 연구의 역사가 길지 않기 때문에 상대적으로 안정된 심리측정적 척도가 많지 않다(Buss et al., 2015; March et al., 2012). 또한 몇몇 도구는 성인용 척도를 변형해서 아동용 척도를 제작하였기 때문에 아동의 발달 수준을 충분히 고려하지 않은 경우도 있다. 따라서 정확한 평가를 위해서는 도구가 타당화되었는지, 아동의 인지 · 언어적 발달 수준을 고려해서 개발되었는지를 확인해야 한다. 둘째, 아동 · 청소년 PTSD 및 척도 사용에 대한 훈련이 필요하다. 일반적으로 훈련의 정도가 많을수록 임상적 진단의 정확성이 높고 치료의 예후가 좋은 것으로 알려져 있다(Nader, 2004). 특히 언어로 증상을 표현하지 못하는 영유아의 경우, 상담자는 증상이 아동의 발달과 관련된 문제인지 아니면 PTSD로 인한 증상인지를 보호자의 보고나 상담자 본인의 관찰을 토대로 판단해야 하기 때문에 부정확하게 판단하고 평가할 가능성이 있다. 따라서 평가와 진단의 정확성을 높이고 부정확한 판단으로 인한 내담자의 피해를 줄이기 위해서는 아동 PTSD 및 평가도구에 대한 훈련이 필수적이라 할 수 있다. 셋째, 보호자용 척도와 아동용 척도를 함께 사용하는 것을 고려할 필요가 있다. 보호자는 근거리에서 아동을 관찰하는 사람이기 때문에, 보호자 척도를 사용할 경우 상담자가 짧은 시간 동안 관찰한 것만으로 알 수 없는 아동의 행동 및 증상 관련 정보를 수집할 수가 있다. 그러나 양육자가 아동의 증상을 적게 보고할 뿐 아니라 회피나 무감각 증상 등 겉으로 표현되지 않는 증상을 잘 포착하지 못한다는 점 또한 고려해서 보호자로부터의 보고를 해석하고 아동 · 청소년의 PTSD를 평가해야 할 것이다(Cohen et al., 1998; Nader, 2004).

아동 · 청소년용 PTSD 평가 척도 연구에 대한 제언

PTSD에 대한 공식적인 진단체계인 DSM이 최근 DSM-5로 바뀌었으므로(American Psychiatric Association, 2013), 이를 반영한 척도 개정이 이루어질 필요가 있다. 특히 DSM-5에 새로운 증상(부정적 감정과 인지)뿐 아니라 미취학 아동에 대한 PTSD 하위 유형이 새로 추가되었기 때문에 이를 반영한 척도 개정과 개발이 이루어져야 한다. 한편, 성인용 PTSD 진단 척도와는 달리 아동 · 청소년용의 경우 국내에서 타당화된 도구는 네 건에 불과하다. 외국에서 개발된 척도를 우리나라 아동 · 청소년에게 사용하기 위해서는 적절한 번안과 국내 표본을 대상으로 한 타당화 작업이 수행될 필요가 있다. 예를 들어, 그림을 활용해서 아동이 보다 편하게 자신의 상태를 표현할 수 있도록 고안된 ACTS(Praver et al., 1998)와 같은 척도들이 우리나라 아동 · 청소년을 대상으로 타당화가 이루어진다면 보다 타당하게 활용될 수 있을 것이다.

> 아빠, 내가 뭐 잘못한 게 있어요? 내가 잘못한 것도 없는데 아무도 나한테 잘했다고 얘기해 주지 않아요. …… 어제는 자고 일어나면 옛날로 돌아갈 것만 같아서 약도 안 뱉고 말도 잘 듣고 잠이 들었는데, 아침에 눈을 뜨니까 그대로인 거예요. 내가 왜 태어났는지 모르겠어요. – 영화 〈소원〉(2013)

최근 아동 성폭행 사건, 어린이집 학대 사건에서부터 세월호 사고와 같은 대규모 외상 사건에 이르기까지 아동의 심리정서에 심각한 영향을 미치는 사건들이 사회 곳곳에서 발생하고 있다. 아동기에 경험하는 외상 사건, 그로 인해 발생하는 외상 후 스트레스 장애는 성인기에 이르기까지 매우 광범위한 영향을 미침에도 불구하고 우리 사회가 이에 대해 소홀했던 것이 사실이다. 이 장에서 진행한 아동 · 청소년용 PTSD 평가 척도 분석 및 활용 · 연구에 대한 제안 등이 우리나라 아동 · 청소년의 정신건강을 위한 자료로 활용되기를 기대해 본다.

- 추천하는 아동 · 청소년용 PTSD 척도
  - 학령기 아동용 PTSD 척도(CAPS-CA, K-SADS-PL, UCLA-PTSD, TSCC)
  - 미취학 아동용 PTSD 척도(PTSD-SSI-ORIYC, DIPA, PTSD-PAC)
- 아동 · 청소년용 PTSD 진단 척도 활용을 위한 제언
  - 아동 · 청소년의 언어적 · 인지적 발달을 고려해서 개발된 도구를 사용해야 함
  - 아동 · 청소년 PTSD 및 척도 활용에 대한 훈련이 필요함
  - 보호자 척도와 아동 · 청소년 척도를 적절하게 함께 사용할 필요가 있음
- 아동 · 청소년용 PTSD 진단 척도 연구에 대한 제언
  - DSM-5 진단기준이 반영된 척도 개정 및 개발이 이루어져야 함
  - 정확한 진단을 위해 번안 및 국내 타당화 연구가 활발히 이루어져야 함

참고문헌

구정일, 김태형, 은헌정, 최말례, 이선미, 조수진, 김형욱(2006). 한국판 임상가용 아동 및 청소년을 위한 외상후 스트레스장애 척도의 신뢰도 및 타당도 연구. 神經精神醫學, 45(6), 571-577.

서영석, 박지수, 조아라(2015). 대규모 외상사건으로 인한 임상적 장애 및 증상 관련 평가도구 개관. 상담학연구, 16(3), 557-580.

서호준, 김태석, 채정호(2010). 외상후 스트레스 장애의 평가도구. 대한불안장애학회지, 6(1), 3-9.

송승훈, 이홍석, 박준호, 김교헌(2009). 경험논문: 한국판 외상후 성장 척도의 타당도 및 신뢰도 연구. 한국심리학회지: 건강, 14(1), 193-214.

안나영, 이주영, 조선미, 정영기, 신윤미(2013). 주의력결핍 과잉행동장애의 이환 여부에 따른 얼굴표정 정서 인식의 차이. *J Korean Acad Child Adolesc Psychiatry*, *24*(2), 83-89.

이광민, 정성훈, 이원기, 정운선(2011). 한국판 아동용 외상 후 증상 보고와 부모용 외상 후 증상 보고에 대한 신뢰도 및 타당도 연구. 소아청소년정신의학, 22(3), 169-181.

이영식(2002). 재해를 당한 소아청소년에 대한 치료적 접근. 소아청소년정신의학, 13(1), 24-29.

이홍림, 곽준규(2004). 한국판 외상 후 증상 검사: 신뢰도와 타당도 검증. 상담학연구, 5(3), 533-545.

채정호(2004). [특집] 외상 후 스트레스 장애의 진단과 병태 생리. 대한정신약물학회지, 15(1), 14-21.

한성희(2002). 아동기 외상의 정신과적 개관. 소아청소년정신의학, 13(1), 3-14.

Achenbach, T. M., & Rescorla, L. A. (2001). *Manual for the ASEBA School-Age Forms & Profiles*. Burlington, VT: University of Vermont, Research Center for Children, Youth, & Families.

American Psychiatric Association. (1994). *Diagnostic and statistical manual of mental disorders* (4th ed.). Washington D.C.: American Psychiatric Association.

American Psychiatric Association. (2013). *Diagnostic and statistical manual of mental disorders* (5th ed.). Washington D.C.: American Psychiatric Association.

Balaban, V. (2008). Assessment of children. International Society for Traumatic Stress Studies. In E. B. Foa, T. M. Keane, M. J. Friedman, & J. A. Cohen (Eds.), *Effective treatments for PTSD, second edition: Practice guidelines from the international society for traumatic stress studies* (2nd ed., pp. 62-80). New York: Guilford Press.

Briere, J. (1996). *Trauma symptom checklist for children: Professional manual.* Odessa, FL: Psychological Assessment Resources, Inc.

Briere, J. (2005). *Trauma symptom checklist for young children: Professional Manual.* Odessa, FL: Psychological Assessment Resources, Inc. Retrieved July, 2, 2012.

Briggs, E. C., Nooner, K., & Amaya-Jackson, L. M. (2014). Assessment of childhood PTSD. In M. J. Friedman, T. M. Keane, & P. A. Resick (Eds.), *Handbook of PTSD: Science and Practice* (pp. 391-405). New York: Guilford Press.

Buss, K. E., Warren, J. M., & Horton, E. (2015). Trauma and treatment in early childhood: A review of the historical and emerging literature for counselors. *The Professional Counselor, 5*(2), 225-237.

Chaffin, M., & Shultz, S. K. (2001). Psychometric evaluation of the children's impact of traumatic events scale-revised. *Child Abuse & Neglect, 25*(3), 401-411.

Chung, U. S. (2014). The Korean Version of the Trauma Symptom Checklist for Children: Psychometric Properties and the Connection to Trauma among Korean Children and Adolescents. *Journal of Korean Medical Science, 29*(6), 837-845.

Cohen, J. A. (2010). Practice parameter for the assessment and treatment of children and adolescents with posttraumatic stress disorder. *Journal of the American Academy of Child & Adolescent Psychiatry, 49*(4), 414-430. doi:http://dx.doi.org/10.1016/j.jaac.2009.12.020

Cohen, J. A., Bernet, W., Dunne, J., Adair, M., Arnold, V., Benson, R.. & Rue, D. (1998). Summary of the practice parameters for the assessment and treatment of children and adolescents with posttraumatic stress disorder. *Journal of the American Academy of Child & Adolescent Psychiatry, 37*(9), 997-1001. doi:http://dx.doi.org/10.1097/00004583-199809000-00025

De Young, A. C., Kenardy, J. A., & Cobham, V. E. (2011). Trauma in early childhood: A neglected population. *Clinical Child and Family Psychology Review, 14*(3), 231-250.

Egger, H. L., & Angold, A. (2004). The Preschool Age Psychiatric Assessment (PAPA): A structured parent interview for diagnosing psychiatric disorders in preschool children. *Handbook of Infant, Toddler, and Preschool Mental Health Assessment,* 223-243.

Egger, H. L., Erkanli, A., Keeler, G., Potts, E., Walter, B. K., & Angold, A. (2006). Test-retest reliability of the preschool age psychiatric assessment (PAPA). *Journal of the American Academy of Child & Adolescent Psychiatry, 45*(5), 538-549.

Elhai, J. D., Gray, M. J., Kashdan, T. B., & Franklin, C. L. (2005). Which instruments are most commonly used to assess traumatic event exposure and posttraumatic effects?: A survey of traumatic stress professionals. *Journal of Traumatic Stress, 18*, 541-545.

Fletcher, K. (1992). When bad things happen. Unpublished manuscript. University of Massachusetts Medical Center, Worcester.

Fletcher, K. (1996a). Psychometric review of the Childhood PTSD Interview. In B. H. Stamm (Ed.), *Measurement of stress, trauma, and adaptation* (pp. 87-89). Lutherville, MD: Sidran Press.

Fletcher, K. (1996b). Psychometric review of the Parent Report of Child's Reaction to Stress. In B. H. Stamm (Ed.), *Measurement of stress, trauma, and adaptation* (pp. 225-227). Lutherville, MD: Sidran Press.

Foa, E., Cashman, L., Jaycox, L., & Perry, K. (1997). The validation of a self-report measure of PTSD: The Posttraumatic Diagnostic Scale. *Psychological Assessment, 9*, 445-451.

Foa, E. B., Johnson, K. M., Feeny, N. C., & Treadwell, K. R. H. (2001). The Child PTSD Symptom Scale: A preliminary examination of its psychometric properties. *Journal of Clinical Child Psychology, 30*, 376-384.

Frederick, C. J., Pynoos, R. S., & Nader, K. O. (1992). Child Post-Traumatic Stress Reaction Index. Unpublished instrument. (Available from Calvin J. Frederick, PhD Psychological Services, 69/B116B, Veterans' Administration Medical Center, 1301 Wilshire Boulevard, Los Angeles, CA 90073).

Greenwald, R., & Rubin, A. (1999). Assessment of posttraumatic symptoms in children: Development and preliminary validation of parent and child scales. *Research on Social Work Practice, 9*(1), 61-75.

Hambleton, R. K. (1996). *Guidelines for adapting educational and psychological tests* (No. ED399291). Washington D.C.: ERIC.

Hawkins, S. S., & Radcliffe, J. (2006). Current measures of PTSD for children and adolescents. *Journal of Pediatric Psychology, 31*(4), 420-430.

Hersen, M. (2004). *Comprehensive handbook of psychological assessment.* Hoboken, NJ:

John Wiley & Sons.

Jobson, L. (2009). Drawing current posttraumatic stress disorder models into the cultural sphere: The development of the 'threat to the conceptual self' model. *Clinical Psychology Review, 29*(4), 368-381. doi:http://dx.doi.org/10.1016/j.cpr.2009.03.002

Kaufman, J., Birmaher, B., Brent, D., Rao, U. M. A., Flynn, C., Moreci, P., & Ryan, N. (1997). Schedule for affective disorders and schizophrenia for school-age children-present and lifetime version (K-SADS-PL): Initial reliability and validity data. *Journal of the American Academy of Child & Adolescent Psychiatry, 36*(7), 980-988.

Kazak, A. E., Barakat, L. P., Meeske, K., Christakis, D., Meadows, A. T., Casey, R., & Stuber, M. L. (1997). Posttraumatic stress, family functioning, and social support in survivors of childhood leukemia and their mothers and fathers. *Journal of Consulting and Clinical Psychology, 65*(1), 120-129.

Kim, Y. S., Cheon, K. A., Kim, B. N., Chang, S. A., Yoo, H. J., Kim, J. W., & Leventhal, B. (2004). The reliability and validity of kiddie-schedule for affective disorders and schizophrenia-present and lifetime version-korean version (K-SADS-PL-K). *Yonsei Med J, 45*(1), 81- 89.

Ku, J. I., Kim, T. H., Eun, H. J., Choi, M. R., Lee, S. M., Cho, S. J., & Kim, H. W. (2006). A study of reliability and validity on the Korean version of clinician administered PTSD scale for children and adolescents. *Journal of Korean Neuropsychiatric Association, 45*(6), 571-577.

Levendosky, A. A., Huth-Bocks, A. C., Semel, M. A., & Shapiro, D. L. (2002). Trauma symptoms in preschool-age children exposed to violence. *Journal of Interpersonal Violence, 17*, 150-164.

March, S., De Young, A., Dow, B., & Kenardy, J. (2012). Assessing trauma-related symptoms in children and adolescents. In J. G. Beck & D. M. Sloan (Eds.), *The Oxford handbook of traumatic stress disorders* (pp. 262-281). New York: Oxford University Press.

Mash, E. J., & Barkley, R. A. (Eds.). (2009). *Assessment of childhood disorders.* New York: Guilford Press.

Nader, K. O. (2004). Assessing traumatic experiences in children and adolescents. In J. P. Wilson & T. M. Keane (Eds.), *Assessing psychological trauma and PTSD* (pp. 513-537).

New York: Guilford Press.

Nader, K. O., Kriegler, J. A., Blake, D. D., Pynoos, R. S., Newman, E., & Weathers, F. W. (1996). *Clinician-administered PTSD scale for children and adolescents.* National Center for PTSD.

National Center for PTSD. (2014a). Child PTSD Symptom Scale (CPSS). Retrieved from http://www.ptsd.va.gov/professional/assessment/child/cpss.asp

National Center for PTSD. (2014b). Clinician administered PTSD scale for children and adolescents (CAPS-CA). Retrieved from http://www.ptsd.va.gov/professional/assessment/child/caps-ca.asp

National Center for PTSD. (2014c). My Worst Experiences Survey. Retrieved from http://www.ptsd.va.gov/professional/assessment/child/worst-experiences.asp

National Center for PTSD. (2014d). Parent report of child' s reaction to stress. Retrieved from http://www.ptsd.va.gov/professional/assessment/child/parent-report-childs-stress.asp

National Center for PTSD. (2014e). PTSD for children 6 years and younger. Retrieved from http://www.ptsd.va.gov/professional/PTSD-overview/ptsd_children_6_and_younger.asp

National Center for PTSD. (2014f). Trauma Symptom Checklist for Children (TSCC). Retrieved from http://www.ptsd.va.gov/professional/assessment/child/tscc.asp

National Center for PTSD. (2014g). Trauma Symptom Checklist for Young Children (TSCYC). Retrieved from http://www.ptsd.va.gov/professional/assessment/child/tscyc.asp

National Center for PTSD. (2014h). When bad things happen scale. Retrieved from http://www.ptsd.va.gov/professional/assessment/child/bad-things-happen.asp

National Center for PTSD. (2015). PTSD in children and teens. Retrieved from http://www.ptsd.va.gov/public/family/ptsd-children-adolescents.asp

National Center for Study of Corporal Punishment and Alternatives in Schools. (1992). *My Worst Experiences Survey.* Philadelphia, PA: Temple University Press.

Praver, F., DiGiuseppe, R., Pelcovitz, D., Mandel, F. S., & Gaines, R. (2000). A preliminary study of a cartoon measure for children's reactions to chronic trauma. *Child Maltreatment, 5*(3), 273-285.

Praver, F., Pelcovitz, D., & DiGiuseppe, R. (1998). *The Angie/Andy Child Rating Scales.*

Toronto: Multi-Health Systems.

Pynoos, R., Rodriguez, N., Steinberg, A., Stuber, M., & Frederick, C. (1998). *UCLA PTSD Index for DSM-IV.* Los Angeles: University of California at Los Angeles Trauma Psychiatry Service.

Rodriguez, N., Steinberg, A. M., & Pynoos, R. S. (1999). *UCLA PTSD Index for DSM-IV.* Los Angeles: University of California at Los Angeles Trauma Psychiatry Service.

Saigh, P. A., Yasik, A. E., Oberfield, R. A., Green, B. L., Halamandaris, P. V., Rubenstein, H., & McHugh, M. (2000). The children's PTSD inventory: Development and reliability. *Journal of Traumatic Stress, 13*(3), 369-380.

Salmon, K., & Bryant, R. A. (2002). Posttraumatic stress disorder in children: The influence of developmental factors. *Clinical Psychology Review, 22*(2), 163-188. doi:http://dx.doi.org/10.1016/S0272-7358(01)00086-1

Scheeringa, M. S. (2006). Posttraumatic stress disorder: Clinical guidelines and research findings. In J. L. Luby (Ed.), *Handbook of preschool mental health: Development, disorders, and treatment* (pp. 165-185). New York: The Guilford Press.

Scheeringa, M. S., & Haslett, N. (2010). The reliability and criterion validity of the Diagnostic Infant and Preschool Assessment: A new diagnostic instrument for young children. *Child Psychiatry & Human Development, 41*(3), 299-312.

Scheeringa, M. S., & Zeanah, C. H. (1994). *PTSD semi-structured interview and observational record for infants and young children.* New Orleans: Department of Psychiatry and Neurology, Tulane University Health Sciences Center.

Scheeringa, M. S., Zeanah, C. H., & Cohen, J. A. (2011). PTSD in children and adolescents: Toward an empirically based algorithma. *Depression and Anxiety, 28*(9), 770-782.

Scheeringa, M. S., Zeanah, C. H., Drell, M. J., & Larrieu, J. A. (1995). Two approaches to the diagnosis of posttraumatic stress disorder in infancy and early childhood. *Journal of the American Academy of Child & Adolescent Psychiatry, 34*(2), 191-200.

Scheeringa, M. S., Zeanah, C. H., Myers, L., & Putnam, F. W. (2003). New findings on alternative criteria for PTSD in preschool children. *Journal of the American Academy of Child & Adolescent Psychiatry, 42*(5), 561-570.

Steinberg, A. M., & Beyerlein, B. (2014). UCLA PTSD Reaction Index: DSM-5. Retrieved from http://www.nctsn.org/nctsn_assets/pdfs/mediasite/ptsd-training.pdf

Strand, V. C., Pasquale, L. E., & Sarmiento, T. (2011). Child and adolescent trauma measures: A review. *Children and Families Institute for Research, Support and Training Fordham University Graduate School of Service.* Available at http://www.ncswtraumaed.org/wp-content/uploads/2011/07/Child-and-Adolescent-Trauma-Measures_A-Review-with-Measures.pdf

Strand, V. C., Sarmiento, T. L., & Pasquale, L. E. (2005). Assessment and screening tools for trauma in children and adolescents: A review. *Trauma, Violence & Abuse, 6*(1), 55-78. doi:6/1/55 [pii]

Terr, L. C. (2003). Childhood traumas: An outline and overview. *Focus, 1*(3), 322-334.

The National Child Traumatic Stress Network. (2003). What is child traumatic stress? Retrieved from http://www.nctsnet.org/sites/default/files/assets/pdfs/what_is_child_traumatic_stress_0.pdf

The National Child Traumatic Stress Network. (2005). Understanding child traumatic stress. Retrieved from http://www.nctsnet.org/sites/default/files/assets/pdfs/understanding_child_traumatic_stress_brochure_9-29-05.pdf

The National Child Traumatic Stress Network. (2012a). Child Behavior Checklist for age 6-18 (CBCL/6-18). Retrieved from http://www.nctsnet.org/content/child-behavior-checklist-ages-6-18

The National Child Traumatic Stress Network. (2012b). Child PTSD Symptom Scale (CPSS). Retrieved from http://www.nctsnet.org/content/child-ptsd-symptom-scale-cpss-0

The National Child Traumatic Stress Network. (2012c). Children' s PTSD inventory. Retrieved from http://www.nctsn.org/content/childrens-ptsd-inventory

The National Child Traumatic Stress Network. (2012d). Clinician administered PTSD scale for children and adolescents. Retrieved from http://www.nctsn.org/content/clinician-administered-ptsd-scale-children-and-adolescents

The National Child Traumatic Stress Network. (2012e). Posttraumatic stress disorder semi-structured interview and observational record. Retrieved from http://www.nctsn.org/content/posttraumatic-stress-disorder-semi-structured-interview-and-observational-record

The National Child Traumatic Stress Network. (2012f). PTSD in preschool aged children. Retrieved from http://www.nctsnet.org/content/ptsd-preschool-aged-children

The National Child Traumatic Stress Network. (2012g). Trauma Symptom Checklist for children. Retrieved from http://www.nctsnet.org/content/trauma-symptom-checklist-children

The National Child Traumatic Stress Network. (2012h). Trauma Symptom Checklist for young children. Retrieved from http://www.nctsnet.org/content/trauma-symptom-checklist-young-children

The National Child Traumatic Stress Network. (2012i). UCLA Posttraumatic Stress Disorder Reaction Index for DSM IV. Retrieved from http://www.nctsn.org/content/ucla-posttraumatic-stress-disorder-reaction-index-dsm-iv

The National Child Traumatic Stress Network. (2013). Diagnostic infant and preschool assessment. Retrieved from http://www.nctsn.org/content/diagnostic-infant-and-preschool-assessment

The National Child Traumatic Stress Network. (2014). Child Behavior Checklist for age 1.5-5 (CBCL/1.5-5). Retrieved from http://www.nctsnet.org/content/child-behavior-checklist-ages-15-5-cbcl15-5

University of Pittsburgh Department of Psychiatry. (2015). Kiddie-sads-present and lifetime version (K-SADS-PL). Retrieved from http://www.psychiatry.pitt.edu/node/8233

Ursano, R. J., Bell, C., Eth, S., Friedman, M., Norwood, A., Pfefferbaum, B., & McIntyre, J. S. (2004). Practice guideline for the treatment of patients with acute stress disorder and posttraumatic stress disorder. *American Journal of Psychiatry, 161*(11), 3-31.

Van der Kolk, B., Pelcovitz, D., Herman, J., Roth, S., Kaplan, S., & Spitzer, R. (1992). *Structured Interview for Disorders of Extreme Stress*. Unpublished manuscript.

Wolfe, V. V., Gentile, C., Michienzi, T., Sas, L., & Wolfe, D. A. (1991). The Children's Impact of Traumatic Events Scale: A measure of post-sexual abuse PTSD symptoms. *Behavioral Assessment, 13*, 359-383.

WPS Publish. (2015). My Worst Experience Scale manual. Retrieved from https://www.wpspublish.com/store/Images/Downloads/Product/MWES_Manual_Chapter_1.pdf

제5장

PTSD 예방 및 재난 후 초·중기 치료적 개입모델

최수미

글을 시작하며

외상성 스트레스에 노출된 사람들은 우울, 불안, 죄의식, 생리적 각성 등의 심리적 불균형을 경험하거나 비합리적인 사고 및 행동을 나타내고, 정상적인 관계에서 자신을 철회하는 등 정서, 인지 및 행동 측면뿐 아니라 삶의 영역 전반에서 기능 손상을 나타낸다. 더 나아가 심각한 집단 외상 사건(mass trauma events)은 직접적인 피해자뿐 아니라 피해자의 가족, 친지들과 이를 지켜보는 일반 대중들에게 심각한 심리적 및 정서적 위기반응을 초래하는 등 사회 전반에 영향을 미친다. 예를 들어, 9/11 테러 사건의 경우, 사건 1개월 후 무역센터 부근의 맨해튼 주민 중 7.5%가 외상 후 스트레스 장애(Posttraumatic Stress Disorder, 이하 PTSD)와 9.7%가 우울증을 나타냈다. 또한 사건 4~6개월 후에는 약물 사용이 증가되었고, 12개월 후에는 우울증, PTSD 환자의 증가와 전반적인 안녕감 저하로 인해 뉴욕 시민들의 정신과 방문이 증가된 것으로 보고되었다(Adams & Boscarino, 2005; Boscarino, Adams, & Figley,

본 장은 2015년 한국상담학회 재난대응 정신건강·위기상담 심포지엄의 주제 강연 원고를 기반으로 작성한 원고임.

2004). 이처럼 외상 및 재난의 여파로 인해 우울, 자살 등 심리적인 고통을 호소하는 사례들이 증가하면서 미국 등 선진국에서는 재난 및 위기 사건으로 인한 피해자들의 정신건강에 대한 심리적 개입 및 치료의 중요성이 강조되었다. 이로써 1980년대 이후부터 재난 및 외상 사건으로 인한 심리적 고통으로부터 회복되고 PTSD 예방 및 치료적 개입방법들을 개발하기 위해 활발히 노력해 왔다.

미국의 경우, 1990년대 초 허리케인 휴고(Hugo) 후 적십자사는 생존자들의 심각한 정신건강 문제를 해결하기 위해 정신건강 요원들을 훈련시켜 생존자들에게 즉각적으로 심리적 지원을 제공하였다. 이후 미국심리학회와 공동으로 성명을 발표하고 1992년 Disaster Response Network(DRN)을 구축하였으며, 재난 및 외상 사건 후 지속되는 심리적 영향들과 이들을 위한 심리적 치료 및 위기개입 방법에 관한 많은 연구를 진행해 왔다.

이에 반해, 우리나라는 1990년대 중반 이후 성수대교 붕괴 등 집단 외상 사건이 발생한 후 피해자들의 정신적 고통과 후유증이 알려지면서 PTSD에 대한 사회적 관심이 생겨났다. 2003년도에 국내 최초로 재난 및 위기관리 전담기구인 '소방방재청'이 신설됨으로써 위기개입 서비스 체계가 마련되었지만 재난 및 외상 사건 피해자들의 외상 후 스트레스 증상들에 대한 관심과 지원은 미흡하였다. 그 당시 재난 및 외상 사건에 대한 개입은 대부분 응급구조 활동과 경제적 · 물질적 지원에 제한되었고, 외상 피해자들의 극심한 외상성 스트레스 관련 증상에 대한 초기 심리적 개입 및 지원이 이루어지지 못하는 등 다양한 현실적인 문제점이 제기되었다.

이런 가운데, 2007년 태안 기름 유출 사건으로 인해 자살과 우울증 등 심리적인 고통을 경험하는 사례가 보고되면서 외상 사건 피해자들을 위한 심리적 위기개입 및 보상 시스템이 마련되었고, 전국 17개 시 · 도에 재난심리지원센터를 설치하여 재난 및 외상 사건 피해자들의 심리적 회복을 위한 지원 업무를 실시하였다. 국가의 이러한 조치들은 재난 및 외상의 심리적 영향과 그로 인해 고통을 겪고 있는 피해자들을 위한 심리적 개입 및 지원의 기반이 마련되었다는 점에서는 긍정적이다.

하지만 인적 · 물적 인프라, 재난 및 외상에 대한 심리적 지원을 위한 전문성을 갖춘 요원, 심리적 위기개입을 위한 치료적 모델 및 프로그램 등의 부족으로 인해 운영상 문제점들이 여전히 남아 있는 실정이다. 재난 및 외상 사건 후 심리적 건강을 위한 치료분야의 관심이 아직은 출발선상에 있다고 할 수 있다. 따라서 이 장에서는 재난 및 외상 사건을 경험한 후 피해자들이 경험하는 스트레스 반응들을 살펴보고, 재난 및 위기 사건 후 초기 심리적 대응을 위한 개입 원리와 심리적 개입방법 및 치료적 개입모델들을 살펴볼 것이다.

재난 및 외상 경험 후 주요 반응

재난 혹은 외상이란 개인에게 자신이나 타인의 실제적이거나 위협적인 죽음, 심각한 상태 또는 신체적 안녕에 위협을 가져다주는 충격적인 사건을 의미하며, 그 예로 화재, 전쟁, 지진이나 홍수 등의 자연재해와 강간, 폭행, 교통사고, 살인 등을 들 수 있다. 많은 사람은 시간이 지나면서 점차 외상을 극복하지만, 일부는 재난 및 외상을 경험한 직후 심한 공포와 무력감, 깊은 슬픔, 충격, 우울증 등 다양한 심리적 증상들을 보고한다.

재난 혹은 외상이란 개인에게 자신이나 타인의 실제적이거나 위협적인 죽음, 심각한 상태 또는 신체적 안녕에 위협을 가져다주는 충격적인 사건을 의미한다.

DSM-5(2013)에 의하면, 충격적인 사건을 직간접적으로 경험한 후 보이는 심리적 증상은 세 가지 유형으로 분류된다. 첫 번째 유형은 외상 후 스트레스 장애의 주 특징이라고 할 수 있는 재난 및 외상에 대한 재경험이다. 사건에 대한 고통스러운 회상이나 기억이 떠오르거나, 사건에 대한 반복적이고 괴로운 꿈을 꾸거나, 사건이 재발하고 있는 것 같은 행동이나 느낌(플래시백), 외상의 상징적 단서에 노출되는 경우 심한 심리적 또는 신체적 고통을 경험하게 된다. 두 번째 유형은 외상과 관련된 자극을 회피하거나 정서적으로 무감각해지는 증상이다. 외상과 관련된 상황, 장소, 사람을 의도적으로 피하거나 감정이 무뎌지고 타인으로부터 소원해지거나 소외감을 느끼며 중요한 활동에 대한 흥미가 감소된다. 세 번째 유형은 각성 상태가 증가된 상태로서, 늘 과민하여 쉽게 화를 내거나 주의집중을 못하고, 작은 일에 쉽고 크게 놀라며 잠을 이루지 못한다.

재난 및 외상을 경험한 사람들은 DSM 진단기준에 소개된 일차적 증상 외에도 이차적 증상을 경험하는데, 일반적으로 외상 후 스트레스 장애와 함께 나타나지만 직접적인 DSM 진단기준에는 속하지 않는 증상들을 말한다. 그러나 이차적 증상들은 일차적 증상들이 더 심각하고 복잡해지는 데 영향을 미치는 것으로서, 우울, 불안, 충동 행동, 약물 남용, 신체화 등의 심리적 증상들이 포함된다.

외상 직후 피해자들을 위한 Hobfoll의 초 · 중기 개입원리[1)]

조기개입은 재난 및 외상 후 약 3개월 이내인 급성기(acute phase)에 시작되는 중재다. 조기개입은 기능적 역량을 증가시키고, 긍정적인 대처전략과 행동을 촉진시키며, 사회적 지지를 위한 기회를 늘린다. 또한 복합적인 사별을 관리하고, 뒤이은 위협에 대처하는 것과 같은 보다 더 폭넓은 치료적 목표들을 포함한다.

많은 연구자에 의해 재난 및 외상 후 사회적 · 행동적 기능회복에 관해 오랫동안 연구되어 왔으나, 초기 및 중기 단계에서 사용하기 위한 효과적인 개입과 관련한 증거를 기반으로 한 합의는 없었다. 하지만 최근 재난 및 외상에 대한 연구와 치료의 세계적인 전문가들은 재난 및 외상 후 생존자들을 위해 경험적으로 증명된 다섯 가지 초 · 중기 개입원리를 확인하였다. 여기에는 ① 안전감 증진하기(promote safety), ② 평안 증진하기(promote calming), ③ 자기효능감과 집단효능감 증진하기(promote sense of self-and collective efficacy), ④ 연계성 증진하기(promote connectedness), ⑤ 희망 증진하기(promote hope)가 포함된다(〈표 5-1〉 참조). Hobfoll 등(2007)은 논문을 통해 이 다섯 가지 개입원리를 자세하게 소개하였다.

첫째, 안전감 증진하기다. 재난 및 외상을 경험한 사람들은 급성 단계에서 재난 및 외상 사건의 반복적 재경험, 과각성, 회피, 우울, 불안, 두려움, 수면장애 등 급

1) Hobfoll, S. E., Watson, P., Bell, C. C., Bryant, R. A., Brymer, B. M., Friedman, M. J., Friedman, M., Gersons, B. P. R., de Jong, J. T. V. M., Layne, C. M., Maguen, S., Neria, Y., Norwood, A. E., Pynoos, R. S., Reissman, D., Ruzek, J. I., Shalev, A. Y., Solomon, Z., Steinberg, A. M., & Ursano, R. J. (2007). Five essential elements of immediate and mid-term mass trauma intervention: Empirical evidence. *Psychiatry, 70*(4), 283-315.

〈표 5-1〉 PTSD 예방을 위한 초 · 중기 개입의 다섯 가지 원리

1. 안전감 증진하기
2. 평안 증진하기
3. 자기효능감과 집단효능감 증진하기
4. 연계성 증진하기
5. 희망 증진하기

성 스트레스 반응들을 나타낸다. 피해자들의 심리적인 부적응적 반응들은 위험하거나 위협적인 환경에서 지속되는 경우 더욱 심각해지고 추후 PTSD로 진행될 가능성이 높아진다. 심리적 안전감의 회복 및 유지는 시간이 지날수록 재난 및 외상 피해자들이 안정감과 자신감을 찾고 점차 사고 이전 수준의 기능을 회복하는 것을 돕는다.

재난 및 외상 피해자들의 심리적 안전감을 촉진하기 위한 개인적, 집단 및 조직적, 지역적 차원의 개입전략들이 있다. 개인적 차원에서 개입전략의 핵심은 외상적 위협과 관련이 있는 위험한 자극들과 위협을 주지 않는 이미지, 사람, 사물을 연결시키는 것을 막는 것이다. 또한 외상관련 실제 상기인자(想起因子, reality reminders)를 활용하여 외상과 상실 촉발요인들에 직면했을 때 상황을 구별하도록 가르치고, 더욱더 적응적인 사고와 대처 기술을 발달시키도록 도와주며, 사람들의 안전감을 강화시키기 위한 기술들을 교육한다. 안전감을 강화하기 위한 개입들은 사회체계적 관점을 포함해야 한다. 사회적 지지가 주로 긍정적인 영향을 미친다 할지라도, 대규모 지역사회 트라우마의 여파로 그것은 정반대의 영향을 미칠 수 있다. 즉, 집단 외상에 관한 완전한 정보가 부족할 때 사람들은 사건에 대한 소문과 '공포이야기'를 나누려고 한다. 이것은 아마도 지지를 얻고자 하는 것일 수 있지만, 위협을 증가시키는 나쁜 소문, 정보 그리고 기타 대인관계는 사람들을 더 불안하게 하거나 우울하게 한다. 따라서 지역사회 차원에서의 안전을 위한 개입은 트라우마에 관한 나쁜 소문이나 정보 등과 같은 말들이 공유되는 것을 제한하여 사람들의 안전감을 촉진시키는 것을 포함한다.

안전감을 확보하는 데 있어서 또 다른 지역사회적 수준의 장애물로 미디어(media)를 들 수 있다. 마케팅 연구들이 불확실성과 공포감은 뉴스 시청을 증가시킬

수 있다고 제안하기 때문에 미디어는 안전 수준에 있어 의도적으로 불명확한 방식으로 사건을 보도할 수 있다. 또한 미디어가 안전에 관한 지역사회 지각을 감소시키게 하는 위협 이미지를 반복적으로 보여 주는 것은 흔히 있는 일이다. 따라서 미디어들은 지역사회 내 안전 지각을 강화시키는 것이 안전함과 레질리언스를 전략적으로 전달하는 언론보도에 의해 달성될 수 있다는 것을 교육받아야 한다. 안전감을 증진시키기 위한 개인 및 집단 차원과 공중보건 차원에서의 구체적인 개입방법을 소개하면 〈표 5-2〉와 같다.

〈표 5-2〉 안전감을 증진시키기 위한 개입방법

개인 및 집단 차원	• 상상 노출과 현실세계, 실제 노출에 참여시킨다. • 사람들을 상대적으로 안전한 현재 시간으로 데려오기 위해 상기인자와 같은 '근거를 기반으로 한 기술들(grounding techniques)' 을 활용한다. • 외상과 상실 촉발인자들(loss triggers)을 맥락적으로 구별할 수 있도록 교육한다. • 더욱 적응적인 인지와 대처 기술들을 발달시키도록 돕는다. • 아이들의 경우, 위험 신호들을 구별하는 능력이 퇴화되는 것을 막는 방법들을 포함시킨다.
공중보건 차원	• 사람들을 안전한 장소로 데려가고 그곳이 안전하다는 것을 분명히 한다. • 위험을 제한하고 거기가 심각한 위험이 존재하지 않는 장소라는 안전 지각을 증가시키도록 돕는 정확하고 조직화된 목소리를 제공한다. • 지역사회 내 안전 지각을 강화하는 것은 전략적으로 안전감을 전달하는 언론보도와 임박한 위협보다 레질리언스에 의해 성취될 수 있음을 언론에 알린다. • 만약 사람들이 뉴스를 시청한 후 괴로움이 증가되었다면, 그들이 뉴스 보도에 전반적으로 노출되는 것을 제한하고, 영상 혹은 사진을 포함한 매체를 피하도록 격려한다. • 외상에 관해 이야기하는 것이 그 사람을 더욱 불안하게 하거나 우울하게 한다면 그렇게 하는 것을 제한하도록 한다. • 아이들이 뉴스에 노출되는 것을 제한하고 감독하도록 부모를 교육시킨다.

둘째, 평안 증진하기다. 집단 외상에의 노출은 초기 단계에서 감정적으로 뚜렷한 증가가 발생한다. 일부 불안반응은 각성을 위해 필요한 정상적이고 건강한 반응이다. 그래서 반응의 초기 동안 심리적 격리를 필요로 하는 높은 수준의 각성 혹은 역설적으로 느껴질 수 있는 마비 반응에 놀랄 필요가 없다. 문제는 그러한 각성 혹은 마비가 수면, 식이, 의사결정과 일상적인 일의 수행을 방해할 정도로 증가해서 유

지되는지의 여부다. 그와 같은 필수적인 과업과 정상 생활리듬이 깨지는 것은 손상뿐 아니라 불안장애로 이어질 수 있어 정상 생활을 못하게 하는 불안의 잠재적 촉발요인이 된다. 이러한 반응들은 초기에는 정상적인 반응이고, 대부분의 사람은 며칠 혹은 수 주 내에 감당할 수 있을 정도의 정서 수준으로 회복된다. 재난 및 외상을 경험한 후 각성된 생리적 혹은 정서적 홍분 반응을 감소시키고 진정시키며 마음이 안정된 상태를 회복하도록 도와야 한다. 호흡법, 근육이완, 스트레스 면역훈련 등과 같은 불안관리 기법, 문제중심적 대처 훈련들은 재난 및 외상 피해자들을 진정시키는 것을 돕는 기법들이다. 평안을 증진시키기 위한 개인 및 집단 차원과 공중보건 차원에서의 구체적인 개입방법을 소개하면 〈표 5-3〉과 같다.

〈표 5-3〉 평안을 증진시키기 위한 개입방법

개인 및 집단 차원	• 심각한 불안, 극도의 정서상태 혹은 심각한 마비 반응을 가진 사람들을 진정시키고 자신에 대한 통제감을 갖도록 불안관리의 직접적인 접근방법들을 제공한다. • 불안관리기법에는 호흡법, 근육이완, 스트레스 면역훈련, 요가, 명상치료, 이완된 상태와 병행된 심상법과 음악, 불안관리 기술들, 인지적 재구조화, 노출을 통합한 치료적 개입들, 문제중심적 대처 훈련을 포함한다. • 외상과 상관없는 희망을 주는 활동들(예: 친구들과 함께하기, 진정시켜 주는 음악 듣기, 영화 보러 가기, 코미디 시청, 운동 등)을 포함한다.
공중보건 차원	• 다른 무엇보다도 사람들로 하여금 직접적으로 걱정을 해결하도록 해 주는 활동에 참여시킨다(예: 초기 자원을 강화시키고 자원 상실을 예방하는 것) • 가족과 친구들이 안전한지와 더 심각한 위험이 임박해 있는지에 관한 정보를 제공한다. • 다음 주제에 관해 언론 보도, 쌍방향 웹사이트, 컴퓨터 프로그램을 통해 대규모 지역사회 아웃리치와 심리교육을 제공한다. - 개인이 자신의 반응을 이해하고 예측할 수 있는 것으로 볼 수 있도록 도와주는 재난 후 반응들 - 외상 후 공통적인 문제(예: 수면 문제, 상기 인자에 대한 반응, 놀람반응, 사건과 관련된 새로운 두려움)을 위한 불안관리 기법들 - 경미한 수준에서 중간 수준의 불안 문제를 가진 사람들을 위해 미디어 노출을 제한시키는 것 - 심각한 정서를 나타내는 사람들을 위해 친구 혹은 가족 구성원으로부터 이미지가 없고 과장되지 않는 사실을 주는 뉴스 보고를 받는 것

셋째, 자기효능감과 집단효능감(collective efficacy) 증진하기다. 자기효능감은 자신의 행위가 사고, 정서, 행동에 관한 자기조절을 통해 일반적으로 긍정적인 결과로 이어진다는 개인의 신념이다. 재난 및 외상에 노출된 사람들은 그들이 직면해야 하는 사건을 처리하는 능력을 발휘하지 못하는 위험에 처하게 된다. 이는 외상 사건으로 시작하지만, '할 수 없다.'고 하는 보다 더 근본적인 생각으로 빠르게 일반화된다. 자기 자신, 가족, 사회집단이 역경을 극복할 수 있다는 것과 관련된 부정적인 관점을 바꾸는 것이 모든 성공적인 치료의 핵심 목표다. 일반적인 자기효능감뿐 아니라 외상과 관련된 자기효능감은 사람들로 하여금 외상 관련 사건에 대처할 수 있도록 한다는 결과들이 있다. 트라우마와 관련된 자기효능감은 문제가 되는 정서를 조절하고 관계, 재산 복원, 이전(relocation), 재취업훈련, 다른 외상 관련 과업들과 관련된 문제들을 해결할 수 있다는 지각된 능력을 의미한다. 자기효능감은 협력할 수 있고, 함께 참여하며 개인의 권한을 벗어난 대규모 문제들을 해결하기 위한 성공적인 파트너를 필요로 한다.

지각된 자기효능감은 집단효능감과 관련이 있다. 지역사회 자체에 의해서 개념화되고 수행된 활동들은 지역사회 효능감을 발달시키는 데 기여할 수 있다. 괜찮은 지역사회는 안전감을 제공해 주고, 질서를 회복하고 재건하는 데 필요한 물적 자원들을 만들어 내며 미래를 위한 희망을 공유한다. 집단효능감은 사랑하는 사람들에 의해서 심리적 · 물질적 혹은 사회적 상실들을 가장 깊이 느낄 수 있는 가족 수준에서 매우 중요할 수 있다. 자기효능감과 집단효능감은 유능하다고 생각하는 믿음에 기초가 되는 행동목록과 기술을 필요로 한다. 또한 개인적 · 사회적 · 경제적 자원들은 자기 및 집단 효능감의 형성에 중요한 역할을 한다.

Hobfoll의 자원보존이론(Conservation of resources: COR)에서 외상 스트레스는 개인에 대한 직접적인 부상이나 장애의 측면보다는 위협의 결과 또는 자원 상실의 결과로 간주된다. 자원에는 객관적 필요(식량, 의복, 주거지 등), 개인적 특성(자기존중, 지식 또는 기술), 사회적 지원(가족, 친구, 이웃이나 타인들로부터의 실용적 또는 정서적 도움), 서비스(의료적 또는 심리학적 지원, 법적 집행 등) 등이 포함된다. COR 이론에 의하면, PTSD 예방을 위해서는 반드시 사람들로 하여금 외상 사건의 결과로 잃어버렸거나 격감된 가장 중요한 자원들을 확인하고 복구 또는 교체하도록 돕는 것을 수반해야 한다. 실제로, 재난과 외상에 관한 연구들은 이와 같은 자원들을 상실한 사람들이 집단 외상에 의해 큰 충격을 받지만, 이용할 자원을 유지할 수 있는 사람들은 외상으로부터 가장 잘 회복된다는 결과를 보고하고 있다. 따라서 재난 및 외상 후 그들이 가지고 있는 자원들을 복구 혹은 계속 유지할 수 있도록 지원하고, 이를 통해서 피해자들이 자기효능감 및 집단효능감을 회복할 수 있도록 해야 한다. 자기효능감 및 집단효능감을 증진시키기 위한 개인 및 집단 차원과 공중보건 차원에서의 구체적인 개입방법을 소개하면 〈표 5-4〉와 같다.

〈표 5-4〉 자기효능감 및 집단효능감을 증진시키기 위한 개입방법

개인 및 집단 차원	• 개인 및 집단 인지행동치료에 참가한다. 효능감 증진을 위한 인지행동치료는 다음을 포함한다. – 참여자들의 효능감을 상기시킨다. – 적극적으로 대처하게 하고 대처해야 할 때와 방법에 대한 현명한 판단을 하도록 한다. – 외상 스트레스원에 대한 통제감을 강화시킨다. – '정상적인' 환경에서 가졌었던 기대와 목표를 '재정비하는' 것을 돕는다. – 목표로 하는 국가의 사회–문화 생태학적인 범위 내에 있는 개입으로 전환한다. • 점점 더 힘들어진 상황을 포함한 실제 연습과 함께, 효능감 신념의 바탕이 되는 행동목록과 기술들을 발전시킨다. • 사람들이 성취할 수 있는 목표를 설정하도록 가르친다. 그리하여 그들로 하여금 실패감과 대처할 수 없다는 감정을 바꾸고, 반복적으로 성공 경험을 갖도록 하며, 성공적으로 재난을 극복하는 데 필요한 환경에 대한 통제감을 회복하도록 한다.
공중보건 차원	• 상실주기를 바꾸고 임파워먼트와 시민들의 자존감을 회복하는 것을 돕는 데 사용될 수 있는 외부 자원들을 제공한다. • 사람들의 개인 및 환경 자원들을 관리하고 조율하는 방법을 만든다. • 되도록이면 의사결정 정책과 노력에 피해자들을 포함시킨다. • 지역사회 자체에서 만들어 수행되는 활동들(예: 종교활동, 회의, 집회, 집단힐링과 애도작업 등)을 촉진시킨다. • '역량 있는 지역사회' 를 조성한다. 역량 있는 지역사회는 ① 시민의 안녕감을 증진시키고, ② 안전을 제공해 주고, ③ 질서를 회복하고 재확립하는 데 이용 가능한 물적 자원을 만들고, ④ 미래에 대한 희망을 나누고, ⑤ 재난 후 정신건강 간호의 주 제공자인 가족을 지원하며, ⑥ 지원을 제공하기 위해 타인들을 이용할 수 있다는 지각을 조성해 주는 사회다. • 발달과 직업기술훈련에 협조한다. • 아동 및 청소년을 위해서 ① 과잉보호의 위험성을 인지시키고, ② 지역사회 회복에 그들을 참여시키고, ③ 학교 공동체를 복구시킨다.

넷째, 연계성(사회적 유대감) 증진하기다. 사회적 유대감은 재난대응(예: "가장 가까운 식료품점은 어디입니까?" "이용 가능한 물은 안전한건가요?")에 필수적인 지식을 접할 기회를 증가시켜 준다. 뿐만 아니라, 사회적 유대감은 실제적 문제를 해결하고, 정서적으로 이해하고 수용하며, 외상 경험을 공유하고, 반응과 경험들을 일반화하며 서로 대처에 관해 상호 지도하는 것을 포함하여 일정 범위의 사회적 지원 활동을 위한 기회를 제공해 준다. 이와 같은 사회적 유대감을 높여 주는 활동들은 결과적으로 집단효능감을 높여 주는 역할을 한다. 특히 다른 사람들과 연결되는 것은 아동 및 청소년에게 근본적으로 매우 중요하고, 부모를 대신할 부모 같은 사람들과의 재연결을 촉진시키는 것은 재난 중재에서 중요한 개입 목표다. 예를 들어, 캄보디아의 폴 포트 학살 후 미국으로 이민 온 피해자들이 최소 1회 이상 가족 구성원들 간에 만나도록 한 것은 만성적 외상 스트레스, 우울, 약물 남용을 낮추는 효과가 있었다. 이와 같은 결과에 근거하여, 몇몇 외상 초점화된 개입들은 외상 생존자들과 그들의 사회적 영역 간 지지적 연결의 양, 질, 빈도를 증가시키기 위해 직접적으로 시도된다. 개입정책에 대한 발견과 관련해서, 중재 시 사회적 지원이 많이 부족하고, 사회적으로 더욱더 고립되었으며, 잘못된 메시지를 전달하는 지지체계를 가진 사람들을 확인하는 것은 중요하다. 그들이 계속해서 연결되도록 하고, 사람들에게 자원에 접근하는 방법을 훈련시키며, 비공식적인 사회적 지원을 얻을 수 없는 사람들에게 공식화된 지원을 제공하는 것은 중요하다. 하지만 Kaniasty와 Norris(1993)는 사회적 지원이 집단 외상 후 안녕감을 촉진시키고 심리적 고통을 감소시켜 주지만, 이와 동시에 사회적 지원의 상실주기가 발생한다고 보고하였다. 재난 및 외상 후 초기 단계 동안 높은 수준의 사회적 지원이 있지만, 지지체계들은 남용의 압박과 자신들의 생활을 해 나가려는 개인들의 요구에 따라 재빠르게 약화된다. 이와 같은 사회적 지원의 특성은 지원으로 시작한 사람들을 특히 취약하게 만들기도 한다. 더 나아가 개입정책들은 사회적 지원 과정에서 해로운 측면이 있다는 것을 인지해야 한다. 그럼에도 사회적 유대감에 대한 지원은 개인, 가족, 지역사회 안녕감을 위해 매우 중요한 개입이다. 사회적 유대감을 증진시키기 위한 개인 및 집단 차원과 공중보건 차원에서의 구체적인 개입방법을 소개하면 〈표 5-5〉와 같다.

〈표 5-5〉 연계성(사회적 유대감)을 증진시키기 위한 개입방법

개인 및 집단 차원	• 강력한 지원이 부족하거나, 사회적으로 더욱 고립되었거나, 해로운 메시지를 제공하는 지원체계를 가진 사람들을 확인해서 돕는다. • 피난 중이거나 집과 이웃이 붕괴되는 경우 혹은 비공식적인 사회적 지원이 없는 곳의 경우, 먼저 개인 간 연대를 유지시키고, 지원에 접근하는 방법들에 관해 사람들을 훈련시키며, 공식화된 지원을 하는 것을 우선적으로 한다. • 심리교육과 기술습득을 통한 사회적 지원을 목표로 한다. 심리교육과 기술습득은 다음을 포함한다. – 특정 유형의 사회적 지원(예: 정서적 친밀감, 사회적 연결, 믿을 만한 동맹, 조언, 신체적 도움, 물질적 지원)에 관한 지식을 강화시키는 것 – 그와 같은 지원이 가능한 근원을 확인하는 것 – 적절히 지원받는 법을 배우는 것 • 사람들에게 대피 과정에서 애착연대를 무시하도록 가르친다. • 아동 및 청소년의 경우, 증상 반응을 벗어나 현재 진행 중인 외상이 만들어 낸 기대를 언급하고, 학습과 미래 계획을 위한 희망과 새로운 동기를 주입하기 위한 발달적 진전을 촉진시키는 전향적 훈련들을 포함한다.
공중보건 차원	• 사람들이 사랑하는 사람들을 확인하고 그들과 연결될 수 있도록 돕는다. • 부모 혹은 부모를 대신할 사람들과 아동이 다시 연결될 수 있도록 한다. • 외상 생존자와 사회적 지원 제공자들 간 지지적인 작용의 양, 질 그리고 빈도를 증가시킨다. • 임시 주택과 지원처를 마을 단위로 제공하고, 교회, 마을 의회, 모임 장소, 레크리에이션 활동, 멘토링 서비스, 지역사회 연대 활동 등을 포함한다. • 가능한 한 잠정적으로 부정적인 사회적 영향(예: 불신, 내집단/외집단 역동, 소진 등)을 언급한다.

다섯째, 희망 증진하기다. 집단 외상 후 희망을 유지하는 것이 가장 중요하다는 강력한 증거들이 있다. 낙관성을 유지하는 사람들은 그들의 미래에 대해 희망을 유지할 수 있기 때문에 집단 외상을 경험한 후 더 좋은 결과를 가질 가능성이 있다. 또한 집단 외상은 희망을 약화시키고 절망, 공허 그리고 절망적인 체념을 유발하는 '산산히 조각난 세계관', 단축된 미래관 그리고 파국화를 종종 동반하기 때문에 희망을 고취시키는 것은 중요하다. 집단 외상은 사람들이 훈련을 받지 않았거나 체험해 보지 않은 경험들이기 때문에, 기존에 학습된 대처 목록을 능가한다. 대처방법에 관한 지식이 없는 상태에서 희망이 첫 번째로 희생되는 것은 당연하다. 심리학에서 희망은 '긍정적인 미래 목표 혹은 결과가 가능한 긍정적 · 행동지향적 기대'

로 정의되고, 이와 유사하게 행위자의 감각 혹은 의지를 이용한 사고과정 그리고 자신의 목표를 달성하는 데 필요한 단계들에 대한 인식으로도 정의된다. 전 세계 대부분의 사람에게 희망은 행동 지향적인 것이 아니고 종교적인 함의를 가진다. 즉, 희망이 내적으로 경험되는 것이라 할지라도, 사람들 스스로 발견하는 실제 환경에서 자라나 온 결과물이다. 그럼에도 인간 영성에 관해 놀랄 만한 것은 오랫동안 무너져 있었던 사람들이 종종 낙관성, 자기효능감과 그들을 대신하여 중재할 강한 타인들과 신에 대한 믿음을 유지한다는 것이다. 집단 외상에 직면하여 희망에 관한 가장 좋은 이론적인 업적은 Antonovsky(1979)의 선구적인 작업에 있다. 안토노브스키가 묘사하는 희망적인 상태는 '응집된 느낌' 이라고 부르며, 그것은 '한 개인의 내적 · 외적 환경이 예측 가능하고 어떤 것들이 합리적으로 예측될 뿐 아니라 산출될 가능성이 높은 확률이 구석구석 스며 있고 지속적이지만 역동적인 자신감' 으로 정의된다(반신환, 2014에서 재인용). 희망을 증진하는 것은 낙관성과 긍정적 기대 그리고 확신을 유지하는 것이다. 이것을 위해 생존자의 강점을 강조하고, 친사회적 대처방법을 사용하며, 친사회적 공동체 활동에 참여해서 사소하더라도 성공 경험을 할 수 있도록 돕는다. 그리고 그 성공의 의미를 깨닫고 스스로의 의지와 능력으로 이루어졌다는 것을 믿게 한다(반신환, 2014).

희망을 증진하는 것은 낙관성과 긍정적 기대와 확신을 유지하는 것이다.

재난 및 외상 후 급성기의 위기개입 방법 및 모델

심리적 디브리핑

심리적 디브리핑(Psychological Debriefing)은 가장 공식화된 외상 사건 후 개입방법으로, 외상에 노출된 후 외상에 대한 반응을 정상화시키고 외상과 관련된 정서와 사고의 표현을 증가시켜 적응을 증진하도록 계획된 단기 개입을 일컫는 일반적인 용어다.

심리적 디브리핑은 개인 혹은 집단의 반구조화된 개입방법으로, 초기 심리적 고

심리적 디브리핑은 가장 공식화된 외상 사건 후 개입방법으로, 외상에 노출된 후 외상에 대한 반응을 정상화시키고 외상과 관련된 정서와 사고의 표현을 증가시켜 적응을 증진하도록 계획된 단기 개입을 일컫는 일반적인 용어이다.

통 혹은 증상의 수준에 관계없이 외상 사건 후 수일 내에 제공된다(이승연, 2007; Mitchell & Everly, 1995). 심리적 디브리핑은 생존자들에게 스트레스 반응과 대처방법을 교육하고, 외상 사건 후 급성 스트레스 반응을 경감시키며, 외상 사건에 대한 정서와 사고의 표현을 촉진시켜 이전의 평형상태로 되돌리려 한다(이승연, 2007; Ehlers & Clark, 2003). 더 나아가 심리적 디브리핑은 절대적인 심리치료가 아니며(Ehlers & Clark, 2003), PTSD의 예방을 포함해 추후 부정적인 심리적 후유증을 예방하고, 만성적인 PTSD 발병의 위험이 있거나 보다 전문적인 치료를 위해 의뢰가 필요한 사람들을 확인하기 위해 사용되었다. 심리적 디브리핑을 적용한 다양한 개입모델이 있지만, 대표적인 위기개입모델로 Mitchell 모델로 알려진 위기상황 스트레스 경험보고(CISD) 모델과 보다 통합적인 위기상황 스트레스 관리(CISM) 모델, 프로세스 디브리핑(Process Debriefing: PD) 모델을 들 수 있다(Emmerik, Kamphius, Hulsbosch, & Emmelkamp, 2002).

1) 위기상황 스트레스 경험보고(CISD) 모델

Jefferey Mitchell은 1980년대 초기에 소방대원 혹은 응급구조요원이 생명과 부상의 위협 속에서 자신의 업무를 수행하면서 사고, 고통 등을 포함한 외상 스트레스 유발요인들을 다루는 것을 돕기 위해 위기상황 스트레스 경험보고(Critical Incidents Stress Debriefing: CISD) 프로그램을 개발했다. CISD는 응급구조요원들을 위한 개인 혹은 집단 개입방법으로 개발되었지만, 이후 자연재해나 인재 등 외상 사건의 생존자나 희생자, 가족과 친척들을 대상으로 확대되어 적용되었다(최수미, 2015; Bisson, 2003). 또한 CISD는 재난 및 집단 외상에 노출된 사람들을 위해 국제적으로 가장 널리 사용되는 심리 예방적 개입방법이다.

CISD는 외상 사건 후 심리적 고통을 경감시키고 전문적 치료가 요구되는 개인을 식별해 내며 지지를 제공하는 것을 목적으로 한다.

심리적 디브리핑의 원리를 적용하여 개발된 CISD는 외상 사건 후 심리적 고통을 경감시키고 전문적 치료가 요구되는 개인을 식별해 내며 지지를 제공하는 것을 목적으로 한다(Bisson, 2003). 이는 재난 및 외상 경험자들이 직간접적으로 노출되었던 고통스러운 사건에 대한 각자의 회상 내용을 보고하고 그에 대한 심리정서적 반응에 대해 학습하도록 한다. 더 나아가 이들이 경험하고 보고하는 스트레스 반응들이 재난 및 외상을 경험한 후 나타날 수 있는 일반적이고 정상적인 반응임을 받아들일 수 있도록 돕는다. 일반적으로 CISD는 외상 사건 발생 후 24~72시간 이내에 실시되고, 2~3시간 동안 단일 회기(single session)로 이루어지는 위기개입방법이며, 이는 7단계로 구성된다(이승연, 2007; 최수미, 2015; McNally, Bryant, & Ehlers, 2003; Mitchell & Everly, 1995; Robert, 2005).

[그림 5-1] CISD 위기개입 7단계

첫 번째는 '도입단계'로, 두 명의 조정자와 참가자들은 자신을 소개하며, 조정자는 CISD 과정과 목적을 설명하고 기대되는 결과를 설정한다. 이는 수행한 업무를 보고하는 것과는 다르며, CISD가 외상 사건 이후 각자에게서 경험되는 스트레스 반응들을 이야기하면서 이러한 반응을 경감시키는 과정임을 설명한다. 더 나아가 참석자들에게 그들 각자가 노출한 내용에 대해 비밀이 보장됨을 강조한다.

두 번째는 '사실단계'로, 참여자들로 하여금 그들이 보고 들었던 경험과 무엇이 발생했는지에 관해 사실적으로 묘사하도록 한다. 이 단계에서 참가자들은 재난 및 외상 상황에서 그들이 경험했던 것을 회상하도록 하여 한 명씩 돌아가면서 회상 내용을 묘사하도록 한다. 이때 회상 내용은 참가자 자신의 시각을 기준으로 하되 '오직 사실만'을 말하도록 한다. 이 단계를 통해서 참가자들은 그들이 미처 기억하지 못했던 사건 내용을 알게 되고 외상 사건에 대한 보다 완전한 기억을 획득하게 된다.

세 번째는 '사고단계'로, 외상 사건에 대한 참여자들의 가장 두드러진 인지적 반응을 표현하도록 한다.

네 번째는 '반응단계'로, 자연스럽게 이행되도록 한다. 이 단계는 참여자들로 하여금 외상 사건 발생 당시와 디브리핑 동안에 느꼈던 정서를 표현하게 함으로써 카타르시스를 경험하도록 한다.

다섯 번째는 '증상단계'로, 외상 사건 혹은 그 이후에 경험했던 신체적 · 심리적 · 인지적 · 행동적 증상 등 다양한 증상을 표현하도록 격려하게 되는데, 이는 참여자들이 외상 스트레스 반응을 인식하는 것을 목표로 한다.

여섯 번째는 '교육단계'로, '증상단계'에서 언급된 외상 관련 반응들이 전형적이고 정상적임을 강조하고, 바람직한 대처 방안과 스트레스 관리방법을 교육한다.

일곱 번째는 '재진입단계'로, 지금까지 다루어진 이슈들을 모호함 없이 명확히 하고, 질문에 답하면서 보다 전문적인 치료를 위한 의뢰 필요성을 평가하고 회기를 마무리한다.

이렇듯 CISD는 외상 사건 생존자 혹은 희생자들의 외상 후 심리적 반응에 대한 즉각적인 위기개입으로서 사용되어 왔다. 하지만 경험적 연구의 중요성이 강조되기 시작한 1990년대 중반 이후 심리적 디브리핑을 적용한 CISD를 포함한 위기개입 모델들의 효과에 대한 연구가 시작되면서, CISD를 포함한 단회기 심리적 디브리핑 방법의 효과에 대한 논쟁이 있었다. 그 결과, 단회기 심리적 디브리핑은 외상 사건 후 만성 PTSD 증상과 다른 부정적인 심리적 후유증들을 감소시키지 않았고 PTSD의 예방에 효과가 없는 것으로 발표되었다(Bisson & Deahl, 1994; Ehlers & Clark, 2003; Emmerik et al., 2002). 이에 대해 Mitchell(1983)은 CISD는 분리된 하나의 개입방법이 아닌 외상 사건 후 스트레스 중재를 위한 통합적 · 체계적 · 다요인적 접근에 기반한 CISM(Critical Incident Stress Management)의 한 부분으로 사용되어야 한다고 주장하였다(Bisson, 2003).

2) 위기상황 스트레스 관리(CISM) 모델

CISM 모델은 위기상황으로 인해 발생한 스트레스의 유해성을 감소시키고 조절하기 위한 위기중재의 통합적 · 포괄적 · 다요인적 프로그램이다.

위기상황 스트레스 관리(Critical Incidents Stress Management: CISM) 모델은 CISD의 제한점들을 보완하고 개선하기 위해 개발되었는데, 이 모델은 위기중재이론을 기반으로 하고 있다(Regel, 2007). CISM은 개인 및 집단에게 요구 사정 및 외상 사건에 노출된 피해자들에 대한 실질적 지원과 추수지도를 제공하고, 외상 후 반응들과 정신적 후유증들에 대한 조기 발견과 치료를 가능하게 한다(Regel, 2007).

CISM 모델은 위기상황으로 인해 발생한 스트레스의 유해성을 감소시키고 조절하기 위한 위기중재의 통합적 · 포괄적 · 다요인적 프로그램이다.

CISM 모델의 위기개입 내용은 다음을 포함한다(한재은, 정순둘, 김고은, 2011; Mitchell & Everly, 1995; Myer, 2001; Regel, 2007). 첫째, 외상 사건 스트레스 및 반응, 스트레스 관리 등을 포함한 외상 사건 전 준비교육이다. 둘째, 개인위기상담으로서 외상 사건 피해자들의 생활지에서의 위기상담서비스를 제공하는 것이다. 셋째, 동원해제(demobilization)로서, 위기상황이 발생한 후 최초로 대응했던 응급구조대원은 직무를 완수한 후 공식적으로 그 이상의 직무에서 제외된다. 추후 직무에서 제외된 응급구조대원은 팀이 어떻게 외상 사건을 처리했는지 등 공식적인 업무 수행 경험을 보고하도록 한다. 넷째, 위기관리 브리핑(crisis management briefing)은 정보 및 대처자원을 제공하고 응집력과 의지를 증진시키기 위한 목적을 가진다. 브리핑을 통해 음식, 휴식, 스트레스 반응에 대한 적응기법 등을 응급구조대원 집단에 제공하고 이차적으로 영향을 받은 사람들에게도 사건에 대한 정보와 외상 후 심리적 반응 및 정신건강서비스 기관의 이용방법 등에 대해 알려 준다. 다섯째, 진정시키기(defusing)는 외상 사건과 피해자들의 반응을 탐색하고 논의하며 가능한 한 빨리 스트레스 반응과 스트레스 관리 정보를 제공하여 정상적 회복과정을 가속화시키는 것을 목적으로 한다. 여섯째, 가족지원서비스는 구조대원 및 그 가족들과 함께 수행할 수 있는데, 알코올이나 물질 남용, 우울증이나 자살시도, 분노와 공격적 행동, 공황발작이나 압도적 슬픔 혹은 죄의식과 같은 위기 반응들을 안전하게 처리할 수 있도록 교육한다. 일곱째, 추가적인 추수치료(follow-up) 혹은 전문적인 치료가 필요할 경우 정신건강 상담자에게 의뢰하기(referring)다. CISM은 서로 다른 요구를 충족시키기 위한 개인 맞춤형 개입을 할 수 있도록 폭넓은 범위의 서비스들을 제공한다. 즉, CISM은 신체적 필요를 위한 보살핌, 현실을 기반으로 한 과업들에 대한 안내, 피해자들에게 위로와 공식적인 디브리핑을 제공하는 것 등을 포함해 다양한 개입을 위한 요구를 반영하고 있다.

이렇듯 CISM은 외상을 경험한 개인 및 집단의 요구가 반영되어 초기 위기개입을 제공하기 위해 개발된 통합적이고 다요인적 중재 프로그램이라 할 수 있다. 하지만 CISM이 외상 사건 피해자들을 위해서 단회기 디브리핑 방법으로 이루어진, CISD

〈표 5-6〉 CISM 모델의 위기개입 내용

• 준비교육 • 상담서비스 제공 • 동원해제 • 위기관리 브리핑 • 진정시키기 • 가족지원서비스 • 추수치료 혹은 의뢰하기

가 업데이트되어 통합적이고 체계적인 초기 위기개입방법임에도 불구하고 그 효과성에 관한 연구는 거의 없는 실정이다. 또한 초기 위기개입방법에 대한 효과성 연구들에서 언급하고 있는 CISM의 연구는 대부분 CISM 내의 다양한 요인을 반영한 연구 결과라기보다는 CISM의 한 요소인 단회기 디브리핑의 효과 검증에 초점을 맞추고 있는 실정이다.

3) 프로세스 디브리핑 모델

Dygregrov(1997)에 의해 개발된 프로세스 디브리핑(Process Debriefing: PD) 모델은 심리적 디브리핑 원리를 적용한 다른 유형의 위기개입방법으로 CISD 모델의 구조를 따르는 7단계의 반구조화된 위기개입모델이다. PD 모델은 Mitchell의 CISD 모델 내 과정 변인들과 사고단계 동안 참가자들의 의사결정 과정에 초점을 맞추었고, 응급구조대원들을 대상으로 개발된 CISD 모델과는 달리 PD 모델은 외상 사건의 일차적 피해자들을 대상으로 개발되었다(이승연, 2007). PD 모델은 외상 경험의 이해 과정을 향상시키기 위해 사고에 대한 감각적 인상단계를 포함시켰으며, 외상 사건에 대한 반응을 정상화시키는 것을 강조한다(Dygregrov, 1989, 1997; Everly, Flannery, & Mitchell, 2000). 또한 PD는 외상 사건 당시와 사건 후 중요한 치료적 요인이 되는 외상 관련 경험과 정서들을 상세히 표현하는 것을 강조한다(Bisson, 2003: 이승연, 2007에서 재인용). 이는 12~15명의 집단 구성원을 대상으로 3시간~3시간 반 정도로 제공된 단회기 개입방법으로(Dygregrov, 1997), 외상 사건

PD 모델은 외상 경험의 이해 과정을 향상시키기 위해 사고에 대한 감각적 인상단계를 포함시켰으며 외상 사건에 대한 반응을 정상화시키는 것을 강조한다.

후 3~14일 이내에 제공된다. 또한 치료적으로 중요한 역할을 하는 집단 디브리핑 과정 동안 치료자는 집단 구성원들이 경험과 정서를 표현하도록 하는 촉진자 역할을 한다.

한편, Dygregrov(1997)는 한 개인에 의해 집단 전체가 압도당하거나, 집단 내에서 논의된 내용들이 노출되면서 이차적 외상을 경험하거나, 집단과정에서 부정적인 감정이 처리되지 않는 등 집단 과정 중 나타날 수 있는 디브리핑의 부정적 효과를 주의해야 한다고 하였다(이승연, 2007: 한재은 외, 2011에서 재인용).

심리적 응급처치

재난이나 위기상황 발생 시 위기에 빠진 사람을 진찰하거나 치료를 위해 병원으로 데려가는 것이 종종 불가능하거나 도움이 되지 않은 경우가 있다. 즉, 재난이나 위기상황으로 인한 심리정서적 고통이 발생했을 때 즉각적으로 마음을 진정시키기 위해 시도하는 것이 최상의 도움이라 할 수 있다. 미국국립아동외상스트레스 네트워크(National Child Traumatic Stress Network: NCTSN)와 국립 PTSD 센터(NCPTSD)는 재난 또는 대량 학살 사건 등에 직접 영향을 받은 긴급상황/재난대응 요원들을 위해 그들이 일하면서 심리적 개입을 제공받을 수 있도록 심리적 응급조치(Psychological First Aid: PFA) 현장시행안내서(Field Operation Guide)를 개발했다.

PFA는 '재난이나 생명을 위협하는 사고나 테러 같은 외상 사건이 발생한 직후, 급성 스트레스 반응이나 기능장애를 경험하고 있는 사람들로 하여금 적응적으로 대처하고 문제를 해결할 수 있도록 돕기 위한 의도로 제공되는 심리적 개입방법'으로 정의된다. CISD 모델과 같이 PFA는 재난이나 위기상황에서 심리적 지원을 위한 지역사회의 대표적인 위기개입방법으로, 외상 사건 후 몇 시간 혹은 며칠 내에 즉각적이고 우선적으로 제공된다. PFA는 외상 사건 피해자들의 즉각적이고 실제적인 욕구를 충족시키고 정서적 어려움을 호소하는 경우 응급의료처치처럼 정서적 혼란 상태를 안정시키는 정도의 개입을 위한 방법이다(최수미, 2015). 엄밀히 말하자면, PFA는 심리치료를 제공하는 것이 아니며 전문가가 아니어도 수행할 수 있도록 매뉴얼화된 방법이다. PFA는 외상 사건 생존자들의 요구에 기초하여 융통성 있게 수행되어야 함을 강조하면서, 여덟 개의 핵심 행동과 목표로 구성되었다. 여덟 가지 핵심 행동과 목표는 외상 사건 생존자들의 요구에 기초하여 융통성 있게 전달되어야 함을 강조하고 있으며, 접촉과 관계형성, 안전과 평안함, 진정하기, 정보수집, 실제적 지원 제공, 사회적 지원과의 연결, 대처지원에 관한 정보제공, 협력서비스 기관들과의 연계로 구성된다(〈표 5-7〉 참조).

〈표 5-7〉 PFA의 여덟 가지 핵심 행동과 목표

- 접촉과 관계형성(contact and engagement)
- 안전과 평안함(safety and comfort)
- 진정하기(stabilization)
- 정보수집(information gathering)
- 실제적 지원 제공(practical assistance)
- 사회적 지원과의 연결(connection with social support)
- 대처지원에 관한 정보제공(information on coping support)
- 협력서비스 기관들과의 연계(linkage with collaborative services)

각 핵심 행동과 목표를 구체적으로 살펴보면 다음과 같다.

첫째, 접촉과 관계형성이다. 이는 방해하지 않고 비강압적인 배려의 태도로 관계를 맺고 도움을 주는 것을 목표로 한다. 잠재적으로 외상에 노출된 아동과 성인들을 확인하고 그들과 접촉하며 신뢰관계를 구축하는 것으로 시작한다.

둘째, 안전과 평안함을 제공하는 것이다. 재난 및 외상 사건 피해자들은 자신들이 안전하다는 것을 확인하고 평안함을 느끼게 될 때 심리적 회복이 시작된다. 따라서 이들의 안전에 대한 욕구를 즉각적으로 충족시키고 정서적으로 평안함을 회복하도록 하는 것은 매우 중요하다.

셋째, 진정하기다. 이는 외상 사건 때문에 발생한 스트레스를 감소시키는 방법으로, 특히 정서적으로 당황하거나 혼란스러운 재난 및 외상 사건 희생자들이 마음을 가라앉히고 방향을 다시 설정하기(reorientation) 위함이다.

넷째, 정보수집이다. 생존자에게 즉각적으로 필요한 것들이 무엇이고 이들이 걱정하는 바를 구체적으로 말하도록 돕는다. 재난 및 위기상황에서 생존자들에게 가장 도움이 되는 것은 그들에게 현재 무엇이 가장 필요한지 또는 어떤 도움을 요청하는지에 관한 정보를 수집하는 것이다.

다섯째, 실제적 지원 제공이다. 생존자들의 즉각적인 필요와 걱정들에 관해 수집된 자료를 바탕으로 이들에게 필요한 구체적인 도움과 정보를 제공한다. 도움을 제공하기 전 "이것이 도움이 되나요?" 혹은 "당신이 지금 당장 하고자 하는 일에 도움이 될 만한 것들 중 내가 할 수 있는 일이 있을까요?" 와 같은 질문을 하는 것은 중요하다.

여섯째, 사회적 지원과의 연결이다. 이는 외상 사건 생존자가 가족, 친구, 이웃 그리고 지역사회 단체와 같은 사회적 지원체계에 연결되도록 돕기 위함이다. 수많은 재난이나 테러 등 외상 사건 희생자들이 안전감을 느끼도록 하기 위해 가족이나 친구처럼 친근하고 신뢰하는 사람들과 함께 있게 해 준다. 단순하게 보이지만, 재난이나 외상 사건이 발생했을 때 가족, 친구 등과의 연결은 일시적으로 아주 어렵거나 혹은 불가능할 수도 있다. 희생자들에게 가족과 연락을 취할 수 있는 방법을 제공하거나, 가족 구성원의 안전에 대한 정확한 정보 자료를 제공하거나 또는 직접 의사소통이 가능하도록 하는 방법들은 재난 및 위기상황에서 가장 효과적인 불안 감소 방법이다. 만약 당분간 가족들과 연결이 어렵다 하더라도, 단절된 상태에서 희생자가 느끼는 고통을 이해하고 따뜻하게 수용해 주어야 한다.

일곱째, 대처 지원에 관한 정보제공이다. 즉, 외상 사건에 대한 대처 기술과 회복탄력성에 대한 정보를 제공한다. 재난이나 외상 사건의 희생자 및 가족들이 경험하는 스트레스 반응이 정상적이라는 것과 이러한 반응들은 외상 사건을 통해 유발된 스트레스를 극복하고 처리하는 것을 돕기 위해 신체에서 보내는 준비 신호임을 알린다. 비록 유쾌하지 않은 반응이지만 그것은 생산적으로 대처할 수 있도록 도와주는 에너지임을 알린다.

끝으로, 협력서비스 기관들과의 연계로서, 생존자들이 사용할 수 있는 도움의 내용을 제공하고, 필요시 재해대응팀, 의료기관, 공공기관 등과 연결하는 것을 목표로 한다(반신환, 2014).

이상에서 살펴본 바를 통해, PFA는 외상 사건 피해자들의 신체적 · 정서적 안전을 강화하고, 교육과 사회적 지지 및 대처 기술을 제공하며, 정보 및 이용 가능한 서비스를 연계해 주는 것을 목적으로 함을 알 수 있다. 심리적 디브리핑과는 달리, 심리적 응급처치의 조력자들은 외상 사건에 관련된 구체적인 경험이나 정서에 대해 질문하지 않고, 생존자들에게 그들의 경험과 정서를 자세히 말하도록 요구하지 않는다. Malchodi 등(2003)은 PFA에 의한 개입이 전문가에 의한 개입보다 생존자와의 라포 형성이 용이하고 비용 면에서 효과적이며, 무엇보다도 응급 상황에서의 심리적 개입에 좀 더 효과적이라고 보고하였다. 심리적 디브리핑의 효과성에 관한 논란과 심지어 효과가 없다는 연구 결과가 보고됨에 따라 PFA가 외상 사건 후 더 선호되는 형태의 즉시적 개입방법으로 대두되었다. 하지만 PFA 모델의 효과에 관한 주요 평가가 이루어지지 않고 있고(Gray, Graumlich, Betancourt, & Pederson, 2004), 외상 사건 당시 긴급한 심리적 지원만 제공되기 때문에 외상 사건으로 인해 추후 발생되는 문제들에 대해서 고려하지 못하고 있다는 한계점이 있다(한재은 외, 2011).

재난 및 외상 사건 후 급성기 치료적 개입 방법 및 모델의 효과

단일 회기 중재(single session intervention) 방법인 심리적 디브리핑은 외상 사건에 노출된 희생자들의 적응을 증진시키는 것을 목적으로 사용된 형태의 개입방법이다. 심리적 디브리핑은 집단 혹은 개인이 외상 사건에 노출된 후 다단계 과정(multi-stage process)을 통해 즉시 제공된 수많은 반구조화된 중재 기술을 설명하는데 사용되는 포괄적 용어다(Robert, 2009). 1983년 Mitchell에 의해 CISD 모델이 처음 개발된 후 외상 상황에 노출된 응급구조대원, 희생자와 생존자 등을 대상으로 급성 스트레스 반응을 경감시키고 PTSD, 불안, 우울 등 정신장애를 예방하기 위해 개인 혹은 집단 치료로 제공되었다(이승연, 2007; Bisson, 2003).

CISD를 포함한 심리적 디브리핑 방법들을 사용한 전문가들과 외상 피해자들의 경험적인 유용성이 보고되고 있는 가운데, 1990년대 중반 이후 무선 통제방법을 사용한 심리적 디브리핑의 효과에 대한 연구들이 시작되었다(Bisson, 2003). Robinson, Mitchell과 Murdoch(1995)는 응급구조대원 823명을 대상으로 심리적 디브리핑의 효과를 연구한 결과, 60% 이상이 그들의 불안감을 없애고 이전 상태로 회복된 것으로 보고하였다(한재은 외, 2011).

그러나 몇몇 연구를 중심으로 개인치료로 제공된 심리적 디브리핑이 외상 사건 초기에 더 많은 고통을 받았던 피해자들의 증상을 더욱 악화시킬 수 있다는 염려가 제기되면서 심리적 디브리핑이 과연 효과적인가에 대해 체계적으로 연구되었다. 그 결과, PTSD를 예방하는 초기 중재 방법으로서 심리적 디브리핑의 가치가 의심받기 시작했다(이승연, 2007; Bisson, 2003). 그 예로, Emmerik 등(2002)은 단일 회기 심리적 디브리핑이 외상 피해자들의 정신적 고통을 감소시키지 않았고, PTSD를 예방하지 않았다고 보고하였으며, CISD가 외상 관련 질환의 자연적 회복을 돕지 않는다는 연구 결과를 발표했다. Bisson 등(1997)은 화상 사건 후 6일이 지나고 133명의 입원 중인 화상 생존자들에게 단일 회기 심리적 디브리핑을 제공하였고, 13개월 후 조사 결과 심리적 디브리핑을 받았던 생존자의 26%가 PTSD 진단기준에 해당되었고 이는 심리적 디브리핑 중재를 받지 않은 생존자(9%)보다 더 많은 것으로 나타났다. 또한 Mayou, Ehlers와 Hobbs(2000)의 연구에서도 초기 PTSD 증상을 보인 자동차 사고 생존자들 중 심리적 디브리핑 중재를 받은 사람들이 중재를 받지 않은 사람들보다 PTSD 증상이 훨씬 더 심각해지는 것으로 보고되었다. 보다 최근에 Rose, Bisson과 Wessely(2002)는 체계적인 Cochrane 리뷰에서 외상 후 1개월 내에 실시한 무선 통제된 15편의 심리적 디브리핑 효과 연구들을 살펴보았다. 그 결과, 개인에게 제공된 단일 회기 심리적 디브리핑은 외상 피해자들의 심리적 고통을 경감시키지 못했고 PTSD를 예방하지 못했다. 또한 최근 미국평화유지군(american peacekeepers)으로 구성된 대규모 집단 디브리핑 연구에서는 심리적 디브리핑의 뚜렷한 긍정적 효과가 없는 것으로 보고하였다(Ehlers & Clark, 2003). 이처럼, 단일 회기 심리적 디브리핑의 효과가 없다는 연구 결과들은 디브리핑 사용에 반대하는 주장을 지지하게 되었고, 더 나아가 National Institute of Mental Health(NIMH)는 대규모 재난 혹은 외상 사건 후 정부기관들과의 중재에 관한 합의회의(consensus conference)에서 외상 사건 후 PTSD 예방을 위한 개입으로 사용하지 않아야 한다는 주장이 강하게 제기되었다(Gard & Ruzek, 2006).

심리적 응급처치는 외상 사건 피해자들의 신체적 · 정서적 안전을 강화하고, 교육과 사회적 지지와 대처 기술을 제공하며, 정보 및 이용 가능한 서비스를 연계해 주는 것을 목적으로 한다.

반면, 최근 인지행동치료가 재난 및 외상 사건으로 인한 피해자들의 심리적 고통을 경감시키고 PTSD 발병을 막아 준다는 연구 결과들이 보고되면서 효과가 입증되었다(서호준, 채정호, 2006; Ehlers et al., 2005). 그 예로, Ehlers 등(2005)은 인지행동치료와 단일 회기 치료적 개입 후 PTSD 증상들에 관한 반복측정의 효과를 비교한 결과, CBT가 치료적 개입 후 및 추수지도 시 모든 측정도구에서 다른 중재 방법에 비해 더 효과적인 것으로 나타났다.

글을 마치며

이 장에서는 국외의 재난 및 위기상황에서 적용되는 심리적 개입 방법 및 모델들을 개관하고 분석함으로써 재난 및 위기상황에서의 심리적 개입에 대한 이해를 높이고자 하였다. 이를 간단히 요약해 보자면, 심리적 디브리핑과 심리적 응급처치는 재난 및 외상 사건으로 인한 스트레스 증상을 경감시키고 만성 PTSD를 예방하기 위한 목적으로 외상 사건 발생 후 급성기에 단일 회기로 제공되는 반구조화된 심리적 개입방법이다. 현재 이 두 가지 형태의 심리적 개입방법은 재난 및 외상에 노출된 사람들이 자기 자신과 그가 속한 집단, 혹은 응급구조팀의 동료들에 대한 신뢰감을 회복하고 유지하기 위해 일반적으로 사용된다.

지금까지 치료자와 연구자들은 외상 기억을 조사하는 것이 항상 도움이 될 것이라고 가정하여 외상 피해자들로 하여금 외상 사건에 대한 경험이나 감정에 대한 기억을 노출하도록 하였다. 하지만 외상 기억에 대한 외상 초기 단계에서의 노출은 외상 사건 피해자들로 하여금 외상 기억들에 압도되게 할 수 있고 이들의 자연적 회복과정을 방해할 수 있다는 주장이 제기되었다. 많은 경험적 연구는 심리적 디브리핑을 제공받은 외상 사건 피해자들의 심리적 고통이 감소되지 않았고 PTSD를 예방하지 않았으며 심지어 심리적 디브리핑을 제공받은 집단의 PTSD 증상이 더욱더 심각해진 것으로 보고하였다.

이와 같은 연구 결과들은 외상 사건 초기 단계에서 외상 피해자의 경험이나 기억을 언어화하도록 하는 것이 항상 도움이 될 것이라는 가정을 지지하지 않았다. 더 나아가 몇몇 연구는 외상 피해자들의 심리적 반응들에 대해 너무 이른 시기에 개입하는 것과 심리적 고통을 PTSD로 지나치게 개념화하려는 시도들에 대해 주의해야 한다는 주장을 제기하였다(Stein, Seedat, Iversen, Wessely, 2007; Van Ommeren, Saxena, & Saraceno, 2005). 이에 지금까지 외상 피해자들에게 적용되어 오던 심리적 개입방법들은 초기에 실시하는 것보다 중기 이후의 목표로 변경되고 있는 실정이다(반신환, 2014). 즉, 재난 및 위기상황 피해자들이 신체적 안전과 같은 가장 기본적인 욕구가 충족되지 않은 상태에서는 어떤 유형의 심리적 개입에도 반응하지 않을 것이며 신체적으로 안전하고 정서적 마비 상태에서 벗어난 후여야만 심리적 개입이 가능하다는 것이다. 심리적 디브리핑의 효과에 관한 연구 결과들과 기존 연구들이 지적한 문제점과 제안을 고려하여 심리적 디브리핑을 어떻게 사용할 것인지에 대해 신중히 생각해야 할 것이다.

참고문헌

반신환(2014). 심리적 응급처치(Psychological First Aid)-외상성 상실의 초기개입-. 신학과 실천, 42, 287-303.

서호준, 채정호(2006). 외상 후 스트레스 장애에 대한 인지행동치료의 최근동향. 인지행동치료, 6(2), 117-129.

이승연(2007). 심리적 경험보고(debriefing)의 문제점들과 올바른 적용을 위한 제언. 한국심리학회지: 사회문제, 13(1), 63-89.

최수미(2015). 외상 사건 후 PTSD 예방을 위한 치료적 개입 및 모델의 동향분석. 상담학연구, 16(3), 537-556.

한재은, 정순둘, 김고은(2011). 재난피해자들의 정신건강 증진을 위한 위기개입모델 비교연구. 한국위기관리논집, 7(3), 49-70.

Adams, R. E., & Boscarino, J. A. (2005). Differences in mental health outcomes among Whites, African Americans, and Hispanics following a community disaster. *Psychiatry: Interpersonal and biological processes, 68*(3), 250-265.

American Psychiatric Association. (2013). *Diagnostic and statistical manual of mental disorder* (5th ed.). Arlington, VA: American Psychiatric Association.

Bisson, J. (2003). Single-session early psychological interventions following traumatic events. *Clinical Psychology Review, 23*, 481-499.

Bisson, J., & Deahl, M. (1994). Psychological debriefing and prevention of posttraumatic stress-more research is needed. *British Journal of Psychiatry, 165*, 717-720.

Boscarino, J. A., Adams, R. E., & Figley, C. R. (2004). Mental health service use 1-year after the World Trade Center disaster: Implications for mental health care. *General Hospital Psychiatry, 26*(5), 346-358.

Dygregrov, A. (1989). Caring for helping in disaster situations: Psychological debriefing. *Disaster Management, 3*, 123-128.

Dygregrov, A. (1997). The process in psychological debriefing. *Journal of Traumatic Stress, 10*, 589-605.

Ehlers, A., & Clark, D. M. (2003). Early psychological interventions for adult survivors of trauma: A review. *Biological Psychiatry, 53*, 817-826.

Ehlers, A., Clark, D., Hachman, A., McManus, F., & Fennell, M. (2005). Cognitive therapy for post-traumatic stress disorder: Development and evaluation. *Behaviour Research and Therapy, 43*, 413-431.

Emmerik, A. A., Kamphius, A. M., Hulsbosch, A. M., & Emmelkamp, P. M. G. (2002). Single session debriefing after psychological trauma: A meta-analysis. *The Lancet, 360*, 766-771.

Everly, G. S., Flannery, R. B., & Mitchell, J. T. (2000). Critical incident stress management (CISM): A review of the literature. *Aggression and Violent Behavior, 5*(1), 23-40.

Gard, B. A., & Ruzek, J. I. (2006). Community mental health response to crisis. *Journal of Clinical Psychology: In Session, 62*, 1029-1041.

Gray, S. T., Graumlich, L. J., Betancourt, J. I., & Pederson, G. T. (2004). A tree-ring based reconstructiono of the Atlantic Multidecadal Oscillation since 1567 A. D. *Geophysical Research Letters, 31*(2), 1-4.

Hobfoll, S. E., Watson, P., Bell, C. C., Bryant, R. A., Brymer, B. M., Friedman, M. J., Gersons, B. P. R., de Jong, J., Layne, C. M., Maguen, S., Neria, Y., Norwood, A. E., Pynoos, R. S., Reissman, D., Ruzek, J. I., Shalev, A. Y., Solomon, Z., Steinberg, A. M., & Ursano, R. J. (2007). Five essential elements of immediate and mid-term mass trauma intervention: Empirical evidence. *Psychiatry, 70(4)*, 283-315.

Kaniasty, K., & Norris, F. H. (1993). A test of the social support deterioration model in the context of natural disaster. *Journal of personality and social psychology*, *64*(3), 395.

Malchodi, C. S., Chery, O., Ellen, A., Laura, C., Elizabeth, G., & Stephen, C. (2003). The effects of peer counseling on smoking cessation and reduction. *Obstetrics and Gynecology, 101*(3), 504-510.

Mayou, R. A., Ehlers, A., & Hobbs, M. (2000). A three year follow-up of a randomised controlled trial of psychological debriefing for road traffic accidents. *British Journal of Psychiatry, 176*, 589-593.

McNally, R. J., Bryant, R. A., & Ehlers, A. (2003). Does early psychological intervention promote recovery from posttraumatic stress? *Psychological Science in the Public Interest, 4*, 45-79.

Mitchell, J. T. (1983). When disaster strikes.. the critical incident stress debriefing. *Journal of Emergency Medical Service, 8*, 36-39.

Mitchell, J. T., & Everly, G. S. (1995). *Critical Incident Stress Debriefing: An Operations Manual for the Prevention of Traumatic Stress among Emergency Services and Disaster Workes*. Maryland: Chevron Publishing.

Myer, R. A. (2001). *Assessment for Crisis Intervention: A Triage Assessment Model*. Wadsworth: Brooks/Cole.

Regel, S. (2007). Post-trauma support in the workplace: The current status and practice of critical incident stress management (CISM) and psychological debriefing (PD) within organizations in the UK. *Occupational Medicine, 57*, 411-416.

Robert, N. (2009). Early intervention following traumatic events. *Epidemiology, Theoretical Basis and Management, 8*(8), 297-300.

Robinson, R. J., Mitchell, J. T., & Murdoch, P. (1995). Do psychological debriefings work? *Phoenix, 54*, 9-11.

Rose, S., Bisson, J., & Wessely, S. (2002). Psychological debriefing for preventing post traumatic stress disorder (PTSD) (Cochrane review). *The Cochrane Library, Issue 2*. Oxford, UK: Update Software.

Stein, D. J., Seedat, S., Iversen, A., & Wessely, S. (2007). Post-traumatic stress disorder: Medicine and politics. *Lancet, 369*, 139-144.

van Ommeren, M., Saxena, S., & Saraceno, B. (2005). Mental and social health during and after acute emergencies: Emerging consensus? *Bulletin of the World Health Organization, 83*, 71-75.

제6장
근거기반 외상초점 인지행동치료적 개입의 실제

최수미

글을 시작하며

PTSD는 삶의 기능을 손상시킬 수 있는 복잡한 질환이며, 외상 사건은 마음뿐 아니라 신체에도 부정적인 영향을 미친다. 임상적으로 외상 사건을 경험한 사람들은 일반적으로 다음과 같은 증상들을 나타낸다.

- 정서적 문제: 불안, 우울, 짜증, 예민 등 정서적 불안정
- 신체화: 불면, 만성피로, 통증, 체중변화 등 신체적 증상
- 인지적 문제: 기억력 감소, 반복된 외상 사건 기억, 왜곡된 인지 등
- 외상 사건을 연상시키는 상황 회피
- 대인관계 어려움

하지만 외상을 경험한 사람들이 모두 PTSD 진단을 받는 것은 아니다. 외상 경험 후 그들이 나타내는 정서적이고 심리적인 반응에 따라 외상과 연관된 진단들이 달

라진다. 외상을 경험한 순간, 사람들은 극심한 스트레스 반응을 나타내는데 보통 며칠 이내에 점차 안정을 찾게 된다. 극심한 스트레스 반응이 최소 1개월 이내 지속되어 나타날 때 급성 스트레스 장애(ASD)로 진단하게 된다. 급성 스트레스 장애를 경험한 사람들일지라도 수개월 혹은 1년 이내로 사고 이전의 기능을 회복하고 외상 후 증상들이 사라지는 경험을 하게 된다. 하지만 외상과 관련된 증상들이 수개월 혹은 몇 년이 지나도록 계속해서 나타날 때 PTSD가 발생되며, PTSD 진단을 받은 사람들 중에는 우울증, 불안장애 등 다른 임상적인 문제를 함께 나타내는 복합 PTSD로 발전한다. 일반적으로 PTSD의 유병률은 1~3% 이내 혹은 많게는 10% 이내(서호준, 채정호, 2006; Rothbaum, Foa, Riggs, Murdock, & Walsh, 1992)로 그리 높지 않다. 또한 외상 사건 후 급성 외상 스트레스 반응을 경험한 대부분의 사람에게 PTSD가 발생되지 않거나 아주 점진적으로 수개월 혹은 몇 년이 지난 후에야 PTSD가 발생된다는 것을 보여 주는 선행연구 결과들을 바탕으로 볼 때 PTSD를 예방하고 치료할 수 있음을 알 수 있다.

PTSD 예방 및 치료를 위한 방법은 크게 약물치료와 심리치료로 구분된다. 경험적 연구들에 의해 PTSD 발생 전 심리치료와 항불안 및 항과민각성 약물치료가 PTSD 및 급성 스트레스 장애에 있는 사람들에게 효과가 있는 것으로 밝혀졌다(Bryant, 2008). 특히 심리치료 방법 중 인지행동치료는 급성 스트레스 장애와 PTSD의 예방 및 치료효과와 관련된 이론적 근거들을 가지고 있고, 진단받은 사람들을 치료하는 데 가장 효과적인 방법이라는 증거가 많은 경험적 연구에 의해서 보고되고 있다.

인지행동치료 모델은 일반적으로 다중회기로 구성되고, 외상, PTSD 등에 관한 내용을 포함한 심리교육, 노출치료, 인지 재구조화, 스트레스 면역훈련, 호흡훈련 등 다양한 치료 내용으로 매뉴얼화된 치료모델이다. 이 장에서는 외상을 경험한 피해자들이 PTSD로 진행되는 것을 막기 위한 예방 및 치료를 위한 심리치료 방법들의 표준화된 접근법과 그동안 많은 경험적 연구에 의해 치료효과가 입증되고 있는 인지행동치료에 대해서 소개하고자 한다.

인지행동치료 모델이 PTSD의 예방 및 치료에 효과적인 방법이라는 증거가 많은 경험적 연구에 의해 보고되고 있다.

PTSD 치료와 예방

외상 사건을 둘러싼 상황들로 인해 많은 PTSD 환자가 타인과의 신뢰 형성에 어려움을 보이기 때문에 안전함, 신뢰감, 일관성 등과 관련해서 임상적으로 특별한 주의를 기울여야 한다. 인지행동치료를 포함한 대부분의 심리치료 방법은 PTSD 치료를 위한 3단계 표준화된 접근법을 기반으로 한다(김정휘, 허주연, 김태욱 역, 2012). 각 단계에는 핵심적 치료목표가 있는데, 첫 번째는 PTSD 치료를 받는 환자가 PTSD 유발요인 혹은 더 이상의 심각한 위기상황에 노출되지 않도록 충분히 안전하고 심리적으로 준비할 수 있도록 하는 것이다. 그다음 단계로는 환자가 PTSD의 생물학적이고 심리적인 원천인 지속적인 스트레스 반응에 대해 이해하고 치료적으로 변화될 수 있다는 것을 수용하는 것이다. 마지막으로, 가족관계, 교우관계, 일과 오락의 추구와 같이 PTSD가 개입했던 심리적 능력과 사회적 자원을 이용함으로써 자신의 삶을 새로이 시작할 수 있는 능력을 갖추게 하는 것이다. PTSD 치료를 위해 표준화된 3단계 접근법을 구체적으로 소개하면 다음과 같다.

1단계 치료

PTSD 환자가 충분히 안전하고 안심할 수 있는 환경을 조성하는 것이 1단계 치료과정의 핵심이라 할 수 있다. 이를 위한 구체적인 방법은 다음과 같다.

첫째, 치료자는 가능한 한 최대한의 안전을 구축하는 것으로 PTSD 환자의 치료를 시작해야 한다. 안전이 결여된 경우 환자는 자신의 괴로운 정서와 삶의 문제를 직접적으로 다루는 것을 회피하게 되며, 이로 인해 만성적인 PTSD 상태로 발전할 수 있다.

둘째, PTSD 환자들은 과각성(hyper arousal)과 정서적 마비(emotional numbness) 상태를 번갈아 가며 나타낸다. 모든 PTSD 치료법이 환자에게 가르치는 것은 자신의 신체적 각성 상태 수준을 조절하는 능력이라 할 수 있다. 왜냐하면 각성을 조절하는 능력은 스트레스를 유발하는 요인과 외상 기억에 대처할 수 있을 만큼 충분히 스트레스 반응을 처리할 수 있게 해 주기 때문이다. 따라서 치료자는 환자로 하여금 최적의 각성 상태를 달성하도록 하기 위해서, 호흡이완법, 점진적 근육이완법과 같은 불안관리기술, 정서조절기술 또는 자기감시(self-monitoring)와 같은 신체감각 운동기술과 같은 치료법들을 가르쳐야 한다.

셋째, 치료자는 PTSD 관련 증상을 유발하는 신체적 · 정신적 상태와 외상 사건을 회피하려는 것을 감소시켜야 한다. 회피는 외상 사건을 경험한 후에는 생존을 위한 일종의 건강한 동기라 할 수 있지만, 이와 같은 반응이 자동적 혹은 강박적으로 계속될 때는 문제가 된다. 따라서 PTSD의 대표적 증상이라 할 수 있는 회피반응을 감소시키는 것은 성공적인 치유의 척도라 할 수 있다.

끝으로, 치료자는 외상 스트레스 반응과 치료에 관한 교육을 통해 환자들로 하여금 자신의 반응과 치료과정에 대한 이해를 도와야 한다. 이와 같은 과정은 환자가 자기이해(self-understanding)와 자기연민(self-compassion)을 느끼도록 도울 수 있다.

2단계 치료

2단계 치료는 환자가 PTSD의 생물학적이고 심리적인 원천인 지속적인 스트레스 반응에 대해 이해하고 치료적으로 변화될 수 있다는 것을 수용하는 것을 목표로 한다. 이 단계에서 치료자는 환자로 하여금 우울, 불안, 슬픔, 수치심, 분노, 죄책감 등 외상 사건과 연관된 환자의 정서에 대해 회피 또는 해리 반응을 나타내지 않고 이러한 정서를 인식하고 느낄 수 있도록 돕는다. 또한 '기억 재구성' '이야기 재구성' '지속노출치료(PE)' '안구운동 탈감각화 및 재처리(EMDR)' 등의 기법을 사용하여 외상 기억을 처리하는 것에 대한 자기결정 및 자기조절 능력을 향상시키고, 환자가 경험한 외상 기억을 안전하게 재구성하도록 돕는다. 치료자는 2단계 치료가 진행되는 동안 환자가 일상적 기능 수준을 적절히 유지할 수 있도록 주의해야 한다. 또한 고통스러운 정서, 외상 기억 그리고 변화된 인지를 경험하고 수용할 수 있도록 환자의 내 · 외적 자원들을 강화시켜 주어야 한다.

3단계 치료

3단계에서 치료자는 2단계 치료에서 환자가 획득한 회피하지 않고 괴로운 외상 기억들에 직면하는 능력과 새롭게 습득한 지식들을 환자 삶의 전반적인 영역에 적용해 보도록 돕는다. 치료를 통해 습득된 심리적 능력과 사회적 자원을 활용함으로써 자신의 삶을 새롭게 시작할 수 있도록 한다.

PTSD의 치료 단계 구분

- 1단계: PTSD 환자가 충분히 안전하고 안심할 수 있는 환경 조성
- 2단계: 환자가 PTSD의 생물학적 · 심리적 원천인 '지속적인 스트레스' 반응을 이해하고 변화할 수 있음을 목표로 삼기
- 3단계: 외상 기억에 직면하는 능력과 새롭게 습득한 지식을 삶의 전반적인 영역에 적용해 보기

외상초점 인지행동치료

인지행동치료의 이론적 근거

외상에 대한 기억을 처리하는 인지능력이 외상 사건 피해자들의 PTSD 증상의 심각도와 만성화에 기여한다는 연구 결과들이 보고됨에 따라 PTSD의 발생 기전 및 과정, 치료에 대한 인지적 관점과 접근이 중요하게 대두되었다(서호준, 채정호, 2006; 최수미, 2015). 인지행동치료(Cognitive Behavioral Therapy: CBT) 모델은 PTSD가 외상 사건과 그 후유증에 대한 부적절한 정서적 처리과정(emotional processing)의 결과로 발생하는 것임을 설명하며 인지적 관점을 강조하였다(김명식, 2009). 즉, 인지행동치료는 외상 사건 및 그 후유증들이 외상 사건 피해자의 인지 · 행동 · 정서 반응으로

인해 유발되고 지속되는 것으로 보았다(김명식, 2009).

인지행동치료는 외상을 경험한 사람들이 외상 사건과 그 후유증에 대해 왜곡된 정보처리 방식을 나타낸다고 설명한다. 왜곡된 정보처리 방식은 ① 외상 사건과 그 후유증에 대한 부정적인 평가와 ② 외상 관련 기억과 개인의 자서전적인 기억 간의 부적절한 연결과정을 포함한다(Ehlers & Clark, 2003). 외상 사건과 그 후유증에 대한 부정적인 평가의 구체적인 예로는 첫째, 사건을 과잉일반화하고 그 결과로 정상적 범주의 활동들을 실제보다 더 위험한 것으로 지각하고 평가하는 것을 들 수 있다. PTSD 환자들은 일반적으로 외상 사건 발생을 과장하거나 '항상 나에게 나쁜 일들이 발생한다.' 혹은 '나는 재난을 불러오는 사람이다.' 등과 같은 자신의 부정적이고 왜곡된 평가에 대한 증거로서 외상 사건만을 선택적으로 받아들인다.

둘째, 외상 사건을 경험하는 동안 느끼거나 행동했던 대처방식에 대한 부정적인 평가를 들 수 있는데, 이는 환자에게 장기적으로 위협적이고 함축적인 의미를 부여한다. 예를 들어, 아는 사람에 의해 성폭행을 당한 한 여성은 자신이 타인의 심리를 잘 이해할 수 없었기 때문에 그와 같은 일이 발생했다는 식으로 자기 스스로에 대해 부정적인 평가를 내린다. 이처럼 스스로에 대한 부정적인 평가의 결과로서 그동안 준비해 왔던 임상심리 분야의 진로계획을 포기하는 등과 같은 결과를 야기할 수도 있다.

이상에서 언급한 외상 경험자의 두 가지 왜곡된 정서처리과정이 활성화될 때 외상 경험자는 현실에서 위협을 지각하게 되고, 지각된 위협감은 침습, 재경험 증상, 각성 증상, 불안 등 다양한 스트레스 반응을 일으킨다. 이처럼 외상 사건과 그 후유증에 관한 외상 경험자의 독특하고 부정적인 평가는 이들의 일상생활에 대해서도 위협감을 갖도록 하고 추후 PTSD로 진행되는 데 영향을 미친다.

PTSD 증상의 예방 및 치료를 위한 인지행동치료의 이론적 핵심은 외상 사건을 현재 발생하는 사건이 아니라 지나간 과거 속 기억으로 재경험하도록 함으로써 외상 경험으로부터 회복하는 것을 돕는 것이다. 이를 위해 인지행동치료는 다음과 같은 세 가지 영역에서의 변화를 요구한다(Ehlers & Clark, 2000). 첫째, 침습적인 재경험을 감소시키기 위해 외상 기억은 개인의 이전과 후속 경험의 맥락에서 정교화되고 통합되어야 한다. 둘째, 현재의 위협감을 지속시키는 외상 사건과 그 후유증에 대한 부정적이고 왜곡된 평가들이 수정되어야 한다. 셋째, 기억의 정교화를 막거나 증상을 악화시키거나 혹은 문제가 있는 인지적 평가의 수정을 방해하는 역기능적인 행동과 인지적 전략이 제거되어야 한다. 인지행동치료이론을 기반으로 한 다양한 치료기법은 이 세 가지 영역의 변화를 최대화하기 위해 외상 기억에 대한 노출치료, 외상과 관련한 부정적이고 역기능적인 인지 및 부정적인 정서의 처리를 위한 기법, 심리교육 등으로 구성되고 매뉴얼화되었다.

인지행동치료의 개입요소

일반적으로 인지행동치료는 외상초점적 주제(trauma-focused themes)에 중점을 두어 외상 사건의 의미와 그 기저에 있는 심리적 의미를 주로 다룬다(김명식, 2009; Shipherd, Street, & Resick, 2006). 인지행동치료의 치료적 특징은 다음과 같다(유미숙, 천혜숙 역, 2013).

인지행동치료의 치료적 특징

- 치료적인 관계를 구축하고 유지하기
- 외상과 PTSD에 관한 심리교육
- 정서조절
- 스트레스 관리
- 외상과 관련한 사고, 정서, 행동을 구별하고 연결시키기
- 외상과 관련된 자아와 세상에 관한 유용한 이야기를 발전시키기
- 외상 기억들과 그 기억들을 떠오르게 하는 것들에 대한 적절하고 점진적인 노출 격려하기
- 외상에 대한 인지적 · 정서적 처리과정
- 건강한 대인관계에 관한 교육
- 개인의 안전기술훈련
- 잠재적으로 추후 외상을 상기시키고 유발시키는 요인들에 대해 예측하고 이에 대처하기
- 재발방지

인지행동치료는 일반적으로 외상, PTSD 등에 관한 내용을 포함한 심리교육, 노출치료, 인지 재구조화, 호흡훈련, 스트레스 면역훈련 등과 같은 불안조절훈련을 포함한 내용으로 구성되고 매뉴얼화되어 있다. 매뉴얼에 포함된 주요 인지행동치료방법으로는 지속노출치료(Prolonged Exposure: PE), 스트레스 면역훈련(Stress Inoculation Training: SIT), 인지치료(Cognitive Therapy: CT, Cognitive Restructure: CR), 안구운동 민감소실 및 재처리요법(Eye Movement Desensitization and Reprocessing: EMDR), 변증법적 행동치료(Dialectical Behavior Therapy: DBT) 등이 있다. 인지행동치료 기법 중 몇 가지 개입요소를 다음에서 소개하고자 한다.

1) 심리교육

심리교육(psychoeducation)은 대부분의 치료자가 외상을 경험한 피해자들에게 제공하는 통상적인 절차다. 심리교육의 목표는 외상으로 인한 환자의 반응을 정상화시키고 정밀한 인지를 강화하기 위한 것이다. 심리교육은 외상 사건 이후에 경험하는 다양한 PTSD 증상에 대한 정보를 제공하고, 외상 사건 피해자들이 경험하는 잠정적이고 부정적 반응이 대부분의 사람에게서 나타나는 일반적인 반응이라는 것과 그들에게 적용될 인지행동치료의 원리와 이론 등에 관한 정보 등을 제공하는 것으로 구성된다(김명식, 2009; 서호준, 채정호, 2006; Robert, 2009). 외상 사건 피해자는 심리교육을 통해 자신이 경험하는 증상을 구체화시킬 수 있고 치료의 필요성에 대한 근거를 이해할 수 있다(서호준, 채정호, 2006).

심리교육 시, 치료자는 외상 사건의 종류와 상관없이 외상 사건에 대한 일반적인 정보를 수집한다. 수집된 정보에는 경험했던 외상의 빈도, 그로 인해 경험하는 증상의 종류, 외상 관련 재경험을 유발하는 요인 등이 포함된다. 치료자는 외상 사건을 경험한 사람들에게서 나타나는 통상적인 사고, 정서, 행동에 관한 정보를 제공한다. 외상 사건 후 나타나는 증상이 예외적인 것이 아니고 일반적으로 나타나는 반응이고 오히려 정상적이라는 직접적이고 체험적인 피드백을 제공하는 것이다. 더 나아가, 치료자는 외상 경험 후 나타나는 특징적인 증상에 대한 정보, PTSD 증상과 진단에 관한 정보, 치료적 개입에 대한 정보 등을 제공한다.

심리교육은 치료 초기 단계에서 사용되지만, 치료과정 전체에 걸쳐 지속할 수 있고 전 과정에서 빈번히 유익하게 사용될 수 있는 기법이다. 예를 들어, 치료자가 외상에 대해 이야기하는 것에 대해 환자가 저항하거나 회피하는 반응을 나타내는 것이 문제가 되지 않는다는 것, 외상에 노출될 때 일부 증상들이 일시적으로 악화될 수 있다는 것 등을 환자에게 미리 교육시키는 것은 치료에 도움이 될 수 있다. 심리교육을 통해 치료과정에서 환자의 반응을 즉시적으로 정상화시키거나 수용받는 느낌을 갖게 할 수 있고, 치료자와 환자 간 치료적 동맹관계를 강화시킬 수도 있다.

2) 지속노출치료

(1) 노출치료

외상 사건과 관련된 장소 및 행위 등의 회피는 외상 사건을 경험한 후 나타나는 주요 증상이다. 외상 사건 후 회피 방어기제의 활성화는 자연스러운 노출을 통해 새로운 교정적 정보들을 기존의 인지구조에 통합시키는 것을 막고 외상에 대한 새로운 관점과 대처행동을 탐색하거나 학습할 기회를 잃게 한다. 따라서 노출치료는 회피해 왔던 실제 외상 관련 자극들에 대해 점진적으로 노출시킴으로써 외상 사건 희생자의 외상과 관련된 두려움이나 불안에 직면시키는 것을 핵심으로 하는 치료 방법이다.

더 나아가, 노출치료는 '그때(예: 외상과 외상을 동반한 자극들)'와 '지금(예: 현재 상황과 사건 당시에 존재하는 것들의 유사성과 차이를 가진 기억의 촉발인자들)'을 구별함으로써 외상 사건이 '현재에 발생하는 어떤 것'으로서가 아니라 '기억'으로서 재경험하도록 하는 것을 치료의 핵심으로 한다(Ehlers & Clark, 2000). 노출치료는 외상 기억에 대한 습관화를 항진시키고, 불안을 줄이기 위해 시도되는 회피행동과 관련된 인지적 오류를 수정하며, 부정적 강화를 감소시키고, 왜곡된 외상 기억에 대한 올바른 정보를 습득하게 하는 등의 작용기전을 포함한다(서호준, 채정호, 2006). 이는 외상 기억을 활성화시켜 사건에 대한 병리적인 부분을 수정하고 외상 사건 희생자로 하여금 외상 사건이 과거에 있음을 정서적으로 받아들이는 것을 돕는 강력한 방

노출치료는 '그때'와 '지금'을 구별함으로써 외상 사건이 '현재에 발생하는 어떤 것'으로서가 아니라 '기억'으로서 재경험하도록 하는 것을 치료의 핵심으로 한다.

법이다(Ehlers & Clark, 2000).

인지행동치료 프로그램은 일반적으로 다양한 형태의 노출치료 기법을 포함한다. 노출치료기법을 활용한 인지행동치료 프로그램들에는 지속노출치료(Prolonged Exposure: PE), 인지프로세싱치료(Cognitive Processing Therapy: CPT), 인지치료(Cognitive Therapy), 안구운동 둔감화 및 재처리치료(Eye Movement Desensitization and Reprocessing: EMDR) 등이 있다. 노출을 통한 외상 사건의 재경험은 몇 가지 중요한 기능을 가진다. 첫째, 외상 기억에 대한 정교화(elaboration)와 맥락화(contextualization)를 촉진시킨다(Ehlers & Clark, 2000; Foa & Riggs, 1993). 둘째, 재경험하는 동안 '핵심순간(hot spot)'을 확인하고, 이에 대해 논의함으로써 외상 사건에 대한 기이하게 잘못된 평가를 확인할 수 있다(Ehlers & Clark, 2000). 셋째, 외상 사건 후유증으로 부정적인 정서(예: 자신들이 미치게 되거나, 이성을 잃거나 혹은 죽을 것이라 여김)를 가진 피해자들의 경우, 재경험을 통해 이와 같은 잘못된 해석을 검증하기 위한 행동적 실험을 할 수 있는 기회를 가질 수 있다.

(2) 지속노출치료의 이론적 근거-감정프로세싱이론

인지행동치료모델은 PTSD가 외상 사건과 그 후유증에 대한 부적절한 감정프로세싱(emotional processing)의 결과로 발생하는 것임을 설명하며 인지적인 관점을 강조하였다(김명식, 2009). 불안장애 치료를 위해 사용했던 노출기법에서 출발한 지속노출치료기법은 감정프로세싱이론에 기반을 두고 있다. 감정프로세싱이론은 외상 사건을 특별한 방식으로 프로세싱하면 PTSD 증상을 경감시키는 데 도움이 된다고 설명하고 있다. 감정프로세싱이론에 기반을 둔 지속노출치료기법은 외상 생존자들이 자신의 외상 경험을 감정적으로 프로세싱하도록 하여 PTSD 증상과 외상에 연관된 문제들을 경감시켜 나가는 치료방법이다(조용범 역, 2013).

감정프로세싱이론에서는 공포란 사람들의 기억 속에 있는 위험으로부터 탈출하려고 하는 하나의 프로그램으로 인식된다고 한다(조용범 역, 2013). 이 공포구조는 공포자극체, 공포반응, 공포자극체와 연관되어 있는 의미, 기타 여러 반응 등 다양한 정보를 포함한다. 현실적으로 타당한 공포는 정상적인 공포로서 실제 위협에 어떻게 대응할 것인가에 대한 정보들을 포함한 공포구조로 이루어진다. 하지만 외상을 경험한 사람들이 다음과 같은 비정상적인 공포구조를 가질 때 문제가 된다.

- 공포구조가 현실세계를 정확하게 반영하고 있지 않을 때
- 신체적인 반응과 도피/회피반응이 무해한 자극제들에 의해서 촉발될 때
- 공포반응이 우리 일상생활의 기능성을 저해할 때
- 무해한 자극제나 반응이 위험한 것으로 인식될 때

감정프로세싱이론에서는 비현실적이고 비정상적인 공포구조를 바꾸어 이로 인해 나타나는 다양한 심리적 · 신체적 반응을 경감시키는 것을 치료목표로 한다. 이를 위해서는 두 가지 조건이 필요한데, 첫번째 조건은 환자의 공포와 불안반응을 촉발시키고 활성화시키는 것이다. 두 번째 조건은 비현실적이고 비정상적인 공포구조를 만드는 정보들을 현실적이고 정상적인 공포구조로 바꾸어 줄 수 있는 정보로 대체하도록 하는 것이다. 예를 들어, '외상 경험에 대해 내가 말을 하거나 생각한다면 나는 무너져 버릴 거야.'와 같은 비정상적인 공포구조를 '외상 경험에 대해서 말하고 이것을 기억해 낸다고 해서 내가 무너져 버리지는 않아.'와 같은 정상적인 공포구조로 대체하도록 해야 한다는 것이다.

(3) 지속노출치료 프로그램

지속노출치료 프로그램은 매우 구조적인 양식에 따라 진행되는데, 다음의 절차를 따른다(조용범 역, 2013).

노출치료는 지속노출치료 프로그램의 핵심요소다. 노출치료기법은 크게 실제상황노출(in vivo exposure)과 상상노출(imaginary exposure)로 구분된다. 실제상황노출치료기법과 상상노출치료기법의 원리는 외상 기억과 이 기억에 연관된 상황들에 직면하도록 도움으로써 외상 사건을 감정적으로 프로세싱하도록 하는 것이다. 더 나아가, 외상 기억과 관련된 상황이나 활동이 실제 외상과 다른 것이라는 것을 학습하도록 한다. 시간이 지나면서 처음에 느꼈던 불안이나 정서적 고통이 경감되고 이러한 불안들을 감내할 수 있는 능력이 생겨나면서 궁극적으로 PTSD로부터 벗어나 새로운 삶을 되찾도록 돕는다.

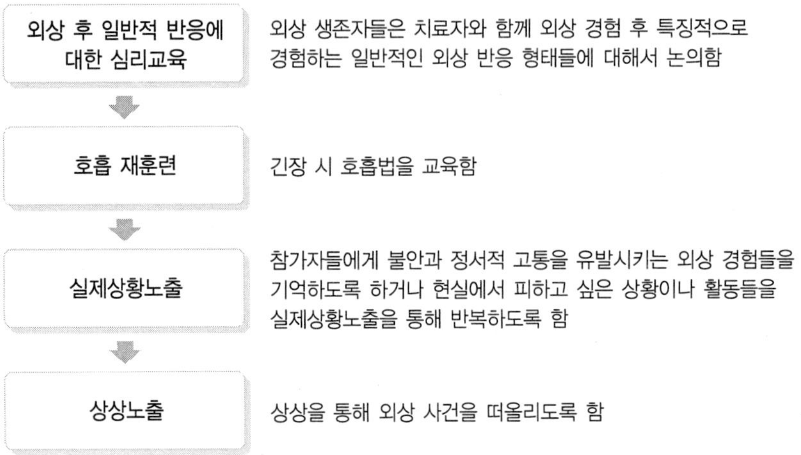

[그림 6-1] 지속노출치료 프로그램 절차

실제상황노출치료는 외상 발생 장소, 유사한 상황들, 활동들(activities), 정서, 냄새와 소리 등 회피했던 외상을 기억하게 하는 단서와 반복적으로 직면하게 하는 방법이다. 실제상황노출기법을 통해 외상 생존자는 외상 사건 및 후유증에 관한 평가에 도전받을 수 있고, 외상 사건이 과거에 있다는 것을 정서적으로 수용하도록 도움받을 수 있다. 즉, 불안이 감소되거나 상당히 익숙해질 때까지 외상 생존자는 계획된 노출 상황과 직면하게 되고 그 속에 머물러 있음으로써 외상 경험을 처리하는 능력을 증대시킨다. 예를 들어, 외상 사건 장소를 다시 방문해 보도록 함으로써 치료자와 피해자는 기억의 장면이 과거 외상 중인 것처럼 보이게 했던 것들과 현재인 것처럼 보이게 했던 것 사이의 유사성과 차이점들에 관한 논의를 할 수 있고, 이는 외상 피해자로 하여금 시간 조망(time perspective)을 갖도록 돕는다. 이러한 실제상황노출치료는 외상 생존자로 하여금 보다 안전하다고 느끼고 세계에 대해 보다 현실적인 시각을 획득할 수 있도록 도와주는 강력한 학습경험을 제공한다(Hembree & Marinchak, 2008: 197).

한편, 상상노출치료는 공포반응이 극심하거나 현실적으로 외상 사건의 실연이 어려울 때 실시하는 방법으로, 상상 속에서 외상 기억을 반복적으로 재경험하도록 하는 것이 수반된다. 심상적 노출은 외상 생존자가 외상 사건이 바로 지금 일어나고 있는 것처럼 생생하게 상상할 수 있지만 동시에 또한 그 사건이 실제로 일어나고 있는 것이 아님을 완전히 인지함으로써, 정서적으로 외상 사건의 경험을 처리하는 것을 도와주도록 고안된 것이다. 이것은 일반적으로 두 눈을 감고 그 사건 중에 경험한 생각, 정서, 신체적 감각을 포함해 사건에 대해 큰 소리로 설명하게 하는 방식으로 행해진다. 외상 사건에 대한 이러한 심상적 재방문은 일반적으로 치료 내내 또는 외상 기억이 강렬한 불안이나 고뇌를 일으키기를 그칠 때까지 계속 반복된다. 상상노출치료는 외상 기억의 의미를 정교화하고 바꾸는 데 유용하다 할 수 있다(Ehlers & Clark, 2000). 그러나 극심한 공포를 일으키는 기억에 대한 상상노출은 피해자에게 심한 두려움과 불안을 초래할 수 있기 때문에 치료과정 중에 피해자가 치료에 저항하는 경우도 많다(김원, 배정훈, 우종민, 2005).

실제상황노출치료와 상상노출치료를 포함한 지속노출치료 프로그램은 전체 10~12회기로 구성되어 있고 일주일에 1~2회기를 진행한다. 회기당 적어도 50분 이상 진행되어야 하며 일반적으로는 90분 정도 소요되는데(서호준, 채정호, 2006), 각 회기는 모두 녹음된다. 지속노출치료 프로그램의 회기별 내용에 관한 설명은 다음과 같다(서호준, 채정호, 2006; 조용범 역, 2013).

1회기는 지속노출치료 프로그램의 개요, 이론적 근거를 제시하고, 구조화된 면접과 심리검사 등을 통해 외상 사건에 대한 과거력과 이와 관련된 현재 문제의 평가, 전반적인 치료과정에 대한 안내, 외상과 PTSD에 대한 전반적인 심리교육을 실시한다. 마지막 부분에는 호흡훈련 등 불안조절훈련을 소개하고, 숙제로 매일 호흡 재훈련을 연습하도록 한다.

2회기는 외상에 대한 반응을 좀 더 상세하게 기술하고 이것이 어떤 영향을 미치는지에 대해서 이야기하도록 한다. 치료자는 노출에 대한 이론적 근거를 제시하고 실제상황노출의 중요성을 강조한다. 마지막 부분에는 치료자와 함께 지금까지 회피해 왔던 활동이나 상황, 장소에 대해 회피 정도에 따라 순위를 정하도록 한다. 실제상황노출기법을 통해 이러한 상황들에 직면하도록 하는 것을 숙제로 정해 주고, 불안이 느껴질 때마다 1회기에 배웠던 호흡훈련을 지속적으로 사용하도록 격려한다.

3회기는 숙제 점검을 시작으로 치료자가 외상의 재기억과 상상노출의 중요성 및 이론적 근거를 설명한다. 환자는 상상노출기법을 통해 45~60분 동안 외상 기억을 시각화하여 재경험하게 되고, 15~20분 정도는 치료자와 논의를 통해 그 외상에 대한 생각과 감정을 프로세싱한다. 숙제로는 녹음된 상상노출 내용을 듣고 실제노출 훈련을 계속하도록 하는 것이다.

4~9회기 이상은 3회기를 반복해서 진행하게 된다. 치료자는 실제상황노출과 상상노출을 통해 환자로 하여금 외상 사건에 대한 생생한 심상을 갖도록 해야 하고 외상 사건 당시 느꼈던 정서적 반응이나 다양한 감각적인 단서를 포함하여 외상 사건에 대해 구체적으로 기억해 낼 수 있도록 해야 한다. 이때 치료자는 환자가 노출치료 시 과거 외상 장면이 아니라 현재 치료 장면에 있다는 의식을 잃지 않으면서 적정 수준의 재경험을 할 수 있도록 해야 한다. 치료자는 "당신은 무엇을 보고 있나요?" "그것이 어떻게 느껴지나요?" "어느 장면에서 당신은 그렇게 느끼시나요?" "당신의 머릿속에 무엇이 스쳐 지나가나요?"와 같은 질문들을 통해 외상 피해자가 기억에 머무르는 것을 도울 수 있다(Ehlers & Clark, 2000). 또한 환자에게 재경험되는 이미지와 그들의 생각 그리고 감정은 현재 시제로 이야기하도록 하고, 외상 경험에서 가장 고통이 심한 부분인 '핵심순간'이라고 하는 기억들에 점점 더 집중하도록 한다. 치료 후반부로 갈수록 환자의 상태가 호전되기 시작하면 상상노출치료에 할애하는 시간은 줄어들게 된다.

마지막 회기에는 전체 치료기간 동안 어떤 변화가 있었는지 등 치료효과와 치료경과에 대해 상세하게 점검을 한다. 치료에서 배운 것들을 지속적으로 연습하도록 하고, 재발방지와 추수치료 등에 대해 논의하며 치료회기를 종료한다.

치료과정에서 불안을 일으키는 이미지나 기억, 상황을 직면할 때 불편감이나 정서적인 고통을 호소한다는 점이 지속노출치료 프로그램의 단점이라 할 수 있다. 그럼에도, 지속노출치료는 많은 연구에 의해서 효과가 입증되고 있다. 지속노출치료가 PTSD 증상을 낮출 뿐 아니라 외상과 연관된 다양한 문제, 예를 들어 우울증과 일반적인 불안도 경감시켜 준다고 여러 연구에서 보고하였다. 지속노출치료의 과정은 외상 사건 피해자들에게 매우 도전적이고 힘든 과정이라 할 수 있다(김명식, 2009). 따라서 치료자는 어느 정도 시간이 흐른 후에 조심스럽게 노출치료를 진행하고, 외상 사건 피해자와 치료적 동맹을 형성하며, 공감적이고 비판단적인 자세를 유지할 수 있어야 한다(김명식, 2009).

3) 안구운동 둔감화와 재처리

인지행동치료를 통해 외상 사건 피해자들이 외상 기억을 재경험하도록 유도하는 기법으로 안구운동 둔감화와 재처리(Eye-Movement Desensitizing and Reprocessing: EMDR)를 들 수 있다. 임상심리학자 사피로(Francine Shapiro)는 산책을 하면서 수평적이고 빠르게 반복된 안구운동이 과거 자신을 힘들게 했던 기억들을 사라지게 하는 것을 체험하였다. 이후 그는 70명의 일반인을 대상으로 이 방법을 적용하고 효과를 실험하면서 불안을 해소하는 안구운동기법을 수정 및 개발하였다. 특히 외상 사건에 대한 기억으로 고통받는 PTSD 환자에게 효과가 있을 것으로 가정하여, 베트남 참전 용사와 성폭행 피해자들에게 첫 임상 연구를 적용하여 이 기법의 효과를 입증하였다. 치료기법의 이론적 근거가 행동주의적 관점에서 보다 통합적인 정보처리모델로 변화하면서, 사피로는 명칭을 EMD(Eye Movement Desensitization)에서 EMDR로 변경하였다. 현재 EMDR 기법은 미국정신의학회, 미국심리학회, 미국보훈청과 국방부 등에서 PTSD 표준 치료로 공식적인 인정을 받고 있다(김대호, 2005; 이광자 외, 2009).

안구운동 둔감화와 재처리(EMDR) 기법은 미국정신의학회, 미국심리학회, 미국보훈청과 국방부 등에서 PTSD 표준 치료로 공식적인 인정을 받고 있다.

(1) EMDR 기법의 이론적 근거

EMDR의 치료기전은 세 가지 이론적 가설로 설명할 수 있다. 먼저, Shapiro와 Maxfield(2002)에 의한 정보처리촉진(Accelerated Information Processing: AIP) 모델은 생리적인 정보처리계로 새로운 정보가 대개 적응적인 상태로 처리되는 것을 말한다. 즉, 정보처리촉진모델은 외상 사건과 관련된 사고, 이미지, 정서, 감각 등이 기억 네트워크에 저장되고(이를 '정보'라고 함), 저장된 정보들 사이에는 관련 고리가 형성되는데, 즉 새로운 정보들이 과거에 저장된 자료들과 연결되어 학습됨으로써 적응적인 상태로 처리되기에 정서적 고통이 완화되고, 또한 자료가 미래에 이용될 수 있게 되는 것을 말한다. 하지만 고통스러운 외상 기억이 처리가 안 된 상태로 남아 있게 되면, 이는 현재의 역기능적이고 부정적인 반응의 기초가 된다. 이와 같은 상태에서 EMDR 치료는 안구운동이나 이중주의 자극(dual attention stimuli)을 실시함으로써 정보처리를 활성화시켜 환자의 기억 이미지를 약화시키고 적응적인 정보에 접근하며 집중하게 하고 기억 네트워크에서 새로운 연결을 생성하도록 돕는다(김대호, 2005; 이광자 외, 2009).

두 번째, Stickgold(2002)에 의한 정향반응가설(Orienting Response Hypothesis)은 REM(Rapid Eye Movement) 수면과 연결하여 설명할 수 있다. REM은 수면 시 고통스러운 기억들이 꿈을 통해 나타났을 때 빠른 안구운동이 고통스러운 기억으로 인한 신경계의 과다 흥분을 억제시켜 이완효과를 가져옴으로써 이러한 기억들이 적응적으로 처리될 수 있도록 한다. 외상은 신경계의 과다 흥분을 유발하는데, 정향반응의 증가는 REM과 비슷한 상태를 야기해서 신경계를 억제시키는 효과를 유발하고(이광자 외, 2009), 대뇌피질이 외상성 기억을 개인의 인생 경험과 통합하도록 도와준다(김대호, 2005).

세 번째, Welch와 Beere(2002)는 양측활성화 가설(Bilateral Activation Hypothesis)을 주장하였다. 정서적 마비, 회피, 침습적 사고와 같은 PTSD의 주요 증상들은 대뇌반구 사이에 중재 결함이 있고 대뇌 활성 패턴이 붕괴되어 나타난 것이라 할 수 있다. EMDR은 양 대뇌반구를 자극하여 반구 기능을 통합하고 대뇌 활성 패턴을 정상화하는 것을 도와준다고 가정하였다.

EMDR의 구성 요소 중 안구운동과 같은 이중주의 자극은 가장 특징적인 요소라 할 수 있다. 이중주의 자극은 환자로 하여금 외상 기억(내부 자극)과 불안의 감소효과를 유발하는 빠르고 반복적인 안구운동과 같은 외부 자극에 동시에 집중하도록 하는 것을 의미한다. 다시 말하면, 이중주의 자극이란 환자들로 하여금 자신의 기억에 대해 말하는 동안에 눈의 움직임, 손을 두드리는 것, 소리처럼 집중을 방해하는 것들에 집중하도록 지시받는다. 그 결과, 환자들은 PTSD 증상에 덜 집중하게 된다.

(2) EMDR 프로토콜

Shapiro(1995, 1999)는 PTSD 치료를 위해 EMDR의 표준 프로토콜을 개발하였다. EMDR의 표준 프로토콜은 8단계로 구성된다(〈표 6-1〉 참조). 치료회기는 일반적으로 3~12회기로 구성되고, 회기당 90분 정도가 소요된다. 총 8단계 중, 1, 2단계는 첫 회기에서만 시행하고, 매 회기를 시작할 때마다 지난 회기 재평가인 8단계(재평가 단계)를 실시하며, 3~7단계는 EMDR 프로토콜의 특징적인 단계들이라 할 수 있다.

〈표 6-1〉에 제시된 EMDR 8단계 프로토콜 진행과정을 살펴보면, 1단계에서 치료자는 과거 환자를 힘들게 했던 기억, 사건 등 특정한 외상 상황에 대한 과거력을 조사한 후 각각에 대해 주관적 불편감을 점수로 나타내도록 한다. 준비단계는 EMDR의 이론, 진행과정, 치료 후 변화 등을 포함한 교육과 추후 단계의 안정적 진행을 위한 이완기법, 스트레스 감소전략 등을 교육한다. 평가단계는 치료를 위한 표적 기억을 선택하여 연관된 부정적인 믿음과 긍정적인 믿음 수준을 확인하고, 기

〈표 6-1〉 EMDR의 8단계 표준 프로토콜

단계	주제	활동 내용
1	환자 과거력 조사 및 치료계획단계	- 외상 사건 관련 이미지, 정서반응, 부정적 자기표상 등 외상 경험과 관련된 사항들 확인 - 과거력 확인 - 치료에 초점을 두어야 하는 외상 기억들 확인
2	준비단계	- 치료적 동맹관계 형성 - EMDR의 이론, 진행과정, 치료 후 변화 등을 포함한 교육 - 외상 기억의 재경험 시 대처 기술(예: 이완기법, 스트레스 감소전략 등) 교육
3	평가단계	- 외상과 연관된 고통스러운 이미지, 부정적 인지, 대안적인 긍정적 인지 확인 - 각 인지에 대한 인지타당도 점수(VoC) 측정하기 - 외상 기억과 관련된 정서 확인 - 주관적 불편정도(SUDs) 측정하기 - 외상과 관련된 신체의 감각과 해부학적인 위치 확인하기
4	둔감화 및 재처리단계	- 외상 기억과 관련된 고통스러운 이미지, 부정적 인지, 정서 등 표적 기억을 선택한 후 반복적으로 양측성 안구운동 실시
5	긍정적 인지 주입단계	- 부정적 인지를 긍정적 인지로 대체 - 인지타당도 점수(VoC)가 7점에 도달할 때까지 양측성 안구운동 실시
6	신체검색단계	- 환자에게 남아 있는 신체의 긴장/불편함 등을 체크하도록 함 - 표적 기억을 떠올렸을 때 신체감각적인 불편감이 전혀 느껴지지 않아야 함
7	종결단계	- 치료목표가 잘 달성되었는지 확인
8	재평가단계	- 각 회기에 따른 재평가는 이전 회기에서 얻었던 긍정적 결과들이 성취되고 유지되는지 확인

억과 관련한 부정적인 감정과 불편감을 평가한다. 둔감화 및 재처리단계는 표적 기억의 반응과 힘들었던 감정들이 해소되는 모든 반응을 포함하는데, 이와 같은 주관적 불편정도(Subjective Units of Disturbance: SUDs, 10점 척도)가 0~2점으로 감소될 때까지 반복적으로 안구운동을 지속한다. 긍정적 인지 주입단계는 환자의 부정적 인지를 긍정적 인지로 대체하고 강화하는데, 인지타당도 점수(Validity of Cognition: VoC, 7점 척도)가 7점에 이를 때까지 양측성 자극을 시행한다.

신체검색단계에서는 긍정적 인지 주입이 완료된 후 표적 기억을 떠올렸을 때 신체에 남아 있는 신체감각적인 불편감이 있는지를 확인하는데, 신체적으로 불편감이 전혀 느껴지지 않아야 완전히 치료되었다고 할 수 있다. 종결단계는 표적 기억의 주관적 불편감 0점과 인지타당도 점수(VoC) 7점 목표가 달성되었는지 확인한다. 끝으로, 재평가단계는 회기가 시작될 때마다 이전 회기에서 얻었던 긍정적인 결과들이 잘 유지되는지 확인하고 치료가 필요한 새로운 영역이 있는지 확인한 후 추가적으로 밝혀진 외상 기억에 대한 처리를 계획한다(이광자 외, 2009).

4) 스트레스 면역훈련

스트레스 면역훈련 치료라고도 알려진 불안관리기술 훈련법은 일상생활 내에서 발생하는 스트레스 반응을 처리하는 방법이다.

스트레스 면역훈련(Stress Inoculation Training: SIT) 치료라고도 알려진 불안관리기술 훈련법은 현재의 일상생활 내에서 발생하는 스트레스 반응을 처리하는 데 사용된다. SIT 치료는 불안이나 스트레스 반응의 관리에 있어서 기초를 확실히 하는 기법들을 사용하고, 피할 수 없는 스트레스와 진행 중인 스트레스에 대해 환자들이 준비하도록 한다(유미숙, 천혜숙 역, 2013). 또한 SIT 치료는 환자들이 스트레스를 가장 적게 받는 것에서부터 스트레스를 가장 많이 받는 상황까지 작성하도록 하고, 각 상황에 적절한 셀프토크(self-talk)를 선택해서 실제 상황에서 연습해 보도록 한다.

총 3단계로 구성된(〈표 6-2〉 참조) SIT 치료는 개인 및 집단 형태로 8~14회기 동안 진행된다. 〈표 6-2〉에 제시된 SIT 진행과정을 살펴보면, 첫 번째 개념화 단계에서는 치료의 구성방식, 스트레스의 특징과 영향, 인지적 평가과정이 스트레스 경험의 정도를 어떻게 악화시키는지 등에 대한 교육이 이루어진다. 이 단계에서 가장

〈표 6-2〉 SIT 3단계

• 1단계: 개념화 • 2단계: 기술, 습득, 통합 그리고 리허설 • 3단계: 적용훈련

중요한 것은 환자와 치료자 간 치료적 동맹을 구축하는 것이라 할 수 있다. 두 번째 기술, 습득, 통합 그리고 리허설 단계에서는 스트레스, 불안, 공포, 죄책감, 분노와 같은 부정적인 감정을 다루기 위해서 인지, 행동, 생리학적인 기술을 습득하는 데 초점을 둔다. SIT 기술에는 긴장완화(relaxation), 인지 재구조화(Cognitive Restructure: CR), 자신과의 대화(self-dialogue), 자기주장(assertiveness), 행동시연(behavioral rehearsal), 역할연기와 내재적 모델링(role-playing and covert modeling) 기술들이 포함된다. 세 번째 적용훈련 단계는 훈련을 통해 습득된 다양한 스트레스 대처 기술을 현재의 스트레스 대처 요구에 맞춰서 대처전략을 잘 조절하고 적용할 수 있도록 한다. SIT 치료의 스트레스 대처 및 반응조절 기술들 중 가장 일반적으로 사용되는 점진적 근육이완법(Progressive Muscle Relaxation: PMR)과 인지 재구조화에 대해 살펴보면 다음과 같다.

(1) 점진적 근육이완법

의도적 긴장완화를 위한 몇 가지 잠재적 접근방법 중에서 가장 일반적으로 사용되는 것이 점진적 근육이완법이다. 점진적 근육이완법은 전반적인 긴장상태를 해소시키며, 갑자기 놀랐을 때 나타나는 신체적 긴장을 감소시키는 데 도움이 되는 방법이다. 신체 모든 부분에 걸쳐서 특정 근육군을 긴장시켰다가 이완시키는 과정을 반복해서 진행한다. 점진적 근육이완훈련에서 근육을 긴장시키는 것에는 두 가지 목적이 있다. 첫째, 긴장-이완 기전은 근육운동과 같아서 긴장을 하면 할수록 이완하기가 쉬워진다는 것, 둘째, 의도적인 긴장을 함으로써 사람들은 긴장에 의해 유발된 신체감각과 이완에 의해 유발된 신체감각을 구분할 수 있게 된다는 것이다. 이완훈련을 하는 동안에는 신체감각에 집중하는 것이 중요하다. 이때 자연적으로 떠오르는 생각들이 신체에 집중하는 것을 방해할 수도 있지만, 이런 생각들은 그냥

흘러가게 내버려 두고 화를 내거나 좌절하거나 포기하지 말고 이완과 긴장의 신체 감각에 집중하도록 한다.

점진적 근육이완훈련 초반에는 우리 몸의 16개 주요 근육군을 모두 이완시켜야 하기 때문에 30분 정도의 훈련시간이 소요된다. 그러나 점차 근육군이 8개, 4개로 줄어들면서 최종적으로는 한번에 이완할 수 있기 때문에 소요시간이 단축된다. 때로는 점진적 근육이완훈련에 정신을 집중할 때, 위험한 상황을 두려워하는 사람들에게 종종 근육이완훈련 자체가 불안을 유발시킬 수 있다. 이런 상황이 발생한다면, 치료자는 그것을 분석하고 실질적인 위험과는 아무런 관계가 없고 이완이 되더라도 자신이 안전하다는 것을 깨닫도록 도와야 한다.

(2) 인지 재구조화

인지 재구조화는 PTSD 환자로 하여금 사회적 관계 속에서 스트레스 반응을 강화하고 자신감에 대한 신뢰를 축소시키는 사고나 믿음을 인식하고 조정할 수 있도록 돕는다. 일반적으로 외상 사건 피해자들은 세상을 매우 위험한 곳으로 인식하게 되고 자신이 삶을 잘 견뎌 나갈 수 없게 될 것이라는 부정적인 사고를 하게 된다. 이는 외상 사건 피해자들에게 불안이나 두려움을 일으키고 외상 사건과 관련된 자극들을 회피하게 하며 외상 관련 생각을 억압하려는 경향과 일상생활을 잘 수행하지 못하는 경향을 증가시킨다. 이들은 자신이 경험하는 두려움을 감소시키기 위해 이와 같은 부정적이고 회피적인 인지적 대처 전략과 행동을 사용하는데, 이는 외상 사건과 관련된 기억에 대한 평가를 변화시킬 기회를 잃게 하고 PTSD 증상을 심화시킨다(서호준, 채정호, 2006). 실제로, Moser, Hajcak, Simons와 Foa(2007)는 외상에 노출된 많은 대학생을 대상으로 한 연구에서는 성별, 우울증상, 불안증상 및 스트레스 증상의 영향을 모두 통제한 후에도 부정적 사고 및 인지, 특히 자신에 대한 부정적 신념이 PTSD 증상에 영향을 미치는 것으로 드러났다(조용범 역, 2013). 이외에도 여러 연구를 통해 외상 사건 후 부정적 사고가 외상 관련 심리적 증상과 관련되거나 이를 예측하는 주된 변인으로 밝혀져 왔다.

인지 재구조화 기법은 논박을 통해 외상 사건 피해자들의 불안과 두려움을 야기시키는 부정적 사고를 규명하고 도전함으로써 이를 대체할 수 있는 기능적이고 현실적인 사고를 올바르게 확립하고, 추후 재경험에 대안적 사고를 적용하고 통합시키도록 돕는다. 이를 돕기 위해 치료자는 외상 사건 피해자들에게 대안적 사고 및 인지를 테이프에 녹음하여 적절한 순간에 헤드폰을 통해 다시 듣도록 한다. 또한 치료자와 피해자는 외상초점적 주제에 중점을 두고, 외상 사건의 의미와 그 기저에 있는 심리적 의미를 주로 다룬다(Shipherd et al., 2006). 더 나아가, 외상의 '핵심순간'과 관련된 문제가 있는 생각과 신념들을 확인하고 이에 대해 논쟁한다(Ehlers & Clark, 2000).

글을 마치며

인지행동치료는 안전한 환경에서 외상 사건에 대한 기억을 떠올리게 하고 외상 사건 피해자의 부정적 정서처리과정 혹은 부적절한 인지적 평가를 재구조화하고 수정함으로써 PTSD의 발병을 예방하고 치료에 이르도록 한다. PTSD 증상의 만성화에 기여하는 요인을 밝히기 위해 시도된 연구들은 외상 기억을 처리할 수 있는 인지능력이 PTSD 증상의 만성화와 가장 잘 연관된다고 가정하였다(서호준, 채정호, 2006; Ehlers & Clark, 2000; Foa & Riggs, 1993). 또한 Dunmore, Clark과 Ehlers(2001)의 종단연구에서도 외상 사건 피해자들의 외상 사건 후 증상에 대한 부정적인 인지적 평가가 PTSD의 만성화에 대한 가장 큰 예언변인으로 밝혀진 바 있다.

이외에도 전향적인 연구 결과들을 통해 대상자의 인지능력과 신경증적 경향이 PTSD 진단에 가장 가능성 높은 예언인자라는 결과들이 보고되면서 인지적 관점의 중요성이 강조되었다(서호준, 채정호, 2006; McNally, Bryant, & Ehlers, 2003). 특히 Rachman(1990)은 외상 자극과 같은 혼란을 야기시키는 자극에 대한 회피반응, 통제되지 않은 조건하에서 외상 자극들에 대해 이야기하는 것 등은 외상 피해자들의 정서처리과정을 방해할 수 있다고 주장하였다. 이에 전문가들은 외상 피해자들의 부적응적이고 파괴적인 인지 및 행동패턴들이 고착화되는 것을 막기 위해 정서처리 과정을 증진시켜 주는 방법의 필요성을 역설하였다(Bisson, 2003).

인지행동치료는 다중회기(multiple session) 방식으로 크게 심리교육, 외상 사건 및 기억에 대한 재경험 기법, 인지 재구조화 및 불안감소기법 등을 포함하고 구조적이고 체계적인 양식에 따라 진행되는 치료방법이다. 인지행동치료는 외상 경험 및 기억에의 노출, 인지 재구조화, 불안감소기법 등 치료자의 적극적인 심리적 개입을 포함하여 체계적인 절차와 과정을 통해 실시되고 있다. 외상 사건 및 후유증으로 인한 심리적 고통을 경감시키고 PTSD 발병을 막기 위한 인지행동치료와 관련된 치료적 중재방법들은 그 안전성과 효과들이 입증되고 있다.

또한 경험적 연구들을 통해 인지행동치료가 심리적 디브리핑을 포함한 다른 중재기법보다 더 효과적인 것으로 보고되고 있다. 구체적으로 외상 사건 피해자들은 스트레스 반응을 유발하는 외상 사건 경험들의 의미를 전문적인 도움 없이 스스로 재평가하는 것이 쉽지 않고, 직접적인 인지적 재구조화 과정이 수반되지 않는다면 외상 사건 기억에 대한 초기 노출은 다시 한 번의 상처가 될 수 있다(서호준, 채정호, 2006; Ehlers et al., 2005).

예를 들어, Ehlers 등(2005)은 인지행동치료와 단일 회기 치료적 개입 후 PTSD 증상들에 관한 반복측정의 효과를 비교한 결과, 인지행동치료가 치료적 개입 후 및 추수치료 시 모든 측정도구에서 단일 회기 중재방법들에 비해 더 효과적인 것으로 나타났다. 최근 코크란 리뷰(Cochrane review)는 외상 후 몇 주가 지나도 여전히 증상을 보이는 외상 피해자들을 위해 제공된 단기 중재들의 효과에 관한 15편의 연구를 확인한 결과, 심상노출기법을 포함한 외상초점 인지행동치료가 급성 스트레스 장애 혹은 급성 PTSD 진단을 충족시키는 피해자들에게 단기 및 장기적인 효과가 있는 것으로 보고하였다(Robert, 2009).

Ost 등(unpublished data)은 범죄사건 후 4~12주에 중간 정도 이상의 심각한 PTSD 증상을 나타내는 범죄 피해자들을 대상으로 외상 후 조기 인지행동치료의 효과를 검증하였다. 인지행동치료는 최대 16회기로 융통성 있게 진행되었고, 개별화된 방식으로 심상노출, 실제노출, 인지 재구조화 구성요소들을 포함하였다(Robert, 2009에서 재인용). 그 결과, 인지행동치료집단은 통제집단보다 PTSD 증상, 불안증상, 우울증상이 경감되었고 삶의 질과 사회적 적응이 향상된 것으로 나타났다. 인지행동치료는 외상 후 첫 몇 달 내 중간 정도 이상의 심각한 PTSD 증상을 나타내는 외상 생존자들에게 효과적인 중재이고 치료를 받지 않은 외상 생존자 혹은 최소의 중재를 받은 외상 생존자들에게서 관찰된 것보다 더 효과가 있음이 보고되고 있다(Ehlers & Clark, 2003).

지금까지 다양한 심리치료적 개입방법의 효과에 관한 연구가 진행되어 오고 있지만, 이들을 언제 실시하는 것이 가장 적절한지에 관해 밝히는 연구는 거의 이루어지지 않고 있다. 다만, 심리적 개입방법의 효과를 검증하는 연구 중 몇몇 연구는 외상 피해자들의 심리적 반응에 대해 너무 이른 시기에 개입하는 것과 심리적 고통을 PTSD로 지나치게 개념화하려는 시도에 대해 주의해야 한다는 주장을 제기하였다(Stein, Seedat, Iversen, Wessely, 2007; van Ommeren, Saxena, & Saraceno, 2005).

즉, 재난 및 위기상황 피해자들이 신체적 안전과 같은 가장 기본적인 욕구가 충족되지 않은 상태에서는 어떤 유형의 심리적 개입에 반응하지 않을 것이며 신체적으로 안전하고 정서적 마비 상태에서 벗어난 후라야 심리적 개입이 가능하다(이승연, 2007).

따라서 과거의 재난 및 위기상황에 대한 초기 개입의 목표가 PTSD를 포함한 정신장애의 예방 및 치료였던 것과 달리 현 시점에서 가장 중요한 것은 외상 사건 피해자의 안전감을 높이고 개인의 적응적 대처 기술을 향상시키며 다양한 지역사회 자원과 연결해 주고 유지시켜 주는 것이다.

참고문헌

김대호(2005). 외상후 스트레스 장애에 대한 안구운동 민감소실 및 재처리 요법. **신경정신의학, 44**(2), 147-151.

김명식(2009). PTSD의 인지행동치료. **한국심리치료학회지, 1**(1), 45-61.

김원, 배정훈, 우종민(2005). 만성 외상후 스트레스장애의 지속노출치료 및 바이오피드백: 증례보고. **인지행동치료, 5**, 25-34.

김정휘, 허주연, 김태욱 역(2012). **외상 후 스트레스 장애(PTSD)-원인, 증상, 진단, 치료와 예방**[*Posttraumatic stress disorder: Scientific and professional dimensions*]. Ford, J. D. 저. 서울: 시그마프레스. (원저는 2009년에 출판).

반신환(2014). 심리적 응급처치(Psychological First Aid)-외상성 상실의 초기개입-. 신학과 실천, 42, 287-303.

서호준, 채정호(2006). 외상 후 스트레스 장애에 대한 인지행동치료의 최근동향. 인지행동치료, 6(2), 117-129.

유미숙, 천혜숙 역(2013). 외상 후 스트레스 장애 치료가이드[*Therapist's guide to posttraumatic stress disorder intervention*]. Johnson, S. L. 저. 서울: 시그마프레스. (원저는 2009년에 출판).

이광자, 송은주, 유한영, 최원철, 최남영, 정춘화(2009). 정신간호 중재를 위한 안구운동 민감성 소실 및 재처리 요법 문헌고찰. 정신간호학회지, 18(4), 409-417.

이승연(2007). 심리적 경험보고(debriefing)의 문제점들과 올바른 적용을 위한 제언. 한국심리학회지: 사회문제, 13(1), 63-89.

조용범 역(2013). 외상 후 스트레스 장애-12주의 도약[*Reclaiming your life from a traumatic experience-Client workbook*]. Foa, E. B., Rothbaum, B. O., & Hembree, E. A. 저. 서울: 더트리그룹. (원저는 2007년에 출판).

최수미(2015). 외상 사건 후 PTSD 예방을 위한 치료적 개입 및 모델의 동향분석. 상담학연구, 16(3), 537-556.

Bisson, J. I. (2003). Single-session early psychological interventions following traumatic events. *Clinical Psychology Review, 23*, 481-499.

Bryant, R. A. (2008). Disentangling mild traumatic brain injury and stress reactions. *The New England Journal of Medicine, 31*, 525-527.

Dunmore, E., Clark, D. M., & Ehlers, A. (2001). A prospective study of the role of cognitive factors in persistent posttraumatic stress disorder after physical or sexual assault. *Behaviour Research and Therapy, 39*, 1063-1084.

Ehlers, A. Clark, D., Hachman, A., McManus, F., & Fennell, M. (2005). Cognitive therapy for post-traumatic stress disorder: Development and evaluation. *Behaviour Research and Therapy, 43*, 413-431.

Ehlers, A., & Clark, D. M. (2000). A cognitive model of posttraumatic stress disorder. *Behaviour Research and Therapy, 38*, 319-345.

Ehlers, A., & Clark, D. M. (2003). Early psychological interventions for adult survivors of trauma: A review. *Biological Psychiatry, 53*, 817-826.

Foa, E. B., & Riggs, D. S. (1993). Posttraumatic stress disorder and rape. In J. Oldman, M. B. Riba, & A. Tasman (Eds.), *Annual Review of Psychiatry* (vol. 12, pp. 273-303).

Washington, D.C.: American Psychiatric Association.

Hembree, E., & Marinchak, J. (2008). Cognitive behavior therapy, adult. In G. Reyes, J. D. Elhai, & J. Ford (Eds.), *Encyclopedia of psychological trauma* (p. 197). Hoboken, New Jersey: Wiley.

McNally, R. J., Bryant, R. A., & Ehlers, A. (2003). Does early psychological intervention promote recovery from posttraumatic stress? *Psychological Science in the Public Interest, 4,* 45-79.

Moser, J. S., Hajcak, G., Simons, R. F., & Foa, E. (2007). Post-traumatic stress disorder symptoms in trauma-exposed college students: The role of trauma-related cognitions, gender, and negative affect. *Journal of Anxiety Disorders, 21*, 1039-1049.

Rachman, S. (1990). The determinants and treatment of simple phobias. *Advances in Behavior Research and Therapy, 12*(1), 1-30.

Robert, N. (2009). Early intervention following traumatic events. *Epidemiology, Theoretical Basis and Management, 8*(8), 297-300.

Rothbaum, B. O., Foa, E. B., Riggs, D. S., Murdock, T. B., & Walsh, W. (1992). A prospective examination of posttraumatic stress disorder in rape victims. *Journal of Traumatic Stress, 5,* 455-475.

Shapiro, F., & Maxfield, L. (2002). Eye movement desensitization and reprocessing (EMDR): A meta-analysis. *Journal of Clinical Psychology, 58*, 61-75.

Shapiro, F. (1995). *Eye movement desensitization and reprocessing: Basic principles, protocols, and procedures.* New York: Guilford Press.

Shapiro, F.(1999). Eye movement desensitization and processing (EMDR) and the anxiety disorders-effectiveness and autonomic correlates. *Journal of Anxiety Disorders, 13,* 35-67.

Shipherd, J. C., Street, A. E., & Resick, P. A. (2006). Cognitive-behavioral therapies for TRAUMA. In V. M. Follette & J. I. Rujek (Eds.), *Cognitive Therapy for Posttraumatic Stress Disorder.* New York: Guilford.

Stein, D. J., Seedat, S., Iversen, A., & Wessely, S. (2007). Post-traumatic stress disorder: Medicine and politics. *Lancet, 369,* 139-144.

Stickgold, R. (2002). EMDR: A putative neurobiological mechanism of action. *Journal of Clinical Psychology, 58,* 947-957.

van Ommeren, M., Saxena, S., & Saraceno, B. (2005). Mental and social health during and after acute emergencies: Emerging consensus? *Bulletin of the World Health Organization, 83,* 1-75.

Welch, K. L., & Beere, D. B. (2002). Eye movement desensitization and reprocessing: A treatment efficacy model. *Clinical Psychology and Psychotherapy, 9*, 165-176.

제7장

신경생리학적 정보를 활용한 재난대응 위기상담

이은아

신경생리학적 정보는 상담자에게는 낯선 지식일 수 있다.
재난위기 생존자들에게는 더 낯설고, 그만큼 재난 외상 반응을 정상화하는 데 있어 더 강력한 기법과 전략으로 작용할 수 있다.

글을 시작하며

모든 상담기법은 의도가 있어야 한다. 상담기법과 그 기법의 논리를 증명하는 이론과 연결성을 이해하면, 보다 분명한 의도를 가지고 외상 심리치료를 작업할 수 있을 것이다. 이 장에서는 재난대응 위기상담기법의 타당한 의도를 뒷받침하는 근

본 장은 다음 자료를 대폭 보완하였음.
이은아(2015). 재난대응 위기상담의 단계별 효과적인 상담기법 적용 분석. 2015 한국상담학회 재난대응 정신건강 · 위기상담 심포지엄. 서울: 프레스센터.
이은아(2015). 트라우마 상담 모형: 단계별 치유 기제 및 기법에 대한 이해를 중심으로. 상담학연구, 16(3), 581-602.

거로서 신경생리학적 정보를 소개하고자 한다.

최근 건강심리학과 스트레스에 대한 관심이 높아지면서 신경생리학적 정보가 많이 저변화되고 상담의 실제에 활용되고 있다. 특히 재난대응 위기상담을 함에 있어, 신경생리학적 정보는 몇 가지 측면에서 매우 유용하다. 재난대응 위기상담에서 자극-반응과 관련하여 신체에 남아 있는 반응을 살펴보는 것은 PTSD 관련 증상을 이해하고 확인하는 토대가 된다. 또한 재난 사건이 종료된 후에도 계속해서 신경생리학적 외상 반응을 지속하는 PTSD 내담자들을 이해하는 틀이 될 수 있다. 나아가, 신경생리학적 정보를 기반으로 PTSD 취약군을 미리 선별하여 우선적인 위기개입과 예방교육을 제공할 수 있다. 마지막으로, 재난 생존자들에게 재난위기상담과정과 PTSD의 신경생리학적 원리를 심리교육하는 것은 재난대응 위기상담기법의 한 부분으로 중요하게 기능한다.

최근 외상 심리치료에 있어 신체적 접근법(somatic approach)이 두각을 나타내고 있다. 제3세대 인지행동치료기법들은 신체를 중심으로 한 마음챙김, 인지, 정서를 같이 다루고 있다. 또한 저명한 PTSD 연구자인 Van Del Kolk도 '요가를 통한 뇌의 변화추구'에 관한 연구 등 신체를 활용한 PTSD 치료에 관한 연구를 해 오고 있다. 관련하여 뇌과학의 연구물은 신체적 접근법의 과학적 타당성을 증명하는 이론적 근거로 제시되고 있다.

이 장에서는 외상 반응과 관련된 가장 기초적인 지식(일반적응증후군, 자율신경계, 호르몬의 변화, 기억체계)을 설명하고, 이를 통합한 생존회로 모델을 통해 외상대응의 전반적인 신경생리학적 반응체계를 요약하고자 한다. 또한 최근 두각을 나타내고 있는 신체적 접근법 중 SE(Somatic Experience)와 감각운동 심리치료(Sensorymotor Psychotherapy: SP)에서 이론적 근거로 삼고 있는 다중미주신경이론과 각성의 창 이론을 소개하고자 한다.

외상 반응에 대한 신경생리학적 근거

외부 환경에 대한 신체반응을 주관하는 것은 뇌다. 뇌는 재난 사건과 외상 반응

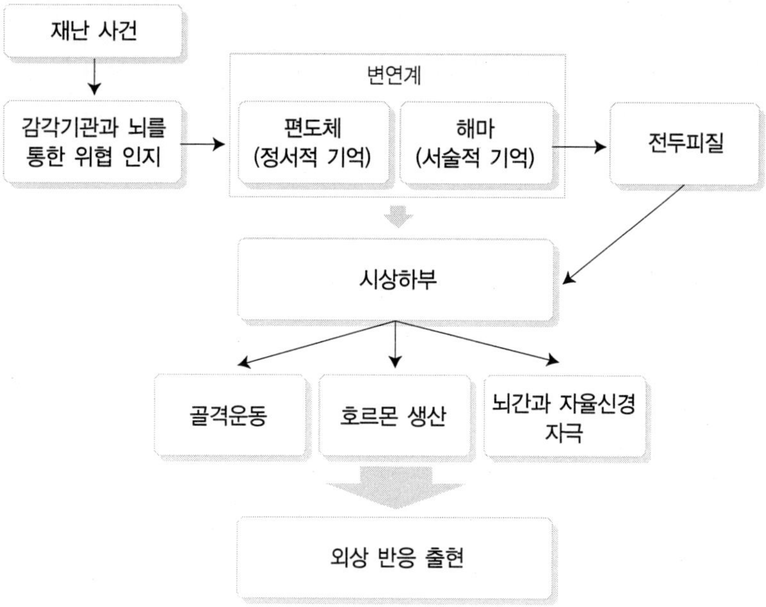

[그림 7-1] 재난 사건에 대한 신체반응 모형

사이의 상호작용을 조절하고 그 기능을 유지하는 중요한 역할을 담당하고 있다. 재난사건에 대해 외상 반응이 일어나는 것은 사건 전의 항상성(homeostasis)의 상태로 돌아가고자 하는 매우 정상적인 보상반응이다. 즉, 재난 직후 외상 반응을 정상화(외상상담기법)시키는 것은 신경생리학적 근거도 가지게 된다. [그림 7-1]은 재난 사건 발생 후, 이를 감지한 신체가 반응하는 체계를 도식화한 것으로, 이 장의 내용을 요약한 도식이라 할 수 있다.

일반적응증후군

Selye가 제안한 일반적응증후군(general adaptation syndrome)은 스트레스(재난)에 대해 신체가 일상적이지 않은 반응을 일으킴으로써 외부 자극(재난 사건)으로 인한 변화 및 손상에 저항 또는 적응하는 방식이라 할 수 있다. 일반적응증후군에서는 스트레스에 대한 신체의 저항 수준을 기반으로 3단계(경고, 저항, 소진) 모델을 제시하고 있다. 1단계는 경고반응으로 재난 사건이 신체감각기관과 뇌에 인지되면서 반응이 시작되는 단계다. 2단계는 저항단계로서 외상 반응을 유지하기 위해 신체에너지를 집중시켜 소모하게 된다. 보통의 경우, 2단계에서 성공적 저항이 일어나게 되고 신체기능은 일상적인 수준으로 되돌아가게 된다([그림 7-2]: 성공적 저항). 3단계에서는 자원을 모두 활용했음에도 여전히 스트레스가 유지되고 있는 경우, 생명체의 반응은 죽음으로 이어지게 된다.

신체반응은 위협에 대한 생명보전을 위한 적응적 기전이다. 이 적응을 위해, 신체반응체계는 신체에 다양하고 많은 대가를 요구하게 된다. 예를 들어, 재난 사건에 대한 저항단계가 유지되는 동안 신체는 다른 자극(재난 사건보다 더 작은 자극)에도 견디는 능력이 저하된다. 또한 외상 반응을 일으키는 교감신경의 과다 활성화가 지속되어(2단계의 지속) 소진의 단계로 들어가면 사망까지 할 수 있다(3단계). 즉, 장기적/만성적으로 영향을 미치는 재난 사건은 이상성 부담(allostatic load)이 되어 심장과 혈관에 지속적으로 스트레스를 주게 되고 그 결과 뇌졸중이나 심근경색과 같은 질환을 일으켜 돌연사를 가져올 수 있다.

재난 생존자에게 일반적응증후군에 대한 정보를 제공하고 이해시킴으로써, 자신의 외상 반응을 어느 수준에서 왜 멈추어야 하는지에 대해서 생리학적으로 설명할 수 있다. 이는 각 단계별 신체가 보내는 신호를 자각하여 소진의 단계에 이르기 전에 외상 반응을 성공적으로 해소시켜야 한다는 상담목표에 합의하고 상담치료에 대한 동기부여를 하는 데 도움이 된다.

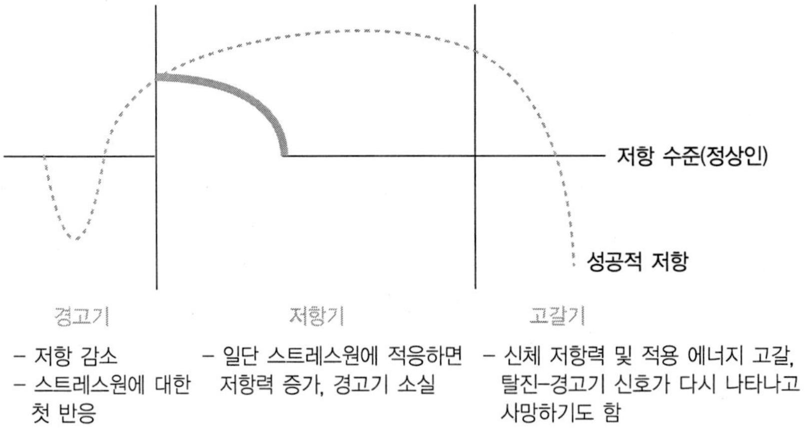

[그림 7-2] 일반적응증후군의 3단계

교감신경/부교감신경 체계

재난 사건에 대한 반응으로 불수의적(不隨意的)이고 무의식적인 측면을 담당하는 곳이 자율신경계와 내분비계라고 할 수 있다. 따라서 이 체계에 대한 심리교육은 재난 생존자에게 왜 자신도 모르게 외상 반응이 일어나며 통제하기 어려운가에 대한 타당하고 합리적인 설명이 될 수 있을 것이다. 자율신경계의 감각신경은 대뇌피질 수준까지 올라오지 않으며, 자율신경계와 연결된 운동신경도 뇌간에서 명령을 받아 움직이게 된다. 따라서 재난 생존자들이 재난 사건에 대해 자신이 가지는 외상 반응에 대해 통합적인 자각을 가지기 어려운 것은 신경생리학적으로 당연한 현상일 수 있다. 또한 감각운동치료(SP)에서 주장하듯이, 외상 반응이 신체(편도체, 암묵기억 등)에 기억되어 있다는 치료원리에 대한 근거가 되기도 한다.

자율신경계는 교감신경계, 부교감신경계로 구성된다. 교감신경계는 일상의 항상

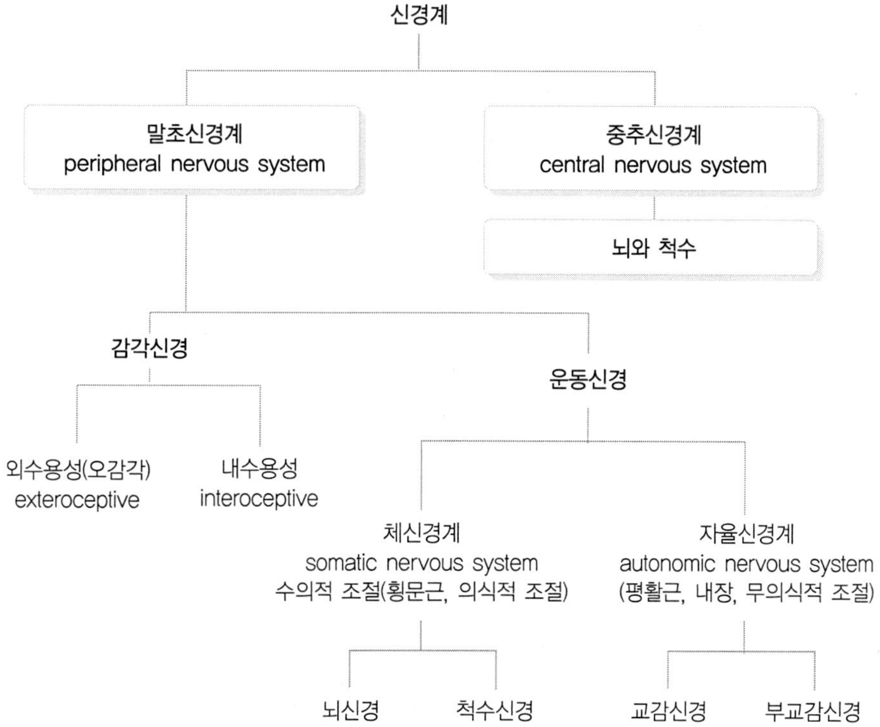

[그림 7-3] 인간의 신경계

성을 유지하는 기능을 하면서 스트레스 상황하에서는 더 활성화된다. 재난 사건에 반응하여 관련된 일련의 호르몬 반응을 일으키며 스트레스에 대한 가장 일차적인 생리-행동적 반응이라고 할 수 있는 싸움 또는 도피 반응(fight-flight reaction)을 이끄는 데 중요한 역할을 하게 된다. 즉, 교감신경계는 재난 사건에 대처하기 위해 싸움 또는 도피와 같은 신체를 움직이는 영역(behavioral response)을 지원한다고 볼 수 있다. 반면, 부교감신경계는 이완과 휴식에 관여한다. 음식물 섭취, 에너지 저장과 생식 등에 관여한다.

재난 사건을 직면하면, 신체는 싸움 또는 도피 반응 체계로 신체를 바꾸고 이때 작용하는 주된 호르몬은 코르티솔, 베타엔도르핀, 에피네프린이다. 자율신경계는 부교감신경계가 전반적으로 억제되고 교감신경계가 활성화된다. 예를 들어, 스트레스를 받을 때, 일시적인 소화장애 등을 겪는 것은 부교감신경계가 억제되기 때문이라고 설명할 수 있다. 또한 재난(스트레스) 상황에서 많이 예민해지고 신경질적이 된다는 평가를 받는다면, 교감신경계 활성화의 영향이라고 볼 수 있다. 이러한 반응은 행동을 통해 위협적인 상황을 극복하려는 신체의 준비 태세(set)다.

[그림 7-4] 싸움 또는 도피 반응 대 마비반응

스트레스에 대한 생리-행동적 반응은 성차를 가진다. 즉, 싸움 또는 도피 반응은 여성보다는 남성에게 더 두드러진 특성으로 볼 수 있다. 남자의 공격적 행동은 교감신경계의 활성화를 통해 증가된 테스토스테론(testosterone)과 관련이 있는 것으로 추정된다. 그러나 여자의 경우, 임신과 자녀양육을 책임진 상황에서 싸움 또는 도피 반응은 진화적으로 덜 적응적인 생존반응이라 할 수 있다. 즉, 여성들은 재난 상황으로부터 자식을 보호하기 위해 신경내분비 반응을 감소시키는 행동 양상을 보이고(돌봄, tending), 위험을 줄이기 위해 타인과 교류함으로써 사회적 지원이나 유대를 추구하는 호혜적 태도(도움, befriending)를 더 자주 보인다는 것이다.

이러한 돌봄과 도움(tend-and-befriend) 반응은 싸움 또는 도피 반응에 비해 잘 알려지지 않았지만, 최근 옥시토신 등 신경전달물질 관련 스트레스 연구를 통해 다시 주목받고 있다. 포유류에서 옥시토신은 사회적 상호작용을 긍정적으로 이끌어 내는 데 핵심적 역할을 한다. 옥시토신은 짝짓기, 모성애, 성행동, 사회적 애착형성 등의 행동과 관련 있는 뇌영역에서 볼 수 있고, 인간의 사회적 유대 형성, 애착 행동, 생식 행동 등의 사회적 행동(social behavior)과 사회적 기억(social memory)에 중요한 역할을 하는 것으로 밝혀졌다. 실제로, 옥시토신을 투여받은 동물의 경우, 싸움 또는 도피 반응과는 대조되는 불안 감소, 이완과 진정, 교감신경계의 활성 감소 등이 관찰되고, 옥시토신을 투여받은 인간에게서는 신뢰감이 증가되었다는 연구보고가 있다. 이처럼 돌봄과 도움 반응의 핵심적인 신경내분비 기제는 옥시토신에 의해 중개되는 것으로 추정되며, 이러한 옥시토신의 효과는 남성보다 여성에서 더 현격하게 나타나는 것으로 추정된다. 옥시토신의 효과에서 성차가 나타나는 이유는 여러 가지로 설명되고 있는데, ① 스트레스에 대한 옥시토신의 반응이 남자보다는 여자에서 더 크고, ② 재난 상황에서 남성 호르몬인 안드로겐(androgen)이 옥시토신의 분비를 억제하며, ③ 옥시토신의 효과는 여성 호르몬인 에스트로겐(estrogen)에 의해 강력히 조절되기 때문이다. 또한 ④ 인간에게서 분비되는 옥시토신은 당질코르티코이드(glucocorticoid)의 분비를 억제하여 싸움 또는 도피 반응을 비활성화시킨다. 나아가, ⑤ 옥시토신은 외상 반응의 주요한 기관인 편도체의 비활성화를 이끌어 낸다.

돌봄과 도움 반응은 싸움 또는 도피 반응에 비해 잘 알려지지 않았지만, 최근 옥시토신 등 신경전달물질 관련 스트레스 연구를 통해 다시 주목받고 있다.

호르몬/화학적 변화: 시상하부-뇌하수체-부신축

앞서 언급했듯이 교감신경의 활성화는 다양한 호르몬 분비를 촉진시켜서 싸움 또는 도피 반응을 일으킨다. 싸움 또는 도피 반응을 만드는 주 호르몬은 노르에피네프린, 코르티솔, 베타엔도르핀이다. 우선, 노르에피네프린은 교감신경의 작용을 증강시킨다. 코르티솔은 생존을 결정짓는 수준에서 정상적인 세포 기능과 대사 기능에 참여하는 호르몬이다. 코르티솔의 생산과 분비에 관여하는 기관에는 부신, 뇌하수체, 시상하부, 해마가 있다. 이처럼 코르티솔은 중추신경계 수준에서 외상 반응을 통제하게 된다. 예를 들어, 부신이 제거된 동물의 경우 스트레스 반응을 조절하지 못해서 사망에 이르는 경우가 있다. PTSD를 가진 사람은 정상 코르티솔보다 낮은 수준으로 나타나는데, 이것은 PTSD로 발전될 소인을 가진 사람에게 스트레스에 대한 호르몬 반응이 둔화되어 있는 것으로 추정된다. 재난 사건이 발생했을 때, 노르에피네프린, 코르티솔과 함께 베타엔도르핀이 분비되는데 이는 일시적인 진통제 역할을 하는 것으로 알려져 있다.

싸움 또는 도피 반응에 대한 신경내분비계의 기전은 시상하부에 의해 중재된다. 시상하부는 신경 정보를 기반으로 호르몬 생산에 관여하는 중추신경계로서 신경계의 활동을 생리적 반응으로 전환하는 역할을 한다. 시상하부-뇌하수체-부신 축(Hypothalamic-Pituitary-Adrenal Axis: HPA axis)은 변연계-시상하부-뇌하수체-부신축(Limbic-Hypothalamic-Pituitary-Adrenal Axis: LHPA axis) 또는 시상하부-뇌하수체-부신-생식선 축(Hypothalamic-Pituitary-Adrenal-Gonadotropic Axis)이라고도 불리는데, 외부 자극에 반응하는 시상하부, 뇌하수체, 부신 사이의 직접적인 상호작용체계를 일컫는 용어다. 이 HPA 축은 주요 신경내분비계로서 외부 자극에 대한 반응과 소화, 면역계, 감정과 기분, 성, 에너지 저장 및 소비를 포함한 다양한 신체 과정 조절에 관여한다.

예를 들어 설명하자면, 재난 상황(외상 자극)이 감각기관을 통해 뇌로 전달되면, 뇌에 들어온 재난 정보는 대뇌피질에서 통합되고 조정된 후 시상하부로 전달되며, 여기서 부신피질자극호르몬분비호르몬(corticotropin-releasing hormone: CRH)이 분비된다. 부신피질자극호르몬분비호르몬은 뇌하수체를 자극하여 부신피질자극호르몬(Adrenocorticotropic hormone: ACTH)의 분비를 유도하고, 결과적으로 부신피질에서 코르티코스테로이드(corticosteroid) 분비를 촉진시켜 신진대사를 활발하게 한다.

외상 사건 정보를 전달받은 변연계는 교감신경계를 자극하여 직접적으로 부신수질을 활성화하여 노르에피네프린과 에피네프린의 분비를 촉진시켜 싸움 또는 도피 반응을 유도하게 된다(한수미, 이은아, 김현진, 2014). HPA 축은 기분, 식욕, 체중, 성기능, 피로, 수면-각성 주기 등을 포함한 신체 내 전반적인 호르몬 체계에 영향을 미침으로써, 외상 반응(PTSD 증상)을 전신적인 반응으로 이끌고 있다.

정서적 기억과 작업기억의 변화

외상 반응에 대해 기억을 한다는 것은 매우 중요한 일이다. 또다시 같은 외상 사건을 겪지 않고 생존을 이어 가려면, 외상 사건에 대한 기억은 매우 선명해야 하고 전 생애에 걸쳐 잘 잊혀서도 안 된다. 잊히지 않는 외상 기억은 생존을 위한 본능적인 학습이기도 하지만, PTSD 증상으로 발현하는 기제가 되기도 하다.

[그림 7-5]에서 제시하였듯이, 외상 사건은 크게 외현 기억과 암묵 기억으로 구

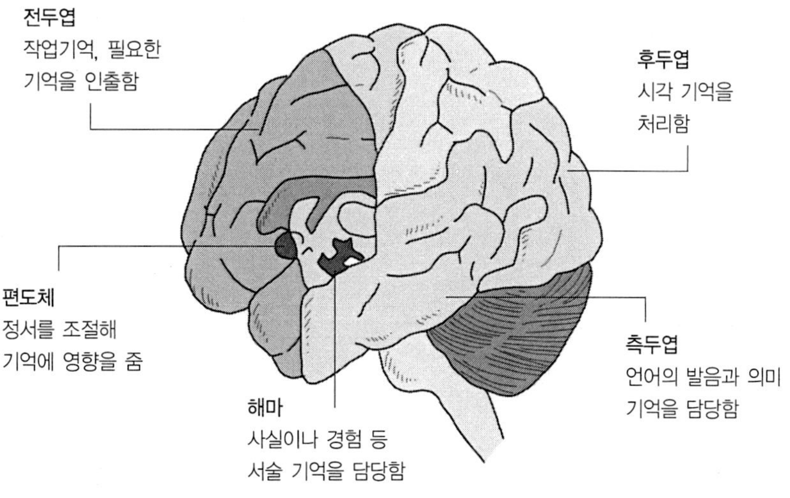

- 서술적 기억(외현 기억): 말로 표현할 수 있는 정보(학교 공부, 영화 줄거리, 장소나 위치, 얼굴 등)
- 비서술적 기억(암묵 기억): 말로 표현할 수 없는 정보(운동 기술, 습관, 버릇, 반사적 행동 등)

[그림 7-5] 인간의 기억체계

분되어 저장된다. 예를 들어 설명하면, 재난 사건이 일어난 날짜, 장소, 날씨 등은 외현 기억의 형태로 주로 해마에 저장되며, 재난 사건 시 신체에서 느꼈던 떨림, 마비감, 멍함, 분노, 슬픔 등은 암묵 기억의 형태로 분리되어 주로 편도체에 저장된다.

PTSD를 장기적으로 앓고 있는 환자들은 편도체가 민감해지고 해마의 용적이 감소되는 것으로 알려져 있다. 코르티솔은 저장 기억을 공고화하는 역할을 담당하기도 하지만, 작업 기억의 정확도와 수행도를 떨어뜨리는 결과를 낳기도 한다. 이처럼 외상 반응으로 인한 뇌, 중추신경계, 호르몬의 변화는 기억 및 인지과정뿐만 아니라 신체적 기억(암묵 기억) 등에도 영향을 미치면서 일상생활에서의 정상적인 기억 활동과 체계를 흔들게 된다. 따라서 재난대응 외상상담에 있어, 인지적 활동뿐만 아니라 신체적 활동을 통해 암묵 기억의 치유에도 초점을 둘 필요가 있다.

생존회로와 정서조절체계

외상 반응은 우리가 위험에 처해 있다고 주관적으로 느끼는 순간에 일어나며 생존회로(survival circuits; LeDoux, 2002)가 관여한다. 생존회로라는 개념은 재난 사건이 자극이 되어 신체감각기관을 통해 생존에 필요한 다양한 반응체계를 일으키는데, 이러한 과정과 체계가 하나의 패턴으로 작동하게 된다는 것이다. 여기에 관여하는 신체반응은 지금까지 이 장에서 언급한 뇌, 중추신경계, 자율신경계, 내분비계 등의 반응을 모두 통합한 체계적 반응이라 볼 수 있다.

LeDoux에 따르면, 외상 사건에 반응하는 모든 신경생물학적 체계는 오직 한 가지 목표인 그 순간의 생존(survival-in-the-moment states; LeDoux, 2002)만을 위해서 작동한다. 그렇기 때문에, 모든 외상 반응은 생존에는 적응적이다. 그러나 위협이 소거된 후에도 신체에서 과거의 위협에 반응하는 생존회로가 계속 활성화되면, 이것이 일상생활의 장애나 PTSD로 발현되는 것이다.

예를 들어 설명하자면, 세월호 사건을 겪은 지 2년이 지난 A라는 사람이 있다. A는 화창한 봄날, 친구들과 함께 놀이동산에 놀러 갔다. 즐겁게 수다를 떨고 사진을 찍으면서 꽃길의 모퉁이를 도는 순간, 갑자기 자신의 얼굴에 큰 물을 뿜어 대는 분수대를 맞닥뜨리게 된다. 이때 A가 보일 수 있는 반응은 생존회로의 체계에 따라 두 가지로 다르게 나타난다. 첫 번째는 갑작스럽게 분수대의 물을 맞은 것이 촉발제(trigger)가 되어 세월호 사건 때 갑작스럽게 몸이 물에 잠기면서 아무것도 할 수 없었던 기억(대체로 암묵 기억)이 떠오르는 것이다. 순간적으로 부지불식간에 심장은 매우 거칠게 뛰기 시작했고 손바닥과 이마에는 땀이 송골송골 맺힌다. 얼굴은 벌겋게 달아올랐으나 다리는 후들거려서 한 발자국도 움직일 수 없다. 자신이 어떤 상태인지, 어떤 반응을 보이고 있는지 전혀 생각할 수도 기억나지도 않는다(전두엽 기능의 비활성화). 두 번째 가능성은 A가 위에 언급한 자신의 신체반응들을 자각하면서, '아 맞다. 이건 세월호 때 겪었던 그 크고 무서운 물이 전혀 아니지. 내가 감당할 수 없는 물이 아니야. 그저 분수대의 물에 내가 조금 젖은 것에 불과하다.' 라고 깨닫고(전두엽 기능의 활성화) 손수건을 꺼내 젖은 옷을 닦고 다시 친구들과 즐거운 하루를 보내는 것이다.

앞 사례를 설명하기 위해, LeDoux는 외상 사건에 반응하는 체계를 두 가지로 제시하고 있다([그림 7-6] 참조). 첫 번째 체계는 스트레스 상황에서 편도체(시상하부-

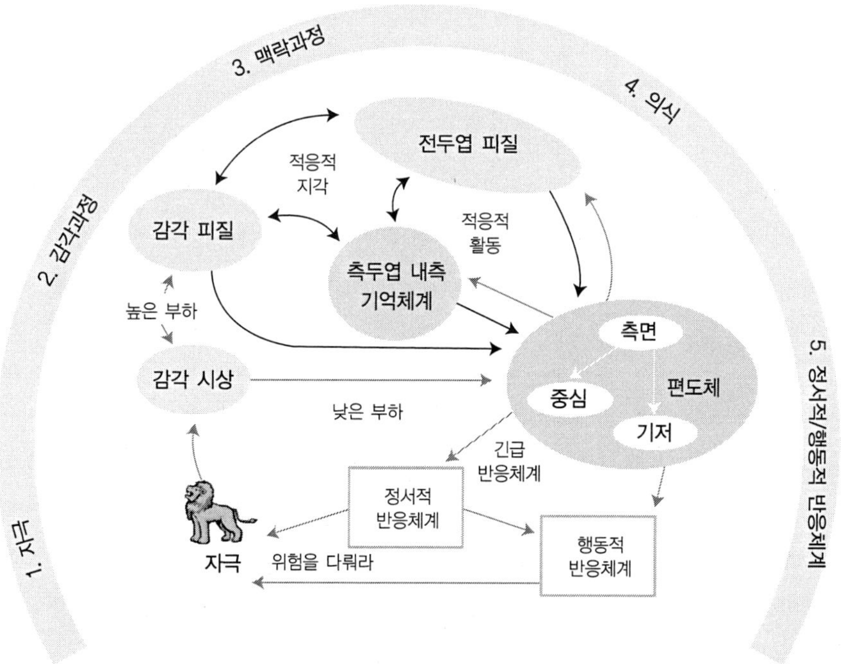

[그림 7-6] 생존회로(흐린 화살표는 위험신호 전달, 짙은 화살표는 위험 또는 안전신호 전달)

출처: 김동일 역(2011: 57)

뇌하수체-부신 축을 포함한 체계)를 중심으로 일어나며, 몸이 생존하고 반응할 수 있도록 빠르고 강력하게 몸의 정서적/행동적 반응체계에 영향을 미친다. 세월호 생존자인 A의 뇌는 세월호에 들이닥친 그 바닷물과 분수대의 물을 같은 자극으로 반응·지각하여 생존을 위해 편도체 중심의 처리가 이루어진다. 흡사 반사(reflex)와 같기 때문에, 반응을 인식하거나 의식하지 못한다. 편도체에 의해 정서가 의식을 마비시킨 것과 같은 신체반응이 나타난다(LeDoux, 2002). 즉, 맥락이나 의식이 관여한 통합적인 사고·행동 반응체계가 아니라, 생존을 위한 긴급체계로 신체를 바꾸게 된다. 편도체의 감정 반응체계는 감정적/행동적 보상체계와 연결된다. 이 보상체계는 도파민을 방출하여 생존회로의 반응체계를 기억하고 반복하게 함으로써 PTSD를 발현시킨다.

또 다른 전달체계는 감각 피질, 측두엽 내측 기억체계, 전두엽 피질과 관련된 체계로서, 정보를 통합하여 의식적이고 진화된 신체반응을 이끌어 낸다. 즉, 갑작스럽게 맞닥뜨린 분수대의 물은 세월호 사건 때 겪은 그 압도하는 바닷물에 대한 기억을 즉각적으로 떠올리게 했지만, 이어서 전두엽이 관여하면서 '지금의 물'과 '자신이 방금 기억해 낸 그 물'은 전혀 다른 것이며 그 두 가지 물에는 시간 차이가 존재함을 인지하게 된다. 이러한 인지과정을 통해 전두엽은 편도체에게 안심해도 된다는 신호를 보내게 되고, 이에 따라 A의 신체반응은 안정적으로 되돌아오게 된다.

생존회로에 대한 이해와 외상 심리치유적 함의는 생존회로는 추가적인 학습이 가능하다는 것이다. 편도체의 활성화를 견제하고 해마체와 전두엽의 활성화를 강화하여 암묵기억화된 외상 기억들을 통합(재조건화/재처리)하는 것이 외상 심리치유의 큰 틀이 된다.

싸움과 도피 반응 대 다중미주신경이론

앞서 자율신경계는 교감신경계, 부교감신경계, 장신경계로 분류되어 있고, 주로 교감신경계와 부교감신경계를 중심으로 스트레스 반응을 설명하였다. 자율신경계의 외상 반응과 관련하여, 이 절에서는 감각운동 심리치료(SP)에서 이론적 근거로 사용하고 있는 다중미주신경이론(The Polyvagal Perspective)을 소개하고자 한다.

최근 Porges(2007)는 자율신경계통이 3단계로 나뉘어 있다는 다중미주신경이론을 주장하면서 학계의 주목을 받고 있다. 1단계는 비움직임(immobilization; 의사, 수동적 회피)이다. 곤충의 경우, 급격한 외부의 자극을 받았을 때 다리, 촉각 등이 강직되는 현상(의사)이 인간의 자율신경계의 1단계와 유사하다. 2단계는 싸움 또는 도피를 관장하는 교감신경계의 활성화로 인해 '움직임'의 기능이 나타난다. 3단계는 사회적 소통, 자기위로와 평안, 각성 억제에 관여하는 유수미주(뇌)신경(myelinated vagus) 계통이다(〈표 7-1〉 참조).

이 이론에서 재난대응 위기상담 치유자가 주목해야 할 단계는 '비움직임' 혹은 '마비'에 관여하는 1단계 반응이라 할 수 있다. 재난 생존자들이 흔히 호소하는 멍함, 사지에 힘이 풀림, 움직일 수 없음, 발이 땅에 붙은 느낌과 같은 반응은 강력한 스트레스에 대한 1단계 신경계통의 반응과 유사하다. 따라서 다중미주신경이론을 기반으로 할 경우, 스트레스 반응은 '싸움 또는 도피' 반응에서 '싸움과 도피' 대 '마비'로 확장된다. 또한 재난대응 위기상담기법에 있어서 마비반응에 좀 더 관심을 가지고 마비 관련 기법들을 더 강화시켜 상담치료목표를 재초점화해야 할 필요성을 함의하고 있다.

둘째, 2단계(움직임)보다 1단계(마비)의 반응을 보인 사람들이 해리로 발전하는 사례가 더 많다(Ogden, 2009). 이는 PTSD가 불안장애의 범주가 아니라 해리장애(Dissociative Disorder)/해리성 기억장애(Dissociated memory disorder)라고 주장하는

〈표 7-1〉 다중미주신경이론의 계통발생학적 단계

	자율신경계 구성	행동기능	하위 운동세포
3단계	유수미주뇌신경 (myelinated vagus)	사회적 소통, 자기위로와 평안, '각성' 억제	의문핵(nucleus ambiguus; 인두 후두를 움직이는 원심 섬유)
2단계	교감신경계 (sympathetic nervous system)	움직임(적극적인 회피)	척수(spinal cord)
1단계	무수미주뇌신경 (unmyelinated vagus)	비움직임(immobilization; 의사, 수동적 회피)	흉곽, 복부의 내장성

출처: Porges(2007).

학자들의 논점과도 일치한다(APA, 2013). 즉, 외상 반응은 암묵 기억(implicit or procedural memory)의 형태로 존재하고 분리되어, 전두엽과 해마체를 통한 의식적 처리가 되지 않은 상태(dissociated memory)로 저장되어 있다가 현재 의식에 침투한 결과가 PTSD 증상이므로, 기억의 통합이 외상 심리치유의 핵심적인 전략과 기법이라는 주장이 설득력을 갖게 된다(Levine, 2010; Ogden, 2009).

재난대응 위기상담 기법에 있어서 마비 반응에 좀 더 관심을 가지고 마비 관련 기법들을 더 강화시켜 상담치료목표를 재초점화해야 할 필요성을 함의하고 있다.

각성의 창

'각성의 창(Window of Tolerance: WT)'은 인간이 조화롭고 적응적인 통합을 유지할 수 있는 감정적/생리적 각성의 범위(Siegel, 1999)라고 설명할 수 있다. Siegel의 이론을 기반으로, Ogden(2009)은 정서적 개념을 추가하여 '정서적 각성의 창(The Window of Affect Tolerance)'으로 이론을 확장하였다([그림 7-7] 참조). 이들의 이론에 따르면, 재난 생존자는 WT가 좁아진 상태이므로 동일한 자극에도 쉽게 분노/우울에 빠지게 되고 과잉반응(과각성, 해리성 하위 유형)이 나타난다.

WT에 대한 이해와 외상 심리치유적 함의를 상담학(성장과 확대)적 관점에서 재해석하면, 첫째, 재난 생존자의 WT가 일반인들보다 좁아진 것이 아니라, 재난 사건 자체가 이미 일반인의 WT를 넘어서는 수준이므로 재난 생존자가 더 넉넉하고 넓은

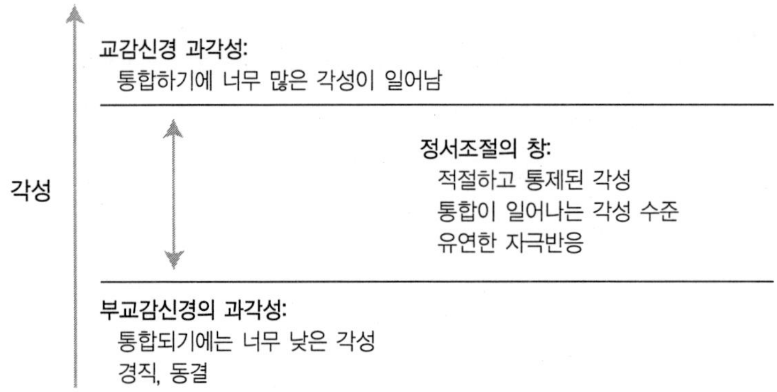

[그림 7-7] 정서적 각성의 창

출처: Siegel(1999): Ogden(2009: 2)에서 재인용

WT를 학습함으로써 외상 후 자기성장과 확대를 기대할 수 있다는 것이다. WT를 넓혀야 한다는 상담치유적 목표는 같으나 그 의도와 접근의 시작과 과정, 방향성이 다르다고 할 수 있다. 재난 생존자의 문제가 아니라 재난 사건의 불가항력적 충격을 수용하기 위한 보다 적극적이고 주체적인 재난 생존자의 성장을 임파워먼트(empowerment)하는 측면으로 WT 이론을 활용할 수 있을 것이다.

둘째, 1단계에서 WT 조절 관련 정보를 제공하고, 심리교육을 통해 충분히 습득한 후 상담 작업을 진행하는 것이 안전하다는 것이다. Bromberg(2006)와 Ogden(2009)은 WT의 경계선에 머물면서 재난대응 위기상담을 진행하는 것이 더 효과적이라고 말한다. 즉, WT의 경계를 너무 많이 넘어 버리면, 극단적 해리나 우울, 충동성이 재난 생존자의 안전을 위협할 경우가 많아진다. 반면, WT의 경계 안에서만 작업한다면, 상담시간(안전한 상황)에도 재난 사건에 노출되지 않고 따라서 극복이나 치유 경험을 가질 수 없다는 것이다. WT 이론은 2단계의 기억과 정서처리작업뿐만 아니라, 과각성이나 저항으로 인한 조기 종료 및 재난 생존자의 재외상을 예방하는 기초 작업으로써 모든 재난 생존자를 대상으로 안전단계에서 완료해야 하는 상담 과제를 제안하고 있다(Najavits, 2002).

글을 마치며

이 장에서는 재난대응 위기상담의 치유기제를 고찰하는 틀로서 외상 반응의 신경생리학적 토대와 각성조절의 원리를 제시하였다. 이미 널리 알려진 일반적응증후군, 자율신경계와 내분비계의 변화를 요약·정리하였고, 상대적으로 최근에 학계에서 주목하고 있는 생존회로와 정서조절체계 그리고 다중미주신경이론과 각성의 창 이론을 포함하였다. 이상의 내용을 통합하여 상담현장에서 재난대응 위기상담자들이 보다 쉽게 이해하고 따라 할 수 있는 실제적이고 통합적인 신경생리학적 정보를 제공하는 것에 의의를 두었다.

지구상의 생명체는 외부 환경의 자극에 대해 자신의 내부 조건을 변화하면서 진화해 왔고 지금 이 순간에도 우리의 뉴런은 쉬지 않고 그 기능을 유지하고 있다. 인류라는 생명체에게 일어났던 그리고 일어날 재난 사건은 결국 인류라는 생명체가 어떠한 미래에서 살아가게 될 것인지에 대해, 우리 세포 하나하나에 반응과 변화를 일으키고 있다. 이런 측면에서 보면, 외상 후 성장은 선택이 아니라 필수라는 생각이 든다. 재난 사건을 맞이하는 우리의 신체는 할 수 있는 최선의 방어체계를 갖추면서 아주 절박하게 대응한다. 그 순간의 생존을 위한 숭고한 신경생리학적 반응은 결과적으로 유기체의 진화에 도움이 되고, 되어 왔으며, 되어 갈 것이다. 외상 후 성장은 인간이 재난 사건 이후 더 잘 생존해야 하고 더 강인하게 진화하고픈 신경생리학적 역동의 진화적 결과물인지도 모르겠다.

참고문헌

김동일 역(2011). **아동 · 청소년 위기 상담**[*Collaborative treatment of traumatized children and teens*]. Glenn N. Saxe, B. Heidi Ellis, & Julie B. Kaplow 저. 서울: 학지사. (원저는 2007년에 출판).

한수미, 이은아, 김현진(2014). **건강심리학**. 서울: 학지사.

American Psychiatric Association. (2013). *Diagnostic and Statistical Manual of Mental Disorders* (5th ed.). Washington. D.C.: American Psychiatric Association.

Bromberg, P. M. (2006). *Awakening the dreamer: Clinical journeys*. Mahwah, NJ: Analytic Press.

LeDoux, J. (2002). *Synaptic self: How our brains become who we are*. New York: Viking.

Levine, P. A. (2010). *In an unspoken voice: How the body releases trauma and restores goodness*. Berkley, CA: North Atlantic Books.

Levine, P. A., & Frederick, A. (1997). *Waking the Tiger*. Berkeley, CA: North Atlantic Books.

Najavits, L. M. (2002). *Seeking Safety: A Treatment Manual for PTSD and Substance Abuse*. New York: Guilford Press.

Ogden, P. (2009). Emotion, mindfulness and movement: Expanding the regulatory boundaries of the window of tolerance. In D. Fosha, D. Siegal, & M. Solomon (Eds.), *The healing power of emotion: Perspectives from affective neuroscience and clinical practice*. New York: W.W. Norton.

Porges, S. W. (2007). The polyvagal perspective. *Biological Psychology, 74*(2), 116-143.

Siegel, D. J. (1999). *The Developing Mind: How Relationships and the Brain Interact to Shape Who We Are*. New York: Guilford Press.

제8장

재난대응 위기상담을 위한 단계별 기초상담기법

이은아

글을 시작하며

국가적 외상 사건(재난)이나 사회적으로 충격을 주는 사건이 발생할 때마다, 심리적 대응과 관련하여 다양한 대책과 심리상담에 대한 노력이 시도되어 왔다. 그러나 그러한 대책과 프로그램들이 상담의 실제에서 최대한의 효과를 내는 과정에서 다양한 변인이 작용하고, 결과적으로 프로그램과 실제의 간극이 발생하며, 그로 인한 좌절감은 고스란히 관련 전문가와 외상자들의 몫으로 남겨져 왔던 것 같다. 지난 세월호 사건의 경우에도 많은 심리상담자가 안타까운 마음에 현장에 달려가 심리상담서비스를 제공하였으나 그 의도와 열정만큼 현장의 외상자들에게 도움이 되었는지에 대해서는, 참여했던 많은 심리상담자에게 회의와 자괴감을 일으켰던 사건이었다.

본 장은 다음 자료를 기반으로 재구성하였음.

이은아(2015). 재난대응 위기상담의 단계별 효과적인 상담기법 적용 분석. 2015 한국상담학회 재난대응 정신건강 · 위기상담 심포지엄. 서울: 프레스센터.

이은아(2015). 트라우마상담 모형: 단계별 치유 기제 및 기법에 대한 이해를 중심으로. 상담학연구, 16(3), 581-602.

심리상담자의 열정과 의도가 전달되는 과정에는 많은 변수가 존재하며, 이 변수들은 현장에서 심리상담자들이 느끼는 괴리감과 비효율적 심리치료 개입으로 이어질 수 있다. 상담자의 전문성, 외상 사건의 종류, 외상 사건과의 근접성 등 이미 알려진 요인들뿐만 아니라, 법적/경제적 지원, 피해자들이 심리상담을 받으려 하지 않는 태도, 낙인효과에 대한 강한 거부감 등 많은 다면적인 요인이 등장한다. 크나큰 국가 재난 사건에 대응하는 전문가들의 역량이 최대치만큼 발휘되지 못한 현실은 매우 좌절스러우나 이를 계기로 우리 자신들의 외상 후 성장을 이루어야 하는 것도 전문가들의 몫이라 할 수 있다.

어쩌면 우리는 외상자들의 절박한 질문에 대한 진정성 있는 답변을 찾는 대신 상담치료자들이 말하고 싶은 혹은 준비된 개입을 우선순위로 하고 있었던 것은 아닌지 자성해 볼 일이다.

외상자들은 궁금한 것이 많고 질문이 많다. 즉, 상담동기가 매우 강화되어 있는 준비된 내담자들이다. 그럼에도 접근성이 떨어지고 조기종결이 생기고 상담치료가 어려워지는 이유는, 어쩌면 우리 자신에게서 찾아봐야 할 필요가 있다. 어쩌면 우리는 외상자들의 절박한 질문에 대한 진정성 있는 답변을 찾는 대신 상담치료자들이 말하고 싶은 혹은 준비된 개입을 우선순위로 하고 있었던 것은 아닌지 자성해 볼 일이다. 이 장에서는 필자의 자성의 발로로써, 외상 사건을 치료하고 상담하는 데 있어 보다 실제적인 현장기반의 상담기법을 다루는 심리상담치료 모델을 제안해 보고자 한다.

즉각적 개입

재난현장에서의 재난대응 위기상담치료의 효용성을 논함에 있어 근접성과 개입시기의 적시성은 매우 중요한 요인이다. 외상치료에는 결정적 시기(critical period)가 존재하며, 강력한 치료법만큼이나 즉시적/적시적 개입은 외상 반응의 수준과 PTSD의 예후를 결정짓는 매우 중요한 요인이다. 즉, 재난대응 위기현장에서는 최신의 강력한 기법만큼이나 즉시적/적시적으로 쉽게 실행할 수 있는 단순기법이 효율적일 수 있다.

한국상담학회(2015)의 연구에서 보면, 재난위기 사건 상담에서 상담자들은 이미 자신의 역할을 충실히 실행(1단계)하고 있었으나, 그 역할을 재난대응 위기상담의 역할로 인지하지 못했다. 상담자의 역할이 정보제공 등 단순기법보다는 세련된 최신 기법을 사용하고, 상담실 밖에서 외상자를 지원하는 것보다는 상담실 내에서 언어기반 상담을 하는 것을 상담자의 역할로 인지하고 있다. 이러한 상담자들의 역할기대는 전문성에 대한 선망과 발전에 대한 욕구의 측면에서 긍정적으로 볼 수도 있다. 반면, 기존의 Freud식 실내 상담(couch therapy)에 대한 편견이 그대로 고착된 결과일 수도 있다. 어떤 이유에서건, 명백한 것은 이러한 재난대응 위기상담자들의 태도와 역할기대는 재난대응 위기상담이나 외상자들에게 도움을 주지 못한다는 것이다.

재난대응 위기상담은 고급 상담기술과 어려운 지식으로만 할 수 있는 영역이 아니다. 물론 2단계의 PTSD 고위험군의 경우 숙련된 전문가가 도울 수 있는 영역이 많다는 것은 논할 필요도 없다. 하지만 재난현장에서 PTSD 자연치유회복군과 PTSD 취약군을 모두 지원할 수 있는 상담서비스는 반드시 어려운 기법과 지식만이 효과적인 것이 아니다. 재난 및 위기상황에서 근거리에 있는 모든 상담자가 이미 숙달된 기법과 지식을 충분히 적시에 활용만 할 수 있어도 많은 외상 경험자를 도울 수 있다. 그것이 비록 단순하고 기초적인 기법과 지식에 불과하더라도 말이다. 적시에 즉각적으로 제공되는 상담서비스는 보다 빠르게 외상자들의 자연치유회복을 도울 수 있고 PTSD로 발전할 확률을 낮추며 집단외상(mass trauma)의 위험성을 낮추고 외상 후 사회적 성장을 촉진하는 데 기여할 수 있다.

재난현장에서 쉽고 즉시적으로 활용될 수 없다면, 시간적인 결정적 시기가 존재하는 외상치료의 본질상, 최신 외상치료이론과 고급 기법들은 사치에 불과할 수 있다. PTSD는 복잡한 증상체계를 가진 만성적 질환(Foa, Keane, Friedman, & Cohen, 2008)이지만, 빠른 개입은 질환의 발달과 예후, 재외상화 예방 차원 등에서 매우 중요한 요인이다.

최고의 전문가나 큰 힘을 가진 역할만이 세상을 도울 수 있는 것은 아니다. 외상 사건 발생 시, 전문가 발달 단계의 모든 상담치료자들은 PTSD 발생률을 저하시키는 매우 생산적이고 중대한 역할을 담당할 수 있다. 모든 재난대응 위기상담자가 자신의 자리에서 할 수 있는 일이 있고 그것이 재난대응 위기상담체계에 중요한 역할을 담당하고 있음을 인지할 필요가 있다.

이러한 이유로 이 장에서는 상담심리치료 관련 전공자라면 누구나 알 수 있는 상담기법명을 활용하여 설명함으로써, 현장의 실제에서 용이성과 즉시적 개입역량을 높이고자 한다.

재난상담기법 적용의 3단계화

이 장에서는 성장과 확대에 초점을 둔 상담학의 관점에서 재난대응 위기상담 기법의 효과성에 관심을 갖고 각 기법의 치유기제를 단계별로 고찰하였다. 치유기제를 고찰하는 틀로서, 외상 사건의 종류, 외상 반응의 신경생리학적 토대, 각성조절의 원리를 활용하였다(제7장 '신경생리학적 정보를 활용한 재난대응 위기상담' 참조). 재난대응 위기상담 기법의 고찰은 Herman의 3단계 과정 이론을 기반으로 하였다. 외상 사건과 반응에 대한 정의는 Terr의 분류법(Type I와 Type II)과 DSM-5 진단기준을 활용하였다. 이상의 내용을 통합하여 상담현장에서 유용한 재난대응 위기상담 모형을 제안하였다.

이 장에서는 상담자들이 단계별로 수행해야 할 과제 중에서 1, 3단계의 중요성을 강조하였다. 대부분의 외상치료 프로그램에서 Herman의 3단계 모형을 보편적으로 널리 활용하고 있지만, Herman이 주장하는 1, 3단계의 중요성은 그만큼 알려지지 않은 것 같다. 아마도 1, 3단계는 의학적 관점(기존의 PTSD 프로그램들이 취하는 관점)에서 실행하기에는 범위가 너무 넓기 때문이 아닐까 싶다. 외상치유는 상담실 안에서 행해지는 기법들뿐만 아니라, 내담자의 일상생활과 상담실 밖 외상치료관리체계와 연계되는 기법에도 주의를 기울여야 한다. 외상자가 외상회복관리체계에 접근할 수 있도록 외상치료자들은 아웃리치/옹호에도 관심을 가져야 한다. 안전 확보와 보다 효과적인 회복계획 및 수행을 위해서 다양한 관점이나 전문가와 팀 작업·협업을 하는 데 열려 있어야 한다.

이 모형에서 제안하는 재난대응 위기상담의 과정을 간략하면 요약하면, 1단계에서 외상자와 외상 반응을 분리하고 재정리하여 2, 3단계에서 외상자와 외상 사건을 통합하는 과정이라 할 수 있다. 단계별로 초점을 두어야 하는 핵심과제는 따로 있으나 그 단계별 과제들은 서로 긴밀한 체계 안에 있다. 예를 들어, 초기 단계에서 외상자와 외상 사건을 분리할 때도, 3단계에 어떻게 외상 사건과 외상자를 통합해야 하는지를 함께 고려해야 한다. 또한 계획단계부터 사회 환경의 안전/안정성 단계에 맞춰진 외상자의 조절 능력 강화계획을 세우고 사회생태계와의 연결을 위한 큰 목표로 함께 움직여야 한다. 상담실에서의 교육과 치유뿐만 아니라 외상자의 일상과 상담치료서비스 체계가 같이 상향 성장하는 것이 이 모형에서 제안하는 상담학 관점에서의 실제적인 재난대응 위기상담의 목표라고 할 수 있다.

재난위기상담을 위한 단계별 기초상담기법

J. Herman의 3단계

Herman(1992, 1997)은 가정폭력에서 테러에 이르기까지 외상치료의 기본적인 틀을 제시하였고, 대부분의 외상치료법은 이 단계적 모형을 유지하고 있다(Courtois, 2008). 1단계는 안전단계로서 생존과 안전을 목표로 한다. 안전의 조작적 정의는 외상자의 신체/정서적 안전뿐만 아니라 환경적(법/경제적) 안전까지 포함하고 있다. 이를 위해, 재난대응 위기상담자는 아웃리치/옹호, 정보제공 및 심리교육, 의뢰와 협업, 사례관리 등과 같은 기법을 사용하고, 관련된 구체적이고 실제적인 지식과

[그림 8-1] Herman의 재난대응 위기 회복의 3단계 모형

출처: Herman(1992, 1997).

〈표 8-1〉 재난대응 위기상담의 모형도

단계	치유기제	핵심과제	상담기법
안전	외상 사건으로부터의 안전(거리 두기)	• 신체/정서/행동/대인관계/법/경제적 안전 • 심리적/신체적 안전지대 선정	• 아웃리치/옹호 • 정보제공/심리교육 • 의뢰/사례관리/협업
기억과 애도	재조건화/재처리를 통한 외상 반응의 소거	• 안정화 • 정서조절능력 확대 • 외상 기억 처리와 통합	• 즉시성 • 신체자각, 마음챙김 • 인지 재구조화 • 정서 다루기 • 미해결과제 다루기
일상으로의 복귀	외상 사건의 의미체계 부여(통합)	• 일상생활의 즐거움 회복 • 문제 해결 및 기술 복구 • 세상과의 연결	• 조언/과제 주기/실험과 시도 • 긍정화 • 사회적 지지체계 구축 • 사회적 의식(ritual) 참여

전문성이 요구되는 단계다. 내담자의 안전이 확보된 후 2단계를 진행하게 되는데, 이 단계의 목표는 외상 반응을 소거하고 인지 재처리와 정서조절, 대처 기술을 익히는 단계라 할 수 있다. 3단계 '일상으로의 복귀'는 외상 경험자가 자신의 일상으로 건강하게 복귀하는 것뿐만 아니라 미래계획을 세우는 데 있어 독립적 역량을 발휘할 수 있도록 사회 환경적 동반성장이 요구되는 단계다(〈표 8-1〉 참조).

Herman은 기억 처리와 정서조절(2단계)만큼이나 외상자의 신체/심리적 안전(1단계)과 일상으로의 복귀(3단계)를 매우 중요한 치유의 주제로 다루고 있다. 1단계와 3단계를 내담자의 몫으로 맡기는 것보다 적극적으로 치유계획에 포함시키는 접근과 노력이 필요하다. 외상 내담자에게 있어, 안전에 대한 보장 없이 기억과 애도작업은 시작될 수 없으며, 오히려 재외상화의 위험성만 증폭시킨다. 일상으로의 복귀(3단계)는 PTSD의 광범위한 예방이라는 측면에서 개인적 · 사회적으로 소홀히 할 수 없는 단계다. 의미체계의 구축은 잠재적 외상 사건에 대한 빠른 회복과 밀접한 인과관계에 있다. 3단계는 외상자의 자원과 생태체계적 요인에 대한 외상심리치료자의 관심이 필요하며, 과제 주기/실험과 시도와 같은 기법을 실행함에 있어 창의성도 요구된다.

이 장에서 Herman의 모형을 활용하는 이유는 이 3단계 모형이 가장 보편적으로 사용되는 외상치료 모델일 뿐만 아니라, 외상전문치료자들뿐만 아니라 전문성 발달 단계에 있는 모든 상담치료자도 외상 사건 치유와 예방에 기여할 수 있는 역할이 있음을 강력하게 제안하고 있기 때문이다. 이러한 Herman의 관점은 모든 외상자를 위해 모든 상담치료자가 각자의 자리에서 기여할 수 있는 재난대응 위기상담 모형을 제안하고자 하는 목적과 부합한다.

재난대응 위기상담 모형: 단계별 기법을 중심으로

1단계: 안전 · 생존

Herman(1997)이 제안한 재난대응 위기상담의 치유는 3단계의 과정으로 나눌 수 있는데, 그 첫 단계는 안전으로, 재난 직후 최초 1~2주 동안의 활동이다. 재난대응 위기상담의 첫 단계 과제는 내담자의 신체적 · 정서적 · 환경적 안전이다. 이를 위해, 공통적으로 많이 사용되는 치유기제는 '거리 두기'다. 즉, 과도하게 압도된 외상 반응 대 사건, 외상자 대 외상 사건의 거리 두기를 통해 압도되는 감정에서 벗어나 보다 통제적인 방향에서 상황을 다룰 수 있도록 지원하는 기법들이 유용하다. 외상사건체계와 외상자 개인 간 안전한 물리적 거리를 두기 위해 아웃리치와 옹호가 필요하고, 정보제공을 통해 압도된 감정으로부터 합리적인 생각을 할 수 있는 심리적 거리를 만든다. 이렇게 만들어진 적정한 간격을 유지하기 위해 정상화, 안전지대 형성, 치료 동맹이 유용하며, 체계적으로 유지하기 위하여 의뢰 및 협업체계를 구축하는 것이 필요하다.

재난대응 위기상담의 첫 단계 과제는 내담자의 신체적 · 정서적 · 환경적 안전이다.

외상 사건은 신체적 항상성도 떨어뜨리는데, 수면의 어려움, 식습관의 변화, 피로감, 쾌감상실, 무력감, 성욕감퇴, 술 · 담배 의존도 증가 등 기본적인 의식주 패턴이 달라지고 이는 안전감을 떨어뜨리는 요인이 된다. 따라서 최초 회기에서 이러한 신체적 항상성을 되찾을 수 있도록 지원하는 것이 심리적 지원만큼 중요하다.

1) 아웃리치와 옹호

재난이나 폭력의 생존자들의 기본욕구(안전한 거처, 섭식, 수면, 의학적 처치, 경제적 안정성)가 충족되지 않으면, 외상심리치유는 단지 사치에 불과할 수도 있다. 예를 들어, 가정폭력 피해여성들은 안전을 위해 일생 동안 쌓아 온 친밀한 관계 또는 삶의 경제적 터전을 끊고 쉼터에 들어가야만 할 수도 있다. 안전은 쉽게 얻어지지도 않으며, 상담자가 가볍게 여길 치유 변인도 아니다. 안전에 대한 심리교육과 정보제공, 의뢰, 법정 · 병원 · 경찰서 동반방문 등은 1단계의 가장 중요한 상담기법이며 상담치유과제다.

재난 외상자가 살아가는 생태체계적 환경은 촉발제로 뒤덮여 있고 외상자는 세상에 대한 신뢰가 무너진 상황이기 때문에, 외상치유에 있어 옹호는 매우 중요하고 효과적인 외상심리치유기법이며 치유와 빠른 재학습(재조건화)의 장으로 활용될 수 있다.

2) 정보제공과 심리교육

외상 반응은 생존체계에 기반을 두고 있기 때문에(LeDoux, 2002; Porges, 2007), 생존체계에 도움을 주는 상담서비스가 가장 효과적일 수밖에 없다. 다시 말해, 자신의 생존과 즉결된 정확한 정보와 지원을 제공하는 사람에게 신뢰와 의지(dependence)를 가지게 되고, 이에 따라 라포가 형성되는 것은 당연한 일일 것이다. 이때 제공되는 정보는 외상 관련 지식과 심리적 안전에 대한 지식 및 대처뿐만 아니라, 신체 · 환경 · 법 · 경제적 생존과 안전에 관련된 매우 기초적이고 확실한 지식과 지원이어야 한다. 이를 위해, 재난대응 위기상담자는 평상시 네트워크 데이터베이스와 협업체계를 구축해 두는 것이 유용하다.

심리교육(psychoeducation)으로서의 정보제공은 외상자가 충분히 이해하도록 일관적이며 현실에 기반을 두고 쉽게 설명되어야 한다. 또한 그 내용에는 ① 외상 반응(뇌과학, 인지행동과학, 범죄심리 등에 기반을 둔 과학적 지식), ② 상담치유 절차(피해/개입의 구제 절차와 같은 사례관리 포함), ③ 그 외 외상자가 궁금해하는 질문의 답변 등이 포함될 수 있다.

1단계에서 행해지는 정보제공은 상담자와의 라포 형성과 안전 구축, 내담자의 안정화(Phoenix, 2007)에 실질적 기여를 한다. 이 기법을 활용하기 위해서, 외상심리 치료자는 다양한 전문지식을 습득하려 노력하고, 알고 있는 정보만을 외상자에게 제공하는 용기가 필요하다. 필요에 따라, 가족이나 직장동료 등을 위한 정보제공은 가족과의 치료적 협력 관계를 구축하는 데 유용하다.

특히 재난의 경우, 다양한 루머가 오히려 외상치유를 저해하는 요인이 되기도 한다. 세월호 사건의 경우, TV를 통해 사건을 접하는 것만으로도 심리적인 우울감이 일상생활 장애로까지 이어져 한동안 TV를 끄거나 뉴스를 보지 않는 사람들이 있었다. 이처럼 방송매체와 소셜네크워크서비스(SNS)의 발달로 인해 과도한 정보가 대중에게 '2차 외상'처럼 압도적으로 다가올 수 있다. 또한 무분별하고 검증되지 않는 정보들이 범람하여 재난 외상자의 불안과 공포를 증폭시키기도 한다. 따라서 재난대응 위기상담자가 정확하고 신뢰할 수 있는 정보를 제공하여 재난 외상자들의 심리적 안정을 지원하는 것이 매우 중요하다.

3) 안전지대 선정

과거에 심각한 외상을 경험했거나 현재의 재난에 심각한 반응을 보이거나 위험한 행동을 하는 등의 PTSD에 취약할 것으로 판단되는 외상자의 경우, 상담 초기에 신체적 · 심리적 안전지대를 선정하고 습득하도록 충분한 연습시간을 갖는 것이 중요하다. 즉, 회기 중 편도체의 과다 활성화로 인한 재외상화를 예방하고 상담실 외에서 촉발제를 맞닥뜨리게 되더라도 WT 안에서 머물 수 있도록 스스로 각성 수준을 조절하는 기초능력을 교육해야 한다(Siegel, 1999).

안전지대는 심상, 좋아하는 인형, 소리 등 다양한 형태나 매체를 활용하고 기초적인 정서조절기술(예: Grounding)을 습득하면서 형성된다(Najavits, 2002). 호흡을 통한 이완기법은 가장 많이 알려진 기법으로 과호흡을 통해 해리상태로 들어갈 수 있는 내담자를 가장 빨리 진정시킬 수 있는 기법이기도 하다. EMDR과 신체기반 접근법은 신체 자극을 통한 자기진정 동작을 활용한다(Levine, 2010; Odgen, 2009). 예를 들어, EMDR에서는 양측 자극의 원리를 활용하여, 좌우반구의 통합을 일으키는 동작을 상담 초기에 교육함으로써, 다음 단계와 일상에서 촉발될지 모르는 과각성과 해리 경험을 스스로 조절할 수 있다는 최소한의 안전감과 통제감을 쟁취할 수 있다

(Shapiro, 1995).

4) 정상화

PTSD 반응은 비정상적 자극(abnormal stimulus) 즉, 외상 사건에 대한 정상적인 반응(normal reaction)이다. 그러나 위협 사건이 소거된 후에도 외상 반응만이 과다 활성화되어 있기 때문에 결과적으로 부적응적 심리장애가 된다. 생존하고자 하는 적응적 노력의 관점을 강화하여, 외상 반응을 정상화하는 것은 외상치유에 필수적이다. 구체적으로, 재난 사건의 바로 그 순간의 생존(survival-in-the-moment states; LeDoux, 2002)과 관련된 외상 스트레스 반응, 이와 관련된 뇌구조와 반응체계에 대한 설명을 해 주는 것만으로도 외상자의 불안 수준을 떨어뜨릴 수 있다(Phoenix, 2007). 불안 수준이 떨어지고 편도체 활성화가 진정되면 합리적인 사고(전두엽의 활성화)가 가능해지면서 수용과 성장을 기대할 수 있는 태세(set)가 외상자 스스로의 힘으로 준비된다. 외상 사건의 본질은 외상자에게서 통제감을 빼앗고 무기력감을 남긴다. 따라서 정상화를 통해 외상자 자신의 반응이 남과 다르지 않으며 생각보다 상황이 그렇게 비정상적이고 통제불능은 아니라는 자각을 통해, 스스로 상황을 통제하고 사고할 수 있다는 최소한의 자신감이 생성되고 성공 경험을 한다. 이는 1단계에서 매우 중요한 치유기제로 작동하게 된다.

5) 사례관리

외상 초기에 심각한 악몽과 수면장애를 겪고 있다면, 수면제 처방을 제안할 수 있다. 수면장애나 악몽, 공존병리, 자살생각 등은 일상생활 장애를 가중하여, 자연회복 치유의 기간을 늘리고 PTSD로 발전할 가능성을 남기게 된다. 또한 생존회로가 촉발될 때 외상자가 과각성되거나 체계에서 빠지게 되어(예: 조기종결, 저항) 상담치료에 참여하기가 어려울 수 있다(Rothschild, 2010). 이런 경우, 약물치료는 생존회로의 반응 수준을 약화시켜 상담치료에 보다 충실하도록 할 수 있다(Sharpless & Barber, 2011). WT를 참조하여, 자해나 해리 반응이 현저할 경우, 세로토닌 재흡수 차단제(SNRI)인 항우울제/항불안제 처방을 받도록 심리교육, 정보제공 및 의뢰(referral)를 한다(Society of Clinical Psychology, 2015).

6) 치료 동맹: 공감과 라포 형성

긍정적인 치료 동맹은 외상 생존자에게 그 자체로서 치유의 기제로 작용한다. 외상 사건 생존자의 경우, 건강한 관계의 경계가 허물어지고, 세상과 인간에 대한 신뢰가 무너진 경우가 많다(Herman, 1992). 이때 외상자들은 자신의 외상 도식과 맞는지 상담자와 세상을 시험(trauma Re-enactment)한다(Linehan, 1993).

재난의 현장에서 상담자들이 언제나 환영받는 것은 아니다. 낯선 혼란과 불안의 중심에서 살아가는 재난 생존자들에게 상담자는 자신과 다른 외부인이거나 어쩌면 불편감마저 느끼게 하는 존재로 보일 수도 있다. 심리평가나 진단명을 내세울 경우, 관계 형성의 길은 더욱 묘연해진다. 안전단계에서 이루어져야 하는 앞의 기법들을 성공적으로 수행하다 보면 자연스럽게 관계가 형성된다. 상담자의 업무가 중요한 것이 아니라 재난 외상자들이 무엇을 원하는지 듣고 그것을 채워 주는 것을 우선순위로 두어야 한다. 외부에서 온 상담자라면, 지역 내 최초 대응자들과 협업하면서 재난생존자들과 가까워지는 전략을 구사할 필요가 있다.

재난대응 위기상담자가 진정성을 가지고 외상자의 곁을 지키면서 그들의 시험을 멈추는 것은 매우 큰 치료적 의의를 갖는다. 신체기반 접근법(게슈탈트, SE, SP 등)은 단지 상담자와 외상자가 한 공간에 함께 있는 것만으로도 응급 시 도움이 된다고 말한다(김정규, 2015; Levine, 2010; Ogden, 2009). 치료 동맹은 안전단계가 효과적으로 구축되었으며 다음 단계로 갈 수 있다는 신호로 생각할 수 있다.

2단계: 기억과 애도

2단계에서 공통적으로 사용되는 기법의 원리는 명시적으로든 암묵적으로든 외상자가 안전한 상황에서 외상 반응을 재경험하게 하여, 재조건화/재처리 과정을 통해 외상 반응을 소거하는 것이다. 2단계에서 외상자들은 1단계보다 훨씬 다양한 속성과 반응을 보인다. 즉, 개인의 자원에 기반을 둔 다양한 주관적 해석과 생태체계적 변인 간 역동으로 인해 다양한 외상 반응과 수준이 나타나게 된다. 상담학적 접근은 외상 반응과 수준을 치유함에 있어, PTSD 증상뿐만 아니라 다양한 생태체계적 변인과 외상자 개인의 자원을 치료계획에 같이 포함시키는 것이다. 자연치유회복군의 경우, 2단계는 미래의 외상 사건에 대한 PTSD 예방과 회복탄력성(resilience)의 강화를 상담목표로 단기로 진행할 수 있다. PTSD 취약군의 경우, 2단계를 보다 세심하게 장기적으로 진행할 필요가 있다.

2단계는 미래의 외상 사건에 대한 PTSD 예방과 회복탄력성의 강화를 상담목표로 단기로 진행할 수 있다.

1) 신체자각과 마음챙김

외상의 생리적 반응을 활용하는 바이오피드백뿐만 아니라, '신체자각'은 중요한 기초 기법이다(게슈탈트; 김정규, 2015). 다른 신체기반 접근법(SE, SP)도 인지 재구조화에 대한 자각보다 신체자각에 더 초점을 둔다(Levine, 2010). 신체 안의 미해결과제로 남아 있는 싸우지 못하거나 도피하지 못하고 마비되었던 반응을 신체자각과 움직임(싸움 혹은 도피로 재처리)으로 해소한다는 원리다. 이러한 암묵적 기억처리를 효과적으로 수행하기 위해서 인지보다는 신체에서 보내는 다양한 신호를 상담자가 면밀히 관찰하여 외상자가 자각할 수 있도록 반영하고 피드백하는 것을 중요기법으로 강조하고 있다(Ogden, 2009).

2) 안정화 각성상태의 조절: 중단/휴식/경계선 타기

안전단계뿐만 아니라, 2단계의 회기 중에도 각성 수준이 WT의 수준 안에서 자신의 외상 사건을 들여다볼 수 있는 정도의 안전감을 유지해야 한다. 너무 높은 각성은 대뇌피질의 기능을 압도하는 상황을 초래하여 안전한 상담과정을 이끌기 어렵다. 또한 너무 낮은 각성의 경우, 우울이나 해리 경험을 초래하여 상담 진행이 어려워질 수 있다. 회기 중, 외상치료자는 외상자가 보내는 조절 실패에 대한 신체적 신호를 알아차리고 회기 내 휴식/중단/회복의 횟수를 조절하는 것이 필요하다(Najavits, 2002; Rothschild, 2000; Schore, 1996). 이는 외상자의 정서조절 구조에 성장촉진적 환경을 만드는 데 중요한 역할을 한다.

과거 여러 외상 사건을 장기적 · 만성적으로 겪고 지원체제가 제대로 구축되어 있지 않으며 외상 경험자의 내적 자원과 회복탄력성이 취약한 경우, 안정화(stabilization)에 충분한 시간을 기울여야 한다(Rothschild, 2000). 이는 인지적 기억처리과정보다 선행되어야 한다. 인지적 기억처리작업은 정서(각성)조절에 필요한 모든 기술과 능력을 교육하고 습득한 후에 진행되어야 안전하고 효율적이다(Rothschild, 2010). 정서조절 작업 회기에서 상담치료자는 외상자가 어떻게 극단적 정서 상태에 빠지는지, 정서 상태에 따라 어떤 중재 접근이 효율적인지, 정서 상태를 어떻게 평가하는지에 대한 정보를 수집하고, 이를 종합적으로 치유계획에 반영해야 한다. 이는 변증법적 행동치료에서 사용하는 행동 평가와 유사하며, 외상자가 정상적인 상태에서의 정서, 신체, 사고, 행동이 어떠한지 알아차리도록 하는 데 도움을 준다.

안정화 단계의 정서조절을 위해, 변증법적 행동치료(DBT), 안전기반치료(Seeking Safety), 정서 및 대인관계 조절치료(Skills Training in Affect and Interpersonal Regulation: STAIR; Cloitre, Koenen, Cohen, & Han, 2002), 내러티브 스토리텔링(Narrative Story Telling: NST)에서 제안하는 기법들을 적극적으로 활용할 수 있다.

3) 인지 재구조화

대표적인 인지행동치료로는 노출치료(Prolonged Exposure; PE; Foa, 1997)가 있다. 노출치료는 실제노출 또는 상상노출, 점진적 노출을 사용하며, 소크라테스 기법을 활용하여 바라보는 수준으로 '인지 재구조화'를 다루게 된다. 미국 임상심리학회에서 인정한 인지처리치료(CPT)도 기억노출 및 재처리에 유용하다.

제3세대 인지행동치료에는 MBCT(Mindfulness Based Cognitive Therapy; Segal, Williams, & Teasdale, 2002), 수용전념치료(Acceptance Commitment Therapy: ACT; Hayes, Strosahl, & Wilson, 1999), 변증법적 행동치료(Dialectic Behavior Therapy: DBT; Linehan, 1993)가 있다. 이들의 특징은 명상/마음챙김을 적극적으로 통합(적용)하기 시작하여 인지와 마음챙김(mindfulness)을 함께 사용한다(Linehan, 1993)는 것이다. 이 중에서 변증법적 행동치료는 경계선 성격장애의 치료기법으로 경험기반 연구의 강력한 지지를 받고 있다. 많은 PTSD 연구자와 임상가(practitioner)는 경계선 성격장애가 CPTSD의 증상(Ford & Courtois, 2014; Linehan, 1993; Van der Kolk, 2002)의 하나라고 본다. '맞는 여성증후군(Battered Wife's Syndrome)' 이라고 불리는 만성적 가정폭력에 노출된 여성에게서 발견할 수 있는 성격 패턴도 경계선 성격장애의 특징과 유사하다. 따라서 Type II 외상 사건에 노출되고 해리 반응이 많은 내담자에게는 변증법적 행동치료가 적절한 기법으로 활용될 수 있다(Becker & Zayfert, 2001).

인지 재구조화를 위해 활용할 수 있는 또 다른 인지행동접근법으로는 브레인스포팅(Brainspotting; Grand, 2013), OEI(Observed and Experiential Integration; Bradshaw, Cook, & McDonald, 2011), EMDR(Eye Movement Desensitization and Reprocessing; Shapiro, 1995) 등이 있다.

4) 애도반응

애도반응은 2단계의 정서조절과 기억 재처리의 성공적인 작업 후 얻어지는 최종적인 결과물(정서)로 볼 수 있다. 슬픔은 외상치유가 2단계의 마지막 관문에 와 있다는 신호로 볼 수 있다. 외상자가 겪은 외상 관련 공포와 기억, 비적응적 욕구, 분노, 죄책감/수치심 등의 감정표출이 허용되고 수용받은 후, 외상자는 외상으로 인한 상실에 애도적 슬픔을 느낄 수 있게 된다. Type I 의 외상 사건의 경우, 신체적 · 정서적 안전감이 공고화되면 애도반응 작업단계로 들어갈 수 있다. 재난위기사건의 경우, 집단의 의식(ritual), 두려움에 대해 표현, 정보 소통이 이루어지는 것만으로도 애도반응의 효과를 얻을 수 있다.

재난 사건에 대한 애도는, 단순히 정서조절의 일부분으로서 개인의 슬픔을 처리한다는 것보다 사회적인 참여와 관심을 통해서도 이루어지는 것이 필요하다. 일련의 재난 사건을 피할 수는 없었지만, 그것을 다루고 외상 후 성장을 추구하는 모델링과 사회적 학습을 통해 인간은 다시 이 사회와 세상, 타인을 믿고 살아갈 힘과 근거를 얻게 되는 것이다.

3단계: 일상으로의 복귀

외상 사건은 미래에 대한 신뢰와 긍정성을 앗아 가며, 그로 인한 현재의 실행력을 감퇴시킨다(Ford & Courtois, 2014). 따라서 외상자가 주체적으로 미래의 행복감을 추구하는 기술을 가르치고 연습시키는 것은 재난대응 위기상담치유의 마지막 단계에서 이루어져야 할 일이다. 또한 외상 사건은 외상자 인생의 한 부분으로서 영원히 기록된다는 명제에서 출발하여, 외상 사건이 외상자 개인에게 갖는 의미체

외상자가 주체적으로 미래의 행복감을 추구하는 기술을 가르치고 연습시키는 것은 재난대응 위기상담치유의 마지막 단계에서 이루어져야 할 일이다.

계 구축에 초점을 두어야 한다.

외상 반응은 그 외상 사건의 본질상 사회적 맥락에서 촉발된다. 의학적 관점은 외상 증상에 초점을 두고 있기 때문에, 이 단계의 과제는 외상자 중심이 될 수밖에 없다. 반면, 지역사회 내 성장모델의 관점에서 살펴보면, 외상의 발생은 개인의 삶뿐만 아니라 지역사회의 성장과 확장의 기회로 활용할 수 있다.

1) 조언 및 과제 주기: 창의적 복귀

이 모형에서 '일상으로의 복귀'는 외상 사건 이전의 자신과 세계관을 회복하는 것을 말한다. 외상 사건 이전의 일상생활에서 했던 것처럼, 일상에서 자신만의 즐거움과 통제감을 되찾고 미래에 대한 꿈을 설계하고 현재를 살며 행동하는 것을 말한다. 상담이 끝나고 일상으로 돌아간 외상자가 자기관리와 성장을 주체적으로 실행할 수 있도록 자기관리전략 등을 심리교육하고 연습시켜야 한다. 이때 보다 창의적인 매체를 시도하고 실험하는 과제를 주고 개방된 자세로 조언하는 상담치료자의 태도가 도움이 된다. Frankl(1962)은 외상 경험을 극복하고 삶에서 의미를 발견하는 방법 중 하나로 '무언가를 창조하기'를 제안했다. 외상자는 축소된 미래에 대한 감각을 가지고 있고, 어떻게 꿈을 꾸고 상상해야 하는지 제한된 상황 속에서 무기력감과 무망감에 빠지기 쉽다(Herman, 1997). 일상으로의 복귀와 연결뿐만 아니라, 일상생활에서의 주체적인 문제 해결 및 기술 습득에도 외상심리치료자의 창의적인 조언과 지지가 필요하다.

2) 사회적 의식: 사회체계적 접근

재난 사건 이후, 안타깝게도 외상치유에 반하는 사회적 역동이 자주 일어나는 것을 보게 된다. 인적 재난 사건의 경우, 해당 사건에 대한 책임자를 찾게 되고 이러한 과정은 지역사회의 분노에 힘입어 '희생양 찾기'로 전락할 수도 있다. 일반적으로 관련 책임자, 자치단체장, 경찰, 구조대원, 정부기관 등 책임자급이 되기도 하고, 소수집단 등 지역사회 내 가장 약체의 집단이 희생양 역할을 떠맡게 되기도 한다. 911테러 사건 이후, 미국의 정책 · 예산 · 사회적 인지도 등에서 인종차별이 횔

씬 더 심해졌다는 평가를 받는 것이 그 예라고 할 수 있다. 실제로 필자가 뉴욕가정상담센터에 근무할 당시, 911 사건 이후 아시아인에 대한 사회복지예산이 급격히 줄어들었고, 범죄 피해자(유색인종)에 대한 구제책의 범위와 예산도 대폭 삭감되었었다. 이러한 희생양 찾기는 재난을 겪은 사회가 성장하는 데 있어, 장애물이 되고 2차 외상 사건으로 작용하여 치유를 위한 사회응집력을 떨어뜨리게 된다.

Frankl이 제시한 외상 극복과 삶의 의미를 재발견하는 방법 중 또 다른 하나는 '다른 사람을 그의 유일함으로 온전히 경험하는 것'이다. 이는 사회적 관계와 참여 없이는 이룰 수 없는 방법이다. 직장과 지역사회는 신체적·정서적 지지체계로 기능할 수 있다. 사회적으로 함께하는 장례식이나 추모행사에 참여하는 것만으로도 외상 반응이 급격히 완화된다. 외상자는 사회적 의식에 참여함으로써 이 사건과 반응을 자신만이 경험하는 것이 아니며 재난 사건의 발생에 대해 많은 사람이 안타까워하는 것을 '지금-여기'의 신체감각과 인지를 통해 재처리하게 된다. 이는 신체화 반응(악몽, 수면장애 등), 세상/인간에 대한 왜곡된 인지와 가치관이 발달되는 것을 예방할 수 있다. 또한 재난 사건을 만든 사람/집단이 함께 추모행사에 참여하는 것을 시각적으로 느끼고 물리적으로 같은 공간에 함께하는 것만으로도 외상과 관련된 다양한 부정적인 정서 등을 완화하는 데 도움이 된다.

3) 임파워먼트

외상심리치유기법의 핵심은 임파워먼트(empowerment)다. 사건 직후, 외상 반응에 압도되었던 외상자는 상담회기를 통해 차츰 분리와 접촉을 번갈아 하면서 자신의 힘을 키워 나가게 된다. 마지막 단계에서 외상자는 외상 사건을 자신의 삶의 일부로 수용할 정도로 성장하게 된다. 외상자는 임파워먼트를 통해 상담실이 아니라, 외상자의 삶에서 주체적으로 살아갈 힘을 얻게 된다. 압도하는 외상 반응보다 외상자의 힘이 더 커져야 한다. 외상반응을 소거한 후에는 세상과 자신에 대한 새로운 도식과 정체성으로 통합하여, 그 사회 안에서 외상의 역사와 심리적 흉터를 가지고 삶을 살아 낼 수 있는 힘을 길러 주어야 한다. 이러한 성장은 상담회기 내에 일어나지 않을 수도 있지만, 외상 후 성장은 필수불가결하다. 외상 사건이 발생한 이상, 외상자 자신과 세상은 이전과 같지 않다. 그 다른 모습이 성장과 연결되도록 도와야 한다.

병리적이고 비적응적인 증상에 초점을 맞추기보다는 생존한 사실에 초점을 맞추고 지금까지 잘 살아남았고 앞으로 더 잘 살아남을 방법을 모색하도록 도와주는 것이 중요하다. 다양한 긍정화(positive reframing; 김계현, 2002) 기법을 통해, 변화된 자기체계에 대한 관점을 전환하고, 상실과 축소가 아니라 수용과 확장을 선택하도록 지지하는 것이 필요하다.

4) 의미체계 구축과 외상 후 성장

외상 사건 이후, 외상자는 지금까지 알아 왔고 학습해 왔던 모든 것이 변화한다. 외상자의 삶과 생태체계에서 상실과 심리적 흉터가 생겼고, 일련의 사건과 반응을 겪지 않는 것이 가장 좋은 일이었겠지만 이미 발생한 외상 사건을 수용해야 하는 현실적 명제 앞에서 어떻게 외상 사건과 자신을 연결하여 의미체계를 구축하는가는 매우 중요한 일이다. 2단계의 기억처리와 정서조절, 애도 단계를 성공적으로 마친 후에도 자기 안의 의미체계들은 악화될 수 있다. 종종 실존적 · 영적 차원에서 외상 경험을 정의하는 것이 도움이 될 수도 있다. 상담회기 내에 외상 후 성장이 일어나지 않았더라도, 개인의 일상을 지속하면서 외상 후 성장을 추구할 동기가 지속되도록 의미체계에 대한 강화가 필요하다.

〈표 8-2〉 재난대응 위기상담 모형

1단계: 안전 · 생존	아웃리치와 옹호 정보제공과 심리교육 안전지대 선정 정상화 사례관리 치료 동맹: 공감과 라포 형성
2단계: 기억과 애도	신체자각과 마음챙김 안정화 각성상태의 조절 인지 재구조화 애도반응
3단계: 일상으로의 복귀	조언 및 과제 주기 사회적 의식 임파워먼트 의미체계 구축과 외상 후 성장

글을 마치며

이 장에서는 성장과 확대에 초점을 둔 상담학의 관점에서 재난 및 위기상담의 기법을 제안함에 있어, PTSD 취약군과 자연치유회복군이 공통적으로 거쳐야 하는 기본적인 3단계 모형을 제시하였다. 이 모형은 하나의 이론이나 기법에 충실하기보다는, 보다 많은 재난대응 위기상담자가 자기통제감과 유능감을 가지고 외상자를 돌볼 수 있도록 실제적인 가이드라인을 제공하는 데 의의를 두었다. 따라서 재난대응 위기상담자들이 이미 숙지하고 있는 기초상담기법의 활용을 최적화하고, 사건 발생 후 즉각적이고 실제적인 대처역량을 강화하고자 하였다. 마지막으로, 외상 사건을 겪은 사회 전체가 동반성장하기 위한 노력을 각자의 위치와 역할에서 어떻게 시작해야 할 것인가에 대한 탐색이 모든 외상 상담자와 관련 기관에서 함께 시작되기를 기대해 본다.

참고문헌

김계현(2002). **카운슬링의 실제**. 서울: 학지사.

김정규(2015). **게슈탈트 심리치료**. 서울: 학지사.

한국상담학회(2015). 2015년 한국상담학회 재난대응 정신건강 · 위기상담 심포지엄. 한국상담학회.

Becker, C. B., & Zayfert, C. (2001). Integrating DBT-based techniques and concepts to facilitate exposure treatment for PTSD. *Cognitive and Behavioral Practice, 8*(2), 107-122.

Bradshaw, R. A., Cook, A., & McDonald, M. J. (2011). Observed & experiential integration (OEI): Discovery and development of a new set of trauma therapy techniques. *Journal of Psychotherapy Integration, 21*(2), 104.

Bromberg, P. M. (2006). *Awakening the dreamer: Clinical journeys*. Mahwah, NJ: Analytic Press.

Cloitre, M., Koenen, K. C., Cohen, L. R., & Han, H. (2002). Skills training in affective and interpersonal regulation followed by exposure: A phase-based treatment for PTSD related to childhood abuse. *Journal of Consulting and Clinical Psychology, 70*(5), 1067.

Courtois, C. A. (2008). *Complex trauma, complex reactions: Assessment and treatment.*

Esterling, B. A., L' Abate, L., Murray, E. J., & Pennebaker, J. W. (1999). Empirical foundations for writing in prevention and psychotherapy: Mental and physical health outcomes. *Clinical psychology review, 19*(1), 79-96.

Everly, G. S., & Mitchell, J. T. (2000). The debriefing "controversy" and crisis intervention: A review of lexical and substantive issues. *International Journal of Emergency Mental Health, 2*(4), 211-226.

Foa, E. B. (1997). Psychological processes related to recovery from a trauma and an effective treatment for PTSD. *Annals of the New York Academy of Sciences.*

Foa, E. B., Keane, T. M., Friedman, M. J., & Cohen, J. A. (Eds.). (2008). *Effective treatments for PTSD: Practice guidelines from the International Society for Traumatic Stress Studies.* New York: Guilford Press.

Ford, J. D., & Courtois, C. A. (2014). Complex PTSD, affect dysregulation, and borderline personality disorder. *Borderline Personality Disorder and Emotion Dysregulation, 1*(9).

Frankl, V. E. (1962). *Man's Search for Meaning: An Introduction to Logotherapy.* Beacon Press.

Grand, D. (2013). *Brainspotting: The revolutionary new therapy for rapid and effective change.* Sounds True.

Hayes, S. C., Strosahl, K. D., & Wilson, K. G. (1999). *Acceptance and commitment therapy: An experiential approach to behavior change.* New York: Guilford Press.

Herman, J. L. (1992). Complex PTSD: A syndrome in survivors of prolonged and repeated trauma. *Journal of Traumatic Stress, 5*, 377-391.

Herman, J. L. (1997). *Trauma and Recovery: The Aftermath of Violence from Domestic Abuse to Political Terror.* New York: Basic Books.

LeDoux, J. (2002). *Synaptic self: How our brains become who we are.* New York: Viking.

Levine, P. A. (2010). *In an unspoken voice: How the body releases trauma and restores goodness.* Berkley, CA: North Atlantic Books.

Linehan, M. M. (1993). *Cognitive Behavioral Treatment of Borderline Personality Disorder.*

New York: Guilford.

Najavits, L. M. (2002). *Seeking Safety: A Treatment Manual for PTSD and Substance Abuse.* New York: Guilford Press.

Ogden, P. (2009). Emotion, mindfulness and movement: Expanding the regulatory boundaries of the window of tolerance. In D. Fosha, D. Siegal, & M. Solomon (Eds.), *The healing power of emotion: Perspectives from affective neuroscience and clinical practice.* New York: W.W. Norton.

Pennebaker, J. W., & Francis, M. E. (1996). Cognitive, emotional, and language processes in disclosure. *Cognition & Emotion, 10*(6), 601-626.

Phoenix, B. J. (2007). Psychoeducation for survivors of trauma. *Perspectives in Psychiatric care, 43*(3), 123-131.

Porges, S. W. (2007). The polyvagal perspective. *Biological Psychology, 74*(2), 116-143.

Resick, P. A., & Schnicke, M. K. (1993). *Cognitive processing therapy for sexual assault victims: A treatment manual.* Newbury Park, CA: Sage Publications.

Rothschild, B. (2000). *The Body Remembers.* New York: W. W. Norton & Company.

Rothschild, B. (2010). *Treatment Essentials: The go-to guide.* New York: W.W. Norton.

Schore, A. N. (1996). The experience-dependent maturation of a regulatory system in the orbital prefrontal cortex and the origin of developmental psychopathology. *Development and Psychopathology, 8*, 59-87.

Segal, Z. V., Williams, J. M. G., & Teasdale, J. D. (2002). *Mindfulness-based cognitive therapy for depression: A new approach to relapse prevention.* New York: Guilford Press.

Shapiro, F. (1995). *Eye Movement Desensitization and Reprocessing: Basic Principles, Protocols, and Procedures.* New York: Guilford Press.

Sharpless, B. A., & Barber, J. P. (2011). A clinician's guide to PTSD treatments for returning veterans. *Professional Psychology: Research and Practice, 42*(1), 8.

Siegel, D. J. (1999). *The Developing Mind: How Relationships and the Brain Interact to Shape Who We Are.* New York: Guilford Press.

Society of Clinical Psychology. (2015). *Post-Traumatic Stress Disorder.* Retrieved from https://www.div12.org/PsychologicalTreatments/disorders/ptsd_main.php

Terr, L. (1991). Childhood traumas: An outline and overview. *American Journal of*

Psychiatry, 148, 10-20.

Van der Kolk, B. A. (2002). Assessment and treatment of Complex PTSD. In R. Yehuda, (Ed.), *Treating trauma survivors with PTSD* (pp. 127-156). Washington, DC: American Psychiatric Association.

제9장

또 하나의 시각: 집단 외상으로서의 재난

오혜영

'집단 외상 치유'는 재난 회복의 중요한 키워드다

1971년 라데포름발트의 달레라우 지역에서는 기차 두 대가 충돌해 학생 41명, 어른 5명이 사망하면서 지역사회에 깊은 충격을 안겨 준 일이 있었다.

사고 이후 17년이 지난 시점에 기자는 그 사고로 인해 지역 공동체가 엄청난 피해를 입었음을 확인했다. 지역사회는 공동의 고통에도 불구하고 서로 반목하고 멀어졌다.

개개인을 넘어 지역사회(마을 공동체) 전체가 사고의 피해지가 된다. 이를 '집단 외상'이라고 한다. 라데포름발트 지역은 충격과 마비에서 헤어 나오지 못했다. 침묵과 경악이 계속되는 가운데 아무도 자신의 괴로움을 말로 표현할 수 없었다. 그런 상황에서 개인이 외상을 처리하고 극복할 가능성은 매우 적다.

사회의 메시지가 "그건 네 개인적인 운명이야. 그런 일을 공개적으로 말하지 마. 그 모든 것은 우리와 상관이 없으니까!"가 되기 때문이다.

-Georg Pieper-

글을 시작하며

최근 한국에서는 대규모 재난이 늘어나고 있다. 메르스, 구제역과 같은 자연 재난, 세월호 참사와 같은 사회적 재난 그리고 천안함과 같이 지정학적 · 군사적 위치로 인한 재난까지 크나큰 재난이 우리 사회를 흔들어 놓았다. 재난은 재난이 발생한 지역의 사회적 · 경제적 · 물질적 · 정신적 기반을 와해시키는 결과를 가져올 수 있다는 점에서 개인의 외상(trauma)과는 다른 관점에서 접근할 필요가 있다.

앞서 인용한 Georg Pieper의 글에서 보듯이, 재난은 개인의 차원을 넘어 그 지역 공동의 고통을 야기시킨다. 지역 내의 다양한 구성원이 직간접적으로 재난을 경험하며 여러 방식으로 불안과 공포, 상실을 표출하게 된다. 이때 개인의 경험과 고통이 서로에 대한 불신과 공격으로 이어지게 되면, 개인과 지역 공동체는 갈등과 반목으로 회복이 어렵게 된다.

세월호 참사의 경우에도 직접 피해를 입은 피해자 가족뿐 아니라 안산 지역의 주민들 역시 사건 이후 지금까지 정신적 · 경제적으로 고통을 겪고 있다. 세월호 사건이 일어난 지 1년이 지난 시점에서 여덟 개 지역 7,104명을 대상으로 조사한 결과, 안산 지역 우울감 지수가 1.68배 상승하였고 타 지역에 비해 정신건강 지표가 전반적으로 낮게 나타났다(의협신문, 2015. 4. 10.). 이 결과는 직접적 · 물리적인 재난 피해가 없어도 지역 공동체의 정신적 고통이 나타날 수 있으며, 이는 상당 시간이 흐른 뒤에도 쉽게 회복되기 어렵다는 점을 보여 준다.

재난은 그 고유의 특성, 다양한 불안과 공포를 경험한 개인들의 집합이 발생한다는 점에서 개인의 심리 내적 차원에만 머무르는 것이 아니라, 지역의 장기적 · 경제적 · 사회적 · 정치적인 문제를 필연적으로 겪게 만든다는 점을 주목할 필요가 있다. 이러한 점에서 개인 외상으로 재난을 다루는 것은 한계가 있을 뿐 아니라 재난이 개인적 차원의 문제라는 잠재적 메시지를 전파함으로써 지역의 문제를 해결하지 못하게 되는 결과를 낳을 수도 있기 때문에 주의가 필요하다.

재난은 개인의 심리 내적 차원에만 머무르는 것이 아니라, 지역의 장기적 · 경제적 · 사회적 · 정치적인 문제를 필연적으로 겪게 만든다.

따라서 재난 이후 지역 공동체가 갈등과 반목의 긴 터널로 들어가지 않으려면 재난 지역에 지역 공동의 고통이 존재한다는 사실을 인식하고 이 고통을 지역적 차원에서 통합적으로 다룰 필요가 있음을 간과해서는 안 된다. 즉, 지역 공동체의 외상에 대한 인식과 이에 대한 적절한 개입은 개인과 지역 공동체 회복의 중요한 키워드다.

그러나 이러한 중요성에도 불구하고 실제로 이에 대한 연구는 매우 미흡한 실정이다. 재난현장에 대한 연구 자체가 발생학적 측면이나 윤리적 측면에서 접근이 어렵기도 하지만, 집단 외상에 대한 개념은 아직까지는 소수의 연구자들을 중심으로 초보적인 단계에서 이루어져 왔기 때문이다. 따라서 필자는 현존하는 소수의 문헌들과 재난에 대한 관련 보도자료들을 토대로 이 장을 구성하였다. 이 장에서는 개인 외상과 구별되는 집단 외상의 개념과 재난현장의 집단 외상 사례들 그리고 아직은 생소하지만 집단 외상에 대한 치료적 접근들에 대해 살펴볼 것이다.

재난의 정의로 살펴본 재난 위기의 독특성

먼저 재난 관련 기구들에서 사용하는 재난에 대한 정의를 살펴봄으로써 재난이 가지는 독특성을 살펴볼 필요가 있다.

유엔재해기구(UNDP)와 유엔발전계획(UNCRD)에서는 다음과 같이 재난에 대한 정의를 내리고 있다.

> 재난이란 갑작스럽게 발생하여 지역사회의 기본 조직과 정상 기능을 와해시키는 큰 규모의 사건으로서 그 영향을 받은 지역 사회가 외부의 도움이 없이는 극복할 수 없고 생명과 재산, 사회 간접시설과 생활 수단에 대해 일상적인 능력으로는 처리할 수 없는 피해를 일으키는 단일 또는 일련의 사건이다.

세계보건기구(WHO)는 '심각한 파괴로 인하여 생태학적으로나 사회심리학적으로 피해지역이 자신의 대처능력을 초과한 상태'로 정의한다.

유엔국제재해경감기구(UNISDR)는 '10명 이상의 사망 사고' '100명 이상의 피해자가 발생한 경우' '정부에 의해 긴급 구호가 필요하다고 선포된 경우' '국가가 국제사회의 도움을 요청한 경우' 중 적어도 하나를 만족하면 ISDR의 DB에 기록될 정도의 재난이 발생한 것으로 본다.

이상의 재난에 관한 정의에서 우리가 알 수 있는 것은 재난은 개인 외상과 구분되는 독특한 특성이 있다는 것이다.

먼저, 재난은 큰 규모의 사건 혹은 지역의 대처능력을 초과한 상태 등으로 규모가 정의된다는 점이다. UNISDR은 규모에 대하여 적어도 10명의 사망자 혹은 100명 이상의 피해자 등으로 그 구체적 규모를 언급하고 있다. 즉, 재난은 지역의 다양한 구성원에게 집합적으로 발생한다는 특성이 있다. 다시 말하면, 재난을 직간접적으로 경험한 다양한 인구 집합의 경험이 존재한다는 점이다.

둘째, 재난은 지역의 기본 조직이나 대처능력으로는 극복하기 어려운 사건이나 상태라는 점이다. 지역의 다양한 시설과 기구, 조직, 수단, 법과 제도, 규칙 등으로는 대처할 수 없는 아노미 상태라는 점에서 지역의 기존 형태와 구조는 변형될 수밖에 없다는 필연성을 갖는다. 즉, 기존에 안정적으로 가져왔던 지역성이 크게 변형될 수 있다. 재난은 기존 지역 체계가 붕괴되거나 혹은 새로 조율되는 역동적인 지역의 변화과정을 내포하고 있다.

셋째, 재난의 정의에서 국가나 다른 지역 등 외부 원조가 필요하다는 점이 드러나 있다. 재난은 구조, 구난, 지원, 치료, 보상 등 다양한 외부 원조를 필요로 한다. 그리고 이 원조의 과정에서 지역 공동체가 치러야 하는 경제비용이나 우선순위, 희생, 경쟁 상황, 규제 등에 따라 지역 내 다양한 구성원과 단체나 기관들 사이에 긴장과 갈등을 일으킬 수 있다. 다양한 긴장과 갈등 상황은 취약해진 지역 공동체에 있어서 외부 원조를 어떻게 수용하고 회복의 과정을 발전시키느냐 하는 복잡다단한 문제를 내포한다. 또한 더 나아가, 장기적으로 재난을 당한 지역 공동체가 외부 원조의 의존성을 극복하고 변화 주체로서 발전할 수 있는가 하는 이슈에 당면하게 된다.

넷째, 재난의 정의는 공통적으로 갑작스럽게 발생하고 예측이 어렵다는 점에서 예측 불확실성과 통제 불가능성을 언급하고 있다. 예측 불확실성과 통제 불가능성에 대한 집단의 불안과 공포는 기존의 지역사회가 안정적으로 유지해 왔던 가치판단 기준과 도덕체계, 규범 등 기존의 사회적 규범을 흔들 수 있다. 또한 불시에 닥친 재난을 수용하고 받아들이는 과정에서 불안과 공포는 지역 전반에 심각한 정신건강 위기와 전염성을 가져오기도 한다. 특히 재난에 대한 중요 정보가 공유되지 않는 지역사회일수록 예측 가능성과 통제 가능성은 낮아지고, 집단의 막연한 공포와 불안은 물건 사재기, 폭력이나 탈취, 억측과 헛소문, 괴담 등 다양한 형태로 표출될 수 있다.

마지막으로, 재난의 정의에서 우리는 잠재적으로 '시간의 연속성'이 내포되어 있음을 알 수 있다. 극심한 재난은 복구 과정에 많은 시간이 걸린다. 거주지가 사라지고 신체 일부가 훼손되고 가족 중 누군가를 잃어버리는 극한 경험에서 정상성을 회복하는 과정은 지역의 장기적 복구 과정을 거쳐 이루어진다. 신속한 긴급 구조에서 장기적인 복구 과정까지 회복의 과정은 시간의 흐름에 따라 그 양상이 달라질 수 있다. 특히 피해 범위가 크고 복구에 시간이 걸릴수록, 지역의 구성원은 복구 과정에서 어려움을 겪게 되고 재난 이후 복구 과정에서 2차, 3차의 또 다른 피해가 발생할 수 있다.

개인 외상과 구분되는 재난의 특성

- 재난의 규모: 지역의 다양한 구성원에게 집합적으로 발생
- 지역의 기본 조직이나 대처능력으로는 극복하기 어려운 상태
- 국가나 다른 지역 등 외부의 원조 필요
- 예측 불확실성 및 통제 불가능성
- 시간의 연속성 내포

이상과 같이 재난기구들에서 정의하는 재난의 정의를 통해 우리는 재난이 개인 외상 사건과는 다른 독특한 특성이 있음을 살펴보았다. 이상에서 유추된 것을 요약하면, 재난은 개인을 주관적으로 압도하는 개인 위기 차원을 넘어선 것이며 해당 지역과 주변 지역 또는 더 나아가, 국가까지도 압도하는 특성이 있다. 그리고 개인

차원을 넘어 훨씬 더 복잡한 갈등과 문제, 변화와 역동을 집단에 야기시킨다. 따라서 재난에 의한 심리적 파급효과는 재난 자체의 물리적 속성에 의한 것뿐 아니라 재난이 일어난 지역사회 집단의 여러 맥락에 의해 크게 좌우될 수 있다는 점에서 외상의 개념을 정의할 필요가 있다.

개인 외상 대 집단 외상

현재까지 심리학적 차원에서는 재난을 '개인 외상'이란 개념으로 정의하는 견해, 즉 Tedeschi와 Calhoun(2004)의 견해처럼, 재난을 개인적 차원에서 '주관적으로 지각한 삶의 위기나 삶을 뒤흔드는 사건(seismic event)으로, 부정적인 심리적 결과를 유발하는 아주 높은 수준의 스트레스 사건'이라고 보는 견해가 주를 이루고 있다.

따라서 심리적 불균형을 즉각적인 위기개입으로 안정화하거나 PTSD와 같은 심리정서적 장애를 치료하기 위한 목적에서 객관적인 평가를 필수로 진행하며 이에 따른 개입계획을 세우고 상담을 진행하는 방식을 취하고 있다. 이때 외상 경험은 이 사건들을 직간접적으로 경험하는 것이며 삶의 위기, 심각한 스트레스 등의 용어와 함께 혼용될 수 있다고 보는 관점이다.

즉, 외상 경험은 자연 재난, 전쟁 경험, 테러, 강력범죄 등의 통계적인 비정상적 사건뿐 아니라 교통사고, 신체적 부상, 거주지 화재, 이혼, 장애아동의 출산, 성폭력, 골수이식이나 암 등의 질병, 신체적 · 정신적 학대를 포함한 다양한 폭력 피해 경험 등 주관적으로 '인생의 개인적 위기'라 지각되는 다양한 사건 경험도 포함한다(Tesdeschi & Calhoun, 2004).

Ruggiero(2001)는 재난으로 인한 외상 증상의 세 범주를 제시하였는데 이는 PTSD의 주요 증상인 과각성(hyperarousal), 반복적 재경험(re-experience) 그리고 심리적 외상을 일으키는 모든 단서를 피하려는 회피(avoidance) 행동 등과 일치하였다. Cohen(1990)은 재난의 경과에 따라 개인의 심리정서적 반응을 구체화하여 다루고 있다. 초기의 두려움과 불안에서 죄의식, 수치감, 염려, 현재 상황의 부정, 애통감과 무력감, 혼란 등이 나타난다고 보고하고 있으며 개인의 심리정서적 반응 변화에 초점을 맞추어 증상을 제시하였다. 이들의 관점에 따르면 재난은 급성 스트레스 반응과 유사하고 시간 경과에 따라 심각한 수준의 개인 외상 증상들이 나타날 수 있다.

또한 재난의 개인 외상 증상에도 교육 수준, 성별, 가까운 가족이나 이웃을 잃은 경우 등에 따라 차이가 나타날 수 있다는 점이 보고되었다(Bayam, Okay, Dilbaz, Keighobadi, & Duman, 2000; Cansever, Uzun, Dikkatli, Ozkan, & Ozgen, 2000; Yesilyaprak & Kisac, 2000). 여성, 노인, 장애인, 아동 등이 재난에 좀 더 취약하고 재난 피해가 클수록 개인 외상 증상들이 나타나는 것으로 보고되었다.

개인 외상의 관점에서 재난 피해자를 치료한 개입의 효과들이 보고되었다. Yule(2006)은 아테네 지진 이후 외상 후 스트레스 장애(PTSD) 증상이 있는 사람들을 대상으로 인지행동치료(CBT) 개입의 효과를 보고하였고, Chemtob 등(2002)은 허리케인 이니키(Iniki)의 피해자들을 대상으로 심리개입 효과를 보고하였다. 아르메니아 지진 발생 후 외상 청소년들을 대상으로 한 Goenjian 등의 연구(1997)나 국내의 대구지하철 화재 및 가스폭발사고 피해자에 대한 인지행동적 개입(이수연, 최웅용, 홍종관, 김춘경, 2004) 등도 있다. 또한 호흡법, 근육이완법, 자기대화 연습, 불안조절기법, 이미지 노출 기법, 인지치료 등이 포함된 CBT를 이란의 지진 피해 사례에 적용한 연구(Mitra, Laily, & Jafer, 2008)나 안구운동과 같은 양측성 자극과 함께 외상 기억에 집중하여 인지적 변화와 불안 등의 증상 감소 효과를 보고한 EMDR(김대호, 2005; Stapleton & Tayler, 2004) 등의 접근이 있다. 이 방법들은 모두 정신적 외상 경험을 대면하고 이에 대한 감정적 처리를 도와주며 치료를 통해 인지 변화를 추구한다는 점에서 공통적이다(Rothbaum, Astin & Marsteller, 2005).

이상의 관점은 일반 외상과 재난 외상을 개인이 경험하는 '위기'라는 동일선상의 개념으로 보고 개인의 맥락에서 경험하고 해결될 수 있다고 보는 관점이다. 재난 역시 인생을 살아가면서 겪을 수 있는 다양한 위기 중 하나이고 이 위기를 직면했을 때 심각한 정서적 불균형을 경험한다면 이에 대한 평가와 치료개입을 제공한다는 것이다.

그러나 최근 재난을 개인적 차원에서 보기보다는 집합적 차원에서 보는 것이 더 타당하다는 견해들이 나오고 있다(정지범, 이재열, 2009; 최남희 외, 2008; Fritz, 1961; Kinston & Rosser, 1974). 이들에 따르면 재난은 개인적인 것보다는 공공성을 띠는 것이며 지역사회가 급박한 위기 상태에 놓여 있어 개인적 차원의 개입보다 훨씬 더 광범위하고 체계적이며 다양한 차원의 개입이 요구된다는 것이다. 따라서 재난의 집합적 특성, 공동대응적 특성, 보상, 파급효과 등의 면에서 개인의 심리적 외상 경험과는 차별적으로 접근할 필요가 있다(정지범, 이재열, 2009; McEntire, 2001).

최근에는 재난을 개인적 차원에서 보기보다는 집합적 차원에서 보는 것이 더 타당하다는 견해들이 나오고 있다.

앞서 재난의 정의에서 살펴보았듯이, 재난의 독특성은 개인 외상 차원으로만 접근하는 것이 한계가 있음을 보여 준다. 재난을 개인 외상 차원으로 접근하는 방식은 개인의 위기를 완화시키거나 재난 이전 수준의 기능을 회복하는 수준으로 도와줄 수는 있지만, 지역 공동체가 겪는 위기와 다양한 집단 역동으로 인한 다양한 외상 경험을 다루지 못한다는 점에서는 분명히 큰 한계점이 존재한다.

집단 외상의 개념을 검토하기 위해 2001년 영국에서 발생한 구제역 피해를 광범위하게 다룬 Mort와 Convery 등의 연구를 주목해 볼 필요가 있다. Mort 등(2005)은 당시 엄청난 규모로 발생한 구제역이 농촌 거주자들의 건강과 사회에 어떤 영향을 끼쳤는지에 대하여 다양한 연구를 시도하였다. Mort 등(2005)은 6개 대상, 즉 ① 농부, 농장 일을 하는 사람과 그 가족, ② 관광, 공예, 상업 등을 하는 소규모 사업가들, ③ 가축운반업, 농산물 계약업, 농산물 경매업 등 농산물 관련 종사자, ④ 구제역 관리 관련 공무원, 도축팀, ⑤ 교사, 종교인, 처리지역 인근 주민 등 지역사회, ⑥ 의사, 지역사회 간호사, 수의사 등 의료 전문가 등을 대상으로 면접 자료와 일기를 수집하였고 질적 분석을 실시하였다. 연구 결과, 구제역은 구제역이 발생한 지역 주민들의 삶을 바꾸어 놓았음을 알 수 있었다. 이들 주민은 구제역 피해 당사자가 아니어도 비탄, 상실의 감정, 새로운 질병에 대한 공포, 통제 당국과 시스템에 대한 믿음의 상실, 지역 지식의 가치 등에 대한 손상이 나타났다. 사업이 회복되는 것, 기존의 문화를 바꾸어야 할지도 모를 새로운 규제들에 대한 부담, 구제역이 다시 올 것 같은 두려움, 불확실성 속의 삶이 주는 스트레스 등도 나타났다. 또한 구제역이 농촌지역에 대한 정체성과 가치감을 하락시켰다는 보고도 포함되었다. 즉, 지역

가치가 평가절하되는 느낌, 축산 · 낙농업에 대한 부정적인 느낌, 농촌지역 사회의 미래에 대한 암울한 느낌 등 농촌지역에 대한 부정적인 정체감이 발생 지역과 영국 전역의 다른 도시 주민들에게도 영향을 미쳤다. 농촌과 관광산업 등 산업 체계와 직업가치관에 광범위한 영향을 주었다. 그러나 이러한 영향에 대하여 어떠한 처치나 교육, 집단적 개입 효과는 보고되지 않았다.

2005년 미국 뉴올리언스에 발생한 허리케인 카트리나 피해를 다룬 연구들에서는 재난 이후 복구 과정에서 집단 외상의 증거를 찾아볼 수 있다. Knabb, Rhome과 Brown(2006)은 카트리나의 광범위한 피해를 보고하였다. 태풍 해일로 도시의 약 80%가 물에 잠겼고(Knabb et al., 2006), 홍수로 인해 약 10만 가구가 파괴되었으며(Meitrodt, 2006), 수많은 회사와 점포가 문을 닫았고, 약 2,500만 명(30만 명의 학생 포함)이 집과 학교, 도시에서 쫓겨났다. 많은 가정이 비상 피난소나 연방재난관리청(FEMA)의 장기 거주용 이동 주택, 다른 집으로 이주하게 되었고 아이들도 학교를 옮겨야 했다. Picou와 Marshall(2007)은 2005년에 발생한 허리케인 피해가 제방 파손으로 인한 홍수, 피난 등의 문제 외에도 새로운 곳으로의 이주와 정착 과정이 늦어지면서 1년이 지난 시점에서도 피해가 지속되었다는 사실에 주목했다. Picou와 Marshall(2007)은 이를 상세히 기술하고 있는데, 새로 전학 온 학생들은 교통수단이 없어서 등교가 곤란했고 집은 너무 허름해서 자주 이사를 가야 했다. 그 결과, 잦은 결석으로 인해 성적이 하락하였으나 학교에서는 심리적 조치 없이 오히려 처벌, 제적 등을 가하였다(Picou & Marshall, 2007). 허리케인으로 집과 가족을 잃는 아픔 외에도 이후 복구 과정에서 주어지는 집단 차별, 무시, 갈등, 제대로 취급받지 못함 등 다양한 갈등이 나타났다.

Kessler 등(2008)도 2005년 멕시코 만 여러 주에서 허리케인 카트리나가 발생하였고 이후 2년이 지난 뒤에도 숙소, 신체적 · 금전적 문제가 대부분 해결되지 않았다는 사실과 함께 심각한 정신질환과 PTSD, 지속적인 자살 욕구가 오히려 증가하였음을 보고하였다(Kessler et al., 2008).

재난이 발생하면 피해자들은 기존의 거주지에서 새로운 장소 혹은 구호소로 옮겨져 생활한다. 기존의 안정된 삶과 제도적 삶은 무너지고 새로운 삶의 형태, 각종 구호물품과 나누어 주는 여러 가지 생활용품, 긴급의료서비스로 일상적 필요를 대체하며 피해자들은 떠돌이처럼 생활하게 된다. 시간이 지남에 따라 정착을 위한 보상 이야기가 나오고 보상에 대한 다양한 구성원 사이의 갈등이 나온다. 새로운 정착지로 이주를 하게 되면 정착의 과정에서 기존 주민과 마찰이 생겨난다. 이러한 과정에서 기존의 사회적 형태와 구조는 변형되고 새로 유입된 이주민과 기존 주민 사이에, 보상을 받은 주민과 그렇지 못한 주민들 사이에 불신과 반목이 생겨난다. 기존 주민들은 새로운 변화가 자신들의 안정적인 삶을 불편하고 위협적인 것으로 만든다고 느끼게 되고, 이주민들이나 피해자들은 아직도 피해가 계속되며 다른 양상으로 번져 가기 때문에 삶을 지속하는 것이 힘들어진다.

재난의 피해 양상과 범위, 회복 속도나 회복과정은 정치, 사회, 문화구조 및 개인의 사회적 위치와도 관련이 많은 것으로 보고되고 있다. 이는 문화적 · 사회적 · 생태적 맥락 속에서 재난 외상을 좀 더 포괄적이고 거시적으로 정의하고 다루어야 함을 시사한다.

일찍이 Kai Erikson도 버팔로 크릭의 재난 연구에서 개인 외상과는 다른 집단 외상의 양상을 관찰하였다(Erikson, 1976). 그는 집단 외상은 개인 외상과는 달리 사람들의 결합을 파괴시키고 지역사회와 공동체를 회복 불가능한 수준까지 파괴시킬 수 있다는 점을 발견하였다. 버팔로 크릭에서 홍수로 댐이 폭팔하고 탄광폐기물로 지역사회가 황폐화되었으며, 외부의 원조는 주민의 욕구에 부응하지 못하였고 지역 갈등은 결국 지역 공동체를 파괴시키는 수준으로 발전하였다. 그에 따르면 집단 외상은 개인 외상보다 천천히 나타날 수 있지만, 결국 개인의 상처는 연결된 이웃의 상처가 되고 지역의 아픔이 되기 때문에 재난을 다루기 위해서는 개인 외상으로 충분하지 않고 그 이상의 접근, 즉 집단적 접근이 필요하다는 것이다.

Erikson 이후 실제 재난현장을 분석한 다른 연구들에서도 재난의 과정에서 집단 외상의 다양한 증거가 보고되었다. 구성원 간의 상호 지원이 줄어들고 외부 지원에 의존하게 되면서 자원을 둘러싸고 성원들 사이에 자원불균형과 관련한 경쟁과 갈등이 보고되었다(Freudenburg, 1997; Picou, Marshall, & Gill, 2004). 또한 긴장, 두려움, 유언비어를 확산시켜 구성원 간의 다양한 심리적 갈등을 유발하였다.

이와 관련하여 최남희(2011)는 재난 이후 떠오르는 정신사회적 문제는 개인적 문제일 뿐 아니라 공동체의 문제로 접근하여야 한다고 보았다. 실제로, 재난생태학에서는 물리적 위해요소(phsical forces of harm), 인구집단(population) 그리고 맥락(context)의 세 가지 요소를 적용하여 재난에 접근할 것을 주장한다(Ramirez & Peek-Asa, 2005). 이들에 따르면 피해 입은 인구집단의 임상적 반응만을 다루는 것은 충분치 않다는 것이다. 재난은 대체로 피해가 광범위하고 지속되는 특징이 있기 때문에 다양한 사회적 반응을 유발하며 사회조직과 문화적 틀이 무너지는 상황에 직면하게 될 수 있다.

Erikson(1995)에 따르면, 집단 외상은 사회생활의 기본 조직에 타격을 입힘으로써 사람들을 결속시키는 연대를 파괴하고 공동체의 보편적인 감각을 저해한다. 재난 외상은 지역 공동체에 발생한 물리적 피해뿐 아니라 복구과정에서 일어나는 다양한 집단의 심리사회적 갈등, 제한된 자원으로 인한 보상 배분과 행정 지원 등의 외부 자원 한계성, 재난 이전의 개인이 지닌 취약성과 지역사회의 사회적 자본 문제가 복합적으로 작용하여 나타나며 개인과 공동체에게 회복하기 힘든 물리적·경제적·심리사회적 피해를 일으킨다.

요컨대, 집단 외상은 재난으로 인한 지역의 물리적 피해에 대한 다양한 구성원의 피해 집합 이상이며, 피해자와 외부 원조자를 포함한 다양한 구성원 간의 갈등과 분열로 야기되는 지역 공동체의 문화경제적·심리사회적 피해를 포함하는 개념이다.

이와 관련하여 Kellerman(2007)은 "전쟁이나 테러리스트의 폭탄테러, 자연재해와 같은 재난 외상 사건들은 개인의 고통 범위를 넘어 국제적이면서 집단적인 영역에 들어선다. 결국 집단 외상을 다루기 위해서는 적절한 탐구와 해결을 위한 집단 환경이 필요하다."라고 언급하였다.

재난 외상에 제대로 접근하기 위해서는 개인의 지원에 머물러서는 안 된다. 개인과 집단 전체에 초점을 맞추고 서로의 고통을 공유하며 긴밀한 공동체의식을 형성하고 개인과 집단의 문제를 해결하여 사회문화적인 차원의 복구까지를 염두에 두어야 한다.

재난현장의 다양한 집단 외상 흔적

집단 히스테리, 집단 역동, 집단 최면 등 집단 현상과 집단의 영향력에 대한 연구들은 있어 왔지만, 집단 외상에 대한 연구는 그리 많지 않다. 행정이나 사회학, 역사학 등 다양한 분야에서 다루어진 소수의 연구물들과 재난현장을 심층 보도한 언론보도 자료 등의 기록물에서 집단 외상의 흔적들을 찾아볼 수 있을 뿐이다. 기록물들에 남아 있는 집단 외상의 흔적들을 통해 우리는 집단 외상의 몇 가지 이슈를 짚어 볼 수 있을 것이다.

먼저, 오래전 1944년 산 후안을 강타한 아르헨티나의 지진 복구과정을 분석한 역사학자 Healey의 글에서 집단 외상의 흔적을 찾아볼 수 있다(Healey, 2002). 이 지진은 1만 명이 사망하고 해당 지역의 절반이 무너진 아르헨티나 역사상 가장 최악의 자연재해였다. 그러나 그 지역이 절망에 빠진 것은 자연적 위해가 끼친 영향 때문만은 아니었다. Healey(2002: 5)는 다음과 같이 집단 외상의 형성과 그 영향을 기술하고 있다.

> 외부인에 의한 구조가 구호의 원래 취지인 복구를 저해할 수도 있다. 구호에 대하여 처음에 들었던 감사한 마음이 사라지고 오히려 산 후안 내에 균열은 심화되었다. 하향식 재난 구조 방식은 소외와 절망을 가져왔다. 시신들은 신원 확인도 없이 무더기로 소각되었다. 아이들을 대피시키면서 기록을 남기지 않아 많은 미아가 생겨났다. 식량과 물품에 대한 매매가 금지되었고 물품이 무료로 제공되었지만, 수요에는 턱없이 모자랐다. 사람들은 절망했고 무기력해져서 생존을 위해서 해야 할 역할도 부정하는 데 이르렀다.

O' keefe 등(1976)은 「자연적 재난에서 자연적인 것들을 추출하기(Taking the naturalness out of natiral disasters)」라는 논문을 통해 재난이 자연적인 요소라기보다는 사회경제적 취약성의 결과라는 점을 제기했다. Cutter(1993)는 취약성에 대하여 '개인이나 집단이 위험에 노출되거나 좋지 않은 영향을 받게 될 가능성이며,

결국 지역사회의 사회적 구성물과 그 지역에서 일어날 위험의 상호작용 결과'라고 보았다.

커다란 지진이 지역을 물리적으로 허물어뜨렸지만, 이 위험에 노출된 개인과 집단은 재난 충격에 더하여 '하향식 재난 구조'라는 외부 원조의 사회적 · 도덕적 · 경제적 충격을 받았다. 이재민의 욕구에 부응하지 않은 복구는 오히려 혼란을 가중시켰고 이재민에게 더 큰 고통을 주었으며 서로 간의 의사소통에 대한 신뢰를 잃었다. 그리고 공동체는 분열하고 아무것도 할 수 없는 무력감에 빠져들었다.

국내에서도 재난 복구과정에서 외부 원조로 인한 집단 외상의 흔적을 살펴볼 수 있다. 태안반도 허베이 스피릿호 기름 유출 사고 이후 복구과정에서 보상기준, 보상지연을 둘러싸고 중앙정부와 지역사회 사이에 갈등이 생기면서 마을 간, 마을의 업종 간, 세대 간 갈등 문제를 해결하지 못하고 피해가 장기화되는 결과가 발생했다(윤순진, 2008; 이재열, 윤순진, 2008). 허베이 스피릿호 기름 유출 사고에 대한 한 편의 박사논문(김도균, 2010)에서는 좀 더 세세한 분석이 이루어졌다. 김도균(2011)에 따르면, 재난 발생 이후에는 공동체 내부에 도움이 필요한 사람들이 극적으로 증가하지만 모두 피해를 당했기 때문에 이용 가능한 경제적 자원, 즉 생계자원이 줄어들고 성원 간의 상호 지원이 감소하며 생계를 외부의 경제적 지원에 의존할 수밖에 없어서 자원을 둘러싸고 성원들 사이에 경쟁과 갈등이 발생하게 된다는 것이다. 특히 갈등이 첨예했던 월산 1리 주민의 인터뷰에서 "시간이 지나면서 경제적 문제는 어떻게든 극복할 수 있겠지만 갈등으로 인하여 붕괴된 문화는 재생되기 힘들 것"이라고 토로한 부분은 공동체의 위기가 공동체의 연대 약화와 문화 붕괴로 이어질 수 있다는 점을 잘 보여 주고 있다(김도균, 2011).

오혜영, 안현의, 김은영(2011: 90-91)이 실제 구제역 피해자와 현장개입자들을 인터뷰한 자료에서도 보상과 관련하여 지역 공동체의 외상 증거를 찾아볼 수 있다.

'누구는 보상을 통해 큰 이득을 보았다.' 혹은 '누가 이 피해의 진원지다.'는 지역의 헛소문, '보상 이전에는 가까운 사이였지만 갈등이 심해 서로 왕래도 하지 않는다.' 는 보고가 언급되었다. 구제역의 직접 감염피해는 없지만, 침출수로 인한 과수 농가의 피해가 보고되었으나 이에 대한 보상이나 대책은 제공되지 않았다. 이전에 서로 좋은 관계를 유지했지만, 갈등이 첨예해지면서 마을은 피폐해지고 일부 축산 농가는 지역의 낙인으로 인해 이주해야 했다. 구제역의 피해자들은 가족 같은 가축을 생매장해야 했고 가축 도살과정에서 울음소리, 타는 냄새가 진동했다. 생매장 이후 썩는 과정에서 튕겨져 나온 사체들을 목격하는 등 일정 기간 동안 격리되어 혼자서 그 공포를 버텨야 했다. 그러나 감염에 대한 주변 사람들의 시선 때문에 죄인이 된 듯한 느낌이어서 공포와 불안감을 나눌 수도 없었고 텅 빈 축사로 생계가 무너지는 고통도 털어놓을 수 없었다. 이후 보상 문제가 불거지면서, 지역의 연대감은 더 깨어졌다.

최남희 등(2008)은 재난 발생 후 자원불균형으로 인해 지역사회 내에서 배신, 사기가 잇달아 일어나며 공동체의 와해까지도 일어날 수 있다고 지적하면서 이 과정은 재난 이후에 개인과 집단, 가족과 공동체가 조금씩 역동하면서 자연스럽게 일어날 수 있음을 시사했다.

아르헨티나 지진, 뉴올리언스 허리케인, 태안 기름 유출 사고 등 국내외의 여러 재난에서 집단 외상의 흔적을 찾아볼 수 있다.

현재 재난관리 부처의 재난실태집계방식(www.nema.go.kr)은 인명 피해 및 재산에 대한 파악에 집중되어 있으며 재난 대책도 사후 물질적 피해와 피해자들에 대한 심리진단과 처방에 치중되어 있다(최남희, 2006). 그러나 재난의 피해는 물질적 보상이나 개인에 대한 심리지원만으로 쉽게 완화되는 것이 아니다(김교헌, 권선중, 2009; 최남희 외, 2008). 정지범, 이재열(2009)은 재난에 대한 복구가 지역의 다양한 심리사회적 영향을 고려하고 지역사회의 공동목표를 추구하는 방향으로 나아갈 때 지역사회가 건강하게 회복될 수 있다고 지적하고 있다. Allen과 Nairne(1984)은 재난을 경험한 집단이 사실에 근거한 정보를 공유하도록 하는 것이 지역 공동체의 쓸데없는 불안을 줄이고 서로의 유대감을 통해 외상 반응의 정상화를 이끌어 갈 수 있다는 것을 시사하였다.

눈여겨볼 또 하나의 집단 외상 사례로 최악의 엘리트 패닉 사례로 거론되는 뉴올리언스 허리케인 재해 사건을 들 수 있다. 기자 출신인 Solnit(2009: 352)은 그의 저서에서 다음과 같이 묘사하고 있다.

> 카트리나 이후 대중매체와 당국이 만들어 낸 허구적인 괴물들의 도시는 상상 속에서만 존재할 뿐, 실제로는 존재하지 않았다. 하지만 그런 잘못된 믿음은 취약

하기 짝이 없는 수만 명의 인생을 파괴했다.

2005년 8월 카트리나로 뉴올리언스는 80%가 물에 잠겼고 모든 공공서비스가 중단되었으며, 9,000제곱마일에 달하는 지역이 재난 지역으로 선포되었다. 뉴올리언스는 오랫동안 범죄율이 높은 도시였지만, 언론은 이재민의 약탈 소식을 지나치게 과잉 보도했고 당국은 인명 구조가 아닌 약탈과의 전쟁 명령을 내리는 일이 벌어졌다. 위험한 뉴올리언스로 들어가는 길목이 차단되어 다양한 기관에서 제공하는 물품과 지원은 오랫동안 도착하지 못했다. 슈퍼돔에 있던 이재민들 사이의 폭력과 강간 등에 대한 소문이 퍼져 나갔고 이들은 야만적인 이재민으로 기술되었다. 나중에 정정 기사가 나갔지만, 너무 늦게 조용히 다루어졌고 주민 전체의 외상 증상은 쉽게 지워지지 않았다.

카트리나가 닥친 후에 일어난 일들은 충분히 피할 수 있는 것이었지만, 사회적 무질서에 대한 두려움, 빈민과 소수자에 대한 두려움, 약탈과 범죄에 대한 강박관념, 헛소문에 대한 잘못된 대응으로 피해지역은 쑥대밭이 되었다. 몇 날이 지나도록 지켜지지 않은 대피와 구조 약속으로 약탈이나 소요와 같은 사회적 위기가 일어났다. 또한 슈퍼돔 안의 무질서는 대부분 확인되지 않은 헛소문이었지만, 언론은 이재민을 과장해서 부정적으로 보도했다. 이재민들은 가족 및 친척과 떨어진 채로 슈퍼돔 안에 차단되고 방치되었다. 또한 야만인 취급을 받았으며 적절한 보호와 구조를 제때 받지 못했다. 정부와 국가로부터 버려진 느낌, 백인이 아니라서 차별받는 느낌, 이재민으로서 모든 것을 상실한 허탈감과 외부의 낙인으로 인한 이중의 심리적 고통이 있었다.

이러한 대응이 일어나는 것에 대해 Clarke(2003)는 엘리트의 위치에 있는 사람이 재난 상황에서 무질서에 대한 두려움과 공황으로 과잉반응을 하여 사회적 유대를 파괴하는 것, 바로 '엘리트 패닉'이라 명명했다. 그에 따르면 재난이 닥쳤을 때 격리수용, 중요한 정보를 제공하지 않음, 혹은 강압적인 방식으로 통제력을 잃지 않으려 함과 같은 엘리트의 대처가 오히려 혼란을 가중시키고 재난현장에서 필요한 유연한 구조방식을 파괴하거나 사회적 유대를 파괴할 수 있다는 것이다.

엘리트 패닉의 유사한 경우를 최근 우리나라에서도 찾아볼 수 있다. 2015년 6월 발생한 '중동호흡기증후군(mers) 사태'가 바로 그것이다. 우리나라 최고의 시설을 자랑하는 병원 중 하나인 삼성의료원에서 발생한 메르스는 초기 감염 경로에 대한 정보가 통제되면서 헛소문과 감염 경로 차단의 통제력을 상실했다. 감염 환자 보도는 나왔지만, 감염 병원 정보는 공개되지 않았다. 많은 환자와 방문객, 의료진이 전혀 감염 위험을 모른 채 메르스 증상이 발생한 이후에도 병원에 드나들었고 신속한 초기 대응에 실패했다. 감염이 확산된 후에야 병원 리스트가 공개되었고 이후 '낙타고기를 먹지 말라.'는 보건복지부의 우스꽝스러운 수칙이나, 자가격리자나 질병을 치료하는 의료진 자녀를 감염병 취급하는 학교나 지역 공동체의 행태(아시아경제, 2015. 6. 21.)가 보고되었다. 연이어 교육부에서 '메르스 격리자와 의료진 자녀의 등원, 등교가 거부되는 경우 법적 조치를 하겠다.'는 공문을 내려 보내는 웃지 못할 해프닝까지 벌어졌다. 생소한 감염병에 대한 엘리트의 혼란을 보여 주는 것이라 하겠다. 통제불능에 대한 불안과 공포는 공동체와 엘리트 집단의 의사결정을 혼란에 빠뜨릴 수 있다.

마지막으로, 집단 외상에 대한 정신분석학적 역사학자 LaCapra의 저서 *Reprsenting the Holocast: History, Theory, Trauma*(1994)를 살펴볼 필요가 있다. LaCapra는 집단 외상을 역사적 외상으로 특별히 명명하면서 이 외상에서는 집단의 기억과 역사적 측면에서의 성찰이 중요하다는 점을 제시하였다. 그는 홀로코스트 사건과 같은 유대인 학살의 참상을 분석하였다. LaCapra(1998)는 집단 외상은 '참혹한 사건을 직간접적으로 경험한 모든 사람에게 끼치는 일련의 부정적인 영향들로서 생생하고 격한 정서반응과 가치판단이 깊이 개입된 문제'라고 보았다. LaCapra(1994)는 과거를 망각하거나 외상을 부정함으로써 성급하게 긍정적인 정체성을 획득하거나 정상화를 시도하려는 것은 위험한 게임이라고 보았으며, 개인 차원의 산발적인 슬픔이나 애도의 끝없는 반복에서 벗어나려면 책임감 있는 대답을 주려는 사회정치적 여건과 공감대가 조성되어야 비로소 애도과정을 거친 성찰적 극복기에 도달할 수 있다고 보았다(LaCapra, 2004).

우리나라에도 '세월호 피로감' '유령도시'라는 용어가 등장하는 등 일반 시민들과 유족 사이, 안산과 진도 지역의 상인들과 유족 간의 갈등이 언론을 통해 보고된 바 있다(문화일보, 2014. 9. 26.). 2014년 4월 16일 발생한 세월호 사건은 온 국민이 노란 리본을 옷과 SNS 프로필에 내어 달 정도로 사건 직후에는 온 국민에게 비통함을 안겨 준 사건이었지만, 시간이 지나도 사고의 진상은 제대로 밝혀지지 않았고 제대로 된 사과와 애도, 처벌과 보상이 충분히 이루어지지 않았다. '세월호 진실'이라는 말로 억측과 소문이 돌아다니고 유족들 일부는 2년여가 지난 지금도 광화문 광장에서 시신이 돌아오기를 희망하고 있다. 국가가 세월호특별법을 제정하고 시행령을 공포했으나, 유족들은 이를 받아들이려 하지 않았다. 사고가 일어난 지 2년이 다 되어 가는 시점이지만, 해결되지 못한 피해자의 슬픔과 고통, 아무것도 정리되지 않은 상황에 대해 도움을 주지 못해 부채 의식을 갖는 사람들과 아직도 세월호 타령이냐고 피로감을 호소하는 사람들의 기억 부재 지점에서 더 큰 아픔과 집착이 되고 있다.

Pieper는 1987년 베스터발트 유조차 충돌 사고의 유족들과 피해자에 대한 치료를 분석하면서 지역사회가 더 이상 사고를 언급하지 않고 추모를 위한 상징도 만들지 않으며 피해자들의 경험을 공동으로 처리할 가능성도 제공하지 않을 때 피해자들이 보고했던 소외당한 느낌과 모욕당한 느낌을 기술했다(유영미 역, 2011). 독일의 경우도 나치 독재가 끝난 후 30년간은 어떤 처리작업도 하지 못했고 시간이 한참 흐른 다음에야 책임 있는 반성과 성찰에 대한 작업이 일어나기 시작하였다. "집단의 성찰과 기억과 질이 집단 외상 치유의 관건이 될 것"이라는 LaCapra의 말을 우리는 세월호 사건에서 되씹어 생각할 필요가 있다.

집단 외상에 관한 치료적 시도들

Erickson(1995)은 일찍이 개인들이 적절한 치료에도 불구하고 집단 외상으로 인해 지역 안에서 회복하지 못할 수도 있으며 특히 재난을 책임지고 있는 사람들이 적절한 책임이나 도의적 실천을 외면할 때 사회적 신뢰와 배신은 개인과 집단 모두에게 굴욕감과 평가절하를 경험하게 하여 지역 공동체를 회복 불능 상태로 만들 수 있다는 점을 지적하였다. 집단 외상을 치료하는 데 지역 공동체에 대한 적절한 개입 지점을 찾는 것이 매우 중요한 개입 변수가 됨을 알 수 있다.

집단 외상을 치료함에 있어서 지역 공동체에 대한 적절한 개입 지점을 찾는 것이 매우 중요한 개입 변수가 된다.

개인이 지속적으로 살아가는 지역 공동체는 개인에게 있어서 삶의 중요한 터전이자 심리적 기반이지만, 외부나 내부의 심리사회적 환경에 따라 부정적인 방향으로 혹은 긍정적인 방향으로 변화해 가는 유기체적 특성을 가지고 있다. 즉, 재난이 발생하였을 때 장기적이고 체계적인 관점에서 살아 있는 유기체로서의 지역 공동체 특성을 인식하고 지역 공동체가 재난에서 어떠한 집단 외상을 경험하게 되는지 그리고 지역 공동체가 재난을 극복하고 이전 사회 혹은 그보다 나은 사회로 회복하기 위하여 어떤 개입을 필요로 하는지에 대한 다양하고도 개방적인 논의와 접근이 이루어져야 한다.

Kirby와 Shu(2010)의 작업은 우리에게 이러한 점에서 시사점을 준다. 이들은 아프라카의 가나 지역에서 내전으로 인한 갈등이 첨예한 두 종족 콘콤바족과 다곰바족을 대상으로 문화 드라마 워크숍을 열었고 이들의 갈등을 직면하여 다루었다. 내전으로 인한 갈등이 첨예한 두 부족에게 Kirby와 Shu의 문화 드라마 작업은 서로의 역할 교대를 통해 마음을 열게 하고 예상되는 갈등 상황에서 서로를 재발견하게 하였다. 서로 다른 집단 사이에서 기능하고 탐색하고 역사적 · 사회적 · 문화적 구조를 바꾸기 위해서 집단의 갈등을 다루는 성공적인 작업의 시도였다(Lederach, 1997).

따라서 집단 외상을 다루기 위해서는 공동체의 다양한 갈등 구조를 바꾸고 서로 어려움을 공유하며 지역 공동체로서의 유대감을 가질 수 있는 작업이 필요하다. 구조와 보상 등 외부 지원에 따른 지역 내의 불평등에 대한 갈등, 가해자와 피해자 사이의 혹은 행정기관과 유족들 사이의 갈등, 주민과 이주민의 정착 갈등 등 다양한 갈등 구조에 대해 서로 마음을 열고 서로의 어려움을 나누고 입장을 바꾸어 생각할 수 있을 때 갈등의 이해와 문제해결의 생산적인 차원으로 나아갈 가능성이 있다.

또한 더 나아가, 재난에 대한 집단의 성찰적 규범과 문화를 성장시켜 가야 한다. Pieper는 성공적인 사례로 우토야 섬의 총기난사 사건에 대한 노르웨이의 집단적 성찰과 애도 및 회복의 과정을 예로 들었다(유영미 역, 2011). 그에 따르면 사건을 직접 목격하거나 당한 피해자와 유족들에 대한 심리적 개입과 애도 작업이 계속 이어졌고, 언론과 각계 전문가들은 여러 달 동안 참사의 원인에 대해 사회적 원인을 모색했으며 정기적인 묵념과 추모가 이어졌다. 모든 작업과 모든 관련자가 주는 메시지는 '우리가 당신과 함께 있어요. 숨지 말고 함께 괴로움을 나눠요.' 였으며 사회는 각 개인이 시련을 극복하도록 서로 간에 다리를 놓아 주었다고 보고하고 있다. 이 과정을 통해 노르웨이는 인간과 인도주의에 대해서 공동체가 함께 성찰하고 함께 애도와 기억을 나누었으며 공동체의 이해와 보호는 강력한 치료제가 되었다.

Erickson(1976)이 지적한 대로 상처에 대한 반응이 '우리'와 '그들'을 갈라 놓을 수 있다. 집단 외상적 접근은 '집단의 공동이 기억과 성찰'의 과정을 제대로 거쳐서 이에 대한 집단의 공감대를 형성하고 이를 토대로 공동체가 함께 극복기로 나아가는 과정과 작업이 필요하다.

마지막으로, 집단 외상은 세대를 통해 전승될 뿐 아니라 관련된 많은 사람의 정신 구조에 영향력을 행사한다는 것이다. Leveton과 Volkas(2010)에 따르면 집단 외상은 관련된 사람들에게 의식적 · 무의식적으로 흡수되고, 민족적 · 문화적 정체성에 강하게 영향을 끼치는 구체적인 이야기를 발전시킨다. 이에 Volkas(2009)는 홀로코스트와 같은 집단 외상을 다루는 '역사적 상처 치유하기(Healin the wounds of history: HWH)' 프로그램을 개발하였다. 독일인과 유대인이 함께한 자리에서 Volkas는 결국 모든 인간은 가해자가 될 수 있으며 분열을 치유하는 것은 양 집단의 인간성을 대면하고 그들 서로를 인간으로 바라보도록 하는 것 그리고 과거 비인간화와 잔인성에 대한 책임을 지도록 하는 것을 도와줌으로써 통합으로 나아가는 고리를 가질 수 있음을 보여 주었다. 집단의 밑바닥에 깔린 공동체적 이야기와 이들에 대한 무의식적 역동에 대한 집단적 접근은 결국 재난 앞에 인간이 얼마나 연약하고 통제불능의 존재인지를 확인하고, 서로 상처를 주는 분열과 갈등을 벗어나 인류애라는 가치를 확인하여 치유적 공동체로 작용하도록 도울 수 있음을 시사한다.

글을 마치며

이상에서 우리는 재난위기는 개인과 집단을 압도하는 것이며 지역과 집단에 다양한 집단 외상을 남길 수 있음을 살펴보았다. 집단 외상은 시간이 지남에 따라 서로의 상처들이 곪고 연결되는 과정에서 균열이 생겨나며 외부 지원에 대한 집단 공동체의 합의된 규범이나 이해가 없을 때 많은 반목과 갈등이 일어난다. 또한 사회적 무질서나 통제불능에 대한 엘리트 패닉과 같은 혼란을 일으키기도 한다. 집단 외상을 다루기 위해서는 재난에서 발생하는 다양한 집단 외상의 현상들을 간과해서는 안 되며 이를 다룰 수 있는 집단 환경을 만들어 갈 필요가 있다. 이를 위해서는 개인과 개인, 개인과 집단 간의 고통을 공유하고 긴밀한 공감대를 형성하며 그때그때 떠오르는 집단의 문제를 개방적이고 합리적으로 다루어 가며 재난 이후 집단의 적절한 가치 규범과 제도를 만들어 갈 필요가 있다. 집단의 책임 있는 성찰과 반성, 애도를 거쳐 극복의 단계로 나아가는 경험은 개인과 지역 공동체에 치유적으로 작용한다.

재난을 겪은 구성원들에게는 많은 것이 사라지고 삶은 예전 같지 않지만, 그래도 살 만한 곳이라는 희망을 느끼게 되는 때는 지역 공동체가 집단 외상에 대해 서둘러 덮으려 하지 않고 개방적이고 성찰적인 태도로 허심탄회하게 다루며 진지한 해결책을 모색하고 긴밀하게 접근하여 서로의 눈물을 닦아 주며 이끌어 주는 치유적 응집력을 가질 때일 것이다.

참고문헌

김교헌, 권선중(2009). 태안 주민들의 재난 후 스트레스 반응: 사고 후 2개월과 8개월 시점의 지역별 비교를 중심으로. **ECO: 환경사회학연구, 13**(1), 89-125.

김대호(2005). 트라우마후 스트레스 장애에 대한 안구운동 민감소실 및 재처리 요법. **신경정신의학, 44**(2), 147-151.

김도균(2010). **환경재난과 지역사회의 변화: 허베이스피리트호 기름유출사고가 어촌마을에 미친 사회경제적 영향.** 충남대학교 대학원 박사학위논문.

김도균(2011). **환경재난과 지역사회의 변화: 허베이스피리트호 기름유출사고의 사회재난.** 경기: 한울.

오혜영, 안현의, 김은영(2011). **재난피해청소년 개입매뉴얼 개발.** 서울: 한국청소년상담원.

유영미 역(2014). **쏟아진 옷장을 정리하며: 힘들고 아픈 나를 위한 치유의 심리학**[*Uberleben oder Scheitern: die Kunst, in Krisen zu bestehen und daran zu wachsen*]. Pieper, G. 저. 서울: 부키. (원저는 2012년에 출판).

윤순진(2008). 허베이 스피리트호 기름유출사고의 자원봉사자 연구. **환경사회학연구 ECO.** 한국환경사.

이수연, 최웅용, 홍종관, 김춘경(2004). 대구지하철참사 청소년생존자의 심리사회적 적응을 위한 인지행동적 위기상담의 효과. **청소년상담연구, 12**(1), 156-168.

이재열, 윤순진(2008). 허베이 스피리트호 유류오염사고의 사회경제적 영향에 관한 연구: 태안군 석포리 사례연구를 중심으로. 서울대학교 사회과학대학 환경대학원.

정지범, 이재열 편저(2009). **재난에 강한 사회시스템 구축: 복원력과 사회적 자본.** 경기: 법문사.

최남희(2006). 재난 피해자 사후 지원: 재난 피해자의 사회 복귀. **한국위기관리논집, 2**(2), 1-18.

최남희 외 12인(2008). **재난피해자 심리관리 지원체계 구축방안 연구(1).** 서울: 소방방재청.

최남희(2011). 재난 트라우마 해소를 위한 다학제적 접근의 의미. **한국정신보건사회복지학회 춘계 학술대회 "재난, 트라우마 그리고 정신보건사회복지"**, 31-40.

Ackerman, F., Stanton, E, A., & Bueno, R. (2010). CRED: A New Model of Climate and Development. *DESA Working Paper, 96.*

Adamson, A, D., & Peacock, G. G. (2007). Crisis response in the public schools: A survey of school psychologists' experiences and perceptions. *Psychology in the Schools, 44*(8), 749-764.

Allen, B., Brymer, M. J., Steinberg, A. M., Vernberg, E. M., Jacobs, A., Speier, A, H., & Pynoos, R. S. (2010). Perception of psychological first aid among providers responding to Hurricanes Gustav and lke. *Journal of Traumatic Stress, 23*(4), 509-513.

Allen, J. A. B., & Nairne, J. (1984). *Class discussions for teachers and counsellors in elementary school.* Toronto, Canada: University of Toronto.

Bayam, G., Okay, T., Dilbaz, N., Keighobadi, M., & Duman, O. Y. (2000). Sivil savunma birligi calismalarinda kaygi, umutsuzluk duzeyleri ve post-travmatik stres bozuklugu sikligi [Density of anxiety, hopelessness level and post-traumatic stress disorders in the works of civil defense cooperation] [Abstract]. *Ulusal Psikiyatri Kongresi Ozet Kitabi, 36*, 75.

Calhoun, L. G., Cann, A., Tedeschi, R. G., & McMillan, J. (2000). A correlational test of the relationship between posttraumatic growth, religion, and cognitive processing. *Journal of Traumatic Stress, 13,* 521-527.

Cansever, A., Uzun, O., Dikkatli, S., Ozkan, H. M., & Ozgen, F. (2000). Psychiatric morbidity after the earthquake. *Ulusal Psikiyatri Kongresi Ozet Kitabi, 36*, 78.

Caplan, G. (1964). *An approach to community mental health.* New York: Grun & Stratton.

Cardona, O. D. (2003). The notions of disaster risk: Conceptual framework for intergrated management. *Information and Indicators Program for Disaster Risk Management.* Manizales: Inter-American Development Bank.

Cardona, O. D. (2004). The need for rethinking the concepts of vulnerability and risk from a holistic perspective: A necessary review and criticism for effective risk management. In G. Bankoff, G. Frerks, & D. Hilhorst (Eds.), *Mapping Vulnerability: Disasters, Development and People.* London: Earthscan.

Chamlee-Wright, E. (2006). "After the Strom: Social Captial Regrouping in the Wake of Hurricane Latrina." *Global Prosperity Initiative Working Paper.* Arlington, VA: Meractus Center, George Mason University.

Chemtob, C. M., Nakashima, J. P., Roger, S., & Hamada, S. (2002). Psychosocial intervention for post-disaster trauma symptoms in elementary school children. *Arch Pediatry Adolescence Med, 56*, 211-216.

Clarke, L. (2003). *Terrorism and Disaster: New Threats, New Ideas.* Stamford, CT: JAI Press.

Cohen, J. A. (2003). Treating acute posttramatic reactions in children and adolescents. *Biological Psychiatry, 53,* 827-833.

Cohen, R. E. (1990). Post Disaster Mobilization and Crisis Counseling: Guideline and Techniques for Developing Crisis-Oriented Services for Disaster Victims. *Crisis Intervention Handbook: Assessment, Treatment and Research* (pp. 279-299). Belmont, California: Wadsworth Publishing Company.

Cutter, S. L. (1993). *Living with Risk.* London: Edward Arnold.

Doherty, G. W. (2007). *Crisis intervention training for disaster workers, An Introduction* (pp. 249-272). Rocky Mountain Disaster Mental Health Institute Press.

Erikson, K. (1976). *Everything in the path.* New York: Simon & Schuster. Paperbacks.

Erikson, K. (1995). *A new speices of trouble.* New York: W. W. Norton.

Freudenburg, W. R. (1997). "Contamination, Corrosion and the Social Order: An Overview." *Current Sociology, 45,* 19-40.

Fritz, C. E. (1961). Disaster. In R. K. Merton & R. A. Nisbet (Eds.), *Contemporary Social Problems* (p. 655). New York: Harcourt, Brace and World.

Galappatti, A. (2003). What is a psychosocial intervention? Mapping the field in Sri Lanka. *Intervention, 1*(2), 2-7.

Galea, S., Ahern, J., Resnick, H., Kilpatrick, D., Bucuvalas, M., Gold, J., & Vlahov, D. (2002). Psychological sequela of the September 11 terrorist attacks in New York City. *The New England Journal of Medicine, 346*, 982-987.

George, W. D. (2007). *Crisis intervention training for disaster workers: An Introduction.* Rocky Mountain Disaster Mental Health Institute Press.

Glavovic, B. C. (2005). Social resilience: Building layers of resilience to transcend waves of adversity. Resilient Infrastructure Conference. Massey University (8 August 2005).

Goenjian, A. K., Karayan, I., Pynoos, R. S., Minassian, D., Najarian, L. M., Steinberg, A. M., & Fairbanks, L. A. (1997). Outcome of psychotherapy among early adolescents after trauma. *Am J Psychiatry, 154*, 536-542.

Healey, M. (2002). The Fragility of the Moment: Politics ans Class in the Aftermath of the 1994 Argentine Earthquake. *Internatonal Labor and Working Class Journal, 62* (Fall, 2002), 5

Healey, P. (2002). On creating the 'city' as a collective resource. *Urban Studies, 39*(10), 1777-1792.

IFRC(International Federation of Red Cross and Red Crescent Societies).(2004). World Disasters Report 2004; *Focus on Community Resilience*. Geneva. IFRC.

Inter-Agency Standing Committee. (2007). *IASC Guidelines on Mental Health and Psychosocial Support in Emergency Settings.*

International Federation Reference Centre for Psychosocial Support. (2009). *Psychosocial interventions: A Handbook.* International Federation of Red Cross and Red Crescent Societies.

Jonathan, H. S. (2001). *Handbook of Crisis Counseling, Intervetion, and Prevention in the school* (2nd ed.). Mahwah, New Jersey, London: Lawrence Erlbaum Associates, Publishers.

Kellerman, P. F. (2007). *Sociodrama and collective trauma.* London: Jessica Kingsley.

Kessler, R. C., Galea, S., Gruber, M. J., Sampson, N. A., Ursano, R. J., & Wessely, S. (2008). Trends in mental illness and suicidality after Hurricane Katrina. *Molecular Psychiatry, 13*, 374-384.

Kinston, W., & Rosser, R. (1974). Disaster: Effects on mental and physical state. *Journal of Psychosomatic Research, 18,* 437–456.

Kirby, J. P., & Shu, G. (2010). *Healing Collective Trauma Using Sociodrama and Drama Therapy.* New York: Spring Publishing Company.

Klein, R. J. T., Nicholls, R. J., & Thomalla, F. (2003). Resilience to natural hazards: How useful is this concept? *Environmental Hazards, 5,* 35–45.

Knabb, R. D., Rhome, J. R., & Brown, D. P. (2006). Tropical Cyclone Report Hurricane Katrina. National Hurricane Center. Retrieved November 19, 2008, from http://www.nhc.noaa.gov/pdf/TCRAL122005_Katrina.pdf.

LaCapra, D. (1994). *Representing the Holocaust: History, Theory, Trauma.* New York: Cornell University Press.

LaCapra, D. (1998). *History and Memory after Auschwitz.* New York: Cornell University Press.

LaCapra, D. (2004). *History in Transit: Experience, Identity, Critical Theory.* New York: Cornell University Press.

Lanzmann, C. (1995). *Shoah: The complete text of the acclaimed Holocaust film* (p. 185). New York: DaCapo Press.

Lederach, J. P. (1997). *Building peace: Sustainable reconciliation in divided societies* (pp. 191-197). Washington, D. C.: United States Institute of Peace Press.

Leveton, E., & Volkas, A. (2010). *Healing Collective Trauma Using Sociodrama and Drama Therapy.* New York: Spring Publishing Company.

Mayinyena, S. B. (2006). The concept of resilience revisited. *Disasters, 30*(4), 433–450.

Mayunga, J. S. (2007). *Understanding and applying the concept of community disaster resilience: A Capital-based approach. A draft working paper prepared for summer academy and resilience building.* Germany: Munich

McEntire, D. A. (2001). Triggering agents, vulnerabilities and disaster reduction: Towards a holistic paradigm. *Disaster Prevention and Management, 10*(3), 189–196.

McEntire, D. A., Fuller, C., Johnston, C. W., & Weber, R. (2002). A Comparision of Disaster Paradigms: The Search for a Holistic Policy Guide. *Public Administration Review, 62*(3), 267-281.

Meitrodt, J. (2006). For Dear Life: How Hope Turned to Despair at Memorial Medical Center.

New Orleans Times-Picayune, 20-24.

Middleton, N., & O' keefe, P. (1997). *Disaster and Development: The Politics of Humanitarian Aid.* London/Chicago: Pluto Press.

Mitra, H., Laily, P., & Jafar, A. (2008). Outcome of Cognitive Behavioral Therapy in Adolescents After Natural Disaster. *Journal of Adolescent Health 42,* 466-472.

Mort, M., Convery, I., Baxter, J., & Bailey, C. (2005). Phychosocial effects of the 2001 UK foot and mouth disease epidemic in a rural population: Qualitative diary based study. *BMJ,* 1-5.

Myers, R. (2005). Rethinking the Worst Case. *CFO, 21*(16), 89-91.

Neria, Y., DiGrande, L., & Adams, B. G. (2011). Posttraumatic stress disorder following the September 11, 2001, terror attacks: A review of the literature among highly exposed populations. *American Psychologist, 66,* 429-446.

Norris, F. H., Friedman, M. J., Watson, P. J., Byrne, C. M., Diasz, E., & Kaniasty, K. (2002). 60,000 disaster victims speak: Part I. An empirical review of the empirical literature. 1981-2001. *Psychiatry, 65,* 207-239.

Norris, F. H., Stevens, S. P., Pfefferbaum, B., Wyche, K. F., & Pffefferbaum, R. L. (2008). Community resilience as a metaphor, theory, set of capacities, and strategy for disaster readiness. *American Journal of Community Psychology, 41*, 127-150.

O' keefe, P., Westgate, K., & Wisner, B. (1976). Taking the naturalness out of natiral disaster. *Nature, 260,* 566-567.

Paton, D., Smith, L., & Violanti, J. (2000). Disasters Response: Risk, Vulnerabilities and Resilience. *Disaster Prevention and Management, 9*(3), 173-179.

Picou, J. S., & Marshall, B. K. (2007). Katrina as Paradigm-Shift: Reflections on Disaster Research in the Twenty-First Century. In D. Brunsma, D. Oversvelt, & J. S. Picou (Eds.), *The Sociology of Katrina: Perspectives on a Modern Catastrophe*. Lanham, MD: Rowman & Littlefield.

Picou, J. S., Brent, K. M., & Duane, A. G. (2004). Disaster, litigation and the Corrosive Community. *Social Forces, 82*(4), 1493-1522.

Picou, J. S., Marshall, B. K., & Gill, D. A. (2004). Disaster, litigation, and the corrosive community. *Social Forces, 82*(4), 1493-1522.

Pine, J. C. (2009). *Natural Hazards Analysis: Reducing the impact of disasters.* CRC Press,

Taylor & Francis Group.

Ramirez, M., & Peek-Asa, C. (2005). Epidemiology of traumatic injuries from earthquakes. *Epidemiologic Reviews, 27*(1), 47-55.

Reich, J. W. (2006). Three psychological principles of resilience in natural disasters. *Disaster prevention and management, 15*(5), 793-798.

Roberts, A. R. (2005). *Crisis intervention handbook. Assessment, treatment, and research* (3rd ed.). Oxford University Press.

Rothbaum, B. O., Astin, M. C., & Marsteller, F. (2005). Prolonged exposure versus eye movement desensitization and reprocessing (EMDR) for PTSD rape victims. *Journal of Traumatic Stress, 18,* 607-616.

Ruggiero, K. J. (2001). *Trauma Criterion A, and Posttraumatic Stress Disorder Scientific Utility and Definition Validity.* est Virginia University Department of Psychology. Dissertation, Unpublished.

Ruzek, J. I. (2006). Models of early intervention following mass violence and other trauma. In E. C. Ritchie, P. J. Watson, & M. J. Friedman (Eds.), *Interventions following mass violence and disasters: Strategies for mental health practice.* New York: Guilford Press.

Ruzek, J. I. (2007). Psychological first aid. *Journal of Mental Health Counseling, 29*(1), 17-33.

Sampson, R. J., Stephen, R., & Felton, E. (1997). Neighborhoods and Violent Crime: A Multilevel Study of Collective Efficacy. *Science, 277,* 918-924.

Shalev, A. Y., & Freedman, S. (2005). PTSD following terrorist attacks: A prospective evaluation. *American Journal of Psychiatry, 162*(6), 1188-1191.

Solnit, R. (2009). *Paradise built in hell: The extraordinry communities that arise in disasters.*

Soltz, J. (2008). PTSD and murder among newest veterans. Retrieved August 15. 2009. from votevets.org

Stapleton, A. J., & Taylor, P. C. (2004). *Representing the flow of R&D in a thesis: Diachronic structure & hyperlinking.* Paper presented at the 2004 Australian Association for Research in Education (AARE) International Education Research Conference, Parkville, Victoria.

Tedeschi, R. G., & Calhoun, L. G. (2004). Postmumatic growth: Conceptual foundations and empirical evidence. *Psychological Inquiry, 15(1),* 1-18.

Walker, B., & Salt, D. (2006). *Resilience Thinking.* Washington, D. C.: Island Press.

Williamson, J., & Robinson, M. (2006). Psychosocial intervention, or integrated programming for well-being? *Journal of mental health, psychosocial work, and counselling in areas of armed conflict*, 1-21.

Westefeld, J. S., & Heckman-Stone, C. (2003). The integrated problem-solving model of crisis intervention: Overviews and application. *Counseling Psychologist, 31*, 221-239.

Volkas, A. (2009). Healing the wounds of history: Drama therapy in collective trauma and intercultural conflict resolution. In D. R. Johnson & R. Emunah (Eds.), *Current approaches in drama therapy*. Springfield, IL: Charles Thomas.

Yesilyaprak, B., & Kisac, I. (2000). Marmara bolgesi depremlerinin psiko-sosyal etkilerinin incelenmesi [Investigation of psycho-social effects of Marmara region earthquakes]. *Ulusal Egitim Bilimleri Kongresi Ozet Kitabi, 9*, 27.

Yule, W. (2006). Theory, training and timing: Psychosocial interventions in complex emergencies. *International Review of Psychiatry, 18*(3), 259-264.

세계보건기구 http://www.who.int/

유엔국제재해경감기구 http://www.unisdr.org/

유엔재해기구 http://www.undp.org/

재난관리부처의 재난실태집계방식 http://www.nema.go.kr

문화일보(2014. 9. 26.). 지역경제 타격에 세월호 피로감

아시아경제(2015. 6. 21.). 교육부, 메르스 의료진 자녀 거부시 법적 조치

의협신문(2015. 4. 10.). 세월호 사건 이후 안산지역 우울감 지수 1.68배

제10장

미국의 재난관리체계

이동훈

글을 시작하며

이 장에서는 우리나라의 체계적인 재난심리지원체계 구축을 위해 미국의 재난관리체계를 살펴보고 그것이 우리나라에 주는 시사점을 도출하고자 한다. 미국은 지난 200년간 지속적인 노력을 통해 자국의 실정에 맞는 선진 재난관리체계를 구축하였다. 미국은 연방정부의 거대한 틀 안에 주 · 지방 정부기관과 비정부기관의 상호 협력체계 구축으로 국가 통합적 재난관리체계를 이루고 있으며, 주요 대형재난 발생 시 이러한 국가 통합적 재난관리체계를 가동하여, 재난 피해자들이 재난을 극복하고 재난 전 생활 수준의 삶을 다시금 영위할 수 있도록 지원하고 있다. 이러한 목적의 일환으로 전개되는 재난심리지원활동은 미국의 공적 재난 지원 내용에 포

본 장은 다음 자료를 기반으로 재구성하였음.

이동훈(2015). 국내외 재난심리지원 시스템 개관 및 전망. 한국상담학회 재난대응 정신건강 · 위기상담 심포지엄. 서울: 프레스센터.

이동훈(2015). 재난심리 모델링 개발. 2015년 연차보고서. 소방방재청의 인적재난안전기술개발사업[NEMA-인적-2014-40].

이동훈, 강현숙(2015). 미국의 재난심리지원 체계 및 재난위기상담의 실제와 시사점. **상담학연구**, 16(3), 513-536.

함되어 있으며, 국가 통합적 재난관리체계 안에서 체계적으로 이루어지고 있다.

또한 효율적이고 포괄적인 개념의 재난심리지원 프로그램을 구축하여, 이에 대한 유관기관 간의 통합적 지원이 이루어지고 있다. 효과적인 재난관리체계의 구축이라는 궁극적인 목적을 달성하기 위해서, 우리나라는 이러한 선진 재난관리체계의 장점을 타산지석으로 삼아 수용할 뿐만 아니라 우리나라 실정에 맞는 효율적이고 차별화된 재난관리체계 구축을 위해 지속적으로 노력할 필요가 있다.

그동안 우리나라에서 재난관리체계에 대한 연구가 간헐적으로 이루어지기는 했지만 그 수가 매우 적었고 최근의 해외 동향을 전혀 반영하지 못한 부분들이 많다. 따라서 재난에 대한 경험과 지속적인 연구를 통해 개선되어 온 선진국의 재난관리체계를 분석하고 우리나라와 비교하여 그 시사점을 찾는 일은 한국의 재난관리체계 구축과 개선에 기여할 것이다. 이를 위해 이 장에서는 먼저, 미국의 재난관리와 관련된 정책, 지원체계, 예산, 종사자 교육 등을 중심으로 미국의 재난관리체계를 살펴보고자 한다.

재난관리법

1950년 「연방재난방지법(The Federal Disaster Act)」의 제정으로 128개의 재난 관련 법령이 통폐합되고 연방 차원에서 재난관리를 지원하도록 법적 장치를 마련하였으며, 1974년 「재난구호법(The Disaster Relief Act of 1974)」 제정으로 연방재난지원부를 설립하였다. 이 법은 1988년 「스태퍼드법(Stafford Disaster Assistance and Emergency Relief Act)」으로 개정되어 시행되고 있다.

현재 미국의 재난관리를 위한 기본법은 「스태퍼드법」이며, 이 법을 기본으로 주정부는 주법(state law)에서, 지방정부는 조례(ordinance)에서 재난 관련 사항들을 규정하고 있다(심우배, 2005). 「스태퍼드법」에는 재난 피해를 완화하기 위한 주정부 및 지방정부에 대한 연방정부의 각종 지원에 관한 기본 사항들이 규정되어 있으며(양기근, 2011), 재난 피해자들이 일상적인 삶으로 복귀할 수 있도록 돕는 심리지원에 관한 조항을 규정하고 있다.

재난관리체계

미국에서는 크게 911 테러와 허리케인 카트리나 사태 이후 재난관리체계를 총괄 지휘할 수 있는 연방정부의 역할과 책임이 강조되었다. 2001년 9월 11일 세계무역센터에 대한 테러 공격 이후 미국 내에서 국가적 차원의 통합적 재난관리에 대한 필요성이 대두되었고, 이러한 시대적 요구에 부응하여 2002년 국토안보부(Department of Homeland Security: DHS)가 출범하였다. 2003년에는 1979년 카터 대통령이 창설한 연방재난관리청(Federal Emergency Management Agency: FEMA)이 국토안보부(DHS) 산하 소속기관이 되었다.

911 테러 이전에는 지방정부가 다양한 본토 안전의 책임을 지고(Sylves, 2008), 지방정부가 중심으로 재난관리를 하는 상향식(bottom-up) 재난관리를 하였다면, 2001년 911 테러를 계기로 국가적인 공포를 경험하면서 하향식(top-down) 재난관리로 변화하게 되었다(Sylves, 2008). 이때 국토안보부가 신설되었고, 2003년에는 독자기관이던 연방재난관리청(FEMA)이 국토안보부에 합병되어 연방재난관리청의 권한이 축소되었다.

그러나 2006년「포스트 카트리나 재난관리 개정법(Post-Katrina Emergency Management Reform Act)」제정 이후, 책임과 임무를 국토안보부에서 연방재난관리청으로 부여하였다(국회도서관, 2011). 이에 따라 현재 미국의 재난관리는 국토안보부의 산하기관인 연방재난관리청을 중심으로 이루어지고 있다. 연방재난관리청은 현재 28개 연방정부 기관은 물론 적십자 등 민간기구까지 총괄하는 재난 및 재해 담당 독립기관으로 국가재난 예방, 재난 발생 시 연방차원의 긴급 대응과 구조, 구호, 복구에 이르는 모든 재난관리를 전담하고 있다(이동훈, 2014).

국가적 차원의 재난관리 기관이 국가 통합적 재난관리체계를 통솔하고 있지만, 실질적으로 미국은 연방주의에 입각하여 주와 지방정부가 자치의 책임을 갖고 있기에, 재난관리활동에 대한 책임 또한 당해 지역의 지방정부에 두고 있다. 따라서 미국은 각종 자연 · 인적 재난 발생 시 지방정부의 재난관리부서(Emergency Management Agency: EMA)가 재난관리의 제일선 책임을 지고 지방정부의 재해현장에서 지역 실정에 맞는 재난관리활동을 펼치고 있다. 이렇게 지방정부에서 재난관리에 대한 모든 책임을 지고 있지만, 피해가 극심해 지방이나 주(state)정부 수준에서 감당할 수 없는 대규모 재난이 발생한 경우에 주지사는 연방정부에 지원을 요청하여 도움을 받는다.

지방정부가 감당할 수 없는 대규모의 재난이 발생했을 때 재난관리부서(EMA)는 피해 상황을 파악하여 주정부와 주지사에게 도움을 요청하며, 연방재난관리청 지역사무소는 피해 상황을 파악하고 필요한 지원규모를 산정한다(강인호, 2006). 연방재난관리청 지역사무소는 연방정부가 지역의 재난 상황에 개입할 경우에 더욱 효율적으로 재난 상황에 대응하기 위하여 운영하고 있는 상설행정조직으로서, 10개의 지역 사무소를 두고 있으며, 각 지역 사무소는 지역 관리자(Regional Administrator: RA)의 책임하에 있다. 연방재난관리청에서 재난대응활동을 가장 많이 경험한 인력들이 이러한 지역 사무소에서 많이 일하고 있다. 연방재난관리청 지역 사무소는 연방재난관리청의 정책, 프로그램, 행정 및 경영 지침과 같은 사항들을 준수하며 정책, 경영, 자원 및 행정 작용을 통해 연방과 각급 정부기관과 지역 사무소 간의 효과적인 조정활동이 가능하도록 지원한다. 이렇게 미국은 비상지원기능에 따라 연방정부의 지원을 받는 각 주 · 지방 정부들이 각 수준에서 제 역할을 수행하며 유기적으로 통합된 하나의 커다란 재난관리체계를 구축하고 있다.

한편, 2004년 국토안보부에 의해 국가 통합적 재난관리체계인 국가사고관리체계(The National Incident Management System: NIMS)와 국가재난대응계획(The National Response Plan: NRP)이 완성되었다. 국가사고관리체계는 국가적 재난이 발생했을 때 연방정부와 주정부, 지방정부가 유기적으로 대처할 수 있도록 만들어진 국가 통합적 재난관리체계다. 국가재난대응계획은 국가재난관리체계를 통합 · 운영하는 연방정부의 권한과 책임을 규정하고 있으며, 주 및 지방과 연방의 조정체계를 담고 있다(이종설, 2006). 그러나 그 내용이 권위적이고 반복되는 측면이 있으며, 내용과 제목이 불일치하는 경우도 있었고, 효과적인 작전계획과 국가적 범주를 포함하기에는 충분하지 않는다는 지적 때문에(하규만, 2010), 2008년 국가재난대

미국은 비상지원기능에 따라 연방정부의 지원을 받는 각 주 · 지방 정부들이 각 수준에서 제 역할을 수행하며 유기적으로 통합된 하나의 커다란 재난관리체계를 구축하고 있다.

응체계(The National Response Framework: NRF)의 형태로 수정 · 발전되었다. 현재 국가재난대응체계는 미국의 재난관리 총괄부서인 연방재난관리청에 의해 국가적 차원의 포괄적이고 통합적인 재난관리체계 프로그램으로 운영되고 있다. 국가재난대응체계는 국가가 위기에 대응하는 방식의 지침이 되며, 재난 피해의 감소를 위해 국가사고관리체계와 밀접히 연관되어 가동된다. 국가사고관리체계는 재난의 관리를 위한 큰 틀을 제공하고, 국가재난대응체계는 재난관리에 있어 국가 수준 정책의 구조와 메커니즘을 제시한다.

주 · 지방정부

미국의 재난관리 활동에 있어 1차적 책임은 지방정부에 있으며, 지방정부는 지역사회에서 발생하는 재난관리의 실질적인 역할을 맡아, 지역 상황에 적합한 재난관리 활동을 수행한다. 주정부는 연방정부와 지방정부 사이에 위치하여 연결고리의 역할을 한다.

미국에서 재난이 발생할 경우, 제일선의 책임 기관은 시(cities) · 카운티(counties) 등 지방(local)정부이며, 주(state)정부는 지방정부에 대한 지원 · 조정 등의 업무를 수행한다(심우배, 2005). 미국의 재난관리체계는 연방주의에 입각하여 주와 지방정부가 지역의 실질적인 재난관리활동을 수행하고, 주와 지방정부의 자원을 우선적으로 사용하도록 되어 있으며, 연방정부는 이 수준에서 자치가 불가능한 재난에 대한 지원을 뒷받침한다. 즉, 미국의 재난관리 활동에 있어 1차적 책임은 지방정부에 있으며, 지방정부는 지역사회에서 발생하는 재난관리의 실질적인 역할을 맡아, 지역 상황에 적합한 재난관리 활동을 수행한다. 연방정부는 지방정부의 능력과 자원을 초과하는 재난 발생 시, 이를 지원하는 기능을 수행한다. 주(state)정부는 연방정부와 지방정부 사이에 위치하여 연결고리의 역할을 한다.

주 · 지방 재난 관리 시, 재난 지역에서 실질적인 재난구호 활동을 총괄하는 곳은 지방 재난관리센터(Emergency Operation Center: EOC)와 주 재난관리센터(EOC)다. 재난관리센터는 우리나라의 '재난안전대책본부'와 유사한 상설 조직이며, 평상시는 대비국장(preparedness manager)을 담당자로 하여 실무인력 3~4명으로 운영되고, 비상시에는 발생지역 자치단체장이 본부장으로 편성되며,

지역 전체를 대상으로 하는 재난 시에는 지역 내 재난현장지휘소(incident command post)를 통제 · 조정하고, 자원 지원 업무를 수행한다(양기근, 2011). 각급 정부의 재난대응자들은 ICS(Incident Command Structure)와 조정활동을 통해 재난대응 활동을 전개한다. ICS란 재난대응 시, 모든 주체의 시설, 장비, 인력, 절차, 의사소통을 통합하기 위한 관리체계다.

지방정부 수준에서 추가 자원이나 능력 지원이 필요하다고 판단하였을 시 ICS 책임자는 지방 재난관리센터에 요구조건들을 전달한다. 지방 재난관리센터는 이러한 요구조건들을 전달받아 지원 내용이 지방의 범위를 초과했다고 판단될 경우, 주 재난관리센터와의 조정활동을 통해 주와 연방에 지원을 요청한다.

연방정부

연방 수준에서의 재난관리는 주와 연방 차원에서 이루어지는 사건 관리활동인 통합 조정(unified coordination)에 의해 이루어진다. 통합 조정활동이란, 재난 수준에 맞추어 주와 연방 기구가 재난관리 활동을 수행하는 것을 말한다. 통합 조정은 일반적으로 민간부분, 비정부단체, 각급 정부 차원의 대응활동을 조정하기 위한 일시적인 중앙기구인 합동현장사무소(Joint Field Office: JFO)를 통해 이루어지는데(U. S. Department of Homeland Security, 2013b), 합동현장사무소(JFO)는 민간부분, 비정부단체, 각급 정부의 재난대응 역량을 한데 모아 조정활동을 통해 지방정부에 기술적 지원, 재정적 지원, 자원과 장비 지원을 하기 위한 중심 역할을 한다.

재난 발생 시, 연방정부는 주 또는 지방 자원을 초과하는 자원에 대하여 조정활동을 거쳐 지원활동을 펼친다.

재난 발생 시, 연방정부는 주 또는 지방 자원을 초과하는 자원에 대하여 조정활동을 거쳐 지원활동을 펼친다. 지원 요청에 있어서 지방정부는 자원이 자신들의 능력 범위를 얼마나 초과하는지, 요청할 자원의 양, 자원 사용의 용도, 시기, 수혜자와 같은 세부 내용을 상세히 보고해야 하며, 만약 요청자가 이러한 보고에 있어 어려움을 겪을 시, 연방 기관과 부서들은 기술적 지원을 제공한다. 이렇게 연방의 대응활동과 지원 내용은 주와 지방정부에 의해 조정되는데, 이용 가능한 자원의 양과 요구사항들은 상황에 따라 변화할 수 있기 때문에, 모든 재난 관리·대응 기관과 종사자는 지원 기간 동안 조정활동을 지속한다.

이러한 연방정부의 통합 조정활동은 국가사고관리체계의 원칙에 잘 부합하는 활동으로, 각급 정부의 상호 유기적인 협력과정을 잘 나타내 주는 개념이다.

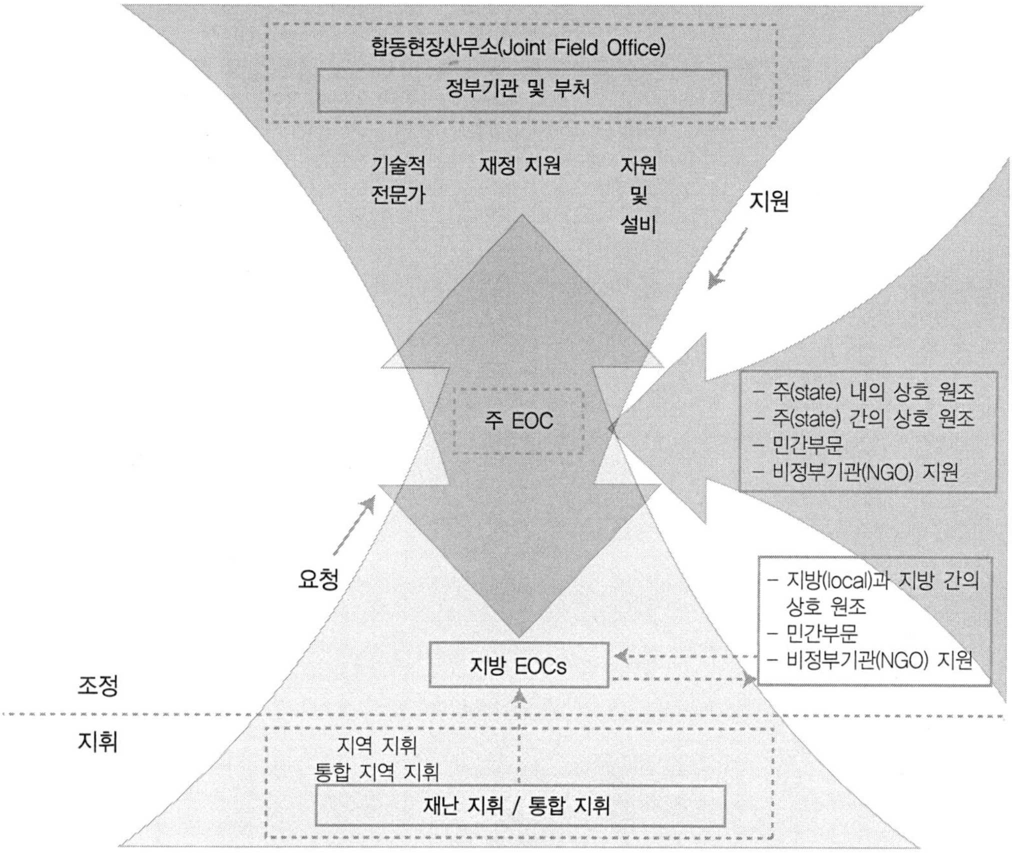

[그림 10-1] 대규모 재난 기간 중 요청과 지원의 흐름

출처: U. S. Department of Homeland Security(2008).

재난관리 예산

예산은 한 조직의 현재와 미래에 대한 준비과정을 판단할 수 있는 중요한 지표가 되며, 각 조직의 사업 크기를 가늠케 한다. 2015년 국토안보부(DHS)의 예산은 약 609억 달러이며, A&O(Analysis and Operations) 0.5%, DNDO(Domestic Nuclear Detection Office) 0.5%, Dept.Ops(Department Operations) 1%, 연방법집행기구(Federal Law Enforcement Training Center: FLETC), 감찰감실(Office of the Inspector General: OIG) & OHA(Office of Health Affairs) 1%, S&T(Science & Technology Directorate) 2%, USSS(U.S. Secret Service) 3%, 연방재난관리청(FEMA) Grant Programs 4%, USCIS(U.S. Citizenship & Immigration Services) 5%, NPPD(National Protection and Programs Directorate)가 5%, 이민세관단속국(U.S. Immigration & Customs Enforcement: ICE)이 9%, 교통안전청(Transportation Security Administration: TSA)이 12%, 해양경비대(U.S. Coast Guard: USCG)가 16%, 연방재난관리청(FEMA)이

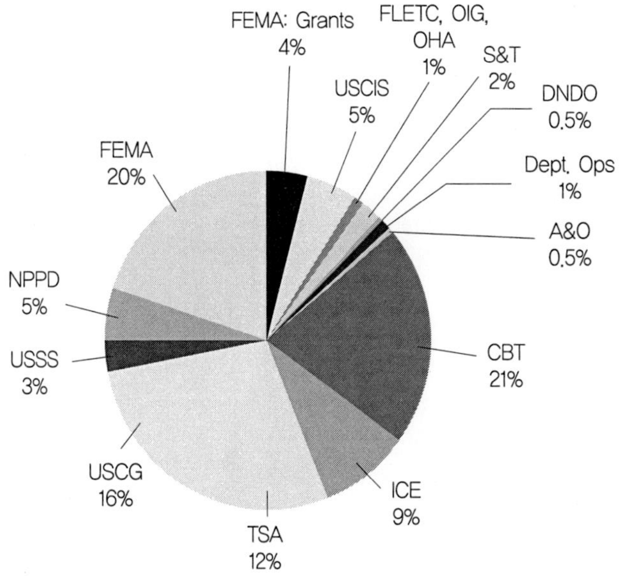

[그림 10-2] 2015년 국토안전부(DHS) 예산 분배 현황

출처: U.S. Department of Homeland Security(2013a).

20%, CBP(U.S. Customs & Border Protection)가 21%의 예산을 분배받았다(U.S. Department of Homeland Security, 2013a).

이 중 연방재난관리청과 연방재난관리청 보조금 프로그램에 할당된 예산은 2015년 국토안보부 전체 예산의 24%로, 국토안보부 예산의 약 1/4을 차지한다(각각 20%, 4%, [그림 10-2] 참조). 이는 국가 재난관리에 있어 연방정부 차원의 효과적인 자원관리에 초점이 맞춰져 있다는 것을 대변한다.

U. S. Department of Homeland Security(2013a)에 따르면, 연방정부 차원의 국가 통합적 관리체계를 구축하는 실질적 역할을 수행하는 연방재난관리청의 2015년 예산에서 최초 책정된 예산은 14,721,986,000달러다. 연방재난관리청은 이러한 예산을 활용하여 급여 및 비용(Salaries and Expenses), 주 및 지방 프로그램(State and Local Programs), 재난관리 수행 보조금(Emergency Management Performance Grants), 소방관 지원 보조금(Firefighter Assistance Grants), 미국소방관리청(United States Fire Administration), 방사선 재난 대비(Collections-Radiological Emergency Preparedness), 재난 구호 기금(Disaster Relief Fund), 홍수 위험 지도 및 위험 분석 프로그램(Flood Hazard Mapping and Risk Analysis Program), 재난 지원 다이렉트론 프로그램(Disaster Assistance Direct Loan Program), 국가 재난 전(前) 영향 완화 기금(National Pre-Disaster Mitigation Fund), 비상 식품 및 대피소(Emergency Food and Shelter), 특수 국가 안보 사건 기금(National Special Security Event Fund), 국가 홍수 대비 기금(National Flood Insurance Fund), 국가 홍수 대비 법정 기금(National Flood Insurance Fund Mandatory)과 같은 세부 항목에 사용한다(U.S. Department of Homeland Security, 2013a).

특히 연방재난관리청(FEMA)은 주 · 지방정부의 능력을 벗어나는 재난 발생 시 주 · 지방정부에 지원되는 보조금과 기술적 지원을 통해 주 · 지방정부의 재난 관리활동을 돕는데, 주로 재난구호기금(The Disaster Relief Fund: DRF)을 통해 재난 피해를 입은 지역사회에 개인 차원과 공적 차원의 지원을 제공한다. 2013년 연방재

연방재난관리청은 주 · 지방정부의 능력을 벗어나는 재난 발생 시 주 · 지방정부에 지원되는 보조금과 기술적 지원을 통해 주 · 지방정부의 재난관리 활동을 돕는데, 주로 재난구호기금(The Disaster Relief Fund: DRF)을 통해 재난 피해를 입은 지역사회에 개인 차원과 공적 차원의 지원을 제공한다.

난관리청은 주택 공급, 위기상담, 법률서비스, 재난 상황 관리, 실업지원과 같은 개인 차원의 도움과 재난현장 복구와 같은 공적 지원활동을 펼치며 729,800명의 지원자에게 개인 차원의 지원을 제공하였고, 적합한 프로젝트를 선정하여 59억 달러 이상의 공적 지원활동을 펼쳤다(U.S. Department of Homeland Security, 2013a).

재난관리 종사자 교육

미국의 재난 및 비상 상황과 관련된 교육은 재난관리교육기관(Emergency Management Institute: EMI)을 통해 이루어지고 있다. 재난관리교육기관은 1951년 미 연방민방위관리청(Federal civil defense administration: FCDA) 소속의 민방위요원대학(Civil Defense Staff College: CDSC)에서부터 시작되었다. 민방위요원대학은 주와 지방정부의 인력에게 민방위 관리와 프로그램 관리 및 재정, 방사능 모니터링에 대한 교육과정을 제공하였으나, 1979년 자연 재난 관리에 대한 새로운 교육과정이 신설되고 난 후 Defense Civil Preparedness Agency(DCPA)의 전신인 미국국방부(Department of Defense) 산하 기관이 되었다. 1979년 지미 카터 대통령은 DCPA를 포함한 재난과 관련된 많은 연방기관의 분산된 기능을 한데 모아 연방재난관리청을 창설하였으며, 인력의 훈련을 위하여 연방재난관리청 국가재난훈련센터(National Emergency Training Center)를 공식으로 개관하였다. 국가재난훈련센터는 미국소방청(United States Fire Administration) 산하 국가 소방 아카데미(National Fire Academy)의 본부가 되었고, 그 후 Staff College로 이름을 바꾸었다. 그 후, Staff College는 1980년 더 광범위한 역할을 반영하여 재난관리교육기관(EMI)으로 이름을 바꾸었다.

> 현재 재난관리교육기관은 국가재난대응체계(NRF)와 국가사고관리체계(NIMS), 그 외 모든 위기 접근 방식의 적용을 통해 각급 정부에 소속된 공식기관에 대한 재난관리 훈련 · 교육활동을 전개하고 있다.

현재 재난관리교육기관(EMI)은 국가재난대응체계(NRF)와 국가사고관리체계(NIMS), 그 외 모든 위기 접근 방식의 적용을 통해 각급 정부에 소속된 공식기관에 대한 재난관리 훈련 · 교육활동을 전개하고 있다. 재난관리교육기관은 연방재난관리청 종사자와 재난 관련 종사자, 연방 협력기관, 주 · 지방 재난관리자, 자원봉사단체, 국경을 초월한 최초 대응자들을 포함한 유관 재난관리 공동체에게 510개 이상의 과목(course)으로 구성된 재난관리 교육과정(curriculum)을 제공하고 있다. 재난관리교육기관의 교육은 크게 재난관리 전문 프로그램, 재난관리교육기관 프로그램 영역, 연방재난관리청 자격 제도(FEMA Qualification System: FQS) 훈련, 연방재난관리청 종사자 훈련의 네 영역으로 나누어 이루어진다.

먼저, 재난관리교육기관의 재난관리 전문 프로그램(Emergency Management Professional Program)에는 국가 재난관리 아카데미와 전문적 · 기술적 훈련 프로그램이 있다. 국가 재난관리 아카데미는 재난관리 기초과정, 국가 재난관리 리더과정, 국가 재난관리 최고전문가 과정으로 나뉘는데, 국가 재난관리 기초과정에는 재난관리의 기초, 재난학, 재난대응 계획 수립, 재난대응 설계, 대중을 위한 재난 정보 및 경보, 재난 교육 훈련가 양성 기초과정과 같은 과목이 있다. 또한 국가 재난관리 리더과정에는 재난관리 리더십, 재난관리 시 개인 리더십의 적용, 재난관리 기구 리더십, 지역사회와 전문가의 재난대응 리더십과 같은 과목이 있다. 국가 재난관리 최고 전문가 과정에는 재난관리-리더십의 도전, 21세기의 재난관리, 재난관리 정책실행과 의사결정 집행과 같은 과목이 있다. 전문적 · 기술적 훈련 프로그램에는 전문가 과정 후 지속 실무자 프로그램, 석사 후 지속 실무자 프로그램, 석사수준 활동 실무자 프로그램, 석사수준 훈련가 프로그램과 같은 과목이 있다.

재난관리교육기관 프로그램 영역들은 재난관리와 관련된 여러 과목을 재난관리교육기관 교육센터에서 직접 교육 프로그램으로 제공하거나 주 · 지방에 직접 방문하여 교육을 제공하는 현장 방문 교육으로 구성되어, 각 주체들이 실질적인 재난관리에 있어 필요한 내용을 다양하고 효과적으로 교육받을 수 있도록 되어 있다.

연방재난관리청 자격제도 훈련과정이란 스태퍼드법과 포스트 카트리나 재난관리 개정법의 내용에 따라 정부기관, 자원봉사단체, 민간부분과 통합적인 재난관리 활동을 수행할 수 있는 능력 및 연방재난관리청에서 인정할 수 있는 자격을 갖춘 재난관리 인력의 양성 · 유지를 위한 과정이다. 연방재난관리청 자격제도 요건에 기초하여 재난관리교육기관 재난 인력이 선발되고, 훈련이 시행되며, 이러한 전제

조건과 선발조건을 충족한 사람만이 훈련에 참가할 수 있기 때문에 연방재난관리청과 관련된 내용을 학습하기 위한 강의들이 이 과정에 포함된다.

〈표 10-1〉 재난관리교육기관(EMI) 교육과정

영역	세부 내용		
재난관리 전문 프로그램	국가 재난관리 아카데미	재난관리 기초과정	-재난관리의 기초 -재난학 -재난대응 계획 수립 -재난대응 설계 -대중을 위한 정보 및 경보 -훈련가 양성 기초과정
		국가 재난관리 리더과정	-재난관리 리더십 -재난관리 시 개인 리더십의 적용 -재난관리 기구 리더십 -지역사회와 전문가의 재난대응 리더십
		국가 재난관리 최고전문가 과정	-재난관리-리더십의 도전 -21세기의 재난관리 -재난관리 정책실행과 의사결정 집행
	전문적 · 기술적 훈련 프로그램		-전문가 과정 후 지속 실무자 프로그램 -석사 후 지속 실무자 프로그램 -석사수준 활동 실무자 프로그램 -석사수준 훈련가 프로그램
재난관리 교육기관 프로그램	-재난관리와 관련된 여러 과목들을 EMI 교육센터에서 직접 교육 프로그램으로 제공하거나 주 · 지방에 직접 방문하여 교육을 제공하는 현장 방문 교육으로 나누어 제공 -각 주체들이 실질적 재난관리에 있어 필요한 내용을 다양하고 효과적으로 교육받을 수 있도록 함		
연방재난관리청 자격제도 훈련	-정부기관, 자원봉사단체, 민간부분과 통합적인 재난관리 활동을 수행할 수 있는 능력 및 연방재난관리청에서 인정할 수 있는 자격을 갖춘 재난관리 인력을 양성, 유지하기 위한 과정		
연방재난관리청 종사자 훈련	-연방재난관리청 소속 정규 직원과 재난 관련 기관의 인력의 전문성 증진을 위한 강의들이 포함됨		

마지막으로, 연방재난관리청 종사자 훈련에는 연방재난관리청 소속 정규 직원과 부가적인 재난 임무를 맡은 재난 관련 기관의 인력으로 구성되어 있는 연방재난관리청 핵심 인력의 전문성 증진을 위한 강의들이 포함되어 있다.

2013년 현재, 재난관리교육기관에서는 이러한 내용을 포함한 1,555개의 강좌를 직접 교육으로 제공하고 있으며, 35,521명의 개인 참여자에게 훈련을 제공하고 있다(Emergency Management Institute, 2013).

글을 마치며

이 장에서는 미국의 재난관리와 관련된 정책, 지원체계, 예산, 종사자 교육과 같은 미국 재난관리체계를 살펴봄으로써, 그것이 우리나라에 주는 시사점을 도출하고자 하였다. 이 장에서 살펴본 미국 재난관리체계의 특징은 다음과 같다.

- 재난관리체계는 연방정부의 역할이 강조되어 국가 통합 재난관리체계가 구축되어 있으면서도 지방정부에 제일선의 책임이 있어서 이에 따라 지역사회 기반 재난관리 활동이 이루어지고 있다.
- 미국의 재난관리체계는 재난 관련 각 기관의 지원 내용과 역할이 재난 기본법에 명시되어 있어 역할과 책임소재가 명확하고, 포괄적 범위의 재난에 대해 서비스 전달체계가 매뉴얼화되어 있어 신속하고 적절한 대응이 가능하다.
- 미국은 연방정부를 중심으로 주 · 지방정부, 적십자사와 같은 비정부기관이 지역사회에 필요한 역할과 책임을 효율적으로 분담하여 상호 유기적 협력관계를 구축하고 있다. 이러한 재난관리체계하에서, 미국의 연방재난관리청, 미보건복지부(DHHS), 미적십자사(ARC)가 서로 협력하여 체계적인 재난심리지원 서비스를 제공하고 있다.

지금까지 살펴본 미국의 재난 관리 관련법의 체계와 그 내용을 우리나라의 재난관리체계와 비교하여 다음과 같은 제언을 하고자 한다.

◎ 재난 관련법을 재정비하여 체계적이고 명확한 법제적 근거를 마련하고, 이를 토대로 실질적 지원이 가능한 재난관리체계를 구축해야 할 것이다

미국의 재난관리체계는 각 기관의 지원 내용과 역할이 재난 기본법에 명시되어 있어 역할과 책임소재가 명확하며, 이를 바탕으로 각급 정부에서 제공되는 서비스 전달체계가 매뉴얼화되어 있어 포괄적 범위의 재난에 대해 신속하고 적절한 대응이 가능하다.

우리나라의 재난 관련 정책은 체계적이고 종합적인 계획에 따라 제 · 개정된 것이 아니라 각종 국내 대형 재난을 계기로 충분한 전문적 검토 없이 급하게 제 · 개정됨에 따라 재난 관련 법률 상호 간의 통일성과 일관성이 미흡한 실정이며(권건주, 2012), 그에 따른 대응체계나 역량이 부족한 편이다.

◎ 재난관리 유관기관 간 상호 유기적 협력관계를 구성하고 이를 연계하는 컨트롤 타워를 구축해야 한다

재난은 그 유형이 다양하고 피해 대상, 피해 형태도 다양하여 어느 한 부처나 기관에서 모든 재난관리를 수행하는 것은 현실적으로 불가능하며, 여러 정부부처, 유관기관, 민간기관 등이 관련될 수밖에 없다(이종설, 2006). 이에 재난 지원을 주관하는 유관기관 간 상호 유기적 협력관계를 구축하여 유기적인 재난 지원활동을 전개하고, 이를 통합적으로 관리할 수 있는 강력한 컨트롤 타워의 구축이 필요하다.

그러나 우리나라의 경우, 대규모 재난 사태 발생 시 부처 간 역량을 총 결집시키고, 이를 조정할 수 있는 정부 내 재난관리 컨트롤 타워가 부재하다는 점이 문제가 된다. 우리나라에서는 2014년 11월 19일 정부조직법 개정안으로 국민안전처가 공식 출범하였다. 이는 세월호 사고를 통해 드러난 재난 안전체계의 문제점을 해결하기 위해 육상과 해상, 자연재난과 사회재난으로 분산된 재난대응체계를 통합하여 강력한 재난 안전 컨트롤 타워를 구축하기 위함이다. 그러나 국가 통합적 재난관리체계를 지향하며 신설된 국민안전처 또한 재난관리 지원활동을 견인할 법적 기반 및 정책 역량과 경험의 부족, 보건복지부와 재난 심리지원 업무 중복 등의 문제로 재난관리 유관기관 간 유기적 조정활동을 펼칠 수 있는 재난관리 컨트롤 타워의 역할을 하는 데 어려움을 겪을 수 있다.

미국은 연방정부, 주 · 지방정부, 비정부기관이 지역사회에 필요한 역할과 책임을 효율적으로 분담하여 상호 유기적 협력관계를 구축하고 있다. 국토안보부와 연방재난관리청, 주 · 지방정부는 각 기관의 독립성을 유지하되 정책 방향의 공유에 초점을 맞추어 국가 통합적 재난관리체계를 이루고 있다.

◎ 지방정부급 재난관리체계의 역할과 책임을 강조하고, 지역사회 중심의 지원 활동을 확대해야 한다

재난 발생 시 초기 대응은 지방정부에서 도맡게 되며, 지방정부는 당해 지역 실정에 익숙하기 때문에 더욱 적실한 재난 지원활동을 펼칠 수 있다. 이에 전담인력의 확보나 전담인력의 전문성 제고 등 지방정부급 재난 지원단체의 역량을 증진시킬 필요가 있다.

참고문헌

강인호(2006). 미국 지방정부 재난관리체계와 정책시사점. 정책분석평가학회보, 18(3), 1-16.

국민안전처(2015). 재난심리지원사업 개선과제분석보고. 국민안전처 미간행.

국회도서관(2011). 재난관리체계. 서울: 국회도서관.

권건주(2012). 한국 지방정부 재난관리체제 실태분석 및 개선방안. 한국위기관리논집, 8(5), 15-32.

심우배(2005). 미국의 방재조직 및 재난관리. 국토, 280, 121-129.

양기근(2011). 외국 지방정부의 재난관리시스템 비교 및 시사점. 2011 한국정책학회 춘계학술대회 자료집, 275-300.

이동훈(2014). 해외(미국, 일본, 유럽) 재난심리지원의 현황과 국내 재난심리지원체계 구축방안. 한국상담학회 재난특별대책위원회 특별 심포지엄 자료집, 14-25. 한국상담학회.

이종설(2006). 주 · 지방정부가 재난관리 주관, 연방정부는 배후 지원. 과학과 기술, 39(10), 52-56.

하규만(2010). 미국의 국가재난대응체계와 시사점. 정부학연구, 16(1), 45-72.

Emergency Management Institute (2013). *Fiscal Year 2015 Training Catalog: Train, Exercise, Educate*. Federal Emergency Management Agency.

Federal Emergency Management Agency & U. S. Department of Health and Human Services (2013). *Federal Emergency Management Agency Crisis Counseling Assistance and Training Program Guidance*. Federal Emergency Management Agency & U. S. Department of Health and Human Services.

Sylves, R. (2008). *Disaster Policy & Politics*. Washington D.C.: CQ Press.

U.S. Department of Homeland Security (2008). *National Incident Management System*. U.S. Department of Homeland Security.

U.S. Department of Homeland Security (2013a). *FY2015 Budget in Brief*. U. S. Department of Homeland Security.

U.S. Department of Homeland Security (2013b). *National Response Framework* (2nd ed.). U. S. Department of Homeland Security.

제11장

미국의 재난심리지원체계 및 재난위기상담의 실제

이동훈

글을 시작하며

최근 국내에 대규모 재난이 급증하면서, 재난심리지원에 대한 요구가 커지고 있으며 지원이 필요한 대상자의 수도 크게 증가하고 있다. 재난 피해자들이 경험하는 극도의 공포, 신체적 손상, 재산 침해와 재정적 손실, 직장을 잃는 등과 같은 경험을 자원의 손실과 위협으로 간주할 때, 재난을 경험하면서 야기되는 스트레스 요인들은 심리적 어려움을 발생시키고, 외상 후 스트레스 장애, 불안, 우울, 알코올 의존이나 약물 남용 등과 같은 단기 또는 장기적인 심리적 장애로 이어질 수 있다(양기근, 2008). 따라서 재난 이후 재난 피해 회복과정에서 재난심리지원은 필수적이지만, 아직 우리나라의 재난심리지원체계는 실질적 지원을 제공하기에는 미흡한 실정이다.

본 장은 다음 자료를 기반으로 재구성하였음.

이동훈(2015). 국내외 재난심리지원 시스템 개관 및 전망. 한국상담학회 재난대응 정신건강 · 위기상담 심포지엄. 서울: 프레스센터.

이동훈(2015). 재난심리 모델링 개발. 2015년 연차보고서. 소방방재청의 인적재난안전기술개발사업[NEMA-인적-2014-40].

이동훈, 강현숙(2015). 미국의 재난심리지원 체계 및 재난위기상담의 실제와 시사점. **상담학연구**, 16(3), 513-536.

그동안 우리나라의 재난 지원활동은 2004년에 소방방재청이 신설된 이후, 주로 물질적 · 경제적 측면에서 이루어져 왔으며 사회 · 심리적 지원은 소홀한 편이었다(노진철, 2014). 현재 재난심리지원체계는 세월호법 통과 이후 국민 안전에 대한 경각심이 고취되어 2014년 11월 19일 신설된 국민안전처의 총괄 아래 시 · 도 재난관련부서와 17개 시 · 도 재난심리지원센터를 중심으로 이루어져 있다. 그러나 우리나라의 재난심리지원체계는 재난 피해 회복과정에서 재난심리지원의 중요성에 대한 정부의 인식결여로 관련 법 및 정책의 부재, 이로 인한 유관기관의 전담인력 확보 및 전문성 부족 등의 문제로 체계적 · 실질적인 재난심리지원 활동 전개에 어려움이 있다.

현재 우리나라의 재난심리지원체계에서 문제가 되는 요소들은 다음과 같다. 우리나라의 경우 재난심리 관련법이 오랜 기간 부재하였으며, 2010년 제정되었다가 최근 개정된 「재난 및 안전관리기본법」의 재난심리 관련 조항도 재난심리지원에 대한 내용이 포괄적이고 구체적이지 않아 재난심리지원 활동에 대한 법적 근거가 빈약한 실정이다. 또한 2014년에 기존의 소방방재청 조직을 흡수하여 새로 신설된 국민안전처와 보건복지부의 업무도 서로 중복되는 영역이 있어 재난심리지원의 주무부처가 불분명한 점도 체계적인 재난심리지원을 어렵게 만드는 한 가지 요소다.

그 외에도 재난심리지원 업무를 담당할 전담인력의 확보와 전문성 제고가 필요하다. 현재는 국민안전처(2명) 및 각 지자체(1명) 소속 공무원과 17개 시 · 도 재난심리지원센터 소속 비상근직 직원들(120명)이 재난심리 업무를 맡고 있다. 재난이 발생했을 때 즉각적으로 전문인력을 투입해야 할 17개 시 · 도 재난심리지원센터는 재난심리지원 업무를 담당할 자체 상근직원이 없어서 보건복지부 산하 정신건강증진센터(3곳) 및 대한적십자사 지사(3곳)에서 재난심리지원 업무를 겸직하게 하고 있거나, 지역의 대학(간호학과 3곳, 상담심리 및 심리학과 3곳) 소속 대학원생 인력으로 재난심리지원 업무를 대체하고 있어 재난에 대응할 재난심리지원 전담인력을 확보하고 있지 못한 상태다(국민안전처, 2015).

이러한 문제는 정부의 재난심리지원 분야 예산과 밀접한 관련이 있다. 과거 소방방재청의 재난심리지원 예산은 2010년 1억, 2011년 1.1억, 2013년 1.5억, 2014년 2억 정도였고, 2014년 기준 시 · 도 재난심리지원센터별로 약 1,100만 원 수준의 예산지원이 이루어지고 있다(국민안전처, 2015). 이러한 낮은 예산으로는 시 · 도 재난심리지원센터에서 전담인력의 확보나 전담인력의 전문성을 제고하는 게 쉽지 않기 때문에 재난 발생 시 충분한 전문인력으로 지원활동을 전개하지 못하고 자원봉사자 중심으로 운영되는 한계가 있다. 이러한 한계점은 2014년 세월호 침몰 사고 피해자에게 제공된 재난심리지원 활동에서 단적으로 나타났다. 노진철(2014)은 2014년 세월호 침몰 사고 피해자에게 제공된 재난심리지원의 문제점으로 응급의료의 측면에서 일종의 정신과 치료가 제공되면서 재난 피해자들의 큰 불만이 발생한 점, 심리상담 주관부서가 여러 곳(소방방재청과 안정행정부, 보건복지부, 교육부, 여성가족부 등)이어서 집중도가 떨어졌다는 점, 심리상담이 체계적이고 연속적으로 이루어지지 못했다는 점 등을 지적했다.

한편, 우리나라의 재난심리상담 실적은 소방방재청이 2008년 전국 각 지역에 재난심리지원센터를 지정한 이래로 2008년 374명, 2010년 663명, 2011년 1,661명, 2014년 4,792명으로 그 요구가 매년 큰 폭으로 증가하고 있다(국민안전처, 2015). 이처럼 최근 국내에 대규모 재난이 급증하면서 재난심리지원에 대한 요구가 점점 커지고 있음을 고려했을 때 현재의 재난심리지원체계를 재정비하여 국가적 수준의 재난심리지원체계를 확립할 필요가 있다. 이를 위해서는 정부 차원의 법적 · 제도적 · 재정적 · 행정적 지원체계가 수립되어야 하며, 부처 간 역할분담의 조정과 더불어 재난심리전문가 양성 및 프로그램 개발 등이 선행되어야 할 것이다. 그리고 이를 통해 더욱 체계적이고 효율적인 재난심리지원서비스를 제공할 필요성이 있다.

이 장은 미국의 체계적인 재난심리지원체계를 살펴보고 그것이 우리나라에 주는 시사점을 도출하는 데 목적이 있다. 재난심리지원체계는 그 상위 개념인 재난관리체계를 바탕으로 구축될 수밖에 없음에도 불구하고 재난관리체계와 재난심리지원체계를 함께 논의한 연구는 매우 드물었다. 최근 재난관리체계와 재난심리지원체계에 대한 국민적 요구가 증가하여 변화를 꾀하고 있는 시점에서 재난에 대한 경험과 지속적인 연구를 통해 개선되어 온 선진국의 재난심리지원체계와 재난위기상담프로그램의 내용을 분석하고 그 시사점을 찾는 일은 한국의 재난심리지원체계 구축과 개선에 기여할 것이다.

현재 미국의 재난심리지원체계는 연방재난관리청의 위기상담프로그램(Crisis

Counseling Assistance and Training Program: CCP), 미보건복지부(Department of Health and Human Services: DHHS)의 정신건강재난지원 활동(Mental Health Disaster Assistance), 미적십자사(American Red Cross: ARC)의 재난정신건강서비스(Disaster Mental Health Services: DMHS)로 구성되어 있다. 이 장에서는 미국 재난심리지원의 주축이 되는 미국 연방재난관리청의 위기상담프로그램을 중심으로 살펴보았다.

미국의 재난심리지원체계와 재난위기상담의 실제

「스태퍼드법」에서는 주 · 지방정부의 활용 가능한 자원과 각종 지원에 대한 사항들을 규정하고 있으며, 여기에는 재난심리지원에 대한 내용이 포함된다. 즉, 국가에 의한 재난심리지원 활동이 법적으로 보장되어 있는 것이다. 특히 「스태퍼드법」 Section 416에서는 위기상담 지원과 훈련에 대해 "대통령은 주요 재난 또는 그 후에 야기되었거나 악화된 피해자들의 정신건강 문제를 완화하기 위해서, 상담서비스 및 재난 관련 종사자의 훈련서비스를 제공하는 주 · 지방 기관 및 사설 정신건강 기관에 대한 재정지원을 포함하여 전문 상담서비스를 제공할 권한이 있다."라는 내용을 규정하여, 연방재난관리청이 대통령이 선포한 국가적 재난 지역에 대한 전문 상담서비스 제공의 권한을 부여받아 다른 기관과의 긴밀한 협력 아래 재난심리지원 활동을 펼칠 수 있는 법적 근거를 제시하고 있다.

재난정신보건관리시스템의 중심적인 조직 축에는 재난의 공적 구호조직인 연방정부의 연방재난관리청과 주정부 및 지방정부 산하의 위기관리국, 미보건복지부 산하기관인 정신보건센터(Center for Mental Health Services: CMHS)가 있고, 최대 민간 조직인 미적십자사가 이러한 정부기관과 긴밀한 협력 아래 재난심리지원 활동을 전개하고 있다(이선자 외, 2006).

미국의 경우 국가에 의한 위기상담 및 훈련 등의 재난심리지원 활동이 「스태퍼드법」에 의해 법적으로 보장되어 있다.

미국의 재난심리지원 프로그램은 연방재난관리청의 위기상담 프로그램(CCP)을 축으로 미보건복지부의 정신건강 재난지원, 미적십자사의 재난정신건강서비스가 보완, 추가적 역할을 하고 있다. 미보건복지부는 위기상담프로그램 서비스 제공에 더해, 비상지원기능(Emergency Support Function: ESF) 중의 하나인 비상지원기능 #8에 따라 상설로 정신보건서비스를 제공하며, 재난 시 가장 활발하게 활동하는 비영리단체인 미적십자사는 미국 내에서 자원봉사에 의해 이루어지는 지원 중 가장 규모가 큰 재난심리지원 프로그램을 제공하고 있다.

위기상담프로그램 서비스는 국토안보부 산하 연방재난관리청의 지원하에, 미보건복지부 산하 약물 남용 및 정신건강청(SAMHSA) 정신보건센터(CMHS)와 응급정신건강과 외상스트레스 서비스지사(EMHTSSB)를 통해 실질적으로 제공된다. 위기상담프로그램은 재난 발생 후 개입 시기에 따라 즉각적 서비스 프로그램(Immediate Services Program: ISP)과 정규 서비스 프로그램(Regular Services Program: RSP)으로 나뉘는데, 즉각적 서비스 프로그램(ISP) 단계는 재난 발생 선포 후 60일까지, 정규 서비스 프로그램(RSP) 단계는 9개월까지로 규정된다. 위기상담프로그램은 총 1년간만 유효하기 때문에, 지역 내 공동체와 자원봉사단체, 미적십자사 등의 관련기관이 유기적인 협조를 통해 위기상담프로그램 적용이 끝나더라도 관련 지원을 계속 이어 나가도록 하고 있다(이동훈, 2014).

〈표 11-1〉 재난심리지원 프로그램

조직	재난심리지원 프로그램
국토안보부-연방재난관리청	• 위기상담프로그램(CCP) - 총괄, 예산 지원 - 즉각적 서비스 프로그램 단계(ISP 재난 발생 선포 후 60일까지)에서 CCP 감독 책임
미보건복지부	• 위기상담프로그램(CCP) - 정규 서비스 프로그램 단계(재난 발생 선포 후 9개월까지)에서 CCP 감독 책임 - 약물 남용 및 정신건강청(SAMHSA)의 정신보건센터(CMHS)와 응급정신건강과 외상스트레스 서비스지사(EMHTSSB)를 통해 실질적 서비스 제공 • 정신건강 재난 지원(Mental Health Disaster Assistance) - ESF #8(-정신보건 서비스, 보건 및 의료서비스 분야)의 지원 영역 - 대중 건강 서비스(PHS) / 약물 남용 및 정신건강청(SAMHSA)을 통해 상설 서비스 제공
미적십자사	• 재난 정신건강 서비스(Disaster Mental Health Services: DMHS)

위기상담프로그램의 개요

위기상담프로그램(Crisis Counseling Assistance and Training Program: CCP)은 1974년 「재난구호법」(The Disaster Relief Act: Public Law 93-288)에 포함되었으며 1988년에 「스태퍼드법」에 의해 개정되었다(신선인, 2000). 위기상담프로그램(CCP)은 「스태퍼드법」 하에 대통령이 선포한 주요 재난 및 비상사태 시에 심리교육, 정서적 지지, 검사, 진단, 치료 의뢰, 자원 연계서비스를 제공하는 1년간의 단기 무료 상담 · 훈련 프로그램으로, 주 · 지방정부의 자원을 초과하는 재난에 대한 연방의 추가적인 재난 구호 프로그램이다.

위기상담프로그램의 운영에 있어서 연방재난관리청은 재정지원 및 감독을 담당하고 미보건복지부(DHHS) 산하기관인 약물 남용 및 정신건강청(the Substance Abuse and Mental Health Services Administration: SAMHSA)이 운영하는 정신보건센터(CMHS)와 응급정신건강과 외상스트레스 서비스지사(Emergency Mental Health and Traumatic Stress Services Branch: EMHTSSB)는 실무운영 및 감독을 맡는다. 정신보건센터(CMHS)는 또한 유관기관 간의 보조금 관리와 프로그램 감독을 담당하여 주 및 지방의 정신건강 인력에 대한 훈련과 기술적 지원도 제공한다(Federal Emergency Management Agency & U. S. Department of Health and Human Services, 2013).

위기상담프로그램은 지역사회의 문화 구조를 서비스에 반영하는 것을 지향하기 때문에 일반적으로 당해 지역에 익숙한 지역 행동건강서비스 제공 기관과의 협정을 통해 이루어지며, 서비스를 제공하는 지역사회에 거주하며 일하는 훈련된 준전문 종사자의 활용이 우선시된다. 재난의 피해가 극심해 서비스 제공 능력이 주 자원을 초과했을 경우, 지역정신건강부서(State Mental Health Authority: SMHA)는 위기상담프로그램 서비스 지원을 받기 위해 재난으로 인한 피해 현황 평가 자료, 재원 초과 현황, 지원프로그램 계획서, 예산제안서를 연방재난관리청에 제출하여 보조금에 대한 자격심사를 받게 된다. 자격요건에 충족될 경우, 미국토안보부와 연방재난관리청의 예산 지원과 총괄 아래 미보건복지부 산하 약물 남용 및 정신건강청(SAMHSA)의 정신보건센터(CMHS)와 응급정신건강과 외상스트레스 서비스지사

(EMHTSSB) 소속의 전문가들이 지역정신건강부서(SMHA)와 관련을 맺고 있는 지역사회 행동건강 기관을 통해 위기상담프로그램(CCP) 서비스를 제공하게 된다(Federal Emergency Management Agency & U.S. Department of Health and Human Services, 2013).

한편, 「스태퍼드법」 Section 416에서는 대통령이 선포한 재난 지역에 제공되는 행동건강(behavioral health) 지원과 훈련 프로그램(training Program)에 대한 연방재난관리청의 지원 내용을 명시하고 있는데 이러한 행동건강지원을 위기상담(crisis counseling)이라고 통칭한다. '행동건강'이라는 용어에서 미루어 볼 수 있듯, 위기상담지원은 본질적으로 심리적이라기보다 실용적인 문제해결을 지향한다. 즉, 위기상담프로그램은 정신의학적 의미의 외상 후 스트레스 장애(Post Traumatic Stress Disorder: PTSD) 치료는 아니며 비정상적 상황에서 정상적인 사람이 겪는 정신적 혼란을 해소하는 것이 주된 목적이다(노진철, 2014). 위기상담프로그램은 또한 재난이 대부분의 사람에게 물리적인 위해를 입히지 않을지라도 재난을 경험한 모두에게 영향을 미치며, 대부분의 재난 생존자는 그들의 역량 계발을 통해 자연적인 탄력성을 회복할 수 있다는 전제하에 심각한 증상을 보이는 소수에 집중하기보다 재난의 영향 범위에 있는 다수에게 서비스를 제공하는 데 초점을 맞추고 있다.

이러한 지향점 아래 위기상담 프로그램은 재난 피해자의 역량을 증진할 수 있는 상담, 공공 교육, 자원연계 등의 프로그램을 지역기반의 아웃리치 서비스를 통해 제공한다. 2001년 발생한 뉴욕 911 테러 후 3년간, 약 150만 명의 뉴욕 시민에게 위기상담 프로그램(CCP)을 통한 개인상담 및 공공교육 서비스가 제공되었다. 처음 7개월간은 서비스 수혜자 수가 꾸준히 증가하여 한 달간 41,000명이 서비스를 제공받았으며 14개월간 같은 수준의 서비스 제공이 이루어졌다(Donahue et al., 2006c: Norris & Bellamy, 2009에서 재인용). 2010년 위기상담 프로그램 서비스를 제공받은 내담자는 130만 명이었으며, 이 중 733,000명(56%)이 개인상담 서비스, 158,000명(12%)이 집단상담 서비스, 411,000명(32%)이 공공교육 서비스를 제공받았다(Bellamy, 2010).

위기상담프로그램의 주요 목적은 외상 후 스트레스 장애(PTSD)의 치료가 아닌 비정상적 상황에서 정상적인 사람의 정신적 혼란을 해소하는 것이다.

즉각적 서비스 프로그램과 정규 서비스 프로그램

위기상담프로그램(CCP)은 재난 발생 후 개입 시기에 따라 즉각적 서비스 프로그램(Immediate Services Program: ISP)과 정규 서비스 프로그램(Regular Services Program: RSP)으로 나뉘는데([그림 11-1] 참조), 즉각적 서비스 프로그램(ISP) 단계는 재난 발생 선포 후 60일까지, 정규 서비스 프로그램(RSP) 단계는 9개월까지로 규정된다. 즉각적 서비스 프로그램 단계에서는 연방재난관리청의 감독 책임하에, 정신보건센터(CMHS)가 제한적 역할을 수행하나, 정규 서비스 프로그램(RSP) 단계에 접어들면 정신보건센터의 역할이 확대되어 정신보건센터가 연방재난관리청 대신 지역 정신건강 서비스 사업의 감독 책임까지 맡게 된다.

즉각적 서비스 프로그램과 정규 서비스 프로그램 단계의 재정지원은 이원화되어 있다. 재난의 피해가 극심해 서비스 제공 능력이 주 자원을 초과했을 경우, 주(state) 정신건강부서(Mental Health Authority: SMHA)는 위기상담프로그램 서비스 지원을 받기 위해 재난으로 인한 피해 현황 평가 자료, 재원 초과 현황, 지원프로그램 계획서, 예산제안서를 연방재난관리청에 제출하여 보조금에 대한 자격심사를 받게 된다.

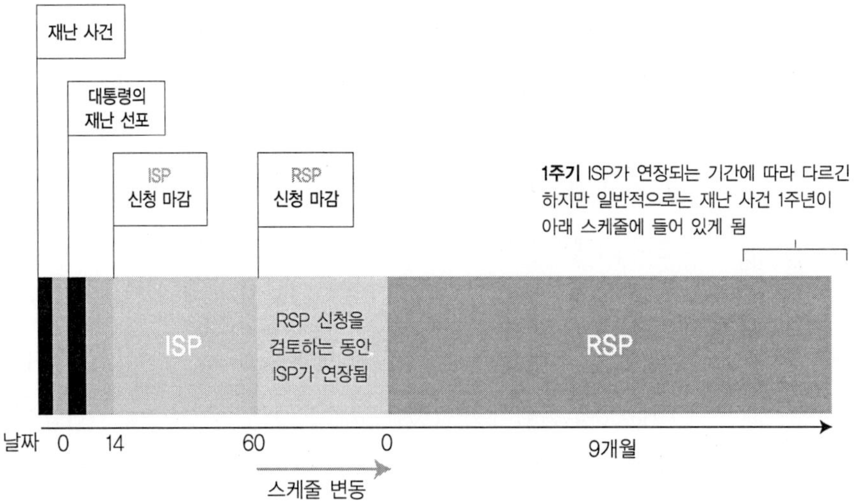

[그림 11-1] 일반적인 위기상담프로그램(CCP)의 운영 기간

출처: Federal Emergency Management Agency & U.S. Department of Health and Human Services(2013).

즉각적 서비스 프로그램에 대한 연방 지원을 위해서는 반드시 대통령의 재난 선포 후 14일 이내에 연방재난관리청에 신청서를 제출해야 하며, 정규 서비스 프로그램에 대한 연방의 지원을 위해서는 대통령의 재난 선포 후 60일이 지나기 전에 연방재난관리청에 신청서를 제출하고 신청서의 사본을 정신보건센터에 제출해야 한다. 정신보건센터는 신청서를 검토하며, 승인을 할지 거절을 할지 권고한다. 이러한 권고사항은 연방재난관리청 지역사무소관리자(Regional Administrator: RA) 또는 재난회복관리자(Disaster Recovery Manager: DRM)에게 전달되며, 이들은 즉각적 서비스 프로그램 보조금에 대한 공식적 승인을 한다.

정규 서비스 프로그램 신청 검토 기간이 지연된다면 즉각적 서비스 프로그램 보조금 지원이 연장될 수 있는데, 이러한 과정은 즉각적 서비스 프로그램과 정규 서비스 프로그램의 재정지원 기간 사이에 연속성을 잃지 않을 수 있도록 한다. 주정부는 즉각적 서비스 프로그램 시행을 하지 않았더라도 정규 서비스 프로그램을 요청할 수 있으나, 재난 선포일로부터 60일 이내에 정규 서비스 프로그램을 신청해야 한다. 주정부와 지방정부의 자원이 당장의 필요를 충족시킬 수는 있으나 연방의 지원 없이는 9개월 동안 지속하여 충당하지 못할 경우와 정신건강 개입에 대한 필요성이 즉각적 서비스 프로그램 신청 마감기한인 14일 이후까지 명백히 드러나지 않을 때가 즉각적 서비스 프로그램 시행 없이 정규 서비스 프로그램을 요청할 수 있는 경우에 포함된다. 연방재난관리청과 정신보건센터의 종사자들은 주정부에게 정규 서비스 프로그램 신청을 준비하는 데에 기술적 지원을 제공하며, 연방재난관리청과 정신보건센터 모두가 정규 서비스 프로그램 보조금 신청을 검토한다. 보조금 신청이 승인되면 재정지원은 정신보건센터에 의해 지급 · 관리되며, 정신보건센터가 연방재난관리청과의 긴밀한 협력을 통해 기술적 지원을 제공한다. 911 테러 당시 뉴욕정신건강부서(New York State Office of Mental Health: OMH)는 이러한 보조금 신청 과정을 거쳐 즉각적 서비스 프로그램 기간 동안 22,700,000달러의 재정지원을 받았고 정규 서비스 프로그램 기간 동안 132,500,000달러를 지원받아(Felton, 2002) 재난 피해자에게 위기상담프로그램 서비스를 제공하였다.

위기상담프로그램은 즉각적 서비스 프로그램 단계에서 지역사회기반 아웃리치와 심리교육적 서비스의 제공을 통해 개인과 지역사회가 자연적 · 인적 재난의 영향으로부터 회복할 수 있도록 지원하며, 정규 서비스 프로그램 단계에서는 지정된 재난 지역의 사람들에게 최대 9개월간의 위기상담, 지역사회 아웃리치(community outreach), 자문, 교육 서비스 등을 제공하고 있다. 위기상담프로그램 초기에 위기상담가들은 재난 피해자가 있는 쉼터, 구원단체, 식수제공지역 등으로 직접 찾아가서 이야기를 열심히 들어 주고, 피해자들의 좌절감을 환기시킬 수 있도록 돕는다. 중기에는 피해자의 집이나 직장 등 대상자가 가장 편하게 생각하는 장소에서 상담을 실시하며, 교사나 학부모, 마을 지도자 등 다른 구성원에게 영향을 미칠 수 있는 사람에게 재난심리 또는 심리적 반응에 관한 내용을 교육한다. 이 시기는 서비스 제공자의 스트레스가 고조되는 시기이므로 이들의 정서적 고갈을 환기시키고 스트레스를 해소할 프로그램을 병행한다. 장기적으로는 재난 상황을 불러일으키는 사건에 노출되었을 때, 함께 극복하는 모임을 열고, 1주년과 같은 기념일에는 해당 지역에 서비스 제공자들이 함께하며, 피해자들 스스로가 스트레스를 극복할 장기적인 계획을 세우도록 독려한다(배정이, 최남희, 김윤정, 유정, 2010).

위기상담프로그램의 지원 기간

지역사회 일원으로서 재난 피해자는 필연적으로 개인적 경험과 동시에 지역사회의 일원으로서의 경험을 수반하게 되며, 이러한 경험에는 불안, 수면 및 식욕 상실, 스트레스, 비탄, 과민, 절망, 가족갈등 등이 있다(Federal Emergency Management Agency & U.S. Department of Health and Human Services, 2013). [그림 11-2]는 재난 영향으로 인한 지역 공동체 반응의 6단계를 나타내고 있으며, 〈표 11-2〉는 그 내용을 서술하고 있다.

재난 결과 내의 시간 프레임을 나누고 설정하는 것은 생존자의 반응과 그들을 돕기 위해 조직된 프로그램을 파악하는 데 도움이 될 수 있다(이선자 외, 2006). 재난 피해자 입장에서는 시간 프레임에 따라 변화하는 심리적 변화에 대한 내용을 재난심리교육과 같은 지원을 통해 인식하는 것이 자기 자신의 심리적 변화를 받아들이고 극복하는 데 도움이 될 수 있다. 대개 재난이 일어난 후 1년간 재난으로 인한 불안정한 감정의 동요를 경험하며, 1년 이후에는 재건 단계로 접어들어 지역사회의 회복 단계가 시작되기 때문에 위기상담프로그램은 1년이라는 기간을 설정하여 그 기간 동안 프로그램을 통해 지역사회의 안정적인 재건을 돕는다.

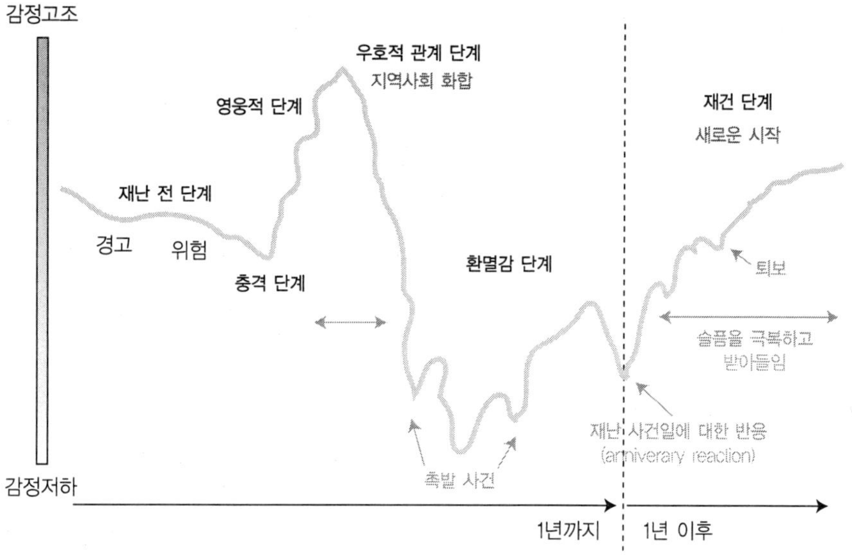

[그림 11-2] 재난 영향의 6단계

출처: Federal Emergency Management Agency & U.S. Department of Health and Human Services(2013).

〈표 11-2〉 재난 영향의 6단계

단계	특징	내용
1단계 재난 전 단계 (pre-disaster phase)	두려움과 불확실성	지역사회 경험으로서의 특정 반응은 재난의 유형에 따라 다르다. 예기치 못한 재난의 경우에는 무방비, 안도감의 부족, 미래에 대한 두려움, 갑작스러운 비극, 통제능력의 상실감 및 개인과 가족을 보호할 수 없다는 무능감 등의 감정을 경험하게 된다. 한편, 경보가 발령된 재난의 경우에는 죄책감 또는 주의를 기울이지 못했다는 자기비난의 감정을 경험하게 된다. 재난 전 단계는 테러 공격과 같은 경우 수 분에서 수 시간 지속되며, 허리케인 시즌 중의 경우에는 수개월 동안 지속될 수 있다.
2단계 충격 단계 (impact phase)	강렬한 정서적 반응의 범위	재난 전 단계 같이 구체적 반응은 발생하고 있는 재난의 유형에 달려 있다. 더디고 위험도가 낮은 재난의 심리적 효과는 급속적이고 위험한 재난의 심리적 효과와 차이가 있다. 그 결과, 이러한 반응의 범위는 쇼크부터 공황까지 그 범위가 다양해진다. 일반적으로 초기의 혼란과 불신 뒤에는 가족 보호와 자기보존에 대한 집중이 뒤따르게 된다. 2단계는 대개 재난 반응의 6단계 중에서 가장 짧다.

3단계 영웅적 단계 (heroic phase)	고수준의 활동성과 저수준의 생산성	이 단계 동안에는 이타심이 존재하며, 많은 지역사회 일원이 아드레날린 유도로 인한 구조행동을 보이게 된다. 그 결과, 그릇된 위험 평가의식을 가지게 된다. 이 단계는 보통 4단계로 빠르게 전환된다.
4단계 우호적 관계 단계 (honeymoon phase)	극적인 감정의 전환	우호적 관계 단계 동안에는, 재난 지원이 쉽사리 이용 가능하며 지역사회의 결합이 발생한다. 모든 것이 일상으로 돌아갈 것이라는 낙관주의가 존재한다. 그 결과, 확고히 할 수 있는 자원들과 공급자로부터 많은 기회를 이용 가능하게 되고, 영향을 받은 사람들이나 집단과 라포를 형성하게 되며, 이해 당사자 간의 관계가 깊어진다. 우호적 관계는 일반적으로 몇 주 간만 지속된다.
5단계 환멸감 단계 (disillusionment phase)	4단계 우호적 관계 단계와 극명한 대조	환멸감 단계 동안 개인과 지역 공동체는 재난 지원의 한계를 체감하게 된다. 낙관주의가 좌절과 지속되는 피해의 스트레스로 바뀜으로써, 신체적 소진 및 약물 남용과 같은 부정적 반응이 표면에 드러나기 시작할 수 있다. 커져 가는 필요와 지원 간의 차이는 자포자기의 감정으로 이어진다. 특히 더 큰 지역사회가 평상시와 다름없는 상태로 돌아감에 따라, 서비스에 대한 수요가 증가할 수 있으며, 그에 따라 개인과 지역사회 구성원들은 지원을 수용할 준비를 하게 된다. 환멸감 단계는 일반적으로 재난의 기념일을 포함한 하나 또는 더 많은 촉발 사건에 의해 수개월간, 심지어 수년간 지속될 수 있다.
6단계 재건 단계 (reconstruction phase)	전반적인 회복의 감정	개인과 지역 공동체는 그들의 삶을 재건할 책임감을 한데 모으기 시작하며 고통스러운 상실이 계속되는 와중에도 새로운 '정상' 적인 삶에 적응하게 된다. 이 단계는 보통 재난 발생 후 1년 후 즈음에 시작되어 그보다 더 계속될 수 있다. 파국적 사건이 뒤따른다면, 5단계의 환멸감 단계가 더 지속될 수 있다.

출처: Federal Emergency Management Agency & U.S. Department of Health and Human Services(2013).

위기상담프로그램의 지원 내용

위기상담프로그램의 지원 내용으로는 개인위기상담, 단기교육 및 지지적 접촉, 집단위기상담, 대처 기술 개발, 대중 교육, 지역사회 네트워크 구축 및 지원, 집중적 정신건강·약물남용 치료가 필요한 개인에 대한 평가와 치료 의뢰, 자원 연계, 교육 자료의 개발 및 보급, 미디어와 공공서비스를 통한 홍보 등의 활동이 있으며 이러한 활동은 주요 내용과 부가적인 내용으로 나뉜다. 위기상담프로그램의 주요 서비스에는 개인위기상담, 단기교육 및 지지적 접촉, 집단위기상담, 대처 기술 개발, 대중 교육, 지역사회 네트워크 구축 및 지원, 집중적 정신건강·약물남용 치료가 필요한 개인에 대한 평가와 치료 의뢰, 자원 연계와 같은 서비스가 있으며, 개인과 가족, 집단에 대한 대면적 접촉을 중점으로 하여 부가적인 서비스보다 더욱 밀도 있고 강도 높은 서비스를 제공한다. 위기상담프로그램의 부가적인 서비스에는 교육 자료의 개발 및 보급, 미디어와 공공서비스를 통한 홍보 등의 활동이 있으며, 인쇄물이나 전자매체를 통한 비대면적 접촉을 내용으로 하기 때문에 더 광역적인 접촉이 가능하고 주요 서비스에 비해 낮은 강도를 가진다.

위기상담프로그램의 주요 서비스

위기상담프로그램의 주요 서비스는 대면적 접촉을 중심으로 재난에 직접적으로 영향을 받은 대중과 지역사회에 대한 강도 높고 밀도 있는 지원을 제공하는 활동을 내용으로 한다. 이러한 위기상담프로그램의 주요 서비스에는 개인위기상담, 기본적인 지지적 · 교육적 접촉, 집단위기상담, 대처 기술 개발, 대중 교육, 지역사회 네트워크 구축 및 지원, 집중적 정신건강 · 약물남용 치료가 필요한 개인에 대한 평가와 치료 의뢰, 자원 연계와 같은 서비스가 있다.

〈표 11-3〉 위기상담프로그램의 주요 서비스

구분	내용
개인 위기상담	• 적어도 15분간 실시된다. • 재난 생존자가 자신의 반응을 이해할 수 있도록, 그들의 선택을 검토할 수 있도록 그리고 그들의 상황을 개선시키는 데 도움을 줄 수 있는 다른 개인 및 기관들과 연결할 수 있도록 돕는 데 초점을 둔다. • 개인위기상담을 제공하는 위기상담프로그램(CCP) 종사자들은 안심시키는 말, 실용적 도움, 심리교육과 정서적 지지를 제공하는 적극적인 경청자이며, 스트레스 대처를 위한 행동 기술을 교육한다.
단기 교육 및 지지적 접촉	• 개인 및 집단에게 교육적 정보 및 정서적 지지를 제공한다. • 대개 한 회당 15분 이하의 시간이 소요된다. • 단기 교육 및 지지적 접촉을 제공하는 CCP 종사자들은 도움이 되는 교육자이며 적극적인 경청자다. 그들은 재난 생존자들에게 주로 일반적인 지지를 해 주고, 이용 가능한 자원과 서비스에 대한 일반적인 정보를 제공한다. • 이 유형의 개입 동안, 위기상담가들은 개인위기상담이나 심리교육에서 다루어지는 심도 깊은 이야기는 나누지 않는다.

집단 위기상담	• 집단위기상담은 재난 생존자와 지역사회 구성원들이 만나 15분 이상 진행된다. • 훈련된 위기상담가가 집단을 지도한다. 집단위기상담의 구조와 형식은 다양할 수 있으나 집단 구성원들은 재난에 대한 노출 정도가 비슷해야 한다. • 집단은 본질적으로 지지적이고 심리교육적이다. • 이 서비스를 촉진하는 CCP 위기상담가들은 집단 구성원들이 대부분 말하도록 독려하며, 집단 구성원에게 자신의 상황과 반응에 대처할 수 있도록 돕는 기술을 제공한다. 이 과정을 통해 상담가들은 집단 구성원들이 필요로 하는 서비스에 연계될 수 있도록 돕는다. • 초기의 집단위기상담에서는 훈련된 위기상담가가 집단의 리더가 되지만, 회기가 진행됨에 따라 하나 또는 그 이상의 집단 구성원이 책임감을 갖고 자율적으로 상담을 이끌어 나가며, 이 단계에서 CCP의 개입이 종료된다.
대중 교육	• CCP 아웃리치 서비스 제공자들은 생존자에게 정보와 일반적 반응에 대한 정보와, 도움이 되는 대처전략들, 이용 가능한 재난 관련 자원에 대한 교육을 제공한다. • CCP 서비스 제공자 구성원들은 대개 이러한 서비스를 지역사회 포럼에서의 대중 연설, 직업연수회의, 지방정부회의를 통해 제공한다. • 대중 교육을 수행하는 CCP 서비스 제공자 구성원은 대부분 직접 연설을 통해 서비스를 제공한다. • 대중 교육적 서비스에 대한 요구는 추후에 더욱 증가할 것으로 예상된다.
평가, 치료 의뢰, 자원 연계	• 위기상담가들은 추가의 재난 구호 서비스 또는 정신건강 또는 약물중독 치료와의 연계에 대한 개인 또는 가족의 필요를 평가할 수 있도록 훈련된다. • 위기상담가들은 심각한 반응을 경험하는 생존자들을 적절한 수준의 보호(care)와 치료를 받을 수 있도록 연계한다. • 생존자들은 또한 광범위한 심리적 · 구조적 · 경제적 어려움을 충족시킬 수 있는 다른 재난 구호 자원과 연계될 수 있다. • 평가와 치료 연계 서비스를 제공하는 위기상담가들은 지방정부의 자원에 대한 지식이 필요하며, 관련 지역사회 기관과 관계를 맺고 일할 수 있어야 한다.
지역사회 네트워크 구축 및 지원	• 지역사회 네트워크 구축과 지원 활동을 통해 위기상담가들은 지역사회 자원 기관과 신뢰기반 집단, 지방 기관들과 관계를 구축해 나가며 공동체의 협력관계를 형성한다. • 서비스에 쉽게 접근할 수 있는 환경을 만들어 지역사회의 회복력을 높일 수 있도록 돕는다.

출처: Federal Emergency Management Agency & U.S. Department of Health and Human Services(2013).

위기상담프로그램의 부가적인 서비스

위기상담프로그램(CCP)의 부가적인 서비스는 인쇄물이나 전자매체를 통한 비대면적 접촉을 내용으로 하기 때문에 더 광역적인 접촉이 가능하고 주요 서비스에 비해 낮은 강도를 가진다. 여기에는 교육 자료의 개발 및 보급, 미디어와 공공서비스를 통한 홍보활동 등이 있다.

교육 자료의 개발 및 보급 활동을 하는 위기상담프로그램 종사자들은 재난 피해를 입은 개인과 지역사회의 교육을 위한 전단지, 안내책자, 정보지, 교육 자료, 웹사이트 정보를 개발하고 배포한다. 이러한 자료는 기본적인 재난 정보, 재난에 대한 전형적인 반응, 대처전략, 개인과 지역사회의 회복과 탄력성에 대한 내용을 주제로 하고 있다. 이러한 자료는 소수 인구의 요구를 대변할 뿐만 아니라 다중언어로 이용할 수 있다. 자료들은 공공장소를 통해 전달받거나, 지역사회 신문에 인쇄되거나, 재난으로 인해 가장 큰 피해를 입은 지역의 생존자들에게 우편을 통해 전달된다.

미디어와 공공서비스를 통한 홍보활동은 더 많은 사람이 위기상담프로그램 서비스를 이용할 수 있도록, 또는 재난에 대한 일반적인 정보를 제공하는 데 목적이 있으며, 재난 피해자들에게 재난, 재난 행동 건강, 재난에 대한 반응과 대처전략, 개인과 지역사회의 회복과 탄력성에 대한 정보를 제공한다. 이러한 정보는 CCP 대변인 미디어 인터뷰, TV나 라디오 공익광고, 웹사이트 및 이메일, 페이스북이나 트위터 같은 소셜 미디어를 통해 제공된다(Federal Emergency Management Agency & U.S. Department of Health and Human Services, 2013).

위기상담프로그램 종사자 교육

위기상담가와 프로그램 관리자 양성은 연방재난관리청(FEMA)과 정신보건센터(CMHS)가 개발한 표준화된 일련의 위기상담프로그램(CCP) 교육 훈련 프로그램을 통해 이루어진다. 재난관리교육기관(EMI)에서는 미보건복지부(DHHS)와 연방재난관리청의 교육 훈련비 지원으로 위기상담프로그램 주(state) 훈련자 양성 교육과 지역정신건강부서(SMHA)를 대상으로 하는 위기상담프로그램 교육과정을 제공한다. 위기상담프로그램의 주(state) 훈련자 양성 교육과정은 총 4일 동안 진행되며, 주와 지방정부 소속의 재난 행동 건강 책임자에 의해 선발된 위기상담프로그램에 대한 경험과 지식을 갖춘 사람에게 제공된다. 이 과정에서는 위기상담프로그램의 표준화된 훈련을 수행하기 위한 훈련자 양성 교육을 제공한다. 교육을 수료한 훈련자들은 이 교육 이후에 보조금 지원을 받는 위기상담가가 재난에 영향받은 지역사회와 재난 생존자에게 개인상담과 집단상담, 기초 교육과 지지, 치료 연계, 지역사회 네트워크 구축, 대중 교육을 제공할 수 있도록 훈련하게 된다.

지역정신건강부서(SMHA)를 대상으로 하는 위기상담프로그램 교육과정은 4일 동안 진행되며, 주와 지방정부 소속의 정신건강부서에 소속된 개인에게 위기상담프로그램 보조금 신청 과정과 보조금 보고 요건, 재난 정신건강의 개념, 기관 차원의 재난대응에 대한 교육을 제공한다. 이를 통해 참가자들은 위기상담프로그램 신청 자격과 재난 이후의 지역정신건강부서의 책임에 대해 알게 된다.

이러한 훈련을 통하여 위기상담가들은 다수의 사람들에게는 심리교육지원을 제공하여 심리적 부작용을 예방할 수 있도록 하고, 소수의 사람들은 더 악화될 수 있다는 사실을 주지하고 심각한 반응을 경험하고 있는 재난 생존자를 분별하며, 이러한 개인들을 적절한 치료서비스와 지역사회 자원에 연계하도록 훈련받게 된다. 이렇게 약물 남용 및 정신건강청(SAMHSA) 산하 정신건강서비스 센터(CMHS)의 응급정신건강과 외상스트레스 서비스지사(EMHTSSB)는 보조금 관리와 프로그램 감독을 제공하고, 주와 지방의 정신건강 인력에 대한 훈련과 기술적 지원을 제공하며, 재난 피해를 입은 지역사회에 대한 재난심리지원 활동의 주체적 역할을 맡고 있다.

위기상담프로그램의 특징

재난의 영향에 있어 어린이, 소수 집단 구성원, 재난에 심각하게 노출된 사람들 등은 상대적으로 취약하다. 위기상담프로그램(CCP)은 이러한 취약 집단을 우선으로 고려하여 서비스를 제공한다. 재난에 심각하게 노출된 사람들은 다음과 같이 설정된다. 먼저, 신체적 위해를 입은 재난 피해자와 유가족이 가장 우선순위에 자리하며, 재난 외상에 심각하게 노출되었거나 재난현장에서 대피한 사람들이 그다음 지원 대상이 된다. 다음으로 희생자의 친지나 친구, 최초 대응자가 대상이 되며, 재난으로 인해 집, 직업, 재산을 잃은 사람들과 이전에 외상을 겪었거나 다른 기능장애가 있는 사람, 위험 집단과 다른 재난대응자들이 다음 지원 대상이 된다. 마지막으로, 재난의 영향을 받은 더 큰 지역사회의 구성원들이 위기상담프로그램의 지원 대상이 된다.

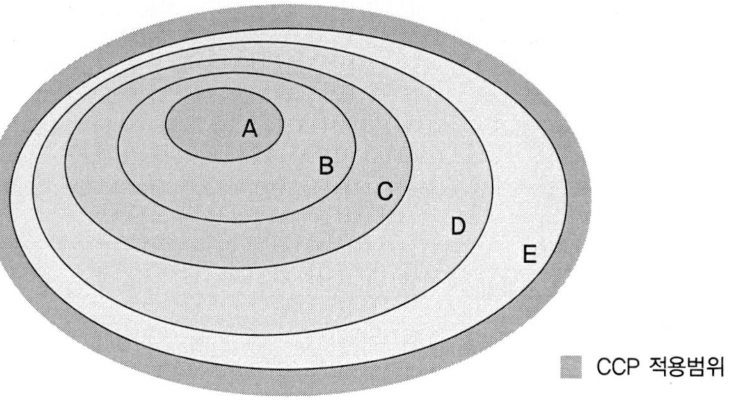

A. 신체적 위해를 입은 재난 피해자와 유가족
B. 재난 외상에 심각하게 노출된 사람 및 재난현장에서 대피한 사람
C. 희생자의 친지나 친구, 최초 대응자
D. 재난으로 인해 집, 직업, 재산을 잃은 사람들, 이전에 외상을 겪었거나 다른 기능장애가 있는 사람
E. 재난의 영향을 받은 더 큰 지역사회의 구성원들

[그림 11-3] 위기상담프로그램(CCP) 재난 노출 인구 모델

출처: Federal Emergency Management Agency & U.S. Department of Health and Human Services(2013).

재난의 영향 기간 동안, 개인은 개인적 차원과 지역 공동체로서의 동시적인 경험을 갖게 되며, 그 후 재난 회복의 단계를 밟게 된다고 보기 때문에, 위기상담은 개인적 차원과 지역사회적 차원의 요구 모두를 고려한다. 위기상담가는 재난의 영향 기간 동안 지지, 교육, 개인과 지역 공동체의 회복을 돕는 자원 연계 지원을 제공하여 개인과 지역사회가 재난 회복의 재건 단계에 이를 수 있도록 돕는 역할을 맡는다. 위기상담프로그램은 대개 대부분의 자연적인 탄력성을 가정하고 이루어지지만, 소수의 심각한 반응에 대한 진단과 평가도 포함하며, 위기상담가들은 재난에 대한 심각한 반작용을 경험하고 있는 재난 피해자들을 식별하여 이들을 적절한 치료서비스 제공기관이나 지역사회 자원과 연계될 수 있도록 지원한다(Federal Emergency Management Agency & U.S. Department of Health and Human Services, 2013).

이러한 지원에 있어 위기상담프로그램은 역량 증진과 상호 협력이라는 지향점 아래, 재난 피해자들이 재난 이전의 일상적인 수준으로 회복하는 것을 돕기 위해 피해자들의 능동성을 해하지 않는 선의 도움을 제공한다. 전통적인 재난 피해 관리에 있어 재난 피해자는 서비스를 제공받는 수동적인 존재이나, 위기상담프로그램 서비스는 재난 피해자들의 능동적이고 자주적인 측면을 강조한다. 위기상담프로그램에서 제공하는 건강 및 정신건강 치료 연계서비스, 재난 구호 자원 지원에 대한 연계서비스에 있어, 위기상담가들은 직접적인 자원의 제공으로 피해자들을 돕기보다 재난 피해자가 재난에 대한 대처를 자기 자신의 힘으로 이루어 낼 수 있도록 보조하는 역할을 맡는다. 예를 들어, 위기상담가는 재난 피해자에게 지원받을 수 있는 자원에 대한 정보를 제공하고, 재난 피해자가 스스로 그 자원에 접근할 수 있도록 그 과정을 돕는다.

재난은 어떤 사람들에게는 우울장애, 자살행동, 약물 남용, 급성 스트레스 장애(Acute Stress Disorder: ASD), 외상 후 스트레스 장애(PTSD), 해리성 장애, 불안장애 등과 같은 심리적 문제를 초래할 수 있다. 이러한 심각한 반응의 치료는 위기상담프로그램의 범위를 벗어난 것이지만, 위기상담프로그램의 핵심적인 부분은 위기상

〈표 11-4〉 전통적 사례관리와 재난 위기상담프로그램(CCP)의 차이

전통적 사례관리	재난 위기상담프로그램
심각하고 지속되는 정신질환 또는 다른 영구적 장애를 지닌 개인에게 서비스 제공	기능의 정도와 관계없이 모든 신청자에게 서비스 제공
의뢰인에 대한 서비스 공급을 지지하고 영향을 미침	신청자가 능동적으로 자신이 필요한 서비스와 자원을 주장할 수 있는 역량 증진
의뢰인을 위한 서식 작성과 약정 조정이 수반됨	일반적인 신청서와 연계과정들을 안내함으로써 신청자가 다른 서비스를 스스로 이용할 수 있도록 도움
의뢰인이 필요한 서비스를 받을 수 있도록 보장하는 책임을 맡으며, 서비스 제공자가 약정을 이행할 수 있도록 사후관리를 할 수 있음	재난 피해자가 서비스를 찾는 것을 돕고, 그들 스스로 자신이 필요한 서비스를 이용할 수 있도록 역량 증진을 시킬 책임을 맡는 반면, 사후관리를 할 수도 있음
의뢰인에게 제공되는 보호에 대한 지속성을 보장할 책임이 있음	재난 피해자가 우선이 되어 재난 관련 서비스를 받을 수 있는 방법에 대한 도움 제공
의뢰인과 장기간 관계 개입	재난 피해자와 단기간 관계 개입

출처: Federal Emergency Management Agency & U.S. Department of Health and Human Services(2013).

담가들이 이러한 증상을 정확히 평가하고 대상자를 적절한 치료를 받을 수 있는 기관에 연계하는 데 있다. 위기상담프로그램(CCP)은 재난의 영향을 받은 피해자들을 도와 그들이 재난의 부정적인 영향에서 회복하여 삶을 재건할 수 있도록 하는 것을 목표로 하는데, 재난 피해자들이 자신의 증상을 이해할 수 있도록 돕고, 역경의 극복과 손실의 회복을 위해 단계적으로 전진할 수 있는 힘을 길러 주며, 그들이 지역사회 자원에 효과적으로 접근할 수 있도록 연계하는 서비스를 제공한다(Federal Emergency Management Agency & U.S. Department of Health and Human Services, 2013). 즉, 위기상담가들은 개인과 지역사회의 자연적 탄력성을 가정하고 위기상담프로그램, 다른 사람 및 기관에 대한 의존보다 독립성을 증진시킨다. 위기상담프로그램은 단기적이고 일시적인 재난 구호 프로그램이지만, 이를 통해 더욱 적응적인 대처 기술, 교육적 자원, 더욱 강화된 지역사회와의 연계 등 장기간의 자원을 남기게 된다.

또한 위기상담프로그램의 위기상담은 장애를 진단・치료하는 전통적 정신건강 치료와는 달리 장애의 진단을 배제하고, 재난 피해자의 다수가 일상적이지 않은 사건에 대한 일반적 반응을 경험하는 것에 대해 이해할 수 있도록 돕는 심리교육, 정서적 지지, 대처전략의 수립, 타기관이 제공하는 재난지원서비스와의 연계와 같은 도움을 제공하며, 이를 통해 재난 피해자의 회복탄력성을 지향한다는 점이 특징이다.

정신건강 치료는 일반적으로 장애를 진단함으로써 개인을 돕는다. 반면, 위기상담은 전통적 정신건강 치료와 같은 장애의 진단을 배제하고, 재난 피해자의 다수가 일상적이지 않은 사건에 대한 공통적 반응을 경험하는 것에 대해 이해할 수 있도록 도움으로써 진단 가능한 장애의 발병을 방지하는 것을 추구한다. 심리교육, 정서적 지지, 대처전략의 수립, 서비스와의 연계와 같은 과정을 통해 대부분의 재난 피해자는 탄력성과 회복을 나타낸다.

> 정신건강 치료는 장애를 진단함으로써 개인을 돕는 반면, 위기상담은 진단 가능한 장애의 발병을 방지하는 것을 추구한다.

정신건강 치료가 임상적 환경 또는 진료소와 같은 곳에서 이루어지는 반면, 위기상담은 재난 피해자가 있는 지역사회 안에서 이루어지며, 대개 재난 피해자의 자택, 대피소, 임시 주거 지역, 교회, 직장, 학교, 지역사회센터, 커피숍과 같은 곳에서 이루어진다. 이와 같은 특성은 위기상담프로그램이 지역기반의 아웃리치 서비스를 지향하기 때문인데, 실제로 허리케인 카트리나 당시 1~7%의 재난 피해자만이 서비스 공급기관에서 위기상담서비스를 제공받았다(Norris & Bellamy, 2009). 또한 정신건강 전문직 종사자들은 특정 증상 또는 일련의 증상을 치료하는 것에 관심을 둘 수 있지만 위기상담가는 재난 생존자의 상황 맥락 속에서 생존자의 요구 모두를 평가하고 받아들이며 전체론적 접근을 사용한다.

정신건강 전문직 종사자들은 어떤 문제들이 다루어져야 하고 어떻게 다루어져야 할지 결정하면서 흔히 지시적인 역할을 맡는다. 반면, 위기상담가들은 생존자들이 가장 압박받는 어려움과 요구를 알아보도록 도울 뿐만 아니라, 그러한 필요들이 어떻게 가장 잘 다루어질 수 있는지 우선순위를 정하고 계획을 세울 수 있도록 돕는다. 또한 위기상담가들은 재난에 대한 일반적 반응과 효과적인 대처전략들, 이용가능한 지역사회 자원들의 정보를 제공한다.

마지막으로, 전통적 정신건강 치료에서는 정신질환을 진단하고 치료를 하는 반면, 위기상담가들은 재난 피해자들을 유형화, 구분, 진단하는 행위를 배제하여 진료기록이나 사례 파일을 남기지 않는다. 위기상담프로그램은 정신건강 또는 약물남용 치료 및 위기사건 스트레스 디브리핑(Critical Incident Stress Debriefing: CISD)과

〈표 11-5〉 전통적 정신건강 치료와 재난위기상담의 차이

전통적 정신건강 치료	재난위기상담
진료소 기반	자택과 지역사회 기반
정신질환의 진단과 치료	강점과 대처전략 평가
기능과 성격에 초점을 둠	기능의 회복 및 개선 지향
내용을 진찰함	내용을 그대로 수용함
과거의 경험과 그것이 현재의 문제에 미치는 영향 탐색	공통된 반응과 경험 타당화
심리치료적인 것에 초점을 둠	심리교육적인 것에 초점을 둠
진료기록, 사례 파일 등을 보관함	어떠한 식별 정보도 수집하지 않음

출처: Federal Emergency Management Agency & U.S. Department of Health and Human Services(2013).

같은 서비스를 제공하지 않는다. 서비스들은 본질적으로 지지적이고 교육적이다. 위기상담에 정해진 횟수는 없지만, 위기상담가들은 장기적 지원에 대한 기대감을 주는 것에 주의하며 대개 3회기 무렵, 다른 행동건강서비스 제공이 필요한 사람들을 타기관에 의뢰하게 된다. 하지만 대처전략, 스트레스 관리 활동 및 다른 위기상담 개입을 위해 3회 이상 재난 피해자를 만나게 될 수도 있다(Federal Emergency Management Agency & U.S. Department of Health and Human Services, 2013).

보건복지부의 정신건강 재난 지원

미국의 비상지원기능(ESF) #8은 미보건복지부(DHHS)에 의해 운영되고 있는 의료·보건 분야로 1991년도부터 공식적으로 정신보건서비스가 추가되어 상설로 정신보건서비스와 위기상담서비스가 제공되고 있다(양기근, 2008). 미보건복지부의 정신건강 재난 지원(Mental Health Disaster Assistance)은 바로 이 비상지원기능 #8(정신보건서비스, 보건 및 의료서비스 분야)의 지원 영역에 해당되며, 「스태퍼드법」하의 대통령의 주요 재난이나 비상사태 선포와 관련하여 국회의 추가 책정액에 따라 운영된다. 미보건복지부의 정신건강 재난 지원은 대중 건강 서비스(Public Health Service: PHS), 약물남용 및 정신건강청을 통해 제공되며, 약물남용 및 정신건강청 소속 정신보건센터(CMHS)의 응급서비스 및 재난 구호지사(Emergency services and Disaster Relief Branch)를 통해 실현된다. 정신건강 재난 지원은 주요 재난 피해자에게 위기상담프로그램에 속하지 않는 추가적인 응급 정신건강, 약물남용 상담과 그 외 관련된 서비스를 상설로 제공하는 데 그 목적이 있다.

적십자사의 재난 정신건강 서비스

미적십자사(ARC)는 재난 영향 완화 프로그램을 제공할 권한을 국가에서 부여받아, 매해 5,000건 이상의 재난에 대응하고 있다. 미적십자사는 기업과 개인의 기부

금을 통해 운영되고, 인력은 대부분 자원봉사자로 구성되어 있으며, 재난 시 연방 조직하에 있는 각 지역의 지부를 통해 1990년에 개발한 재난 정신건강서비스(Disaster Mental Health Services: DMHS)를 무료로 제공하고 있다(International Federation of Red Cross and Red Crescent Societies, 2001). 미적십자사는 많은 정부기관 및 비영리 정신건강 단체와 상호 협력관계를 구축하고 있다. 여기에는 미국심리학회(American Psychological Association), 미국상담학회(American Counseling Association), 미국 사회복지사 협회(The National Association of Social Workers), 국제 결정적 사건 스트레스 재단(The International Critical Incident Stress Foundation)과 같은 전문적인 협회, 미국 재향군인지원부(U.S. Department of Veterans Affairs), 미보건복지부(U.S. Department of health and Human Services)와 같은 연방정부기관이 포함된다. 미적십자사의 서비스는 응급처치의 개념으로 정부기관이 총 대응을 할 수 있도록 동기화되기 전인 주요 재난 발생 직후에 이루어지는 추가적이고 보완적인 서비스로서, 지역사회에 존재하는 정신건강 프로그램을 대체하는 것은 아니다.

미적십자사는 재난으로 인해 겪는 외상 후 스트레스 증상과 장기간의 심리적 영향 등의 증상을 완화시키려는 목적하에 위기개입, 대처전략과 스트레스에 대한 교육, 지지, 진정(defusing) 및 디브리핑(debriefing)과 같은 서비스를 재난 정신건강 서비스(DMHS) 프로그램을 통해 제공하며, 이는 2일짜리 재난 정신건강 서비스 코스를 수료한 정신건강에 대한 자격을 가진 전문인력에 의해 제공된다. 재난 정신건강 서비스 프로그램은 전체적인 지역사회와 재난 피해자뿐만 아니라, 2차적 외상(secondary traumatization)을 방지하기 위해 재난지원서비스 제공인력에게도 적용되는데, 재난지원서비스 제공 인력에게 제공되는 재난 정신건강 서비스 프로그램은 업무로 인한 소진을 방지하기 위한 스트레스 관리 프로그램의 제공을 통해 재난지원서비스의 질을 향상하는 데 목적이 있다. 이러한 프로그램의 제공을 위하여 정신건강 전문가들은 서비스의 도움이 필요한 대상자를 분별하기 위해 사례별(case by case) 원칙에 기초하여 당해 지역의 모든 사람과 대화하는 데 초점을 두며, 학교, 교회, 시민모임을 통해 교육활동을 펼치고, 적절한 지역 정신건강 서비스와 연계시켜 주기 위해서 피해지역의 개인, 가족과 접촉한다.

글을 마치며

이 장에서는 미국의 재난심리지원체계의 현황을 연방재난관리청의 위기상담프로그램, 미보건복지부의 정신건강 재난 지원, 미적십자사의 재난 정신건강 서비스를 중심으로 살펴보고 이를 통해 궁극적으로 한국의 재난심리지원체계의 구축·개선 방향에 기여하고자 하였다. 이 글에서 살펴본 미국 재난심리지원체계의 특징은 다음과 같다.

첫째, 미국의 재난심리지원은 연방재난관리청(FEMA)의 위기상담프로그램(CCP)을 축으로 미보건복지부(DHHS)의 정신건강 재난 지원(Mental Health Disaster Assistance), 미적십자사(ARC)의 재난 정신건강 서비스(Disaster Mental Health Services: DMHS)가 보완, 추가적 역할을 맡아 이루어지고 있다. 이를 통해 재난의 영향을 받은 피해자 다수에게 장기적으로 체계적인 재난심리지원 서비스를 제공하고 있다.

둘째, 미국의 재난심리지원은 전통적 정신의학적 접근이나 심리치료가 필요한 소수에게는 적절한 지역 정신보건기관에 치료를 의뢰하는 연계 서비스를 제공하고, 재난 피해를 입은 지역사회 전체를 대상으로 피해자들이 장기적으로 재난을 극복할 자원을 개발시켜 주는 재난심리교육 프로그램을 제공하는 형태로 이루어진다. 그리고 이를 위해 다양한 유관기관이 협력하여 서로의 한계를 보완하는 동시에, 더욱 많은 대상자에게 더욱 확대된 개념의 재난심리지원서비스를 제공하고 있다. 미국은 이러한 재난심리지원활동에 있어서 재정 보조 외에도 지역 행동건강서비스 제공기관, 지역사회에 거주하는 훈련된 준전문 종사자 등 지역사회 자원을 우선 활용하고 있으며 이를 통해 지역사회 실정에 맞는 신속하고 효율적인 재난심리지원활동을 전개할 수 있다.

셋째, 미국의 재난심리지원은 진단을 내림으로써 재난심리지원을 받을 수 있는 재난 피해자의 범주를 좁히기보다는 재난 피해자와 재난지원서비스 제공 인력을 포함한 다수의 대상자에게 심리적 응급조치나 심리교육적 프로그램을 제공하는 형태로 이루어지고 있다. 그리고 이를 통해 재난의 영향 범위에 있는 다수가 재난 이전의 일상적인 생활로 복귀할 수 있도록 돕는다.

마지막으로, 미국은 재난심리지원에 초점을 맞춘 위기상담프로그램을 개발하여 재난 피해자가 재난에 대한 대처를 자기 자신의 힘으로 이루어 낼 수 있도록 보조하고 있다. 서비스를 단순히 제공받기만 하는 전통적 사례관리와는 달리 위기상담프로그램은 재난 피해자들의 자주적인 측면을 강조하여 재난 피해자의 능동성을 해하지 않는 선에서의 도움을 제공한다. 즉, 위기상담가들은 직접적인 자원의 제공으로 피해자를 돕기보다 재난 피해자가 스스로 자신이 필요한 서비스와 자원을 이용할 수 있도록 역량 증진을 하는 방법으로 피해자를 돕는다. 특히 15분간 이루어지는 개인위기상담이나 단기 교육 및 지지적 접촉, 집단위기상담, 대중 교육, 치료 의뢰 등의 차별화된 재난심리지원활동을 포함한 위기상담프로그램은 정신과적 진단을 배제하고 재난 회복과정을 시간적 단계별로 구조화하여 재난심리지원 프로그램을 재난 후 최대 1년간 제공함으로써, 피해자의 역량 증진 및 탄력성 회복을 지향한다. 그리고 이러한 과정에서 지역사회 아웃리치를 통해 다수의 대상자가 서비스의 혜택을 받을 수 있도록 하는 적극적 형태의 재난심리지원활동을 펼치고 있다.

〈표 11-6〉 미국과 한국의 재난심리지원체계 비교

	미국	한국
법제적 기반	• 「스태퍼드법」 재난 피해를 완화하기 위하여 주정부 및 지방정부에 대한 연방정부의 각종 지원에 관한 기본사항들이 규정되어 있으며 재난 피해자들이 일상적인 삶으로 복귀할 수 있도록 돕는 심리지원 프로그램을 포함함	• 「재난 및 안전관리 기본법」 상담지원 계획수립, 전문가 인력체계 구축, 재원 확보 등 포괄적 규정만 담고 있으며 실질적으로 2008년부터 운영되어 온 17개 시·도 재난 심리지원센터, 상담자 교육 훈련, 기타 재원 확보 방법 등에 대한 근거규정이 미비한 실정
재난 심리 컨트롤 타워	• 국토안보부(DHS) 산하 연방재난관리청(FEMA)	• 부재 –주무 부처의 소재가 모호 –국민안전처와 보건복지부의 업무 중복 및 충돌

재난심리지원 주체	• 국토안보부 산하 연방재난관리청 • 미보건복지부(DHHS) • 미적십자사(ARC): 유관기관 간 지원 내용과 역할을 분담하여 상호 유기적 협력관계 구축	• 국민안전처, 지자체, 17개 시도 재난심리지원 센터 –보건복지부와 국민안전처의 업무 중복으로 주무 부처의 소재가 모호 –인력 부족으로 실질적 전개에 어려움 존재 –3개의 정신건강증진센터, 3개 대학의 간호학과, 6개 대한적십자사 지사, 3개 대학의 심리학과 등으로 구성되어 있어 재난심리지원 서비스에 일관성 부족
재난심리지원 전문인력 양성과정	• 연방재난관리청의 재난관리 교육기관(EMI) –위기상담프로그램 주(state)훈련자 양성, 지역정신건강부서(SMHA) 교육 –미보건복지부와 연방재난관리청의 교육 훈련비 지원 –연방재난관리청과 정신보건센터(CMHS)가 개발한 위기상담프로그램 훈련 모듈(module)을 통해 재난심리지원 서비스를 제공하는 위기상담가와 프로그램 관리자를 양성	• 재난심리지원 전문인력 양성과정 부재
재난심리지원 프로그램	• 연방재난관리청 위기상담프로그램 • 미보건복지부 재난 정신건강 서비스 • 미적십자사 정신건강 재난 지원	• 재난심리지원 프로그램 부재
재난 심리 지원 기간	• 위기상담프로그램: 재난 발생 후 최대 1년(ISP 단계: 60일 , RSP단계: 9개월, RSP 신청 검토기간 동안 연장되는 ISP 기간 포함) • 재난 정신건강 서비스: 상설 • 정신건강 재난 지원: 발생 직후 • 미적십자사의 심리적 응급처치, 연방재난관리청과 미보건복지부의 위기상담프로그램 외에도 미보건복지부에서 상설로 재난심리지원 서비스를 제공하여 재난의 영향을 받은 모든 피해자에게 장기적으로 재난심리지원 서비스 제공	• 단기적 지원
재난심리지원 대상	• 재난의 영향으로 심리적 충격을 겪은 지역사회 구성원(소수보다는 다수의 대상자에게 심리적 응급조치나 심리교육적 프로그램 제공)	• 소수의 재난 피해자에 집중됨

	• 정신과적 진단 배제 –위기상담프로그램은 정신의학적 의미의 PTSD 치료가 아닌 비정상적 상황에서 정상적인 사람이 겪는 정신적 혼란을 해소하는 것이 주된 목적 –전통적 정신의학적 접근이나 심리치료가 필요한 소수에게는 적절한 지역 정신보건기관에 치료를 의뢰하는 연계 서비스 제공 • 포괄적이고 확대된 개념의 재난심리지원 –재난 피해자뿐만 아니라 재난 지원 서비스 제공 인력에게도 재난심리지원 서비스를 제공하여 서비스의 질 향상 • 다수를 대상으로 한 재난심리지원 • 심리치료가 아닌 심리교육 제공 –재난 피해를 입은 지역사회 전체를 대상으로 재난 심리교육 프로그램을 제공하는 재난심리지원활동 • 피해자의 역량 증진 및 탄력성 회복 지향	• 정신과 치료에 치중 • 소수의 재난 피해자에 집중됨
재난심리지원 형태	• 유관기관 간의 상호 유기적 협력관계: 유관기관들이 지역사회에 필요한 역할과 책임을 효율적으로 분담하여 상호 유기적 협력관계 구축 • 구조화되고 차별화된 위기상담프로그램 • 시간 프레임을 두고 조직된 프로그램 제공 –개인위기상담(15분간) –단기 교육 및 지지적 접촉 –집단위기상담(15분 이상) –대중 교육 –평가, 치료 의뢰, 자원 연계 –지역사회 네트워크 구축 및 지원 –교육 자료의 개발 및 보급 –미디어와 공공서비스를 통한 홍보	• 주관 부서가 여러 곳이어서 집중도가 떨어지며, 부처 간 업무 충돌 발생 • 위기상담 프로그램 부재
	• 지방정부에 재난심리지원 서비스 제공의 제일선 책임이 있으며 지역사회 기반 재난심리지원활동이 이루어짐 –지역 행동건강 서비스 제공기관과 지역 정신보건 종사자 인력을 활용한 지역사회 아웃리치 활동	• 지방정부 차원의 재난심리지원체계가 구축되지 않아 심리상담이 지역사회와 충분히 연계해 이루어지지 못함

> • 지역사회 자원의 우선적 활용
> –당해 지역에 익숙한 지역 행동건강 서비스 제공기관과의 협정을 통해 재난심리지원활동
> –서비스를 제공하는 지역사회에 거주하며 일하는 훈련된 준전문 종사자의 우선적 활용

지금까지 살펴본 미국의 재난심리지원체계와 그 내용을 우리나라의 재난심리지원체계 현황과 비교하여 다음과 같은 제언을 하고자 한다.

◎ 재난심리지원 관련법을 제정하여 체계적이고 명확한 법제적 근거를 마련하고, 이를 토대로 실질적 지원이 가능한 재난심리지원체계를 구축해야 한다

미국의 재난심리지원체계는 각 기관의 지원 내용과 역할이 재난 기본법에 명시되어 있어 역할과 책임소재가 명확하며, 이를 바탕으로 각급 정부에서 제공되는 서비스 전달체계가 매뉴얼화되어 있어 포괄적 범위의 재난에 대해 신속하고 적절한 대응이 가능하다. 이는 일관성 있고 책임소재가 분명한 재난심리지원 서비스의 제공을 가능하게 한다.

반면, 우리나라는 재난심리지원활동을 위한 법제적 장치가 미비할 뿐더러 체계적이고 실질적인 재난심리지원활동을 펼치기에 지원체계 및 서비스 전달체계에 관한 매뉴얼이 미비한 실정이다. 재난심리지원 관련 법 또한 마찬가지로 우리나라의 재난심리지원에 대한 대외적 요구가 증가하며 재난심리지원활동에 대한 법제적 틀은 마련되었으나, 「재난 및 안전관리기본법」 제66조의 5항, 동법 시행령 제73조의 2항 등은 상담지원 계획수립, 전문가 인력체계 구축, 재원 확보 등 포괄적 규정만 담고 있으며 실질적으로 2008년부터 운영되어 온 시·도 재난심리지원센터, 상담자 교육 훈련, 기타 재원 확보 방법 등에 대한 근거 규정이 미비한 실정이다.

재난심리지원활동에 대한 법적 근거가 미흡함에 따라 재난심리지원에 대한 국민안전처와 보건복지부의 업무도 서로 중복되는 영역이 존재하여 재난심리지원 주무부처가 불분명하다. 이러한 요소들로 인해 우리나라는 체계적이고 일관성 있는 재난심리지원체계 구축 및 지원에 어려움을 겪고 있다.

◎ 재난심리지원 유관기관 간 상호 유기적 협력관계를 구성하고 이를 연계하는 컨트롤 타워를 구축해야 한다

미국에서는 국토안보부와 연방재난관리청, 주 · 지방정부가 각 기관의 독립성을 유지하되, 정책방향의 공유에 초점을 맞추어 국가 통합적 재난관리체계를 이루고 있으며, 이러한 시스템 안에서 재난심리지원서비스도 체계적으로 지원되고 있다.

국토안보부 산하 연방재난관리청은 재난심리지원체계를 총괄하고, 국토안보부와 연방재난관리청의 예산 지원과 총괄 아래 미보건복지부 산하 약물남용 및 정신건강청(SAMHSA)의 정신보건센터와 응급정신건강과 외상스트레스 서비스지사(EMHTSSB)와 같은 정부기관들, 미적십자사와 같은 비정부기관들은 긴밀한 협력 속에서 실질적인 위기상담서비스를 제공한다. 결과적으로 각자가 제자리에서 제 할 일을 다 하되, 통합적으로 결집되어 재난지원서비스를 더욱 많은 대상자에게, 더욱 신속하고 체계적으로 제공하고 있다.

◎ 지방정부급 재난심리지원체계의 역할과 책임을 강조하고, 지역사회 중심의 심리지원활동을 확대해야 한다

시 · 도 재난심리지원센터에서 전담인력의 확보나 전담인력의 전문성을 제고하는 방향에서 정부의 재난심리지원 분야에 대한 예산 확대가 필요하다. 우리나라의 경우 현재 국민안전처(2명) 및 각 지자체(1명) 소속 공무원과 17개 시 · 도 재난심리지원센터 소속 비상근직 직원들(120명)이 재난심리 업무를 맡고 있다. 17개 시 · 도 재난심리지원센터는 재난심리지원 업무를 담당할 자체 상근직원이 없어서 보건복지부 산하 정신건강증진센터(3곳) 및 대한적십자사 지사(3곳)에서 재난심리지원 업무를 겸직하게 하고 있거나, 지역의 대학(간호학과 3곳, 상담심리 및 심리학과 3곳) 소속 대학원생 인력으로 재난심리지원 업무를 대체하고 있다. 결국 전국의 재난심리지원센터는 재난 발생 시 충분한 전문인력으로 지원활동을 전개하지 못하고, 전문적으로 훈련되지 않고 경험이 많지 않은 자원봉사자 중심으로 운영되는 한계가 있다.

반면, 미국 재난관리체계는 연방정부의 역할이 강조되어 국가 통합 재난관리체계가 구축되어 있으면서도 지방정부에 제일선의 책임이 있기에 지방정부가 지역사회 실정에 맞는 신속하고 효율적인 재난관리활동을 전개할 수 있다. 이러한 결과는

미국 정부의 재난심리지원활동에 대한 충분한 예산 지원과 전문인력 양성을 위한 노력이 뒷받침된 결과다.

이러한 재난관리체계하에서 미국은 지역사회 내에서 당해 지역에 일어난 재난과 지역문화의 특성에 맞춘 재난심리지원서비스를 더욱 용이하게 제공하고 있다. 예를 들어, 연방재난관리청과 더불어 약물남용 및 정신건강청(SAMHSA) 산하 정신보건센터의 응급정신건강과 외상스트레스 서비스지사는 재난 피해 보조금 관리와 위기상담프로그램 감독을 담당한다. 또한 주와 지방에 정신건강 인력에 대한 훈련과 기술적 지원을 제공하고 재난 피해를 입은 지역사회에 대한 재난심리지원활동의 주체적 역할을 맡고 있으며, 위기상담프로그램 서비스 제공에 있어서 가급적이면 서비스를 제공하는 지역사회에 거주하며 일하는 훈련된 준전문 직원의 활용을 장려하는 등 지역사회 수준에서 재난심리지원활동을 활발히 전개하고 있다.

◎ 전문적이고 효과적인 재난심리지원을 위해 전문인력 양성 프로그램이 필요하다

미국에서는 연방재난관리청과 정신보건센터가 개발한 표준화된 일련의 재난 위기상담프로그램 교육 훈련을 통해 재난심리지원서비스를 제공하는 위기상담가와 프로그램 관리자를 양성한다. 이러한 훈련자를 양성하기 위해서 연방재난관리청의 재난관리교육기관(EMI)에서는 미보건복지부와 연방재난관리청의 교육 훈련비 지원으로 위기상담프로그램 주(state) 훈련자 양성 교육과 지역정신건강부서(SMHA)를 대상으로 하는 위기상담프로그램 교육과정을 제공한다. 미국은 국가적 차원에서 전문인력을 양성하여 효과적으로 프로그램을 운영·관리하고 전문성을 부여하여 수준 높은 재난심리지원서비스를 제공한다. 반면, 우리나라의 재난심리지원체계는 재난심리지원 인력에 대한 훈련과정이 부재하여 재난 시 재난 피해자에게 재난심리지원에 초점이 맞춰진 서비스를 제공하는 데 어려움이 있다.

◎ 재난심리지원에 대한 전반적 인식을 제고하고, 이를 바탕으로 더욱 많은 대상에게 폭넓은 재난심리지원서비스를 제공할 수 있는 체계적이고 효과적인 재난심리지원 프로그램을 구축해 나가야 한다

미국의 재난심리지원은 정신과적 진단을 내림으로써 재난심리지원을 받을 수 있

는 재난 피해자의 범주를 좁히기보다는, 다수의 대상자에게 심리적 응급조치를 제공하는 적십자의 재난심리지원 프로그램이나 위기상담프로그램과 같이 심리교육적 프로그램을 제공하는 형태로 이루어지고 있다는 점에서 우리나라에 시사점을 준다.

즉, 미국의 재난심리지원은 전통적 정신의학적 접근이나 심리치료가 필요한 소수에게는 적절한 지역 정신보건기관에 치료를 의뢰하는 연계 서비스를 제공하고, 재난 피해를 입은 지역사회 전체를 대상으로 피해자들이 장기적으로 재난을 극복할 자원을 개발시켜 주는 재난 심리교육 프로그램을 제공하는 형태로 이루어진다. 그리고 이를 위해 다양한 유관기관이 협력하여 서로의 한계를 보완하는 동시에, 더욱 많은 대상자에게 더욱 확대된 개념의 재난심리지원서비스를 제공하고 있다.

예를 들어, 미적십자사는 정부기관이 재난지원활동을 동기화하기 전 당해 지역에 심리적 응급처치 활동을 펼치며, 연방재난관리청이 90일간, 미보건복지부가 90일 이후에서 1년간 위기상담프로그램이라는 체계화된 재난심리지원 프로그램을 통해 재난 피해자뿐만 아니라 재난지원서비스 제공 인력에게도 재난심리지원서비스를 제공하여 서비스의 질을 향상시키고, 대리외상을 방지하는 포괄적이고 확대된 개념의 재난심리지원체계를 운영하고 있다.

미적십자사와 연방재난관리청, 미보건복지부의 단기적 지원 이외에도, 보건복지부에서는 상설로 재난심리지원서비스를 제공하며 재난의 영향을 받은 모든 피해자에게 장기적으로 재난심리지원서비스를 제공하고 있다.

이처럼 미국의 위기상담지원은 본질적으로 심리적이라기보다 실용적인 문제 해결을 지향한다. 즉, 위기상담프로그램은 정신의학적 의미의 외상 후 스트레스 장애 치료는 아니며 비정상적 상황에서 정상적인 사람이 겪는 정신적 혼란을 해소하는 것이 주된 목적이다. 우울장애, 자살행동, 약물 남용, 급성 스트레스 장애, 외상 후 스트레스 장애, 해리성 장애, 불안장애 등과 같은 심각한 반응의 치료는 위기상담프로그램의 범위를 벗어난 것이며 위기상담프로그램의 핵심적인 부분은 위기상담가들이 이러한 증상을 정확히 평가하고 대상자를 적절한 치료를 받을 수 있는 기관에 연계하는 활동이다. 또한 위기상담프로그램의 위기상담은 장애를 진단ㆍ치료하는 전통적 정신건강 치료와는 달리 장애의 진단을 배제하고, 재난 피해자의 다수가 일상적이지 않은 사건에 대한 일반적 반응을 경험하는 것에 대해 이해할 수 있도록 돕는 심리교육, 정서적 지지, 대처전략의 수립, 타기관이 제공하는 재난지원서비스와의 연계와 같은 도움을 제공하며, 이를 통해 재난 피해자의 탄력성 회복을 지향한다는 점이 특징이다.

양기근(2008)은 심리관리 지원체계를 "재해 및 위기상황에 처한 사람들의 정서적 고통을 완화시켜서 피해를 당한 국민들이 자원을 활용하여 스스로 회복할 수 있도록 돕고, 위기상황에서 비정상적인 스트레스에 적절히 대처할 수 있도록 능력을 증진시켜 사회 · 심리적 부적응, 재난 충격 예방을 위한 일련의 활동"으로 정의하였으며, 노진철(2014)은 재난 피해자에 대한 국가적 지원의 방향이 재해 구호와 물질적인 복구로 한정되던 일시적 성격에서 벗어나 장기적인 사회 · 심리적 지원을 통한 일상생활로의 복귀로 확장되는 것이 세계적 추세라고 하였다.

이러한 내용에 비추어 보았을 때, 재난 피해 지원은 일시적인 물질적 · 경제적 지원에 한정되기보다는 장기적인 사회 · 심리적 지원까지 영역을 넓혀 고려해야 하는 개념이며, 재난심리지원은 정신의학적 접근이나 심리치료만을 뜻하는 개념이 아닌 재난 피해자들이 사회 · 심리적 자원을 활용하여 자주적으로 회복을 할 수 있도록 심리적 지원을 제공하는 일련의 활동으로 폭넓게 이해될 수 있는 개념이다. 이렇게 재난심리지원은 정신의학적 접근이나 심리치료를 포함하는 포괄적 개념일 뿐, 동일시하는 것이 적절치 않음에도 불구하고, 우리나라에서는 이에 대한 인식이 부족하여 종종 같은 개념으로 오인되곤 했다. 재난심리지원에 대한 인식의 부족은 국민적 차원에서 재난심리지원을 전통적 정신의학적 접근과 혼동하여 거부감을 표하는 현상으로 나타나거나, 국가적 차원에서 정신의학적 접근이나 심리치료가 필요한 소수에 집중한 심리지원체계를 구축하는 현상으로 나타나기도 하였다. 재난에 노출된 어떤 사람들은 초기에는 영향을 받지 않거나 비교적 빠르게 회복되지만, 상당한 비율의 사람들이 심각한 영향을 받아 장기적으로 고통받는다(Briere & Elliott, 2000; Hogerson, Klöckner, Boe, Weisaeth, & Holen, 2011: Briere & Scott, 2014에서 재인용)는 점을 생각했을 때, 재난심리지원은 재난 발생 직후, 재난에 직접 노출된 소수나 치료가 필요해 보이는 소수에게만 집중적 · 단기적으로 제공되기보다는 더욱 넓은 범주 내에서 재난의 영향으로 심리적 충격을 겪은 모든 사람에게 장기적으로 제공되어야 함이 마땅하다. 또한 재난 발생 후의 스트레스나 이에 따르는 심신 변화에 관한 정보와 지식의 결여는 스트레스를 악화시키고 개인과 가족은 물론 사회 전체에 악영향을 미치므로 정서적 및 정보적 지지를 포함한 심리적 지원은 매우 중요하고 반드시 필요하다(배정이 외, 2010). 이러한 견지에서 더욱 많은 대상에게 폭넓은 재난심리지원서비스를 제공할 수 있는 체계적이고 효과적인 재난심리지원 프로그램과 재난심리지원체계의 구축이 긴요한 시점이라 할 수 있다.

- 미국의 재난심리지원은 정신과적 진단을 배제하고 다수의 대상자에게 심리적 응급조치나 재난 피해를 입은 지역사회 전체를 대상으로 재난을 극복할 자원을 개발시켜 주는 심리교육 프로그램을 장기적으로 제공하는 형태로 이루어지고 있다.
- 미국의 재난위기상담 프로그램은 재난 회복과정을 시간적 단계별로 구조화하여 개인 위기상담, 단기교육 및 지지적 접촉, 집단위기상담, 대중 교육, 치료 의뢰 등의 활동을 재난 후 최대 1년간 제공함으로써 재난 피해자의 능동적인 역량 증진 및 탄력성 회복을 지향한다.
- 미국은 재난 발생 시 지방정부가 제일선에서 책임을 맡고 지역사회 기반의 재난심리지원활동을 전개하고 있다.

부록: 자료 조사 방법

다음의 세 가지 자료 조사 방법이 활용되었다. 먼저, 국회도서관, 한국학술정보(KISS), 학술연구정보서비스(RISS), Academic Search Complete(EBSCO), BIOMEDI, Google scholar, PsycARTICLES, PsycINFO, Research gate, SCOPUS, Springer, Wikipedia 등의 학술 데이터베이스(database: DB)에서 미국과 한국의 '재난관리체계' '재난대응' '재난위험경감' '재난심리지원체계' '재난정신건강' '재난위기상담' '위기교육' 'disaster management' 'disaster risk reduction' 'disaster and emergency preparedness' 'disaster mental health' 'disaster psychological support' 'disaster crisis counseling' 'emergency training' 이라는 주제어를 검색하

여 관련 자료를 수집하였다. 검색항목은 전체, 논문명(full title), 연도(year), 저자(author), 주제어(keyword), 초록(abstract)이었으며, 2000년부터 2015년까지의 최근 자료를 대상으로 하였다. 자료 수집 결과, 재난심리지원체계에 대한 학술연구자료는 최근의 높은 관심에 비해 매우 제한적이었고, 출판된 연구들 또한 한국과 미국, 해외의 재난관리체계 및 재난심리지원체계에 대한 최근 동향이 반영되지 않은 연구가 대다수였다.

이에 이를 보완하기 위해 두 번째로 미국 재난관리 및 재난심리지원의 주체인 국토안보부(Department of Homeland Security)와 연방재난관리청(Federal Emergency Management Agency: FEMA)의 정부기관 공식 웹사이트를 방문하여, 첫 번째 자료 조사 방법에서 사용한 주제어와 더불어 'law' 'budget' 'fiscal' 'disaster act' 'incident management system' 'national response framework' 'crisis counseling program' 의 주제어를 추가하여 정부 공개 자료를 바탕으로 최근 자료를 수집하고 그 내용을 심층 분석하였다.

미국의 재난관리체계와 재난심리지원체계 조사를 위해 세 번째로, 연방재난관리청, 재난관리교육기관(Emergency Management Institute: EMI), 미적십자사, 미보건복지부(U.S. Department of Health and Human Services)의 재난심리지원 관련 정부기관 공식 웹사이트 및 Google scholar에서 제공하는 보고서(report), 프로그램 가이던스(program guidance), 매뉴얼(manual), 카탈로그(catalog) 등의 자료를 수집하여 심층 분석하였다. 이에 이 논문에서는 총 27편의 자료에 더해 미 정부기관 5곳의 웹사이트에서 자료가 수집되었고 그 내용이 분석되었다.

참고문헌

강인호(2006). 미국 지방정부 재난관리체계와 정책시사점. **정책분석평가학회보, 18**(3), 1-16.

국민안전처(2015). **재난심리지원사업 개선과제분석보고**. 국민안전처 미간행.

노진철(2014). 한국 재난심리지원의 현황과 외국의 실제. **한국상담학회 재난특별대책위원회 특별 심포지엄 자료집**, 2-13. 한국상담학회.

배정이, 최남희, 김윤정, 유정(2010). 국내외 재난심리지원의 현황 분석 및 방안 모색. **국가위기관리학회보**, 2(1), 52-65.

신선인(2000). 재해 및 재난 구호 시 요구되는 정신보건사회사업 서비스에 관한 연구. **정신보건과 사회사업**, 10(0), 61-83.

양기근(2008). 재난심리지원 서비스 전달체계에 관한 연구. **한국위기관리논집**, 4(1), 50-62.

이동훈 (2014). 해외(미국,일본,유럽) 재난심리지원의 현황과 국내 재난심리지원체계 구축 방안. **한국상담학회 재난특별대책위원회 특별 심포지엄 자료집**, 14-25. 한국상담학회.

이병기, 김건위 (2008). **지방자치단체 재난관리체계의 개선방안**. 한국지방행정연구원.

이선자, 채은희, 장동원, 장숙랑, 전경숙, 이효영, 이경옥, 이종환, 홍보경(2006). 재난이 지역주민의 정신건강에 미친 장 · 단기적 영향 및 재난관리와 정신보건관리체계와의 연계방안에 관한 연구. 서울대학교 보건대학원 · 보건복지부.

Bellamy, N. (2010). FEMA's Crisis Counseling Assistance and Training Program(CCP) Data and Evaluation Updates. *FEMA Individual Assistance(IA) emergency support function(ESF) #6 Conference*. Federal Emergency Management Agency. available at http://www.fema.gov/pdf/conferences/iaconference/2010/wednesday_1045am_ccponline.pdf.

Briere, J., & Scott, C. (2014). *Principles of Trauma Therapy: A Guide to Symptoms, Evaluation, and Treatment*. CA: Sage.

Emergency Management Institute (2013). *Fiscal Year 2015 Training Catalog: Train, Exercise, Educate*. Federal Emergency Management Agency.

Federal Emergency Management Agency & U. S. Department of Health and Human Services (2013). *Federal Emergency Management Agency Crisis Counseling Assistance and Training Program Guidance*. Federal Emergency Management Agency & U.S. Department of Health and Human Services.

Felton, C. (2002). Project Liberty: A Public Health Response to New Yorkers' Mental Health Needs Arising From the World Trade Center Terrorist Attacks. *Journal of Urban Health: Bulletin of the New York Academy of Medicine, 79*(3), 429-433.

International Federation of Red Cross and Red Crescent Societies (2001). *Psychological support: Best practices from red cross and red crescent programmes*, 22-23. International Federation of Red Cross and Red Crescent Societies.

Norris, F., & Bellamy, N. (2009). Evaluation of a National Effort to Reach Hurricane Katrina Survivors and Evacuees: The Crisis Counseling Assistance and Training Program. *Administration and Policy in Mental Health and Mental Health Services Research, 36*, 165-175.

제12장

재난대응 정신건강 · 위기상담 가이드라인의 실제: 외상 청소년을 위한 국가 수준 PTSD 대응 가이드라인

김동일

재난대응 정신건강 · 위기상담 가이드라인 개발의 필요성

이 가이드라인은 전문적 매뉴얼, 기사, 웹사이트, 어플리케이션을 포함한 다양한 매체의 재난대응 관련 지침을 분석하여 증거기반의 재난대응 정신건강 위기상담의 공통적 속성을 제시하고 있다. 이는 재난 발생 시 심리적 지원을 위한 기초 정보를 제공하기 위함이다.

가이드라인의 대상은 '정신건강 및 위기상담 전문가' '학교 관계자' '재난 피해자' '일반인'으로 구분되어 있다. 가이드라인의 내용은 대상에 따라 다음과 같이 각 개입 시기별로 구분하여 제공하고 있다.

- 정신건강 및 위기상담 전문가의 경우, 재난 사고 발생 이후 시간 경과에 따라 '재난 발생 직후' '재난 발생 이후' '사후 개입'으로 구분

본 장은 김동일(2015. 4.). 위기청소년 유관기관 데이터 분석 기반의 모니터링 및 예측 모델링 기술 개발 최종보고서. 미래창조과학부의 정보통신 · 방송 연구개발 사업[I0114-14-1016]으로 지원되었음.
2015년 한국상담학회 재난대응 정신건강 · 위기상담 심포지엄의 주제강연 원고를 기반으로 작성함.

- 학교 관계자의 경우, '사전 준비' '개입(학교 정상 재개 이전, 학교 정상 재개 이후)' '사후관리'로 구분
- 재난 피해자 및 일반인을 위한 지침의 경우, 별도의 단계별 구분 없이 재난대응을 위한 전반적인 정보 제공

가이드라인의 활용

이 가이드라인은 재난대응 시 필요한 대상(정신건강 및 위기상담 전문가, 학교 관계자, 재난 피해자, 일반인) 및 재난대응 시 필요한 단계(재난 발생 직후, 재난 발생 이후, 사후개입)에 따라 필요한 시점에서 참조할 수 있다. 또한 재난의 피해를 직접적으로 입지 않은 일반인 대상의 2차 외상 예방을 위해서도 활용할 수 있다.

여기서 개괄적으로 제시된 가이드라인의 각 대상 및 단계에서 활용할 수 있는 구체적인 내용을 이후에 지침으로 제시하고 있다(이 장 뒤의 〈부록〉 참조).

재난대응 정신건강 위기상담 가이드라인

1) 정신건강 및 위기상담 전문가를 위한 가이드라인

'정신건강 및 위기상담 전문가'는 재난현장이나 심리지원센터에서 직접적으로 심리개입을 수행하는 전문가를 지칭한다. 여기에는 재난 발생 직후에 현장에서 응급개입을 실시하는 인력과 응급개입 시기가 지난 이후에 기관에서 심리지원을 실시하는 인력을 포함한다. 이 지침의 목표는 조기에 재난 피해자를 발굴하고 효과적으로 심리지원 개입을 실시하는 것이다. 지침 내용은 개입 시기별로 '재난 발생 직후' '재난 발생 이후' '사후관리'로 구분된다. '재난 발생 직후'는 재난 발생 후 3일까지로 재난 발생 현장에서의 응급개입 시기를 의미하며, '재난 발생 이후'는 재난 발생 후 3일~3개월로 심리지원센터, 기관 등에서 본격적으로 심리개입이 이루어지는 시기를 의미한다. 마지막으로, '사후관리'는 재난 발생 후 3개월 이후의 심리지원 시기를 의미한다.

(1) 재난 발생 직후

'재난 발생 직후'는 재난 발생 후 3일까지로 재난 발생 현장에서의 응급개입 시기를 의미한다. 이 시기에는 재난 피해자의 실질적 요구와 신체적 안보에 초점을 맞추어 개입을 제공한다. 재난 발생 직후 개입의 하위 단계는 '사전 준비' '평가' '개입(초기, 중기, 종결기)'으로 구분된다.

'사전 준비' 단계는 현장에 파견되기 전에 전문가가 숙지해야 할 사항과 정보를 습득하는 단계다. 이후 현장에 파견되어 이루어지는 '평가' 단계는 대상자의 증상과 특성에 따라 적합한 개입 서비스를 제공하기 위해 대상자를 증상에 따라 분류하는 단계다. 마지막으로, '개입' 단계는 구체적인 신체적 · 심리적 지원을 제공하는 단계다.

〈표 12-1〉 정신건강 및 위기상담 전문가용 '재난 발생 직후' 가이드라인

단계		내용
사전 준비		1. 재난피해자에게 피해야 하는 말을 숙지한다. [지침 1-1] 2. 재난피해자에게 피해야 할 태도를 숙지한다. [지침 1-2] 3. 재난피해자가 적절한 지원을 받을 수 있도록 정보를 제공하기 위해 이용 가능한 연계기관에 대해 파악한다. 4. 현장개입 이전에 전문가 자신의 상태(신체적 · 정신적 건강상태, 가족 및 직장/학교 상황)에 대해 스스로 평가한다. [지침 1-3]
평가		5. 현장에서의 다른 응급처치와 동시에 고위험군 선별 분류를 한다. 6. 응급개입 시기에는 시간이 오래 걸리는 심리검사가 아닌 체크리스트를 통해 현재 상태를 평가한다. 7. 재난으로 인해 경험할 수 있는 다양한 반응(예: 감정적 반응, 인지적 반응, 신체적 반응, 대인적 반응, 영적 반응)을 체크한다. [지침 1-4] 8. 재난피해자의 평가에 사건 관련 요소뿐만 아니라 사건 외 요소를 포함하여 다양한 측면(예: 이전의 주요한 스트레스 및 이혼, 실직 등의 감정적인 압박)을 고려한다.
개입	초기	9. 현장 투입 시, 전문가는 다음과 같은 사항을 준비한다. – 사고 발생 후 48시간까지는 구조와 보호를 우선적인 목표로 하여 신체적 안전을 위한 지원과 심리적 응급처치를 제공한다. – 재난피해자들이 필요할 때 쉽게 찾을 수 있도록 눈에 띄는 표식(예: 야광조끼 등)을 한다. – 재난피해자가 경험할 수 있는 외상 증상(슬픔, 분노, 죄책감 등)은 당연한 반응들이므로 병리화하지 않는다. – 재난현장의 정서적 충격을 스스로 감당하기 어려운 경우 현장을 떠나 적절한 휴식을 취한다.

10. 피해자의 신체적 안전을 최우선적으로 고려한다.
11. 다음과 같이 재난피해자 첫 접촉을 진행한다.
    - 자신의 소속과 자격을 먼저 알리고 피해자가 당장 필요한 것을 물어본다.
    - 의료적 처치가 필요하면 최우선으로 제공한다.
    - 아동인 경우 부모의 허락을 구한다.
    - 말을 걸어도 되는지 허락을 구한다.
    - 가급적 앉아서 대화한다.
    - 조용한 곳에서 낮은 목소리로 대화한다.
12. 다음과 같이 재난피해자 심리적 응급개입을 진행한다.
    - 본인의 역할과 한계를 분명히 인식하고, 필요할 경우 지체 없이 해당 전문가에게 의뢰한다.
    - 성급한 개입보다는 실용적인 도움(물, 음식 등)으로 자연스러운 첫 접촉을 시도한다.
    - 차분한 말투로 이해하기 쉽게 표현하면서 재난 피해자의 욕구를 파악한다.
    - 재난피해자들은 심리적 충격으로 인해 기억력이 약화되므로, 필요한 정보를 즉각적이고 반복적으로 제공한다.
    - 외상이 재경험될 수 있으므로 재난피해자들에게 사건에 대한 자세한 설명을 자제한다.
    - 재난과 관련하여 반드시 정확한 정보만 제공하고, 모르는 경우에는 추론하지 말고 모른다고 솔직하게 대답한다.
13. 재난피해자에게 가족의 사망 시 다음 사항을 고려하여 전달한다.
    - 의료적 처치가 필요한 상황을 대비한다.

중기

    - 급하게 심리적 위로를 하지 않고 시간을 충분하게 준다.
    - 아동 · 청소년의 경우, 친인척이 올 때까지 반드시 같이 있고 사망자 사진을 보지 않도록 주의한다.
14. 다음과 같이 아동 · 청소년 재난피해자 개입을 진행한다.
    - 현장 도착 후 부모가 누구인지 파악하고, 자녀들의 상태를 부모로부터 먼저 확인한다.
    - 아동의 눈높이를 맞추도록 앉아서 이야기를 하여야 한다.
    - 초등학생 연령일 경우 자신의 감정을 언어화하여 표현하도록 격려하되 복잡한 감정 표현(끔찍하다, 소름끼치다)은 정서적 불안정을 심화시킬 수 있으므로 단순한 감정 표현(화남, 슬픔, 무서움, 걱정됨 등)을 사용하도록 한다.
    - 경청하는 중에 수시로 아동 · 청소년의 이야기를 제대로 이해했는지 확인하되 '죽음' 과 같은 추상적인 개념보다 최대한 직접적이고 간단한 표현을 쓰도록 한다.
15. 다음과 같이 재난피해자 정보제공을 진행한다.
    - 지금 당장 무엇이 필요한지를 협의하고, 재난피해자가 너무 무력할 경우 지시적인 방법으로 필요한 것을 제안한다.
    - 재난피해자가 취해야 하는 행동과제를 제시할 때는 그것이 왜 중요한지를 함께 설명한다.
    - 향후에 제공될 기본적인 구호 물품(음식, 의복, 응급치료, 피난처 등)에 대한 정보를 제공한다.
    - 기초적인 응급 지원(청소, 보건, 주거 등)과 상담서비스를 받을 수 있는 주요 기관에 대한 정보를 제공한다.
    - 급성 스트레스/외상 후 스트레스 장애의 발생과정, 회복과정을 설명하고 피해자가 자신의 증상을 인식하도록 한다.

16. 다음과 같이 재난피해자의 행동이 관찰될 경우 약물치료를 의뢰한다.
    - 초점이 없는 멍한 눈빛
    - 질문('저를 쳐다보세요.' '당신 이름은 무엇입니까?' '우리가 지금 어디에 있습니까?')에 답변이 없음
    - 강한 정서적 반응(지속적 울음, 퇴행)
    - 위험한 행동의 시도(차도에 뛰어들기)
17. 긍정적인 스트레스 대처방법과 효과적이지 못한 스트레스 대처방법을 안내한다. [지침 1-5, 1-6]
18. 긴장과 불안을 풀어 주는 데 도움이 되는 간단한 근육이완 기법을 안내한다. [지침 1-7]
19. 다음과 같은 경우 추가적인 연계지원 서비스를 제공한다.
    - 정서적 진정을 위한 약물이 필요한 경우
    - 재난 발생 후 4주 경과 후에도 증상이 진정되지 않는 경우
    - 타인과 자신을 위협하는 경우
    - 수면장애, 술이나 약물 남용의 가능성이 있는 경우
    - 당사자가 도움을 요청하는 경우

종결기

20. 연계지원기관에 의뢰 시 재난피해자의 생각을 확인하고 서면으로 의뢰 내용을 확인한다.
21. 필요한 경우 찾아가는 서비스를 제공한다(예: 만성질환이나 장애가 있는 경우, 자발적으로 찾지 않는 경우).
22. 현장 구조요원을 위한 다음과 같은 지원서비스를 제공한다.
    - 재난 현장에서 구조요원들의 신체를 보호할 수 있는 여분의 옷이나 덮개를 제공한다.
    - 스트레스를 관리할 수 있는 효율적인 방법을 안내한다.
    - 경험이 더 많은 동료와 생각을 교환할 수 있는 기회를 갖도록 권유한다.
23. 모든 재난과 관련된 활동은 항상 문서로 기록하며, 사건 후 영향을 받은 사람들의 숫자, 재난 혹은 대형사고의 유형, 정신건강 반응의 유형에 따라 문서의 유형을 달리한다.

(2) 재난 발생 이후

'재난 발생 이후'는 재난 발생 후 3일~3개월의 시기로, 심리지원센터, 기관 등에서 본격적으로 심리개입이 이루어지는 시기다. 하위 단계는 '사전 준비' '평가' '개입(초기, 중기, 종결기)'으로 구분된다.

'사전 준비' 단계는 기관에 내방하는 내담자를 대상으로 심리지원 개입을 하기 전에 전문가가 숙지해야 할 사항과 정보를 습득하는 시기다. 다음으로, '평가' 단계는 내담자의 증상과 특성에 따라 적합한 개입 서비스를 제공하기 위해 내담자를 증상과 수준을 평가하는 시기다. 마지막으로, '개입' 단계는 구체적인 상담 기법을 활용하여 내담자의 PTSD 증상을 완화하고 필요시 관련 기관에 연계하는 시기다.

〈표 12-2〉 정신건강 및 위기상담 전문가용 '재난 발생 이후' 가이드라인 내용

단계		내용
사전 준비		1. 재난 발생 이후에 나타날 수 있는 일반적인 또는 대상별 특수한 반응과 증상을 숙지한다. [지침 1-8] 2. 전문가 자신의 소진을 관리한다. [지침 1-9] 3. 재난피해자에 대한 심리적 개입전략을 익힌다. - 인지 재구조화: 폭로, 스트레스 접입 훈련, 인지처리치료 - 불안관리 프로그램 - 복합치료 프로그램 - 안구운동 탈감각화 및 재처리(EMDR)
평가		4. 재난 발생 이후 재난피해자의 정신장애를 유발할 수 있는 다양한 위험요소를 파악하고 평가에 참고한다. [지침 1-10] 5. 다음과 같이 심리지원개입 대상 선별 평가 시점을 정한다. - 일반적으로 재난 발생 지점 2주일 후 - 가족이나 사랑하는 사람과 사별한 경우 : 4~6주, 10~13주 후 6. 급성 단계의 재난피해자일 경우 변화의 가능성 때문에 질문지나 인터뷰를 통한 평가는 적절치 않으므로 지양한다.
개입	초기	7. 개입 시, 전문가는 다음과 같은 사항을 준비한다. - 재난피해자에 대해서 기관 간 협력을 포함한 전체적인 개입 계획을 세운다. [지침 1-11] - 재난피해자에게 제공할 정보의 출처를 알아 둔다(예: 자조모임, 웹사이트, 어플리케이션 등).
	중기	8. 다음과 같이 재난피해자 첫 만남을 진행한다. - 내담자가 신뢰감을 갖는데 도움이 되므로, 상담기관 및 상담자의 명성과 경력에 대해 소개한다. - 피해자의 기본 욕구(안전한 생활 거처 발견, 의학적 치료 받기, 재정의 안정성 등)를 정기적으로 체크한다. - 사회활동, 종교활동, 클럽활동 등을 재개하여 집단 활동에 참여하도록 격려한다. 9. 다음의 경우 의료기관에 연계한다. - 재난피해자가 노인일 경우 지속적인 건강관리 및 객관적인 평가를 위해 정기적인 건강검진을 받도록 한다. - 재난피해자의 정신건강 회복을 위해 상담 및 심리치료 이외의 정신과적 치료가 필요할 경우 관련 기관으로 의뢰한다. - 재난피해자에게 신체적인 문제가 유발되기도 하므로 의료지원 여부를 점검하고 국민 기초생활 수급자나 차상위계층 또는 보호자의 보호를 받지 못하고 있는 경우, 센터에서 의료지원을 하거나 CYS-Net 기관을 연계하여 의료지원을 제공한다. 10. 다음과 같이 일반적 위기중재를 진행한다. - 위기중재 활동으로 디브리핑(경험 나누기) 또는 디퓨징(긴장완화) 활동을 실시한다. - 재난경험자들이 잘못된 소문과 과장된 정보에 흔들리지 않도록 집단 디브리핑의 기회를 통해서 올바르고 정확한 정보와 지식을 제공하고 긴장을 완화시킨다.

개입	중기	– 재난경험자의 이야기에 귀를 기울여 주고 그들의 감정에 대한 비판 또는 논쟁을 삼가며 있는 그대로 편안하게 받아들여 주고 위로한다. – 재난상황에서 사람들은 아주 사소한 일도 처리할 수 없게 되므로, 구체적인 행동의 지침을 제시함으로써 그들이 처한 상황을 이해하고 미래를 예측할 수 있도록 한다. 11. 다음과 같은 다양한 치료방법을 활용한다. [지침 1–12] CBT, 성인을 위한 호흡법, 고요 반응(Quiet Responses), 심리지원기법의 해소법, 간접 노출 방법 12. 재난피해자의 심리개입 시, 다음과 같은 사항을 주의한다. – 재난피해자가 외상 수준의 정서에 반복 노출되면 그 이후 외상 기억의 아주 사소한 회상 단서에도 과민 반응을 보이게 되므로 모든 외상 경험을 기억하고 감정을 발산하는 목표는 내담자에게 압도적일 뿐만 아니라 불가능하므로 지양한다. – 외상을 완전히 끄집어내기 위한 외상 탐색은 내담자를 더욱 절망적이고 치료자에게 의존적으로 만들 수 있으므로 심리개입 시, '들춰내기' '탐색하기' '감정발산' 전략보다 '간직하기'로 강조점을 바꿔야 한다. – 재난피해자들이 슬픔에서 빨리 벗어나도록 성급히 개입하지 않고, '곁에 있어 주는 태도'로 각자의 고유한 애도 과정을 존중한다. 13. 재난피해자를 직접 찾아가는 것이 효과적이라고 판단되는 경우 찾아가는 상담을 제공한다. [지침 1–13] 14. 대상별(아동 · 청소년, 노인, 구조요원) 재난피해자 맞춤형 심리지원을 제공한다. [지침 1–14] 15. 직접적인 재난피해자 외 지역사회, 교사, 부모, 청소년 대상으로 재난 및 재난피해자 관련 교육을 제공한다. [지침 1–15]
	종결기	16. 발달적응적인 문제의 위험이 높은 개인이나 집단을 판단하여 추후관리를 제공한다. [지침 1–16] 17. 사후 단계에서 개인상담이 필요하다고 판단되는 청소년이 있다면 개인상담을 받을 수 있도록 연계하고, 필요한 경우 청소년 동반자를 배정하여 상담을 받을 수 있도록 권유한다. 18. 전체적으로 개입에 대한 평가를 진행한다. 최종 평가 회의를 개최하여 사건 발생 직후부터 종결까지 일련의 과정에 대해 평가하고 목표 대비 개입과정 및 결과분석, 성과, 과제, 해당기관의 평가, 공동개입에 대한 평가, 사후관리, 사례 활용, 비밀보장의 한계 등에 대해 다룬다.

(3) 사후관리

'사후관리' 시기는 재난 발생 후 3개월 이후로, 재난피해자 및 지역사회의 회복과 유지를 위해 노력하고, 향후 발생할 수 있는 재난 사건에 대비하는 시기다.

〈표 12-3〉 정신건강 및 위기상담 전문가용 '사후관리' 가이드라인 내용

내용
1. 센터에서는 모든 자료와 상담 내용 등의 기록을 보관하여 데이터베이스화한다.
2. 재난 발생 후 3개월 이후에는 자조집단을 운영하고 온오프라인 상담을 통한 규칙적인 추수회기로 심리적 회복을 저해할 수 있는 상황에 재노출되는 것을 예방하며, PTSD로의 이행을 예방하고 새로운 피해자가 출현하는지 관찰을 진행한다.
3. PTSD 증후를 보이는 대상자는 관내 정신보건센터 및 보건소에 중점 관리 대상자로 지정 · 통보하고, 전문가 상담 서비스 제공 및 전화 상담 등을 통해 지속적으로 관찰한다.
4. PTSD 환자로 분류된 경우 국 · 공립 의료기관 등의 전문치료를 안내한다.
5. 재난 1주년이 될 즈음에는 기관 차원에서 재난피해자를 위한 1주기 기념행사를 준비한다.
6. 상담자의 소진을 예방하기 위해 개인적으로는 스트레스 대처전략, 감정조절 전략 등을 활용하고 기관 차원에서는 상담자의 정서를 나누고 해소할 수 있는 공식적인 장소와 시간을 마련해 소진예방 상담이나 동료 슈퍼비전을 할 수 있도록 한다.
7. 재난에 영향받은 학생의 신체 건강의 회복과 유지를 위해 지역사회 의료기관, 보건소 등과 필요한 정보를 공유하고 CYS-Net을 통해 연계한다.

2) 학교 관계자를 위한 가이드라인

학교 관계자의 '학교'는 일반 초등학교, 중학교, 고등학교를 의미한다. 학교 관계자는 학교위기관리위원회, 전문상담교사, 일반교사를 지칭한다. 이 지침의 목표는 재난 피해 학생, 피해 가족, 교직원의 위기 대처 능력을 향상시키고, 조기에 외상 증상을 발견하여 효과적인 위기개입을 실시하는 것이다. 하위 단계는 '사전 준비' '학교 정상 재개 이전' '학교 정상 재개 이후' '사후관리'로 구분된다.

(1) 학교위기관리위원회

학교위기관리위원회는 교내 · 외 재난 발생 시, 재난에 대응하기 위한 체계를 구성하고 인력 활용 및 위기개입 방향 등의 세부 계획을 수립하는 조직을 의미한다. 학교위기관리위원회 구성원에는 교직원, 교사, 전문상담교사, 외부 재난 개입 전문가 등이 포함된다.

(2) 전문상담교사

전문상담교사는 교내 · 외 재난 발생 시, 재난 사고 대처를 위한 위기개입 및 학

교 관련자 교육을 담당한다. 재난 피해 학생뿐만 아니라 학교 구성원 전체를 대상으로 개별 · 집단으로 위기개입을 실시하게 된다. 교사, 교직원, 학부모를 대상으로 위기 대처방법 및 학생 · 자녀를 대하는 태도 등을 교육한다.

(3) 일반교사

일반교사는 학교위기관리위원회 및 전문상담교사의 공지와 합의된 재난대응 계획에 따라 학생들의 심리지원 개입을 실시한다.

〈표 12-4〉 학교 관계자용(학교위기관리위원회, 전문상담교사, 일반교사) 가이드라인 내용

		학교위기관리위원회	전문상담교사	일반교사
사전 준비		1. 재난 사고 후 6개월 내에 집단 위기개입을 실시한다. 2. 재난 세부계획 수립 시 고려사항을 숙지한다. [지침 2-1] 3. 학교위기관리위원회 긴급회의 개최 시, 다루어야 할 사항을 숙지한다. [지침 2-2]	1. 사전에 호흡법과 같은 안정화방법을 숙지한다. [지침 2-8]	
개입	학교 정상 재개 이전	1. 교내 재난 발생 시 -교직원은 학교 관리자에게 재난 사실을 긴급하게 알리고 학교 구성원의 안전을 확보한다. -학교위기관리위원회는 재난 현장을 통제하고 재난 피해 목격자를 안전한 곳으로 이동시키고 보호한다. 2. 교외 재난 발생 시 -재난현장에 담당자를 파견하거나 청소년 재난심리지원단에 연락을 취하여 현장의 재학생 피해상황을 파악한다. -가정 혹은 임시 거처를 방문하여 재난에 따른 학생의 안전 여부를 확인하고, 학생이 처한 상황을 파악한다. -전화 및 문자메시지를 활용하여 학부모 및 학생의 안전 여부를 확인한다.	2. 교사가 학생들에게 적절히 대응할 수 있도록 재난 관련 정보를 제공한다. -교사들에게 재난 소식 전달 내용, 전달 시 유의사항, 재난피해자가 보일 수 있는 반응, 학생 관리 방법 등을 교육한다. -학급 교사들이 학생들에게 재난에 관한 정보, 재난에 따른 자연스러운 심리적 · 신체적 반응, 재난으로부터 일상 회복을 위해 할 수 있는 방법에 대해 안내하도록 교육한다. -학교위기관리위원회에서 계획하는 여러 가지 개입 활동, 협력 기관 정보(청소년 재난심리지원단, 지역 청소년상담복지센터, 정신보건센터, 병원 등)를 제공한다.	

	3. 재난에 따른 파급효과를 판단하여 개입 범위를 결정한다. -파급효과가 클 경우, 학교 구성원 전체를 대상으로 개입하는 것이 원칙이다. -파급효과가 적을 경우, 재난 피해를 입은 특정인을 대상으로 신속하게 접근한다. 4. 재난 사고 대처를 위한 세부 계획을 수립하고 실행한다. [지침 2-3] 5. 재난 사망 청소년의 가족에 대해 개입한다. [지침 2-4]	-교사가 학생들에게 급성 스트레스 장애 및 외상 후 스트레스 장애 반응이 나타나는지 관찰하도록 안내한다. 3. 학급별 위기개입을 계획한 경우, 학급 교사에게 위기개입 계획과 대처방법을 안내한다. 4. 교사도 재난에 따른 영향을 받을 수 있으므로 교사에게 재난으로 인한 보편적 반응과 대처 반응에 대해 안내한다. 5. 교사들의 생각, 감정, 의견을 나눌 기회를 갖고, 질의응답 시간을 가진다.	
학교 정상 재개 이후	1. 학교 정상 재개 당일 오전(약 10분간)에 전체 학생들을 대상으로 재난 관련 사실 정보, 학생들 간 지지방법, 대처방법을 안내한다. 2. 낙인효과를 방지하기 위해 학급 전체 학생에 대해 학습상담, 진로상담 등의 명칭하에 교사가 일괄적으로 단회성 면담을 실시하되, 재난에 많이 영향받거나 받을 가능성이 높은 학생들에게는 별도로 특별상담실의 의뢰과정을 설명하고 특별상담실로 의뢰한다. 3. 재난 피해 학생이 학기 중에 모든 소유물을 상실한 경우, 우선적으로 학비, 교복, 문구류, 교과서 등을 지원할 수 있도록 학교 및 관련 사회복지기관 등의 협조를 요청한다. 4. 재난 피해 청소년의 학부모에 대해 교육을 실시한다. [지침 2-5]	6. 고위험 학생을 선별 분류한다. [지침 2-9] 7. 특별상담실을 설치하여 재난에 영향을 받을 학생에게 개별위기 개입을 실시한다. [지침 2-10] 8. 전체 학생을 대상으로 집단위기 개입을 실시한다. [지침 2-11] 9. 교직원을 대상으로 재난위기개입을 실시한다. [지침 2-12]	1. 눈여겨볼 학생들을 파악하여 특별히 지켜보아야 한다. [지침 2-14] 2. 학생들을 심리적으로 지원하는 방법을 알고 실행한다. [지침 2-15] 3. 학교 정상 재개 이후, 학생들에게 재난 관련 정보와 유의사항을 전달한다. [지침 2-16] 4. 학교 정상 재개 이후, 재난 관련 정보 전달 시 다음과 같은 사항을 유의한다. -사실적 정보만 명료하게 전달한다. -재난 피해 상황에 대해 상세하게 묘사하지 않고, 재난의 원인에 대해 교사가 판단한 이유를 말하지 않는다. -재난을 당한 사람에게 책임과 잘못이 없으며 부끄러운 일이 아님을 강조한다. -학생들이 공통적으로 겪게 되는 반응들이 모두 '정상' 임을 강조하여 전달한다. 5. 재난으로 인해 사망한 학생이 있을 시 애도방법에 대해서 개입한다. [지침 2-17]

	5. 언론 대응 담당자를 선정하여 언론에서 정보 요청 시 언론 대응을 일원화하고 언론 접촉 내용 및 언론 매체 리스트를 작성하여 자료를 보관한다.		6. 교사도 심리적 어려움을 경험할 경우, 전문상담교사와 상의하고, 불면증, 식욕저하, 집중력 저하, 무기력 등의 증상이 발견되면 상담전문가 혹은 의사를 만나야 한다.
사후관리	1. 다음과 같은 특정 상황에 더욱 주의를 기울인다. –재난으로 인한 사망자의 기일 –시험, 졸업식 등의 주요 학사 일정 [지침 2–6] –학생이 학교를 그만둘 때(전학, 졸업 또는 취업) –학생의 개인적 어려움이 커질 때(부모의 이혼, 학업 성적의 추락 등) –학생들의 행동상 변화(친구들과 잘 어울리지 않음, 표정이 어두움, 잦은 결석이나 지각 등)가 감지될 때 2. 재난으로 사망한 학생의 생일 및 기일에 대해 관리한다. [지침 2–7]	1. 정기적으로 재난 피해 청소년의 일상생활 수행능력(학교에 지각하거나 결석하는 횟수, 수업 참여 태도, 학교의 동아리 활동 참여 여부, 친구 관계)을 평가하고 필요한 교육을 제공한다. 2. 재난에 따른 장기적 영향을 확인하기 위하여 학생들을 지속적으로 관찰(적어도 추후 6개월, 혹은 1년)하고, 보건교사의 협조를 얻어 관찰 결과를 학교위기관리위원회에 보고한다. 3. 필요시 외부기관 연계를 고려한다. [지침 2–13]	

3) 재난피해자를 위한 가이드라인

이 지침의 대상은 재난 피해 당사자 및 그의 가족, 친구 등의 주변인이다. 재난 피해 당사자를 위해서는, 스스로 자신의 어려움을 효과적으로 대처할 수 있는 방법을 제시하고 있다. 재난피해자 주변인의 경우, 재난피해자 및 유가족이 재난 발생 이후 달라진 환경, 대인관계 등으로 2차 피해를 입을 가능성이 크므로 주변인에게 재난피해자의 빠른 회복을 도울 수 있는 효과적인 태도를 제시하고 있다.

〈표 12-5〉 재난피해자(피해 당사자 및 가족, 친구 등 주변인)를 위한 가이드라인 내용

피해 당사자	가족(부모)	친구
1. PTSD에 대한 기본 사항을 이해한다. [지침 3-1] 2. PTSD와 관련된 도움을 받을 수 있는 기관의 웹사이트 주소, 전화번호, 어플리케이션 등의 정보를 알고 활용한다. [지침 3-2] 3. 주기적으로 PTSD 증상 수준을 평가하고 증상이 관찰될 경우 상담전문가에게 도움을 요청한다. [지침 3-3] 4. 외상 증상을 완화할 수 있는 방법을 실천한다. [지침 3-4] 5. 외상 증상이 나타날 때 증상 완화를 시킬 수 있는 호흡법을 알고 필요할 때 실행한다. [지침 3-5] 6. 재난과 같은 위기상황에서 유발될 수 있는 스트레스의 대처를 위해 다음과 같은 행동은 피한다. - 혼자 있거나 불규칙한 수면 또는 섭식활동 - 과도한 술이나 담배, 약물의 사용 - 분노를 폭력적으로 표출하는 행동 - 관련된 기사나 뉴스에 몰두하기 - 자신이나 누군가를 지나치게 탓하기	1. 가족으로서 자녀의 외상 극복을 위해 노력한다. [지침 4-1] 2. 다음과 같은 태도는 자녀에게 도움이 되지 않으므로 조심한다. - 빨리 극복하고자 하는 마음에서 자녀에게 '툭 털어 버려.' '다 끝난 일이잖아.' '이제 그만 잊어버려.' 등의 말을 삼간다. - 자녀에게 어른의 역할을 강요하는 '이제 너도 다 컸으니 네 일은 네가 알아서 할 때가 됐잖니?' '너도 이제는 집안 사정을 말 안 해도 알지! 좀 참아라.' 등의 말을 삼간다. 3. 다음과 같이 자녀가 슬픔을 극복하는 데 도움이 되는 태도를 실천한다. - 자녀에게 조언과 충고를 하기보다는 자녀의 마음을 들어 준다. - 자녀가 재난으로 인한 상실에 대해 궁금해하면 있는 그대로 이야기하는 것이 좋다. - 재난 이후에 정서적으로 힘든 상황에서 중요한 결정이나 변화를 주는 것은 위험할 수 있으므로 현재 상황을 유지하는 데 노력한다. - 재난으로 파괴된 생활공간의 복구를 돕지 않는 자녀를 나무라기보다는 우울과 같은 이유로 그럴 수 있으니 잘 관찰하고 협조를 구하거나 권유하는 방식으로 접근한다. - 청소년이 자신의 슬픔, 불안 등의 감정에 대해서 이야기를 꺼내면, 표현방식이 다소 거칠더라도 충분히 이야기할 수 있는 분위기를 만들어 주고 기다려 줄 필요가 있다. - 청소년기에는 독립적이고 싶은 욕구와 의존성이 공존하는 시기로, 상실로 인해 고통을 느끼지만 힘든 상황을 잘 견뎌 내는 것처럼 보이고 싶어 하며, 혼란스러운 감정을 직접 표현하기보다는 말없이 방에 있거나 갑자기 화를 내는 방식으로 표현할 수 있음을 이해해야 한다. 4. 재난 피해 청소년의 어려움과 대응방법에 대해 숙지한다. [지침 4-2]	1. 재난을 당한 친구를 대할 때 다음을 주의한다. - 재난을 당한 친구에 대해 동정이나 지나친 관심을 보이기보다는 평소와 같은 자세로 대한다. - 재난으로 인한 정서적 반응(재난 시 경험한 상황이 자꾸 떠오르는 등), 행동적 반응(말수가 줄고 혼자 있으려고 하는 등)을 보이는 친구가 있다면 신뢰할 만한 어른(교사, 부모, 상담전문가)에게 도움을 요청한다. 2. 재난과 같은 위기상황에서 유발될 수 있는 스트레스의 대처에서 주변인들이 도움을 줄 수 있는 행동은 다음과 같다. - 이야기에 귀 기울여 주고 함께 있어 주기 - 따뜻한 관심 보여 주기 - 신체적 건강과 안전 확인해 주기 - 전문적인 도움(병원치료, 심리상담 등)을 받게 정보제공하기 - 죄책감을 갖지 않게 하기 - 섣부른 충고는 주의(예: '그런 건 빨리 잊어버려.' '누구나 겪는 일이야.' '툭툭 털어 버려.' 등) - 이야기에 대해서 판단하거나 논쟁하지 않기

4) 일반인을 위한 가이드라인

대형 재난 발생 시 미치는 큰 파급효과로 인하여 재난 피해 당사자가 아니더라도 2차 외상의 가능성이 있으므로 대국민을 대상으로 재난대응을 위한 기본적인 지식을 안내할 필요가 있다. 이러한 일반인을 위한 가이드라인은 '자신을 돌보는 방법'과 '타인을 돌보는 방법'으로 구분된다.

(1) 자신을 돌보는 방법

재난 피해 당사자가 아니더라도 미디어(TV, SNS, 기사 등)에 의한 노출로 인해 2차 외상을 입을 가능성이 있으므로 스스로 자신의 상태를 점검하고 2차 외상에 효과적으로 대처할 수 있는 방법을 안내한다.

(2) 타인을 돌보는 방법

재난 발생 시에 공동체의 일원으로서 2차 피해 가능성이 있는 대상에게 의도치 않게 피해를 줄 수 있는 태도를 안내하여 피하도록 하고, 2차 피해를 예방하기 위한 방법을 안내한다.

〈표 12-6〉 일반인을 위한 가이드라인 내용

자신을 돌보는 방법	타인을 돌보는 방법
1. 재난 사고 소식에 노출되었을 때, 스스로 자신이 2차 피해 가능성이 있는지 자가점검한다. [지침 5-1] 2. PTSD에 대한 기본 사항을 이해한다. [지침 5-2] 3. 재난으로 인해 경험할 수 있는 다양한 반응을 체크한다. [지침 5-3] 4. 주기적으로 PTSD 증상 수준을 평가하고 증상이 관찰될 경우 상담전문가에게 도움을 요청한다. [지침 5-4] 5. PTSD와 관련하여 도움을 받을 수 있는 기관의 웹사이트 주소, 전화번호, 어플리케이션 등의 정보를 알고 활용한다. [지침 5-5]	1. 재난피해자가 나의 가족, 이웃, 친구도 될 수 있다는 것을 생각한다. 2. 소셜미디어를 통해 확인되지 않은 정보를 전달하거나 비난하는 것이 재난피해자에게 상처를 줄 수 있음을 인식한다. 3. 주변의 재난으로 인해 힘들어하는 사람이 있다면 이야기를 들어 주고 관련 정보를 찾아 알려 준다. 4. 실제 재난피해자들을 만났을 때, 특별하게 바라보기보다 편안하고 자연스럽게 대한다. 5. 재난 피해 복구에 도움이 될 수 있는 활동(예: 봉사활동, 모금활동, 재능기부, 선한 댓글 달기 등)에 참여한다.

6. 재난과 같은 위기상황에서 유발될 수 있는 스트레스에 대처하기 위해 다음과 같은 행동은 피한다.
 -혼자 있거나 불규칙한 수면이나 섭식활동
 -과도한 술이나 담배, 약물의 사용
 -분노를 폭력적으로 표출
 -관련된 기사나 뉴스에 몰두하기
 -자신이나 누군가를 지나치게 탓하기
7. 외상 증상을 완화할 수 있는 방법을 실천한다. [지침 5-6]
8. 외상 증상이 나타날 때 증상 완화를 시킬 수 있는 호흡법을 알고 필요할 때 실행한다. [지침 5-7]
9. 사회활동, 종교활동, 클럽활동 등의 집단활동에 참여한다.

부록: 가이드라인의 구체적 지침

■ 재난대응 정신건강 및 위기상담 전문가 가이드라인

지침 1-1. 재난피해자에게 피해야 하는 말

- 지금 어떤 기분인지 알아요. 아마도 그럴 수밖에 없었을 거예요.
- 그분은 아마 지금 좋은 곳에 가 있을 거예요. 그분의 삶이 거기까지였나 봅니다.
- 적어도 숨이 빨리 끊어져서 그나마 다행이었습니다.
- 다른 얘기를 하도록 하지요.
- 이 일을 극복하도록 노력하셔야 해요. 당신은 곧 나아지실 거예요.
- 당신은 이 일을 극복할 강한 사람입니다.
- 이런 큰일은 우리를 강하게 만들 수도 있어요.
- 당신이 할 수 있는 최선을 다하셨어요.
- 당신은 지금부터 충분히 애도를 하셔야 합니다.

- 적어도 당신은 살았으니 얼마나 다행이에요.
- 너무 비극적이지만, 그래도 부/모/자/형제는 살아 있잖아요.
- 그건 아마 신의 뜻이었을 겁니다.
- 신은 우리가 감당할 수 있을 만큼의 고난을 주십니다.
- (아이에게) 너는 이제부터 집안의 가장이야.
- 언젠가는 왜 이런 일이 일어날 수밖에 없는지 그 의미를 아시게 될 거예요.

지침 1-2. 재난피해자에게 피해야 할 태도

- 몸이나 다리 떨기
- 뒤로 기댄 자세
- 손 꺾기, 머리카락 꼬기
- 눈 비비기, 부산스러운 손놀림

지침 1-3. 현장개입 이전에 정신건강 전문가 자신 평가사항

1) 신체적 · 정신적 건강 상태

- 최근 받은 외과 수술이나 의학적 치료
- 최근 정서적 또는 심리적 도전이나 문제
- 최근 6~12개월 이내에 중요한 삶의 변화 또는 상실
- 초기 상실 또는 부정적인 생활 사건
- 일에 지장을 줄 수 있는 정도의 심한 다이어트
- 장시간 동안 적극성을 유지하면서 신체적으로 힘든 상황을 견디는 능력
- 필요하다면 전체 임무 수행기간 외에 며칠간 더 복용할 수 있는 충분한 의약품

2) 가족들

- 며칠 또는 몇 주 동안 내가 없어도 가족들이 생활할 수 있는 준비가 되어 있는가?
- 내가 손상이나 손상에 노출될 위험이 충분히 알려지지 않는 환경에서 작업하는 것에 대해 가족들이 준비가 되어 있는가?
- 내가 가족들과 오랫동안 떨어져 있는 동안 나의 책임과 의무 중 일부를 대신할

수 있는 지지체계(가족/친구)가 있는가?
- 내가 임무에 집중하는 것을 방해할 만한 해결되지 않는 가족/관계의 이슈가 있는가?
- 임무를 마치고 되돌아갈 수 있는 강하고 지지적인 환경이 있는가?

3) 직장/학교 생활
- 상사(또는 교수)가 내가 심리적 응급처치에 관심을 가지고 참여하는 것에 지지적인가?
- 상사가 내가 업무 시간에 자리를 뜨는 것을 허용하는가?
- 상사가 내가 심리요원으로서 활동하려면 휴가나 방학 또는 무임금 휴가를 이용하라고 요구하는가?
- 24~48시간 내에 응급상황에 반응할 수 있을 정도로 직장 내 지위가 융통성이 있는가?
- 직장동료들은 내가 없는 것에 대해 호의적이고 내가 복귀했을 때 지지적인 환경을 제공하는가?

지침 1-4. 재난으로 인해 경험할 수 있는 반응
- 감정적 반응: 충격, 불신(믿지 못함), 불안, 두려움, 슬픔, 화, 분노, 죄의식, 수치심, 무력감, 절망, 배신감, 우울, 감정적 마비(사랑, 친밀감, 일상 활동에서의 흥미나 즐거움 등을 느끼는 데 어려움이 있는 것)
- 인지적 반응: 혼란스러움, 방향성 상실, 막연함, 걱정, 주의력 손상, 집중에 어려움, 기억 상실, 원치 않는 기억을 갖게 됨, 반복적인 심상, 자기 비난
- 신체적 반응: 긴장, 피로, 불안(초조), 불면, 악몽, 쉽게 놀람, 심박수 증가, 메스꺼움, 온몸이 쑤시고 아픔, 건강상태 악화, 식욕 변화, 성적 욕구 변화
- 대인적 반응: 궁핍감, 의존감, 불신, 짜증(화를 잘 냄), 갈등, 자기 안으로 들어감, 고립, 거절 혹은 버려진 느낌, 거리감을 둠, 타인에 대해 비판을 잘함, 결혼 · 가족 혹은 다른 관계 등에 대한 과잉 통제
- 영적(신앙적) 반응: 나는 왜 있는지, 신은 어디에 있는지에 대한 의문, 더 이상

삶이 살 가치가 없는 것 같은 느낌

지침 1-5. 긍정적인 스트레스 대처방법

- 최대한 정상적 일상 스케줄 유지
- 재난에 따른 신체적 · 심리적 어려움을 인정
- 주변 사람과 대화하고 지지그룹에 참여
- 과거의 유용했던 방법 활용하기
- 충분한 휴식, 영양, 운동
- 긍정적 활동(취미, 독서)의 증가
- 필요한 정보 지식의 탐색

지침 1-6. 효과적이지 못한 스트레스 대처방법

- 술, 담배, 약물
- 대인관계의 회피
- 일에 지나친 몰두
- 폭력적인 분노표출
- 자신이나 타인을 지나치게 비난
- 지나친 TV 시청이나 컴퓨터 게임
- 위험한 활동의 참여(예: 암벽등반 등)

지침 1-7. 근육이완 기법

- 편한 자세로 앉아 눈을 감고 깊은 호흡을 10회 실시한다.
- 주먹을 꽉 쥐어 5초 동안 팔 근육을 긴장시켰다가 5초 동안은 힘을 풀어 팔 근육을 이완시킨다.
- 이것을 오른팔과 왼팔, 오른다리와 왼다리 순으로 반복한다.
- 5~10분 정도 실시한다.

지침 1-8. 대상별 재난 발생 시 나타날 수 있는 반응

1) 외상에 대한 일반적인 반응
- 공포와 불안이 쉽게 촉발
- 기억, 플래시백, 악몽을 통한 외상의 재경험
- 높은 각성 상태/과도한 경계/지나친 놀람 반응
- 회피(신체적, 인지적, 정서적)
- 화나고 짜증남
- 죄책감, 수치심 유발
- 슬픔과 우울감으로 자살 사고 혹은 자살 시도 유발
- 자기개념과 세계관의 부정적 변화
- 성에 대한 관심 저하 및 성관계의 어려움
- 술 혹은 약물 남용

2) 학령기 이전 아동(7세 이하)에게 나타날 수 있는 증상
- 언어 표현이 감소
- 부모 분리에 대한 두려움, 찡얼거림, 소리 지르기, 움직이지 않기, 과도하게 달라붙기
- 야뇨증, 손가락 빨기 등의 퇴행 행동
- 외상 사건에 대한 과장된 지각이나 상상이 놀이를 통해 나타날 수 있음

3) 학령기 아동(8~12세)에게 나타날 수 있는 증상
- 잦은 악몽 또는 기타 수면 장애 현상들
- 멀미, 두통, 복통, 체중 증가나 감소 같은 신체 증상들
- 공격성, 짜증, 자극, 과민성, 불평
- 공포반응, 부끄러움, 두려움, 불안, 우울, 죄책감 등
- 평소의 사교 생활이나 다른 친구들과 노는 자리 기피
- 등교 거부, 과도한 침묵
- 흥미 상실, 낮은 집중력 또는 한 가지 과제에 대한 맹목적인 집착

• 손가락 빨기, 달라붙는 행동, 퇴행 행동
• 가족이나 부모에 대한 염려, 확인
• 재난 시간의 한 측면을 포함하는 놀이 활동

4) 청소년에게 나타날 수 있는 증상
• 두통이나 다른 신체 증상
• 우울증, 원망감, 분노
• 정신적 혼란/집중력 감소
• 학업 저하
• 공격적인 행동
• 위축되고 고립됨
• 재난을 당하지 않은 또래들에 대한 거부감, 또래 집단이나 친구들이 바뀜
• 정신지체 증상
• 식욕이나 수면 문제
• 초조감이나 에너지의 저하
• 무관심
• 무책임한 행동이나 반항, 비행, 일탈행동
• 통제에 대한 저항의 감소

5) 노인에게 나타날 수 있는 증상
• 빈번한 신체적인 부상
• 개인적인 손실에 대해서 부정적인 정서, 슬픔, 불안, 실망, 걱정
• 신체적인 피로감, 쉽게 지침
• 더 많은 고통과 통증
• 자신들이 가지고 있는 사람들(예: 재원, 친구 등)을 활용하려고 생각하지 않음
• 주의나 경고에 주의를 기울이지 못함
• 위험한 상황에 대한 인식 부족
• 손상에 대한 반응이 느림

- 우울증, 타인을 피함, 무감정 등
- 주의집중 장애, 혼란스러움, 기억력의 손실
- 안절부절못함, 참지 못함, 분노와 성마름
- 식욕 감퇴, 수면장애
- 문제를 확대하고 치료를 미룸
- 환경에 대한 불신

지침 1-9. 정신건강 전문가 자신의 소진 관리 체크사항

- 자신을 돌보기 위한 시간을 별도로 갖는다.
- 자신의 가족들을 배려하여 시간과 상황을 잘 조직한다.
- 재난 후 즉시 내담자들에게 달려가지 못하더라도 상담자의 통제 밖의 일이라는 것을 이해한다.
- 외상의 증상과 대처 방법에 대해 대중들을 교육할 때 라디오, 신문, 대중연설 등 자신에게 적합하고 편안한 방법을 선택해야 한다.

지침 1-10. 재난 발생 이후 재난피해자의 정신장애를 유발할 수 있는 다양한 위험요소

- 생활을 위협하는 정도
- 기괴하고 무서운 사건에의 노출
- 사랑하는 사람, 친구, 관계의 상실
- 사랑하는 사람, 친구, 관계의 부상
- 사건을 예측하지 못함/사건을 통제하지 못함
- 스트레스 원인의 접근성
- 스트레스의 발생 기간
- 재산의 상실
- 구조될 수 있는 정도
- 주관적인 반응(두려움, 무기력감, 해리)
- 재난과 관련된 개인의 역할
- 재난의 의미

- 희망 없음(또는 희박함)
- 사회적 지지의 부재
- 대처 기술의 부족
- 지역사회의 수동적/부정적 반응
- 진행 중이거나 부가적인 스트레스 원인
- 약물 남용
- 이차적 증상들

지침 1-11. 전체적인 개입에 대한 계획 시 고려사항

- 기관 간 협력 시 공문서화한다.
- 기관 간 개입 전, 개입 중간, 개입 종료 시 회의를 개최한다.
- 기관 간 회의 시 관련자 이름은 익명 또는 가명으로 처리한다.
- 개입 전 회의 시, 지원 대상은 청소년, 지도자, 부모를 포함시키며 어떤 부분을 어디까지 개입할 것인지에 대해 논의한다.
- 개입 전, 지도자 교육을 실시하여 청소년 대응방법 및 학부모 응대에 대해 교육하고, 사건 발생 한 달 전후의 시점에 예방적인 개입, 교육, 스트레스 대처, 심리 상담을 진행하도록 계획한다.
- 언론대응지침에 따라 대처하고 통로를 일원화한다.
- 사건이 발생 시, 개입 의뢰나 섭외를 할 수 있는 해당 기관 또는 상부기관, 경찰청 등 재난 관련 기관을 숙지한다.
- 사건 발생 이후 당장 청소년 대상 교육을 요청하는 기관에는 해당 기관을 방문하여 개입에 대해 논의함으로써 개입에 최상의 시점을 정하도록 한다.

지침 1-12. 치료방법

1) CBT 방법

- 지속노출치료(Prolonged Exposure Theraphy: PE)
- 인지처리치료(Cognitive Processing Therapy: CPT)
- 노출+인지 재구성

• 불안관리 훈련: 스트레스 면역훈련(Stress Inoculation Training: SIT)
• 노출, 스트레스 면역 훈련

2) 성인을 위한 호흡법

① 코를 통해 천천히 숨을 들이마시는데, 편안하게 가슴에서 배의 밑바닥까지 숨을 채우십시오.

② 조용하고 부드럽게 자기 스스로에게 말하세요. '내 몸은 진정되었다.' 그리고 코를 통해 천천히 숨을 내쉬면서 편안하게 가슴에서 배의 밑바닥까지 숨을 비웁니다.

③ 조용하고 부드럽게 자기 스스로에게 말하세요. '내 몸은 긴장이 풀리고 있다.'

④ 이러한 과정을 천천히 그리고 편안하게 다섯 번 실시하세요.

⑤ ①~④번을 하루에 필요한 만큼 계속적으로 반복하십시오.

3) 고요 반응(Quiet Responses)

① 긍정적인 자기 진술을 만든다(예를 들어, '나는 마음이 평온하다' '나는 마음이 가볍다' 등을 되새긴다).

② 호흡 1: 천천히 복식호흡을 하면서 깊이 숨을 들이마시고 잠깐 멈춘 후 촛불이 꺼질 정도로 천천히 입으로 숨을 길게 내쉰다. 숨을 내쉴 때, 긍정적인 자기 진술을 사용하여 긴장이 해소되는 것을 상상하도록 한다.

③ 호흡 2: 다시 복식호흡으로 숨을 깊이 들이마시고 잠깐 멈춘다. 숨을 내쉴 때, 턱, 어깨, 목의 긴장이 해소되어 팔과 다리, 몸 전체에 퍼지는 무거운 느낌이나 따뜻한 느낌을 느껴 보도록 한다.

④ 호흡 3: 좀 더 편안하게 복식호흡을 한다. 숨을 내쉴 때 턱, 어깨, 배에 힘을 쭉 빼도록 한다.

⑤ 평상시대로 호흡을 다시 시작한다. 바이오 피드백으로 심박동, 혈압, 호흡, 어깨 근육의 긴장도를 측정하도록 한다.

4) 심리지원 기법으로서의 해소법

- 1단계: 집단원을 모집하고 대상자의 상황에 맞게 적절한 시간과 장소를 정한다.
- 2단계: 사실 다루기, 질문하기, 생각과 감정 다루기, 반응 유도하기 등을 통해 집단원의 외상 사건에 대한 경험을 솔직하게 이야기하도록 돕는다.
- 3단계: 증상을 확인하고 반응을 공유하면서 자신의 반응을 표현하도록 돕고 자신의 반응이 정상적이라는 것을 이해하도록 돕는다.
- 4단계: 오해 바로잡기, 대처 방법 공유하기, 실질적인 제안하기, 마무리하기 등을 통해 대상자가 외상 사건을 경험한 후 일반적으로 보일 수 있는 반응이 있다는 것을 이해하도록 돕는다.

5) 간접 노출 방법

① 가장 고통스러운 사건부터 고통스럽지 않은 사건까지 순서를 정해 봅시다.
② 가장 고통스러운 사건을 10점, 가장 고통스럽지 않은 사건을 0점으로 매겨 보세요.
③ 지금부터 즐거웠던 기억이나 좋았던 경험을 떠올려 편안한 마음으로 깊게 숨쉬기를 해 봅시다.
④ 자, 아까 정한 순서 중에 당신이 생각했을 때 고통을 어느 정도는 이겨 낼 수 있다고 생각하는 사건은 어떤 사건입니까?
⑤ 지금 선택하신 사건에 대해 자세히 설명해 주십시오.
⑥ 지금 이야기하신 것 때문에 많이 힘드셨나요? 자, 이제는 편안한 마음으로 깊이 숨쉬기를 하고 마음과 몸을 편하게 해 봅시다.
(이러한 방식으로 가장 고통스러운 사건에 노출될 때까지 순차적으로 반복한다.)

지침 1-13. 찾아가는 상담 제공

- 장애청소년은 신체적 제약으로 재난에 더 크게 피해를 입을 수 있고 이주청소년의 경우 의사소통의 걸림돌로 소외감과 고립감을 더욱 느낄 수 있으므로 거주하는 곳을 미리 파악하고 직접 찾아가 도움이 필요한 내용을 확인한다.
- 재난피해자에게 낯선 환경보다는 삶의 경험을 공유한 사람들이 있는 곳에서

심리적 지원을 제공하는 것이 바람직하다고 판단되는 경우, 정신건강 전문가가 지역사회 현장을 직접 방문한다[참고: FRMA의 CCP(www.fema.gov) 프로그램].

- 찾아가는 현장 활동 시 고려해야 할 사항
  - 친근한 복장과 태도로 접근한다.
  - 지속적인 방문이 이루어질 수 있도록 하고 모든 현장 파견활동은 기록하고 보고한다.
  - 라포가 형성된 후, 내담자의 고통스러운 증상을 확인하고 이를 설명해 주며 정상적인 것으로 인정해 주고 병리적으로 발전하지 않도록 도와주어야 한다.
  - 재난 사건을 이해하도록 돕고 미래 재난에 대한 효과적인 대처 및 안전 확보에 대한 리허설을 해 보며 지역사회의 복구 활동에 참여해 보도록 격려한다.

지침 1-14. 대상별(아동 · 청소년, 노인, 구조요원) 재난피해자 맞춤형 심리적 지원

1) 다음과 같이 아동 · 청소년 개입을 진행한다.

- 재난은 청소년들에게 특별히 더 충격적일 수 있으며 재난에 대한 노출 정도, 개인적 부상, 중요한 대상의 상실, 환경의 붕괴, 부모의 지지 수준, 이전 외상 경험, 심리적 · 신체적 어려움 등에 따라 반응이 달라질 수 있으므로 이러한 발달단계의 특성 및 개인적 취약성을 염두에 두고 접근해야 한다.
- 재난 피해 청소년이 가족이나 또래와 재난의 경험과 두려움을 이야기할 수 있도록 격려하되, 청소년은 자신의 감정에 대해 가족들과 이야기하기 힘들어할 수 있으므로 가족에게 이야기를 털어놓도록 강요하지 않는다.
- 청소년을 억지로 어른의 역할로 밀어 넣을 수 있는 피드백(예: 너는 잘 참고 잘 해내고 있다, 너는 이 상황에서 모든 것을 잘 다루고 있다)을 지양하고 부모를 이해해야 한다는 강요는 피해야 한다.
- 재난 피해 청소년이 운동이나 클럽 같은 사회 활동이나 지역사회 재활 프로그램에 참여하도록 격려한다.
- 청소년들이 지지를 받을 수 있는 또래, 교사, 다른 지지관계를 형성하고 발달시키도록 돕는다.

2) 재난 피해 아동들을 위한 개입방법

- 부모/가족이 가까이 있음을 주지시킨다.
- 가족들이 함께 게임 활동에 참여하도록 격려한다.
- 적절한 영양 공급, 신체적 요구들을 만족시킨다.
- 어린이들에게는 재난 관련 뉴스를 보지 않게 한다.
- 재난 상황에 대해 아동 수준에서 이해할 수 있도록 상황을 이야기해 주고 서로 이야기를 나눈다.
- 그리기, 글쓰기, 춤추기, 음악 듣기, 드라마, 게임, 스토리텔링과 등과 같은 활동에 몰두하게 한다.
- 아동의 이전 일상 활동들(예: 놀이, 공부, 수면, 또래와의 활동 등)에 대한 일정을 다시 잡도록 가족들을 돕는다.
- 아동들이 감정을 말할 때 가족들은 반대하는 표현을 하지 않는다. 동시에 너무 강하게 감정을 표현하도록 강조하지 않는다. 스스로의 선택하에 감정들을 표현하게 한다.
- 현장에서 아동들을 만날 때마다 언어적으로 안심시킨다. 지지적인 태도로 원하는 것이 무엇인지 물어본다.
- 오해받지 않을 정도의 신체적 접촉을 제공한다.
- 아동이 일정 기간 동안 더욱 상담전문가에게 의지하게 허용함으로써 아동의 특수 필요 사항(예: 자주 안아 줌, 불을 항상 켜 놓음, 매달리는 버릇 허용 등)을 받아 준다.
- 한 달 후에도 증상들이 지속되는지를 부모/교사에게 확인한다.

3) 다음과 같이 구조요원 심리적 지원을 진행한다.

① 1단계 – 재난 직후

- 매스컴으로부터의 과다한 노출로부터 보호한다.
- 우선 그들의 이야기를 변명으로 일축하지 말고, 귀 기울여 주고 그들이 자신의 경험을 자신의 생각대로 표현하게 하면서 위로해야 한다.
- 정신과적인 증상을 보고하거나 급성 스트레스 장애를 보이는 재난 관련 담당

자들에게 심리적 중재를 시행한다.

② 2단계 – 재난 이후

- 외상 경험을 이야기하는 것으로부터 잠시 여유를 가진다.
- 외상으로부터 치유되는 데 시간적 · 공간적 요소가 필요하다는 것을 알린다.
- 심리적 회복이 지연되거나 정도가 심각한 대상자는 전문적인 치료를 받을 수 있도록 의뢰한다.
- 재해 이후에 당사자의 업무 능력을 평가하고 충분히 적응이 가능하다고 판단되는 경우 작업 복귀를 시도하도록 안내한다.

4) 다음과 같이 노인 대상 심리적 지원을 진행한다.

- 일상생활 패턴을 회복하는 것을 목표로 한 단체 활동을 격려한다.
- 비슷한 연령 집단의 단체 활동에 참가하고 서로 정보교환을 하도록 한다.
- 앞으로 발생 가능한 재난에 대해 교육시키고 대처하는 방법을 연습시킨다.
- 지속적인 건강관리 및 객관적인 평가를 통해 정기적인 건강진단을 받도록 한다.
- 실제 자신과 환경에 대해 격하시켜서 인식하지 않도록 인지적인 수정을 한다.
- 부가적인 개인적 관심과 배려를 제공한다.
- 지역사회 재활 프로그램에 참여하도록 격려한다.
- 재난 경험에 대해 주변의 중요한 사람들과 이야기하도록 격려한다.
- 정서적으로 안정감을 갖도록 편하게 접근하고 이야기를 많이 들어 준다.
- 죽음에 대한 바람직한 준비 과정과 인식에 대해 교육한다.
- 영적인 활동을 하도록 유도하여 죽음에 대한 불안을 줄인다.

지침 1-15. 지역사회, 교사, 부모, 청소년 대상의 재난 및 재난피해자 관련 교육 제공

1) 지역사회를 대상으로 다음의 교육을 실시한다.

- 마을 사람들이 함께 모이는 장소를 활용하여 심리적 반응에 대응하는 연습에 대한 설명회를 열고, 정신건강에 대한 지식을 필수적으로 제공한다.
- 쉼터나 마을회관 등에서 교육을 실시하며 심리 반응 문제, 약물이나 알코올에 대한 문제, 가족들 사이의 이해를 돕는 내용들을 교육한다.

2) 청소년 대상 교육을 요청하는 기관에는 해당 기관을 방문하여 다음의 교육을 실시한다.

① 교사 대상의 교육

• 교사를 대상으로 학생의 심신상태 조사 및 정보 전달 방법에 대해 교육한다.
• 교사를 대상으로 대처 방법에 대한 교육을 실시하여야 한다.
• 교사를 대상으로 사건에 대한 유감 표명, 교육자 및 피교육자에 대한 감정 언급, 개입을 할 수 있게 된 배경 또는 대상에 대해 감사하는 마음 공유, 기관의 분위기 및 지도자들과 청소년들의 상태를 탐색하고 교육에 대한 오리엔테이션을 진행한다.

② 부모 대상의 교육

• 부모교육에서는 부모가 접한 청소년의 반응이 어떠했는지 탐색하며 부모가 주의 깊게 관찰해야 할 청소년의 반응을 설명하고 이러한 반응들이 지속적으로 관찰되면 도움을 요청할 연락처를 제공한다.
• 부모교육에서는 부모로서 자녀의 심리적 외상 예방을 위해 자녀에게 할 수 있는 내용(예: 잘 들어 주기, 손을 잡아 주거나 안아 주기 등)을 다루되 일방적인 분위기보다는 자유로운 분위기에서 진행한다.
• 한 달 정도 지난 후에는 외상 후 스트레스 반응에 대한 집단 교육을 정기적으로 실시하고, 공동체 단위 학부모의 자조그룹이 자연스럽게 형성되도록 격려한다.

③ 청소년 대상의 교육: 기관을 방문하여 개인 및 집단 상담을 제공할 때에는 기존의 진로상담실 등을 이용하지 않고 별도의 특별상담실을 마련하여 청소년들이 고정관념에 얽매이지 않고 자유롭게 상담받을 수 있는 분위기를 조성한다.

지침 1-16. 추후관리를 제공해야 하는 사람들

• 외상으로부터 발생한 급성 스트레스 장애나 외상 후 스트레스 장애 또는 다른 일상적으로 중요한 증상을 가지고 있는 사람들
• 유족이나 사랑하는 사람을 잃은 사람들
• 정신장애의 병력이 있는 사람들
• 정신과 의사한테 의뢰가 필요하며 투약 및 수술이 필요한 사람들

- 사고에 대한 노출이 특별하게 강하고 긴 기간 지속된 사람들

■ 재난대응 학교 관계자 가이드라인

지침 2-1. 학교위기관리위원회의 재난 세부계획 수립 시 고려사항

- 학교 환경 위생검사 실시 방법 및 절차
- 교사 · 학생 · 학부모 대상의 정보 전달 방법
- 학생 관찰 및 보고양식, 학생의 자기보고형 설문조사 실시 여부
- 집중적 개입 대상 및 개입 방법 계획
- 학부모 대상의 정보 제공 방법(방문, 전화, 이메일, 우편 등)과 협조 절차
- 지역사회 관계 기관 등과의 협력 내용과 협의 절차
- 세부계획이 수립되는 대로, 교직원 긴급연락망을 가동하여 외부 재난 관련 전문가를 포함한 긴급회의 소집 일정을 알림

지침 2-2. 학교위기관리위원회 개최 시 다루어야 할 사항

- 외부 재난 관련 전문가를 포함한 위기관리위원회 소집
- 관련 정보 수합
- 재난에 따른 교내 심리적 파급효과 예측
- 주요 개입 대상 및 규모 결정
- 학교 자원의 확인
- 지역사회 유관기관의 지원사항 결정

지침 2-3. 학교위기관리위원회의 재난사고 대처 세부 계획 수립 시 고려사항

- 학교 자원이 무엇인지를 확인한다.
- 지역사회 유관기관에서 어떤 도움을 받아야 할지를 결정한다.
- 학부모 문의에 대한 응대 담당자를 정한다.
- 학부모 응대 담당자는 학교의 재난 대응책에 대한 정보를 제공하고, 심리적 지

원 및 치료를 요청할 경우, 전문상담교사 혹은 외부 협력기관(청소년상담지원센터, 건강가정지원센터, 정신건강전문기관)으로 연계한다.

- 집중적 개입 대상(장애 학생, 만성질환을 앓고 있는 학생 등)을 위한 특별한 개입 방법을 계획한다.
- 재난으로 영향을 받은 학생들을 위한 특별상담실을 준비한다.
- 객관적인 사실과 지도방법을 정리하여 가정통신문을 작성하고, 이를 최대한 빨리 학부모에게 전달한다.

지침 2-4. 학교위기관리위원회의 재난사망 청소년 가족 개입 시 고려사항

- 애도를 전달하고 사망한 청소년 친구 등 위험군 청소년에 대한 정보를 획득한다.
- 부모가 신뢰하는 주변 자원(친척, 이웃, 성직자 등)이 무엇인지 파악하고, 도움이 될 만한 지역사회기관 정보를 제공하며, 도움을 원한다면 연락을 취해 연계할 수 있도록 한다.
- 장례 일정 및 장례식 장소를 확인하고, 학생 및 교직원 참석 여부를 결정한다.

지침 2-5. 학교위기관리위원회의 피해 학부모 교육 시 전달사항

- 재난의 영향에 노출된 자녀의 반응에 부모들이 인지하고 대처할 수 있는 방법을 안내한다.
- 학교에서 제공하는 자원을 안내한다.
- 임시 거처나 구호소가 어디에 있는지 확인하여, 재난으로 인해 집이나 가정을 잃은 학부모들에게 가정통신문을 우편으로 전달한다.
- 학부모가 언제든지 학교로 연락할 수 있도록 학부모 응대 담당자 연락처를 알린다.
- 학부모의 협조를 구하여 친한 친구, 이성 친구의 명단을 확보함으로써 재난에 크게 영향 받을 수 있는 학생들에 대한 정보를 획득한다.

지침 2-6. 학교위기관리위원회의 졸업식 관리 시 유의점

- 학생의 친구, 형제, 자매에게 관심을 두고 관찰하고, 어려움을 보이는 학생(혹은 학부모)은 상담전문가에게 상담을 받을 것을 권한다.
- 졸업 앨범 제작 등 졸업식 행사를 다룰 때, 재난으로 인해 사망한 학생과 다른 죽음을 맞이한 학생들에게 일관적이고 공평한 지침을 미리 수립한다.
- 학부모가 졸업앨범에 재난으로 사망한 자녀를 위한 공간을 마련해 주길 요청할 경우, 다른 학생들과 동일하게 적용한다.

지침 2-7. 학교위기관리위원회의 사망학생 생일 및 기일 관리 시 유의점

- 기일이 다가오면 사망한 학생의 친구, 형제, 자매 등 가까운 사람에 대해 관심을 가지고 지켜본다.
- 가까운 학생 및 가족들에게 추후 증상 재발 시 즉각적으로 도움을 요청하도록 안내한다.
- PTSD 증상 재발을 겪는 학생이 부모 이혼 등의 다른 문제 상황에 높이면 정신건강 상의 어려움이 더욱 커질 수 있으므로 학생의 동의를 얻어 전문상담교사에게 상담을 받도록 한다.
- 전문상담교사는 개별상담을 통해 학생의 어려움이 심각한 수준으로 평가된다면 전문상담기관 및 정신과에 의뢰한다.

지침 2-8. 아동 및 청소년을 위한 호흡법

① 우리 같이 몸을 진정시켜 주고 침착하게 해 주는 숨쉬기 방법을 한번 연습해 보자.

② 배 위에 손을 올려놓고, 숨을 들이쉴 때 배가 부풀려지고, 숨을 내쉴 때 배가 홀쭉해지게 하는 거야. (직접 시범을 보인다.)

③ 좋아, 이제 코를 통해서 숨쉬기를 할 거야. 숨을 들이마실 때 많은 공기를 뱃속 가득 채워 넣어야 해. 그러면 배가 이렇게 앞으로 나올 거야.

④ 그런 다음에 입으로 숨을 내쉬는 거야. 숨을 내쉴 때는 이렇게 쏙 들어가게 해야 돼. (직접 시범을 보인다.)

⑤ 내가 셋 셀 동안 우리 숨을 들이마시는 것을 아주 천천히 할 거야. 그리고 다시 셋을 셀 동안 숨을 내쉬는 것을 아주 천천히 할 거야.

⑥ 자, 우리 같이해 보자. 아주 잘했어!

지침 2-9. 전문상담교사의 고위험학생 스크리닝 단계

1) 스크리닝 1단계

- 담임교사로부터 재난으로 인해 정서적 위기를 겪을 가능성이 있는 고위험학생 명단을 확보한다.
- 재난에 대한 사전 취약성이 있는 학생을 파악한다.
- 재난으로 인해 신체적 외상을 입은 학생을 파악한다.
  - 재난 시 신체적 외상을 입은 학생
  - 재난 시 죽음의 위협을 받은 학생(다른 사람의 사상을 목격한 학생)
  - 재난 시 집을 잃거나 재산, 소유물을 상실한 학생(상실과정을 목격한 학생)
  - 재난으로 사망한 학생의 친구(이성 친구)나 형제, 자매
  - 재난으로 사는 곳을 옮겨야 하는 학생
- 재난에 대한 사전 취약성이 있는 학생을 파악한다.
  - 이전에 재난으로 피해를 심각하게 입은 경험이 있는 학생
  - 시청각 장애 등 신체적 장애가 있는 경우
  - 최근에 사랑하는 사람이 죽은 경험이 있는 학생
  - 정신과 입원, 통원 경험이 있는 학생
  - 평소 개인문제, 가족문제, 관계문제(예: 따돌림 등)로 스트레스가 많은 학생

2) 스크리닝 2단계

- 위기개입에 앞서 재난에 취약성이 있는 학생들을 파악하여 미리 이름표를 부착하도록 한다.
- 불안정한 태도나 기분 변화를 보이는 학생이 있는지 주의 깊게 관찰한다.
- 고위험 증상을 나타내는 학생이 있는지 관찰한다.
- 감정을 조절하지 못하고 높은 흥분 상태를 보이는 학생은 특별상담실로 의뢰

한다.

- 집단위기개입 도중, '숨을 못 쉬겠음' '어지러움' '실신' 등의 증상을 보이면 보건교사와 연락하여 응급처치를 한다.
- 다음과 같은 행동을 보이는 학생이 있는지 관찰한다.
  - 자살 시도/계획을 은연중에 표현하는 경우
  - 횡설수설하거나 기괴한 행동을 보이는 경우
  - 정서반응이나 각성반응을 통제하지 못하는 경우
  - 재난으로 가까운 친구나 가족의 사망을 직접 목격했는데 정서반응이 전혀 없는 경우
  - 재난 피해에 대해 남탓을 하며 극도의 분노를 표현하는 경우

지침 2-10. 전문상담교사의 개별위기개입 방법

- 재난에 영향을 받거나, 받을 것으로 예측되는 학생 명단을 작성하여 특별상담실에 전달하고 개입방법을 협의한다.
- 재난에 영향을 받은 학생에게 개별상담의 의뢰과정을 설명하고 특별 상담실로 보낸다.
- 학생이 자발적으로 특별상담실을 찾아온 경우 우선 접수기록지를 작성하게 하고, 혹시 수업 중에 찾아왔다면 담당과목 교사의 동의하에 방문했는지 확인한다.
- 방문한 학생이 사전에 확보된 명단에 속하는지 확인한다.

지침 2-11. 전문상담교사의 전체 학생 대상 집단위기개입 단계

- 1단계
  - 집단개입의 목적 및 의미를 명확히 전달한다.
  - 상담자의 개인 및 소속 기관을 소개하고, 집단 규칙, 진행과정 등을 안내한다.
  - 집단원들에게 이야기할 것을 강요하지 않고, 집단 압력에 의해서 이야기를 하지 않도록 교육한다.
  - 정서적으로 불안정하거나 힘들어 보이는 학생들은 없는지 주의 깊게 관찰

한다.

- 2단계
  - –집단원이 재난에 대해서 자유롭게 말할 수 있는 기회를 제공하고 학생들이 알고 있는 내용이 무엇인지 파악한다.
  - –학생들이 궁금해하는 사항에 대해 최대한 정확하게 응답하고, 정확히 알려지지 않은 사항에 대해서 알림으로써 사실과 추측을 구분하도록 돕는다.
- 3단계
  - –집단원들이 재난의 경험을 나눔으로써 혼자만 겪는 일이 아님을 상기하고 유대감을 형성할 수 있도록 돕는다.
  - –재난을 목격하지 않은 학생들이 2차 충격을 받지 않도록 재난을 목격한 학생과 그렇지 않은 학생을 구분한다.
  - –재난 상황에 대해 구체적으로 상세하게 묘사하도록 하지 말고, 느낌, 생각, 신체적 반응에 집중하도록 한다.
  - –재난을 목격하지 않은 집단의 경우, 어떤 경로로 재난에 대해 접하게 되었는지 확인한다.
- 4단계
  - –학생들이 혼자만 외상 후 반응을 경험하는 것이 아님을 이해하고 외상 반응은 자연스럽고 일시적인 증상이므로 반드시 완화될 수 있음을 전달한다.
  - –일반적인 외상 반응에 대해서 알려 주고, 학생들이 경험한 반응을 들어 보고 정리해 줌으로써 혼자만 경험하는 비정상적인 반응이 아님을 알린다.
  - –재난에 대한 생각, 느낌, 신체적 감각, 그로 인해 받은 영향에 대해서 이야기하게 한다.
  - –도움이 필요한 경우 연락할 수 있는 기관을 소개한다.
- 5단계
  - –재난에 따른 충격을 잘 극복하기 위한 방법으로 다른 사람들과 함께해 볼 수 있는 활동을 찾아보고 실행토록 권유한다.
  - –평소 사용하는 스트레스 해소방법에 대해 탐색해 본다.
  - –스트레스를 해소할 수 있는 다양한 행동 방안을 소개한다.

–스트레스 해소에 도움이 되지 않는 방법들을 소개하고, 스트레스 해소를 위해 도움이 필요한 경우 도움받을 수 있는 연락처를 소개한다.

• 6단계

–재난 경험으로 인해 혼란스러운 상태를 벗어날 수 있는 대처 행동을 함께 고민한다.

–앞으로 닥칠 수 있는 재난을 예방하기 위해 구체적인 대처 방안을 생각해 보도록 한다.

–대처 방안을 생각해 보는 작업은 이후 일어날 수 있는 재난에 대비하는 효과적인 방법임을 전달한다.

–각자 생각해 본 대처 방안을 발표해 보도록 한다.

• 7단계

–앞으로의 삶을 생각할 수 있도록 조력하며, 상실에 대해 작별을 고하는 활동으로 마무리한다.

–특별상담실을 소개하고 추후 도움이 더 필요한 학생들에게 활용 방법에 대해 정보를 제공한다.

–지난 활동을 통해 학생들이 느낀 점이 무엇인지 탐색한다.

–도움받을 수 있는 관련 기관의 정보를 핸드아웃으로 나눠 준다.

지침 2-12. 교직원 대상 재난위기개입 방법

• 재난 사고 발생 전 · 후의 심정, 생각에 대해 공유할 기회를 가진다.

• 급성 스트레스 반응/외상 후 스트레스 반응을 경험했거나 경험하고 있는지 확인한다.

• 도움을 받을 수 있는 연계기관에 대한 정보를 안내한다.

지침 2-13. 전문상담교사의 외부기관 연계 시 고려사항

• 재난 피해 청소년에게 필요한 자원을 분류하고, 주변에서 가용자원을 찾을 수 있는지 확인하고, 필요하다면 CYS-Net의 1388 지원단 등을 활용하여 적절한 자원을 공급할 수 있는 기관을 확인하여 연계한다.

- 재난으로 인해 부모가 사망한 경우, 청소년을 돌봐 줄 사람(예: 가까운 친지, 주변 이웃, 임시보호소, 쉼터 등)에 대한 자료를 수집하고, 청소년과 협의하여 보호자와 숙식장소 등을 선택한다.
- 선정된 보호자에게 연락하여 청소년에게 필요한 도움이 무엇인지 알리고 협조를 요청한다.
- 청소년이 원할 경우, 청소년의 심리적 안정을 위해서 청소년상담지원센터의 청소년 동반자를 연결하여 지속적인 도움과 조력을 제공한다.
- 재난 피해 청소년이 다른 곳에 몰입하고 스트레스를 해결할 수 있도록 청소년상담지원센터의 각종 집단상담 프로그램이나 수련 활동으로 연계하거나 건강가정지원센터의 협조를 얻어 다양한 문화 활동 등을 연계한다.

• 자원 연계 시 관련 기관에 재난 피해 청소년을 소개하고 필요한 자원이 무엇인지 협의한다.
• 기관 연계 시, 청소년과 동행하여 기관과 협의하며 청소년에게 가장 적합한 자원이 제공되도록 협의한다.
• 연계한 기관으로부터 청소년이 적절한 서비스를 받고 있는지를 확인하고, 청소년의 반응을 관찰한 결과를 수집한다.
• 청소년에게 제공받은 지지자원에 대해 어떠한 생각과 감정을 가지고 있는지 확인한다.
• 청소년 모니터링 결과 청소년이 제공받은 자원이 적절하지 않을 경우, 적절한 자원을 제공해 줄 기관이 어디인지 다시 확인하여 연계한다.
• 재난 피해 청소년에게 지지자원을 제공할 경우, 자원을 제공하는 방식이 인격·인권을 침해하는 방식으로 오해받지 않도록 유의한다.

지침 2-14. 일반교사의 특별한 관찰이 필요한 학생들

• 이전에 상실을 경험한 학생들
• 성적 저하, 또래관계 갈등, 부모님과의 갈등, 경제적 어려움 등의 스트레스가 있던 학생
• 혼자 지내는 학생

- 심리적 · 정신적으로 불안정한 학생, 상대적으로 인내심 · 자제력이 부족한 학생
- 사망한 학생과 갈등 혹은 이루지 못한 약속이 있었던 학생
- 재난 피해 학생의 형제, 자매
- 교사는 학생들에게 최근 심신상태를 조사하는 설문을 실시한 후 수합하여 학교위기관리위원회에 제출한다.

지침 2-15. 일반교사의 심리적 지원방법

- 침묵으로 감정을 억압하는 것은 정신건강에 바람직하지 않으므로 또래 및 교사와 함께 자신의 감정과 생각을 이야기한다.
- 학생들의 감정이나 생각을 있는 그대로 받아 주고, 말하고 싶어 하지 않는 학생의 마음도 있는 그대로 인정해 준다.
- 재난에 대해서 학생들끼리 이야기를 나누고 서로의 감정을 교류하는 것은 바람직하나 너무 극단적으로 장시간 나누지 않도록 조심한다.
- 자기도 모르게 화가 나거나 충동적이고 공격적이 될 수 있으므로 재난과 관련된 TV 방송 시청은 자제하고 복식호흡이나 명상을 하도록 학생들에게 권유한다.
- 악몽을 꾸고 집중이 잘되지 않아서 심한 스트레스에 시달린다면 전문상담교사에게 도움을 요청하도록 권유한다.
- 애도수업의 진행방법을 익히고 실시한다.
- 애도수업을 준비할 경우, 본인 스스로가 재난과 관련된 사건들에 대해 말할 준비가 되어 있는지 점검한다.

지침 2-16. 학교 정상재개 이후, 일반교사가 학생에게 전달해야 할 정보와 유의사항

- 교사는 학생들이 재난을 개인의 문제가 아니라 자연적 힘과 사회적 문제에 따른 총체적 문제임을 인식하도록 돕는다.
- 재난은 우리 사회의 주요 문제이며, 이번 재난으로 마음이 힘든 학생이 있다면 신뢰할 만한 어른들에게 알리는 것이 매우 중요하며, 학교와 전문기관에서 도움을 받을 수 있음을 강조한다.
- 재난을 당한 가정의 친구에게 도움이 되는 태도를 안내한다.

- 재난과 같은 극심한 스트레스 상황에서 자연스럽게 나타날 수 있는 정상적인 반응에 대해서 소개한다(예: 집중력 저하, 두통, 불면증, 악몽, 소화불량, 식욕저하/과다 등).
- 재난에 대한 소문 유포형 대화는 자제하도록 당부한다.
- 스트레스를 참지 말고 적극적으로 풀려고 노력할 필요가 있음을 알리고 스트레스 해소방법을 안내한다(예: 가까운 사람과 어려움을 나누기, 운동하기, 산책하기 등).

지침 2-17. 일반교사의 사망한 학생이 있을 시 개입방법

- 학생들에게 재난피해자의 장례식에 참여하고 싶은지 의사를 물어본다.
- 학생들과 함께 사망한 학생에게 조의를 표하는 방법(예: 책상 위 국화 올림), 소지품 정리, 애도 기간 등을 의논한다.
- 학생들이 또래 및 교사와 함께 친구를 잃은 상실감을 함께 나눔으로써 고통이나 아픔이 나아질 수 있음을 강조한다.
- 재난 피해 학생의 형제, 자매를 잘 관찰하고, 장례식 이후 대처전략을 공유한다.
- 학생들이 재난피해자의 조문을 가거나 장례식에 참석할 때에는 어른들과 함께 가서 일정한 시간만 머무르다 오도록 권유한다.

■ 재난 피해 당사자를 위한 가이드라인

지침 3-1. PTSD에 대한 기본 이해

1) PTSD란?

- 스트레스로 강한 심리적 충격을 받은 뒤 지속적으로 정신적 영향을 주는 후유증을 나타내면 이를 '정신적 외상'이라고 할 수 있으며 이에 따라 나타나는 정신생리적 반응을 '외상 반응'이라고 한다.
- 재난 생존자들은 '생존자 증후군[survivor's syndrome: 천재지변이나 대형사고에서 목숨을 건진 이들이 겪는 복합적인 감정으로, 1개월 이상 지속되면 외상 후 스트레스 장애(PTSD)로 간주]'으로 고통받을 수 있다.

- PTSD 환자들은 신체적 질병이 많고, 전반적인 건강 수준이나 복지 및 고용 수준 등도 낮으며, 활력, 감정적 역할, 사회적 기능도 낮고 대인관계, 일상 활동, 직무수행 등에 부정적 영향을 받는 경우가 많아 삶의 질 자체가 낮다.
- PTSD는 우울증, 약물이나 술의 남용, 다른 불안장애 등과 같은 공존 질환을 수반하는 경우가 많아 진료 상황에서 PTSD를 파악하지 못하고 겉으로 드러나는 공존 질환만 진단하기도 하므로 스스로 자신의 증상을 주의 깊게 살펴야 한다.

2) PTSD 관련 주의사항

- PTSD는 조기에 발견해 적극적으로 치료하려는 노력이 중요하다.
- 재난 이후 당장 이상이 없다고 가만히 있지 말고 치료를 받아야 한다.
- 외상 경험이 있는 경우, 재난 현장을 전달하는 방송에 지속적으로 노출되면 정신건강에 영향을 미칠 수 있으므로 외상성 자극의 노출에 유의하여야 한다.
- 생존자와 유족들은 최소한 2~3년의 지속적인 치유와 보살핌이 필요하고 트라우마를 정확하고 입체적으로 해결하려면 사회적인 치유 시스템도 만들어져야 하기 때문에 최소한 10년은 지속적으로 관리하여야 한다.

지침 3-2. PTSD와 관련된 웹사이트, 전화번호, 어플리케이션 등의 정보

- 한국재난심리연구소 홈페이지(http://www.dmhi.org)
- 재난심리상담 정보센터 홈페이지(https://www.dmhs.go.kr)
- 대한외상성스트레스연구회 홈페이지(https://www.kstss.or.kr)
- 국민재난안전포탈(http://www.safekorea.go.kr)
- PTSD와 관련하여 지원을 얻을 수 있는 전화번호(서울시 재난심리회복지원센터: 02-2181-3107)
- PTSD 관련 앱(PTSD Support, 스마트안전지키미, 안전디딤돌, 인천소방 PTSD자가진단, 재난안전알리미)

지침 3-3. PTSD 증상

- 신체화 증상(예: 어지러움, 구토, 위장통, 불면, 식욕부진, 사지 통증이나 마비, 두통,

과호흡, 만성 피로감, 히스테리 등)
- 침투적인 재경험(예: 공포스러운 기억이나 악몽, 플래시백)
- 집중력 저하, 결정 내리는 것의 어려움, 기억력 감퇴
- 혼란스러운 기억을 회피하려는 안전하지 않은 시도(예: 물질이나 알코올 사용)
- 완전한 감정적 마비(마치 비어 있는 것처럼 감정을 느끼는 것이 불가능함)
- 포괄적인 과다 각성 상태(예: 공황 발작, 분노, 극도의 흥분, 극심한 동요, 과장된 놀람 반응)
- 극도의 불안(극도의 걱정, 극심한 무력감) 및 우울감(에너지, 흥미, 자기가치, 동기부여의 상실)
- (삶의) 의미와 희망의 상실
- 신(혹은 성직자)에 대한 분노, 종교적 행위의 철수
- 해리(마치 꿈처럼 비현실적이거나 자신으로부터 벗어나는 감정, '비어 있는' 순간을 경험하고 그 순간을 기억하지 못하는 현상)

지침 3-4. 외상 증상을 완화할 수 있는 방법

- 규칙적인 일상생활(예: 숙면, 식사 등)을 유지한다.
- 해야 할 일이 있다면 그 일에 집중한다.
- 운동이나 신체 활동에 집중한다.
- 믿을 만한 사람과 현재 자신의 느낌과 생각을 나눈다.
- 마음 편한 대상과 경험한 사건에 대해 이야기를 나눈다.
- 같은 문제를 가진 사람들과 어려움을 공유한다.
- 이야기하고 싶지 않을 때에는 의사표현을 한다.
- 자신의 감정반응이 지나치지는 않은지 살펴본다.
- 믿는 종교가 있다면 기도한다.
- 다양한 활동을 하고 새로운 친구도 만난다.
- 미술, 음악, 영화 관람, 노래, 운동, 다른 사람과의 이야기 속에서 감정을 표현한다.
- 글쓰기를 통해 자신이 겪은 경험을 기록함으로써 부정적인 정서를 해소하고

자기 통찰을 한다.

- 힘든데도 잘 버텨 온 자기 자신을 격려하고 칭찬해 준다.
- 진정 내가 원하는 것이 무엇인지 자문해 본다.
- 현재 내게 소중한 사람과 가치를 생각해 본다.
- 재난 이후 경험하는 외상 증상은 비정상적인 상황(충격적인 경험)에서 스스로 충격을 견디기 위해 적극적으로 대처하는 가운데 나타날 수 있는 자연스러운 반응임을 이해하고 나면 증상이 완화된다.
- 자신의 상태를 예민하게 관찰하고 외상 증상이 발견되면 전문기관에 도움을 요청한다.
- 재난이 끝난 후에도 외상 증상이 천천히 개선되지 않거나 악화된다면, PTSD 치료 훈련을 받은 상담전문가를 찾아간다.

지침 3-5. 외상 증상 완화 호흡법

- 긴장되는 부위에 손을 얹어라.
- 깊이 심호흡하라.
- 호흡할 때마다 나는 괜찮다고 조용이 되뇌어라.

■ 재난피해자 주변인(부모, 친척, 이웃, 친구 등)을 위한 가이드라인

지침 4-1. 가족이 자녀의 외상 극복을 위해 노력할 사항

- 자주 안아 주고 쓰다듬어 준다(특히 아동의 경우).
- 지금은 안전하고 가족이 함께 있음을 확인해 준다.
- 사람이나 물건을 잃었다면 그것에 대해 애도할 수 있도록 해 준다.
- 사건에 대해 느끼는 가족(자녀, 부모, 형제자매)의 다양한 감정과 생각을 나눈다.
- 일상에서 경험할 수 있는 사소한 사건(예: 정전)에서 외상 증상을 재경험할 수 있으므로 지금-여기에서 벌어지고 있는 것은 재난과 관련이 없음을 알려 주고, 현재 자녀가 느끼는 감정이 자연스러운 것임을 알린다.

- 자녀에게 슬픔을 느끼는 기간이 길어질 수 있고 특정 기간에 특히 슬픔이 떠오를 수 있음을 알린다.
- 또 다른 충격적인 사건이 일어나게 된다면 어떻게 할지에 대해 이야기를 나누고 계획을 세워 본다.
- 안전과 보호에 대해 위협을 느끼고 세상을 보는 눈이 변할 수 있음을 인식시켜 준다.
- 취침 시간에 더 많은 시간을 함께한다(아동의 경우).
- 산책이나 운동 등 자녀와 가족이 함께하는 신체 활동을 한다.
- 일상생활을 지속할 수 있도록 격려한다.
- 자녀의 경우 학교에서 문제가 있다면 교사와 상의한다.
- 지나치게 특별 대우나 보상을 주지 말고, 자기가 맡은 일에 충실할 수 있도록 지도한다.
- 감정을 표현하지 못하고 담아 둘 경우 식욕부진, 복통, 수면장애 등이 나타날 수 있으므로 주의한다.
- 증상이 몇 달 뒤에 나타날 수도 있으니 관심을 계속 갖고 평소와 다른 반응이 나타나면 센터에 도움을 청한다.

지침 4-2. 재난 피해 청소년들의 어려움과 대응방법

- "악몽을 꾸고 낮에도 집중이 안 돼요."
  - 악몽 내용을 확인하고 그에 대한 아이의 느낌을 이해하며 그와 관련된 아이의 정서를 이해하고 이에 대한 공감적 반응과 자신의 상태를 이해할 수 있도록 돕는 설명을 제공한다.
- "길을 건널 때 나도 갑자기 사고를 당할지 모른다는 생각에 불안해져요."
  - 큰 사고를 목격한 이후에 그러한 불안감은 자연스러운 현상임을 이해해 주고, 불안감은 차차 줄어들 수 있다고 설명해 줌으로써 자신의 상태를 이해할 수 있도록 돕는 것이 필요하다.
- "요새 자꾸 머리가 멍해지고 텅 빈 것 같이 느껴져요."
  - 아이가 호소하는 어려움에 귀를 기울이고 현재 자신의 상태를 잘 이해할 수

있도록 설명해 주되, 청소년의 증상을 비정상적인 것으로 치부하거나 아이의 걱정을 무시하는 반응을 피해야 한다.

- "목과 어깨에 힘이 들어가서 목이 뻣뻣해지고 어깨가 결려요."
  - 공감적인 자세로 큰 사고를 경험했을 때 본인도 모르게 긴장하게 되기 때문임을 설명하고, 긴장을 해소하는 스트레칭, 명상 방법 등을 제안한다.
- 자신과 다른 감정을 느끼는 친구를 비난하거나 자신이 이상한 건 아닐까 혼란스러워하는 청소년
  - 사람들은 모두 각자 슬픔을 대하는 방법이 다를 수 있으므로 다른 사람의 감정에 너무 예민하지 않도록, 모두 나처럼 슬퍼해야 하는 것은 아님을 공감적인 자세로 설명한다.
- 주변에서 슬퍼해야 하는 분위기를 강요받는 것 같아 답답해하는 청소년
  - 같은 상황에서도 사람마다 각자 다른 감정을 느낄 수 있고 슬픔을 애도하는 방식이 다를 수 있음을 설명함으로써 자신의 감정을 수용하도록 돕고, 더불어 상대방을 이해하고 공감할 수 있도록 한다.
- "왠지 모르게 화가 나고 짜증이 나요."
  - 감정을 부정하거나 미루어 짐작하여 야단치지는 말고, 모호한 감정에 휘말리지 않도록 질문하고 정리해 주는 것이 필요하다(예: 언제부터, 어떤 계기로, 어떤 상황에서 화가 나니? 등).
- 어른들의 조언이나 지시를 수용하기 어려워하는 청소년
  - 청소년의 말을 경청하고, 청소년의 타당한 분노가 표출될 수 있도록 하며 스스로 상황을 판단할 수 있도록 돕는다.
- 친구들과 재난 사고에 대해서 이야기를 하는 것이 좋을지 고민하는 청소년
  - 사고 관련 이야기를 하는 것에 대한 걱정과 두려움이 있는지 살펴보고, 안전한 대상끼리 서로 공감하고 위로받는 것은 슬픔을 극복하는 데 도움이 됨을 알려 준다.
- 재난으로 인해 힘들어하는 친구를 위로하고 싶은 청소년
  - 친구를 걱정하는 마음을 알아주고, 격려해 주며, 그 마음을 표현할 수 있는 구체적인 방법을 함께 찾아본다.

• 조문이나 장례식장에 가고 싶은 청소년
  –그 마음을 먼저 살핀 후 격려하고 방법을 알려 준 후 보호자와 함께 방문한다.

■ 일반인을 위한 가이드라인

지침 5-1. 재난에 대한 사전 취약성 파악

• 과거 교통사고 및 재난과 유사한 사건을 경험한 경우
• 최근에 사랑하는 사람을 상실한 경험이 있는 경우
• 신체적 장애가 있는 경우
• 평소 개인문제, 가족문제, 관계문제 등으로 스트레스가 많은 경우
• 평소 불안, 우울감이 있는 경우

지침 5-2. PTSD에 대한 기본 이해

1) PTSD란?

• 스트레스로 강한 심리적 충격을 받은 뒤 지속적으로 정신적 영향을 주는 후유증을 나타내면 이를 '정신적 외상' 이라고 할 수 있으며 이에 따라 나타나는 정신생리적 반응을 '외상 반응' 이라고 한다.
• 재난 생존자들은 '생존자 증후군[survivor's syndrome: 천재지변이나 대형사고에서 목숨을 건진 이들이 겪는 복합적인 감정으로, 1개월 이상 지속되면 외상 후 스트레스 장애(PTSD)로 간주]' 으로 고통받을 수 있다.
• PTSD 환자들은 신체적 질병이 많고, 전반적인 건강 수준이나 복지 및 고용 수준 등도 낮으며, 활력, 감정적 역할, 사회적 기능도 낮고 대인관계, 일상 활동, 직무수행 등에 부정적 영향을 받는 경우가 많아 삶의 질 자체가 낮다.
• PTSD는 우울증, 약물이나 술의 남용, 다른 불안장애 등과 같은 공존 질환을 수반하는 경우가 많아 진료 상황에서 PTSD를 파악하지 못하고 겉으로 드러나는 공존 질환만 진단하기도 하므로 스스로 자신의 증상을 주의 깊게 살펴야 한다.

2) PTSD 관련 주의사항

- PTSD는 조기에 발견해 적극적으로 치료하려는 노력이 중요하다.
- 재난 이후 당장 이상이 없다고 가만히 있지 말고 치료를 받아야 한다.
- 외상 경험이 있는 경우, 재난 현장을 전달하는 방송에 지속적으로 노출되면 정신건강에 영향을 미칠 수 있으므로 외상성 자극의 노출에 유의하여야 한다.
- 생존자와 유족들은 최소한 2~3년의 지속적인 치유와 보살핌이 필요하고 트라우마를 정확하고 입체적으로 해결하려면 사회적인 치유 시스템도 만들어져야 하기 때문에 최소한 10년은 지속적으로 관리하여야 한다.

지침 5-3. 급성 스트레스 장애 자가 체크리스트

	내용	여부
1	사건과 관련된 기억이 반복적으로 떠오르는가?	
2	사건과 관련된 악몽을 꾸는가?	
3	마치 그 일이 지금도 일어나는 것 같은 느낌을 자주 경험하는가?(플래시백)	
4	사건을 떠올리는 물건이나 상황을 경험하게 되었을 때 강렬한 심리적 고통이나 신체적 반응이 오는가?	
5	긍정적인 감정을 못 느끼는 상태가 지속되었는가?	
6	사건 당시 이인화, 비현실화되는 경험을 하였는가?	
7	사건과 관련된 중요한 부분을 떠올리기가 어려운가?	
8	사건과 관련되는 고통스러운 기억, 생각 또는 감정을 떠올리기 싫은가?	
9	사건과 관련된 고통스러운 기억이나 생각들을 떠올리게 하는 자극을 피하려고 노력하는가?	
10	잠을 자는 것이 어려운가?	
11	신경이 예민해지거나 사소한 일에도 쉽게 화가 나는가?	
12	위험에 대한 걱정이나 지나친 경계가 있는가?	
13	주의집중이 어려운가?	
14	작은 자극에도 심하게 놀라거나 반응하는가?	
	총 계	

*14개의 증상 중 9개가 해당되면 급성 스트레스 장애로 진단 가능

지침 5-4. PTSD 증상

- 신체화 증상(예: 어지러움, 구토, 위장통, 불면, 식욕부진, 사지 통증이나 마비, 두통, 과호흡, 만성 피로감, 히스테리 등)
- 침투적인 재경험(예: 공포스러운 기억이나 악몽, 플래시백)
- 집중력 저하, 결정 내리는 것의 어려움, 기억력 감퇴
- 혼란스러운 기억을 회피하려는 안전하지 않은 시도(예: 물질이나 알코올 사용)
- 완전한 감정적 마비(마치 비어 있는 것처럼 감정을 느끼는 것이 불가능함)
- 포괄적인 과다 각성 상태(예: 공황 발작, 분노, 극도의 흥분, 극심한 동요, 과장된 놀람 반응)
- 극도의 불안(극도의 걱정, 극심한 무력감) 및 우울감(에너지, 흥미, 자기가치, 동기부여의 상실)
- (삶의) 의미와 희망의 상실
- 신(혹은 성직자)에 대한 분노, 종교적 행위의 철수
- 해리(마치 꿈처럼 비현실적이거나 자신으로부터 벗어나는 감정, '비어 있는' 순간을 경험하고 그 순간을 기억하지 못하는 현상)

지침 5-5. PTSD와 관련하여 도움을 받을 수 있는 기관의 웹사이트, 전화번호, 어플리케이션 등의 정보

- 한국재난심리연구소 홈페이지(http://www.dmhi.org)
- 재난심리상담정보센터 홈페이지(https://www.dmhs.go.kr)
- 대한외상성스트레스연구회 홈페이지(https://www.kstss.or.kr)
- 국민재난안전포탈(http://www.safekorea.go.kr)
- PTSD와 관련하여 지원을 얻을 수 있는 전화번호(서울시 재난심리회복지원센터: 02-2181-3107)
- PTSD 관련 앱(PTSD Support, 스마트안전지키미, 안전디딤돌, 인천소방 PTSD자가진단, 재난안전알리미)
- 전국 건강가정지원센터, 청소년상담복지센터, 정신건강센터

지침 5-6. 외상 증상을 완화할 수 있는 방법

- 규칙적인 일상생활(예: 숙면, 식사 등)을 유지한다.
- 해야 할 일이 있다면 그 일에 집중한다.
- 운동이나 신체 활동에 집중한다.
- 믿을 만한 사람과 현재 자신의 느낌과 생각을 나눈다.
- 마음 편한 대상과 경험한 사건에 대해 이야기를 나눈다.
- 같은 문제를 가진 사람들과 어려움을 공유한다.
- 이야기하고 싶지 않을 때에는 의사표현을 한다.
- 자신의 감정반응이 지나치지는 않은지 살펴본다.
- 믿는 종교가 있다면 기도한다.
- 다양한 활동을 하고 새로운 친구도 만난다.
- 미술, 음악, 영화 관람, 노래, 운동, 타인과의 이야기 속에서 감정을 표현한다.
- 글쓰기를 통해 자신의 경험을 기록하여 부정적인 정서를 해소하고 통찰을 한다.
- 힘든데도 잘 버텨 온 자기 자신을 격려하고 칭찬해 준다.
- 진정 내가 원하는 것이 무엇인지 자문해 본다.
- 현재 내게 소중한 사람과 가치를 생각해 본다.
- 재난 이후 경험하는 외상 증상은 비정상적인 상황(충격적인 경험)에서 스스로 충격을 견디기 위해 적극적으로 대처하는 가운데 나타날 수 있는 자연스러운 반응임을 이해하고 나면 증상이 완화된다.
- 자신의 상태를 예민하게 관찰하고 외상 증상이 발견되면 전문기관에 도움을 요청한다.
- 재난이 끝난 후에도 외상 증상이 천천히 개선되지 않거나 악화된다면, PTSD 치료 훈련을 받은 상담전문가를 찾아간다.

지침 5-7. 외상 증상 완화 호흡법

- 긴장되는 부위에 손을 얹어라.
- 깊이 심호흡하라.
- 호흡할 때마다 나는 괜찮다고 조용히 되뇌어라.

찾아보기

저자 소개

김동일(Kim, Dongil)
서울대학교 교육학과 교수

김형수(Kim, Hyoungsoo)
루터대학교 상담학과 교수

서영석(Seo, Youngseok)
연세대학교 교육학과 교수

박지수(Park, Jisoo)
연세대학교 대학원 교육학과

조아라(Cho, Ara)
연세대학교 대학원 교육학과

이은아(Lee, Euna)
경일대학교 심리치료학과 교수

최수미(Choi, Sumi)
건국대학교 교육대학원 교수

오혜영(Oh, Heayoung)
이화여자대학교 특임교수

이동훈(Lee, Donghun)
성균관대학교 교육학과 교수

재난대응 위기상담

Disaster and Crisis Counseling

2017년 1월 10일 1판 1쇄 발행
2022년 3월 20일 1판 4쇄 발행

엮은이 • 한국아동 · 청소년상담학회

펴낸이 • 김 진 환

펴낸곳 • (주) 학지사

04031 서울특별시 마포구 양화로 15길 20 마인드월드빌딩 5층

대표전화 • 02) 330-5114 팩스 • 02) 324-2345

등록번호 • 제313-2006-000265호

홈페이지 • http://www.hakjisa.co.kr
페이스북 • https://www.facebook.com/hakjisabook

ISBN 978-89-997-1092-6 93180

정가 18,000원

엮은이와의 협약으로 인지는 생략합니다.
파본은 구입처에서 교환하여 드립니다.

이 도서의 국립중앙도서관 출판시도서목록(CIP)은 서지정보유통지원시스템 홈페이지(http://seoji.nl.go.kr)와 국가자료공동목록시스템(http://www.nl.go.kr/kolisnet)에서 이용하실 수 있습니다.
(CIP제어번호: CIP2016023492)